海關中國

GOVERNMENT, IMPERIALISM AND NATIONALISM IN CHINA

The Maritime Customs Service and
its Chinese Staff

Chang, Chihyun
張志雲 著、審訂
徐盼 譯

目錄

為了我的父母、祖父母和外祖父母而著

開啟中國海關史的領域

學界以往對中國海關史的研究多集中於在外交關係的視角下探討列強與中國的關係。而中國海關歷史的先行研究可以被劃分為兩個部分：一是將海關看作列強及其政府在中國的代理機構，並在此基礎上研究國際政治和財政關係；二是在海關出版的年度報告《貿易報告》與《貿易報表》中的大量貿易統計資料的基礎上研究中國國際貿易和沿海貿易。關於前述研究方向，已經有了大量的研究以及重要研究結果的積累。然而，這兩個研究方向都有一定的局限性，因為它們所關注的是割裂開來的某個特定領域，而非從中國海關的內部出發進行充分討論。前人所關注的都是中國海關的外部切入，而非從海關自己的組織機構以及人事管理方面來分析和理解海關的歷史。

二十一世紀以來，隨著中外兩方面對海關關員相關資料的開放，海關關員的子女及親屬也開始將他們父輩或親屬的信件和日記公諸於眾。另一方面，海關檔案以及出版物也更便於研究。在對浩如煙海的海關檔案及出版物，尤其是那些關於管理和人事記錄的資料進行了新的排序整理之後，中國海關史研究在來自近代史、全球史、人事史和海關史等各個領域的新一代歷史學家的推動下進入了嶄新階段。同時，他們也透過分析各個獨立港埠的人事管理和地方海關史從管理和組織分析的角度，展開對近代中國海關的新型歷史研究。

在此歷史背景下，張志雲博士在他的新書中揭示了中國海關研究中前所未有的領域，並展示他在方法論分析和檔案分析方面的造詣。此書有以下三個主要特點：一、涉及的中國海關歷史的時間跨度長；二、包含了對華籍關員的新研究；三、涵蓋國際和國家問題的討論，以及一九四九年以後跨越臺灣海峽的問題研究。具體如下：

1. 基於大量檔案研究，張志雲博士理清從一八九五年到一九四九年中國海關行政管理的長期歷史轉變，以及一九四九年以後的後續歷史，直到任職至一九五〇年的中國海關最後一位外籍總稅務司李度時期。

2. 對於華籍關員的探討是張志雲博士深切關注的特定領域，而這是有關中國海關歷史研究中首次提到的問題。透過將中國政府、外籍人士管理的總稅務司署，以及華籍關員這三個元素放入一個三角框架中，張志雲博士探討有關華籍關員的各種問題，包括他們在稅專接受的教育、內班和外班關員的工作環境，以及在一八九五年到一九四九年這整個階段華籍關員所處的政治環境等。

3. 關於中國海關歷史研究的視角在長期回顧概觀和短期詳細研究間找到了一個平衡；在國際

和國家因素間找到了一個平衡；也在組織和人事因素間找到了一個平衡。

在這些新的維度下，張志雲博士開啟了中國海關史研究的新領域，並從亞洲和全球兩種視角下展示了中國海關的歷史。

總而言之，這本著作所開闢的新維度同時也為更寬、更深地了解中國海關的歷史打開了更廣闊的學術空間。此研究也將新興學者、知識分子和讀者帶入了第二代海關歷史研究，而我相信，張志雲博士是新一代研究中遙遙領先的年輕學者之一。

濱下武志

廣州中山大學人文高等研究院研究員、美國人文與科學院外籍院士

中國海關研究的催化劑

十九世紀五十年代以降，現代中國與列強交流的中心存在著這樣一所特殊機構，即大清帝國的（隨後變為中國的）海關。這個最早隸屬於大清帝國，隨後又屬於中華民國的稅務機構同時也扮演中國在抵禦列強對華施加嚴酷外交壓力的緩衝器。它是在一八五四年的危機時刻臨時建立的，但隨後便在對外貿易估稅的主要工作中顯示出它極大的優越性，也因此才能夠在中國政府和中外關係的背景中站穩腳跟。在一八六三年到一九〇八年期間，總稅務司赫德領導下的海關實際上成了總理衙門及其外交事務局的執行部門，它所持的權力包括建立軍工廠和造船廠，發展外語培訓，組織國際化展覽會，調查海外華人待遇情況等，甚至有時還負責正式的外交事務。它將外籍專家，國外的視野、系統和方法，異國產物等帶到了中國和中央政府。直到一九四九年中華人民共和國成立以前，海關都是由外籍人士進行管理的，在這近一百年的歷史中，大約有一萬一千名外籍關員以及一萬一千名大清帝國和中華民國的臣民在此工作過。這些人對現代中國的形成起了關鍵性的作用，因此我們應當加深了解他們是誰，以及他們為什麼，又是如何發揮此關鍵作用的。

歷來便有許多學術研究以海關為主題，這些研究主要針對從一九二〇年代開始的，海關紀錄和紀念它自身工作的舉措。在中國乃至海外，有各種各樣的研究專案致力於查找定位和發布原始資料，也有不可計數的研究工作專注於分析諸如以下的專題：海關的貿易報表和報告，其在清政府外交、國際金融、以及抗戰中的地位作用。二十世紀六十年代以後，這一研究領域所依據的資料主要是國外的檔案和紀錄，因為研究者們無法接觸中國的檔案。截止到二〇〇〇年，多數人認為已經沒有什麼可以研究的了，但同年，中國第二歷史檔案館開放了總稅務司署和海關部門的五萬七千卷資料。我與中國第二歷史檔案館合作，為海關資料製作新的編目，並在海關史研究中的英國學者和學生團隊中開闢新天地的一員。[1]

總稅務司署檔案的公諸於眾，表明這些檔案中含有國民政府和抗日戰爭時期的豐富資料。雖然在一九三二年，一九〇〇年以前的紀錄都從各海關站移送到造冊處，以整合成一個新的歷史檔案館，但位於北京最原始的中央檔案在一九〇〇年拳亂中已經被毀。清政府和北洋政府時期的紀錄已然非常完整，但有關國民政府的大量資料才最為驚人。所以當張志雲博士最開始向我提出要做有關中國政治史的博士論文計畫時，我自然會想到建議他不如考慮一下好好利用新資料公開的這個良機，加入我們的計畫，並重新思考中國海關的歷史。而這本書，以及他所做出的相關深度研究工作，便是最好的結果。

關於海關的研究，與關於其他機構的研究類似，都會將很多精力放在這個機構最重要的領導者身上。於海關而言，尤其是赫德和梅樂和。然而，雖然研究這些「大人物」很重要，但以更加寬闊的視野和更加深邃的角度去了解海關這樣一個龐大而重要的機構也同樣是有意義的。關於「大人物」的研究，更多是集中於海關的英籍領導人。張志雲博士以一個嶄新專案為研究之始，探究一九〇八年及以後加入中國海關的、在接下來的四十年裡將會晉升到海關高級職位的華籍關員的成長與發展。尤其是他振奮人心的博士論文勾勒出了稅專的建立與發展，以及由此而生並圍繞丁貴堂發展而來的網路逐漸上升的影響力，還有它與國民黨統治的政府之間的縱橫交織。

這篇論文完成於二〇一〇年，並非常順利地通過了答辯。對我而言，這一點也不令人吃驚。張志雲博士一開始是學習文學的學生，隨後成了一名近現代史研究者。他在南京花了一整年仔細研究相關資料，在其中注意到了一些人物的信件、報告、個人資料和評估鑑定，並將他對這些人產生的敏銳的好奇心融入了研究之中。他也對之前沒有人探究過的人際關係感興趣，比如丁貴堂與梅樂和之間的關係，或是汪偽總稅務司岸本廣吉和他的華籍關員之間的關係，又或是跨越了一九四九年的障礙，臺灣的海關與大陸的海關之間的關係。他是一位精力充沛、富有活力的專案、新合作和計畫組織者。目前，在中國大陸、臺灣、全球學者，以及於二〇一四年在北京開放新的海關博物館的中國海關行政管理部門中，對海關歷史研究興趣都不斷累積中。在博士學位完成後

1 這個專案的網站記錄了其研究活動，也包括許多研究資源（www.bristol.ac.uk/history/customs）。除了許多文章以外，此項研究的詳細參考文獻可在以下網站查閱：https://www.bris.ac.uk/history/customs/customsbibliographies/publications.

不久，張志雲博士立即開始了在中央研究院近代史研究所的博士後研究，在那個職位上，以及後來擔任上海交通大學研究員時，他成了促進有關海關歷史研究，以及有關海關紀錄如何向我們展示現代中國成長與發展、新對話的催化劑。

這本書對我們進一步了解這個奇特的、混合的機構做出了巨大貢獻。提起海關，人們總能想到它是中國政府的一個機構，但它同時也是一系列經常性的矛盾舉措和發展得以疏導的平臺，有時雖然看起來是半獨立的，而實際上是被列強所控制的。因此，在全國乃至國際上有關現代中國政治中的帝國主義和民族主義的爭論中，它都是處於中心地位的一個組織。同時，這個機構也是民族主義者和帝國主義者對抗和競爭的戰場。這本書清晰地表明我們需要欣賞和理解這種複雜性，同時也為我們應該如何這樣做提供了一系列清晰而扣人心弦的論點。作為他的老師和朋友，我非常高興能看到張志雲博士的書以英文形式由Routledge出版社出版，而如今我更加高興的是看到它的中文版發行，我希望它能激發學界的討論。我們從海關檔案中能學到的還有很多，而我也相信，這本書只是張志雲博士在此領域、以及對我們之於中國現代史的了解的初步貢獻。

畢可思（Robert Bickers）

英國布里斯托大學副校長、歷史系教授

嶄新視角的海關史

張志雲博士之布里斯托大學博士論文（*Government, Imperialism and Nationalism in China: The Maritime Customs Service and its Chinese staff*, Routledge, London），通過嚴格審查，於二〇一三年在倫敦出版，立即受到學界矚目，現在又翻譯並改寫成中文出版，本人與有榮焉。

我自己是做外交史研究的，在英國倫敦大學政經學院（London School of Economics and Political Science）讀博士期間，以一九二〇年代北京政府與英國外交關係為研究主題，常在英國國家檔案館（Public Record Office，近年已改名為National Archives）看英國外交部檔案，和臺北中研院收藏的北京外交部檔案作對照研究。由於在一九二〇年代中英常為海關關餘問題多有交涉，我曾到倫敦大學亞非學院圖書館，查閱中國海關檔案，發表過一篇有關安格聯的論文，勉強算是和海關史研究沾上一點邊，並逐漸體認到西方的中國近代史研究，就是在英國外交部與中國海關兩份數量龐大，敘述相對精確合理的英文檔案的基礎上建立的。

志雲在英國讀博士期間，於二〇〇六年九月到我位於政治大學的研究室討論他的研究計畫。

我聽到他想從稅務學堂畢業生入手，並已找到大批相關檔案時，直接的反應就是Bingo，挖到海關史研究的金礦了，立即鼓勵他做下去。接著幾年，他一直和我保持聯繫，討論相關問題。

志雲這本書有幾個特點。首先是中英文檔案史料功夫堅實，他在撰寫博士論文期間，除了在英國大量閱讀海關及英國外交部檔案外，不斷出入北京第一歷史檔案館、南京第二歷史檔案館、上海市檔案館、臺北中研院近史所檔案館、海關總署圖書館、哈佛大學圖書館等處，埋首苦讀，又到處查訪相關的私人日記、回憶錄等，對於相關一手史料的搜尋，可說是上窮碧落下黃泉，符合最嚴格的學術標準。尤其是對關務學堂／稅務專門學校這一部分史料的挖掘，對學界饒富原創性的貢獻。

其次，這本書的史觀很有特色。過去的海關史研究多從中國政府、英國政府或海關洋員的視角考察，敘事脈絡多圍繞一八五四—一九五〇年間，外籍總稅務司掌控海關行政九十六年，以及其間超過一萬一千名外國籍關員在中國海關工作的歷程，有意無意凸顯了海關的外國控制色彩。加以清末關稅收入常與對外借款與賠款相連結，而民初關餘問題又與列強介入中國內戰密切相關，致使迄今海關史研究往往附帶較濃的帝國主義或民族主義色彩。本書從一個十分重要但一直被忽略的——海關華籍關員——的視角考察海關史，指出一八五四—一九五〇年間，也有約一萬一千名華籍關員擔任文職及勞力工作，其中的骨幹是關務學堂／稅務專門學校畢業生。本書的主要脈絡即在探討從一九〇八年關務學堂建立，到一九八七年最後一個學校畢業生從臺灣總稅務司退休為止，八十年間關／稅務學堂（校）畢業生在海關中的角色。指出中國與西方帝國主義的接觸，事實上是民族國家建構歷程重要的一部分，海關看似是中國政府委任外國人管理的機構，實質上仍是在中國政府控制之下的。這個獨特的研究角度，讓人耳目一新，相當程度的擴展了海關史研究的視野。

再次，本書另一個重要學術貢獻，就是很好的融合了中英文學界中國海關史研究的優點。志雲對海關史過去研究成果掌握嫻熟，在緒論中做了很好的學術史回顧，將西方學界從馬士（H. B. Morse）到魏爾特（Stanley Wright）再到費正清（J. K. Fairbank）建立的扎實基礎，再到近年英國方德萬（Hans van de Ven）與畢可思（Robert Bickers）領導的新研究團隊，將整個西方學界的學術傳承，交代得相當清楚。同時，志雲對兩岸學界的海關史研究狀況與成果，也充分掌握。因而書中將中英文不同研究脈絡，做了相當好的對話，並提出自己的看法。這一點在年輕學人身上，尤其難能可貴。

最後，本書除了是志雲博士論文的中譯，他其實做了大幅度的修訂，尤其是對一九四九年以後，稅務專門學校在兩岸的延續—上海海關學校及臺北財政部財稅人員訓練所的發展歷程，增添了大量新的內容。其中有關臺灣海關的重建與財稅人員訓練所部分，志雲挖掘出許多塵封已久的史料，生動有趣的重建了臺灣財稅、關務體系的人脈網路，對理解「政大幫」與臺灣財金界的關聯，具有極大的參考價值。

整體而言，此書是近年英國學界中國海關史研究復甦的重要成果，加上志雲對中文史料及研究成果的掌握，融合了西方、臺灣及大陸三個海關史研究傳統的優點，又能將新海關從一八五四年建立，歷經辛亥革命、北伐、抗戰及國共內戰的考驗，最後到臺灣的整個發展歷程，獲致了史料扎實而視野宏觀的力作，值得讀者細細品味。近年來，我看著志雲一步步成長，卓然有成，甚感欣慰。然學海無涯，海關史是一個既廣又深的重要領域，仍有無數的問題尚待解決，盼志雲繼續努力，在學術之道上更上層樓。是為序。

唐啟華

上海復旦大學歷史系特聘教授

譯者前言

大概七年前，機緣巧合下，當張志雲教授找到我來翻譯他出版於Routledge的學術專著*Government, Imperialism and Nationalism in China: The Maritime Customs Service and its Chinese Staff*時，我的內心是忐忑而激動的。一方面，忐忑緣於我是一個年輕的新手，由我來翻譯這樣一本專業性極強的學術著作，是否能夠勝任？另一方面，激動是由於受到作者信任，並可以得此一個機會，能夠深入拜讀此書，並在翻譯的過程中與作者對話、向作者學習。

翻譯的過程是苦樂參半的。所謂的「苦」，並非指有任何不悅，而僅僅是因為，在「信達雅」標準的要求下，擔心自己不能將原作準確、練達、優美地再次呈現出來。而所謂的「樂」，則是無窮無盡的，因為對個人而言，整個閱讀和翻譯的過程是十分享受的。英文原著即使對於非歷史學界的讀者來說，也是深入淺出、清晰易懂、引人入勝的。

本書講述了從十九世紀末中國海關的崛起到二十世紀中後期以後海關在兩岸發展演化的歷史，其時間跨度長，研究和呈現系統而完整。作者首先對中國海關史理論和研究進行了回顧。其對海關歷史的既有研究有著充分的理解和掌握，因此才能夠在此基礎之上，開闢出新的、獨特的研究視角。該書脫離了傳統海關研究的固有思路，聚焦於中國政府在海關發展中的歷史作用、外籍總稅務司們給海關發展帶來的貢獻，以及華籍海關職員的真實情況這三個方面，帶來耳目一新的感覺。此外，作者探尋、整理、研究了大量有關海關發展的內部史料，很多都是首次公開的資料，因此對於該課題研究來說，具有開創性的意義。

基於以上，翻譯的過程於我而言也是學習和思考的過程。在翻譯完本書後，我欣喜地發現，自己對中國海關的整體發展歷史已有基本的了解，並可以向他人講述和回答一些相關問題。但固然，因本人並非海關歷史的研究者，甚至非歷史系學生，當初翻譯的版本自是有許多不成熟之處，因此深感慚愧。幸而，在中文版面世前，這些紕漏已得到作者本人的校訂和改寫。在此，感謝張志雲教授的信任、包容、指導和幫助。此外，侯彥伯博士和蔡誠博士作為歷史系的專業研究者，亦在過程中給予我很多幫助，在此感謝。

最後，還是鄭重地向各位讀者推薦這本研究專著。人生而有涯，還是需要認真地讀幾本好書的。而該書，對於歷史學界的研究者和想要了解中國海關發展歷史的普通讀者來說，都是一本值得一讀再讀的好書。

徐盼於深圳

二〇二三年二月二十一日

作者前言

本書出版歷經不少波折。原版是我的博士論文，於二〇一二年底出版，至今已經十年了。這十年間，我的學術生命、研究視野都改變不少。這期間，我寫了一些中、英、日文論文以及幾本專著，這讓我對中國海關史的認知產生變化；在出版前，我曾經認真思考過，是否將最新的研究包融進去，幾經思考，我決定不要。我把當時不成熟的想法保留下來，或許可以讓讀者將中、英文版逐一比較，了解博士論文只是一個人最初、最不成熟、最需要打磨的作品，人的一生大概有三、四十年的光陰可以與自己的作品好好對話，也不在乎一時之間的發表成果。

二〇一三年我到上海交通大學服務之後，就開始籌備出版本書，於二〇一五年我本來打算在與廣西師範大學出版社合作，也簽約出版簡體中文版，但是本書的第十、十一章自然會帶來一些不便之處，但是為了完成這項工作，我開始找人翻譯本書。當時我找了上海交大外國語學院的碩士生徐盼負責此事，徐盼一面在撰寫其碩士論文、準備申請劍橋大學時，一面翻譯拙作，能把這本書翻譯到這水平，實在讓我輕鬆不少。雖然現在的中文版已被我大幅度改寫、校訂和增補，但是這都有賴徐盼一開始的翻譯工作，所以本書的譯者還是徐盼。但是除了徐盼之外，本書一部分的翻譯工作也得力於侯彥伯和蔡誠，但是我猜侯蔡兩人可能忘了他們當初的翻譯工作。

本書譯完後，因為中國大陸的一些眾所周知的問題，與拙作中的一九四九年後的部分內容等原因，與廣西師範大學出版社的合作就無疾而終；之後，我向臺灣遠流出版社的吳家恒（其為稅務司吳道頤之孫）探討合作的可能性，但是本書看來太過學術，與該社出版宗旨不合，所以沒有簽約出版。本來我以為這本在兩岸都充滿著不合時宜的書籍，大概無緣以中文版的形式和讀者相見，但是在二〇二〇年十二月，我應川島真教授之邀在東京大學總合文化研究科任特任教授時，與任天豪談及此事，小豪介紹我去麥田出版社試試，沒想到，居然成功了，編輯林怡君居然認為：「這本書讀起來沒有太過無聊」。我雖然認為這是林小姐對徐盼譯作的肯定，以及對拙作的溢美之辭，但是我也只能欣然受之，於是就在二〇二一年二月開始本書中文版的改寫工作。

二〇二一年九月，本書中文版正式與麥田出版社簽約，預計於二〇二二年三月底交稿。我於是開始改寫工作，一打開二〇一五年翻譯的書稿後，發現工作量實在不少；這當然與徐盼的工作水平無關，而是由於我的懶散所造成。因為在二〇一五—二〇一六年時，我正忙於學術和教學工作，大量的名詞和原文都沒有提供給徐盼，當時的懶散造成現在改寫的苦果，雖然林小姐認為，不需要大量改寫，但是厚顏無恥如我，也無顏不將書稿詳加校訂呈現給讀者。

二〇二一年我的學術工作還是相對繁重，雖然疫情讓我不若過去幾年的在全球疲於奔命，但是校訂中文書稿、撰寫第三本英文專著和替學生改論文等事交雜在一起，還是著實考驗著我的體腳的書寫能力，當然，一如既往，我的書寫能力還是難讓我接受，只能苟且著把書稿交出。

那麼這大半年我到底做了什麼樣的改寫呢？既然我一開始就承認，我沒有增刪當年不成熟的想法，我的工作大概可以分以下六點：

一、調整出處：撰寫本書原版時，還是大量使用China and the West的微縮膠卷和造冊處出版之*Documents Illustrative of the Origin, Development and Activities of the Chinese Customs Service*，但是中國大陸最近十年出版非常多的海關史料彙編，例如：《中國近代海關總稅務司通令全編》和《中國舊海關稀見文獻全編》等。有鑑於現在微縮膠卷取得不易，而且使用不便，所以都換成上述紙質史料彙編。

二、訂正錯誤：雖然我沒有調整之前不成熟的想法，但是對於原版中的錯誤，確實進行校訂。希望這項工作未來在出版英文版的校訂版時，會有一些幫助。

三、調整風格：因為之前是為英文讀者而寫，所以大量刪減史料的篇幅；但是現在為中文讀者而寫，有些史料想必讀者會更有興趣，就把這些史料補上。然後對於很多英文讀者不見得熟悉的中國近、現代史細節再補回去，例如：寧漢分裂、寧粵分裂、閩變、雙百方針等。

四、一九四九年後中國大陸和臺灣的篇幅：讀者如果比較英文版，會很輕易的發現多了第十二章，這就是稅專的後續單位：上海海關學校和財稅人員訓練所，以及第十和十一章的內容大幅增加。我一直認為一九四九年後的中國史，其關鍵和趣味就是對照兩岸的歷史進程，這是多麼的相似又相異，中國國民黨和中國共產黨這兩個政黨，同時宣稱自己的革命性和「大政府」理念，又同時具備著無法擺脫的過時和守舊。彼在各自的政黨基因和歷史包袱中掙扎，中國海關的結局或許正代表著兩岸人民的苦痛。把大陸的海關總署和臺灣的總稅務司署放在這兩個歷史脈絡中檢視，或許讓我們對國共兩黨對中國的功過有一番重新的認識。

五、丁貴堂的史料：相信很多讀者讀完英文版和中文版，就會發現丁貴堂絕對是英文版和中文版的主角，如果要說本書有幾位個性鮮明的主角，我想丁貴堂和李度這兩位亦敵亦友的老搭檔，絕對是第一和第二主角。

丁貴堂是一個比較難以「蓋棺定論」的歷史人物，他野心勃勃、精明能幹、對梅樂和極為忠誠、對李度極為防備（但是我也可以感受到丁貴堂對李度有很多欣賞的意味）；在華員眼中，王文舉和阮壽榮對丁貴堂都有很多的描述，王文舉是丁貴堂同鄉，但是王文舉很討厭丁貴堂；但是阮壽榮很欽佩丁貴堂。這也可以說像丁貴堂這樣性格的人，一定是會有正反兩極的評價。但是我願意相信，他是個率真任俠、保護關員的好同事；在洋員眼中，他在抗戰爆發前是個能幹的好同事，在抗戰勝利後，他就是橫亙在外籍總稅務司署制度的眼中釘。

人的想法會隨著時代變化，尤其是像丁貴堂這種長期與外籍關員共事，深深體會總稅務司署制度的優缺點的中國人，我相信他是坦白率真的人，也就是說，我相信他在很長一段時間，他真心相信總稅務司署制度中的專業主義、廉潔奉公對中國帶來巨大的幫助，但是我也相信他在抗戰末期認為，華籍關員真的可以接管總稅務司署，不再需要外籍關員。

如果再去讀他在一九四九年之後的報紙文章，不難得出他或許是個政治騎牆派，但是這正是我搜集丁貴堂史料時想要避免的現象。我們對於丁貴堂的認識可能要更謹慎地做評價。畢竟，丁貴堂連留下日記的權利都沒有，僅從片面的書信、報章，就給丁貴堂做出判斷，這很不公平。我因為在博士時期一開始研究華籍關員和稅務專門學校，自然而然就對丁貴堂特別熟悉，所以就想在出版英文版後的這十年間，把搜集到的所有丁貴堂的史料放在附錄（見本書五二七頁(QR CODE)，以供未來學者使用。

六、李度日記：我在研究博士期間，丁貴堂是我最熟悉的人；到了博士後階段，李度就是我最熟悉的人了。因為機緣巧合，我於二〇一二年底出版本書的英文版後，我花了五年時間編纂三冊的李度日記：*The Chinese Journals of L K Little, 1943–54: An Eyewitness Account of War and Revolution*，最後於二〇一七年出版。前前後後校訂其日記不下數百次，李度的性格和他在日記中每一天的心情，我都爛熟於胸。李度是個很直率、單純、倔強的人，同樣也是精明能幹，願意保護同事的俠客。老實說，我認為丁貴堂和李度的性格非常相像，這或許也是他們處不來又惺惺相惜的原因吧！經過五年時間編纂他的日記，我已經感覺到，他可能是我最好的朋友！

李度可以在他的日記中直言無隱，讓我們看到他的氣節和風骨，但是即便是傲岸如李度者，對於一九七〇年代整理他的日記時，在出版前都會再三考慮，他的日記會不會給他的國民黨自由派的好友，吳國禎、嚴家淦和孫立人帶來麻煩。此事最後作罷。[1]當《李度日記》出版後，我雖然一方面慶幸這份艱鉅的工作終於結束，但是我也對李度終於要走出我的生命感到有點遺憾。《李度日記》出版後，我寫了一封信給李度的外孫女Elizabeth Bolyan：

Dear Dr Elizabeth Bolyan

I would like to express my gratitude that you have given me this opportunity to present Mr Lester Little's life to the world. He played a very import role during the Second World War and the Cold War and had strong faith in Nationalist liberals and reformists (although I am not sure if he was satisfied with their performances).

However, his name has shaded away from historians' memory and research. Your generoristy and support enable the wordld to remember and recall Mr Little's contributions and endeavour to resist the aggression from Japan and Communist China. Compared to his predecessors I can say he was put in an even more difficult situation and he was forced to make very difficult choices.

Some people might criticise him because of these difficult choices but the publication of his journal provide the world with the access to understand his difficulties and realised that no one could have done better than him.

Sincerely yours,

Chihyun Chang, 21 January 2019 written in the Republic of China which Mr Little had given his best three decades to and had some much faith in.

當我現在重寫中文版時，我儘量讓自己忘卻我對李度的了解和印象，因為我在二〇一二年時，雖然有利用其日記，但是對其性格、經歷和日記的熟悉程度，那是遠遠不及現在。我嘗試著保持客觀，但是我真心感激李度隨著國民政府撤退來臺。雖然我也知道他把海關全部留存在英美銀行的經費發給外籍關員和隨之撤退來臺的華籍關員時，對隻身逃往臺灣的華籍關員來說，是不可承受之重的背叛。我在出版李度日記後，曾和畢可思談到，我喜歡李度這個人，李度在一九四九年表現出的氣節，連黨國重臣都未必做到，而這位美籍總稅務司居然做到，不僅是海關史僅見，也是中國近、現代史中罕見。但是若把我放在滯留大陸的華員位置上，我大約也難以原諒他的作為。

我對於一些中國海關史中我很熟悉的人物，如赫德、安格聯、梅樂和、岸本廣吉等，我感到有點愧疚。我不是不想把他們的性格、事蹟描述的再豐滿一點，但是史料確實不支持

1 Chihyun Chang, 'Preface: A forty-year delay to publish Lester Knox Little's diaries'; Chihyun Chang ed., *The Chinese Journals of L.K. Little, 1943–1954: An Eyewitness Account of War and Revolution*, vol. I (London: Routledge, 2018), xv-xix.

（赫德蓄意把日記寫得潦草、梅樂和特意留下對他有利史料，岸本廣吉刻意不留下史料）。我在詳加刻劃其他人物時，尤其是李度和丁貴堂時，如果你們地下有知，不要太在意，我知道你們的重要性，以及你們面對的局勢有多困難。我也體會你們受的委屈（尤其是安格聯和岸本廣吉）。給我一點時間，我未來會慢慢的充實起來。然後，我也知道有些很重要的歷史人物，我也沒有做好研究工作，例如：賈士毅就如魏爾特一樣的重要學者；詹德和如丁貴堂一樣重要的關員、周自齊和羅文榦如宋子文一樣重要財政部長吧！我相信，這將會是未來歷史學家的重要工作。

最後，林小姐曾經和我提示，她希望我在增補一九四九年後的臺灣部分時，讓讀者讀完之後，會有一種「對對對！我沒想到，但是實情就是如此」的感受。老實說，從上述的要求就可以看出林小姐對我太過擡愛了，竟然認為我寫得出這種「對對對！我沒想到，但是實情就是如此」的高度，不諱言說，這是所有歷史學家寫作時追求的理想境界，我希望這本書中不僅是增補的部分，還有主體都可以做到這一點。但是事實上，我一點把握也沒有。我只希望讀者在閱讀本書時，可以喚起一些同情心和同理心：了解十九和二十世紀時，書中人物的成長和面對的挑戰是多麼不易；珍惜著兩岸中國人在十九、二十世紀堆積如山的屍體上，在二十世紀末爭取到一段相對和平穩定的時間。

張志雲於上海交通大學

二〇二二年三月十八日

緒論

一八六〇年，大清經歷了前所未有的危機，富庶的江南地區被太平天國占領十年，帝國的心臟地帶因為第二次英法聯軍而勢若危卵；咸豐皇帝逃離紫禁城北狩熱河，圓明園被英法聯軍焚燬，留下他最猜忌的皇弟奕訢在紫禁城內與英法聯軍周旋。此外，捻匪騷擾華北，回變起於西南與西北。前述的大規模事變中，一個微不足道的小插曲導致一件重要的歷史事件。一八五三年上海小刀會趁洪楊作亂，法國、英國、美國將江海關監督的行政職責轉移給外國領，成功地保護中外貿易的順利進行和列強對華的貿易利益。在英、法、美的稅務監督的監管之下，總稅務司署就此建立。這本被視為是一條針對地方叛亂、保護中外貿易的權宜之計，但它持續了九十六年，並成為中國政府中最有效率的機構。

令人驚訝的是，清政府居然解決了狼煙四起的危機，並且又存續了半個多世紀。中央政府的滿洲親貴與地方的漢人督撫為拯救瀕臨崩潰的大清帝國，展開洋務運動。洋務運動直接與中國海關、總稅務司署以及外籍關員有著密不可分的關係。[1]一八六三年起，赫德署理總稅務司，為第二任外籍總稅務司，他在任直至一九一一年。[2]當一九〇八年這位已屆七十三歲的老者申請長假回英國時，清政府依然准他保有職位與薪水，直至一九一一年過世為止。赫德忠誠的服務使他成為在華最有權力的外國人，更準確地說，他是清末榮寵不衰，最有權力的官員之一。

雖然用赫德的話說，總稅務司署被設計作為估稅機構，但總稅務司署擔負的職責卻遠遠超出海關事務，例如：郵政局便是伴隨全國各地鄉鎮的活動而建立；船鈔項的創設，保護分布於沿海、沿江的航運、燈塔、無線信號站、浮標、信號浮標；造冊處的設置，則是為了編輯、出版中國的貿易數據報表和文字報告，直至今日，這些統計資料仍是研究近代中國經濟史最精確且可靠的史料。總稅務司署還負責各式各樣的活動，例如：同文館的西式和翻譯教育、協助建立中國的外交與領事服務；監督旅客和貨物的檢疫與港口衛生、參加萬國博覽會、組織中國的手工藝術品的展示；以及保護海關徵稅收入以支付中國的內、外債和賠款。

一八五四至一九五〇年期間，共有超過一萬一千名的外籍關員服務於總稅務司署，並且履行前述職責。此外，尚有一萬一千名的華籍關員受雇從事文書與勞務等職務。外籍關員有重要的國際影響力，擁有最高的行政管理權，並在關鍵時刻協助清政府制訂國家政策方向。雖然總稅務司署提高中國政府的效率，但外籍關員卻不免也防礙中國的自主性。對於總稅務司署的負面情緒正源自這種外籍身分，而這通常被貼上「帝國主義」或「殖民主義」的標籤。由於總稅務司署的起源、發展歷程和業務較為複雜，不同時代和地區的歷史學家對總稅務司署在近代中外關係史上的角色有極為廣泛甚至對立的理解。他們從二十世紀初開始研究總稅務司署，進而研究中國海關，而且隨著更深入的研究，提出更富爭議的研究成果。

中國海關史的研究回顧

一九一〇年，馬士著的《中華帝國對外關係史》第一冊出版，開啟了西方學術界對總稅務司署的研究。超過一個世紀之久的研究大約可以被劃分為三階段：一九一〇—一九四九年，一九五〇—二〇〇〇年，二〇〇〇年代至今；此外，學術以外的因素也不斷地影響中國海關史的史料編纂，例如：政治立場、民族主義、意識形態、人文學科或社會科學方法論。最好了解過去研究成果的方式是藉由全面梳理中國海關史學和史料編纂史，進而了解，為何某些議題會被特別地關注？

---

1 「中國海關」其實是個比較不精確的名詞，因為就算總稅務司署在一八五四年成立之後，中國海關仍是包涵著海關監督和海關稅務司兩套官僚體系的混合體。總稅務司在總稅務司署只是管理各條約口岸的稅務司而無法管理海關監督，海關監督一直是由中國政府管理。就算到了一九一一年後，海關監督失去稅款的徵收、保管和解匯功能，這位置仍然一直存在，到抗戰爆發之前。因此在本文中，如果只指明稅務司系統，即會使用「總稅務司署」，如果是指整體的海關系統，就會使用「中國海關」。

2 K. Bruner, J. Fairbank and R. Smith, *Entering China s Service: Robert Hart's Journals, 1854-1863* (Cambridge, MA: Harvard University Press, 1986), 154-79.

自從馬士出版三冊《中華帝國對外關係史》後，中國海關史便與中國近代史發生緊密相連。馬士曾為總稅務司署造冊處稅務司，而造冊處負責海關圖書館以及《貿易報表》和《貿易報告》的編纂與出版，[3]所以造冊處掌握著一八五九—一九四八年間大部分與中外關係、財政、經濟和貿易相關的資料。一九一八年《中華帝國對外關係史》的第二、三冊，仍以赫德和總稅務司署為核心，敘述近代中外關係史的基調，因為中國海關「所做的遠遠超過徵收海關稅收，而且在海關存在的早期，清政府就能非常準確地評估海關為清帝國創造的價值。」[4]但馬士指出赫德任人唯親的缺點，甚至對赫德的晚年所作所為感到不滿。馬士也預見到總稅務司署與清政府的潛在矛盾，因為清政府在一八八七年後「理解到作為政府的估稅代理人的洋關，主要是為中國的外國債權人而存在」。[5]相比於馬士，另一位造冊處稅務司杜德維（Edward Drew）關於赫德的一篇紀念文章則表示較多的讚美。[6]杜德維對赫德的唯一負面評價是，赫德並未培養足夠的華籍稅務司。赫德的侄女裴麗珠（Juliet Bredon）也寫了一本關於赫德的傳記：*Sir Robert Hart: The Romance of a Great Career*（1910，第二版）。

整體而言，在前述三位作者的作品中，總稅務司署與赫德的歷史形象是正面的。北洋政府時期，總稅務司安格聯獲得前所未有的權力。那時的中國知識界開始擔心中國人民不了解中國海關的重要性，因為大部分關於中國海關的資料都以英文出版。因此，他們開始在中文資料的基礎上撰寫中文論著，以敦促北洋政府將海關的行政管理權力從總稅務司署手中收回。筆者所見最早關於中國海關的專著是黃序鵷的《海關通志》（一九二一）。雖然黃序鵷使用稅務處的資料，但該書仍缺少可信的史料支撐。相似的問題也可見於當時大部分中國學者的海關史著作，像是金葆光的《海關權與民國前途》（一九二五）。一九二五年，關稅自主會議召開，金葆光提出完全解決由外籍關員控制海關的方法，但卻不切實際。他稱「總稅務司必須將任命稅務司的職權交回財政總長」，而且「政府應該在每個主要的口岸設立稅務專門學校以培訓關員」。[7]為幫助當時的中國學者，江恒源的《中國關稅史料》（一九三一）編輯了一九一二—一九二九年間大量的一手及二手中文資料。為了回應於這些中國知識界的指摘，總稅務司安格聯命令另一位海關內的史學家魏爾特編寫《關稅紀實》（*The Collection and Disposal of the Maritime and Native Customs Revenue since the Revolution of 1911: With an Account of the Loan Services Administered by the Inspector General of Customs, 1925*，第一版）。[8]安格聯的序言稱本書是為了「對中國政府授權我管理的職責留下說明性的紀錄，該職責的目的是為確保海關收入以履行中國政府肩負的國際與國內義務」。本書原僅供海關內部參考使用，但在一九二七年再版時因中國海關深受威脅，因

---

3 A. Eberhard-Bréard, 'Robert Hart and China's Statistical Revolution', *Modern Asian Studies* 40, 3 (2006): 605-29.

4 H. B. Morse, *The International Relations of the Chinese Empire*, vol. III (London: Longmans, Green, 1918), 388.

5 Morse, *The International Relations of the Chinese Empire*, vol. III, 405-6.

6 Edward Drew, 'Sir Robert Hart and His Life Work in China', *Journal of Race Development* 4, 1 (1913-14): 32.

7 金葆光，《海關權與民國前途》（上海：上海商務印書館，一九二八），頁二二八—二三〇。

8 第一版僅供海關內部參考使用，現在藏於上海市檔案館，檔案：Q275-1-2811。

此署理總稅務司易紈士（Arthur Edwardes）決定將「該書公諸於世」。[9]《關稅紀實》的出版並不足以捍衛中國海關對中國的貢獻，因此第一、第二版都是英文的。因此，代理總稅務司易紈士命令翻譯一九二七年版的《關稅紀實》。易紈士在該版翻譯的序中稱，他擔心「正式譯本不早出版則世人將為私人譯本所誤，或致永墮五十里霧中，故急將譯稿分卷付刊，陸續發售，以議議者先睹為快之望。」[10]

當中國海關內部的英籍史學家與中國知識界正忙於爭辯之際，日籍幫辦高柳松一郎寫了《中國關稅制度論》（一九二〇）[11]。位處華洋籍同事之間，高柳理解該兩方的難處。高柳稱「華人從未占居重要地位，亦從未有一日為一關之主任」；「華人居本國行政機關而如此受差別之待遇」；「外人之地位，正可謂為少許之防腐劑。」[12]一九二五年關稅自主會議之後，高柳松一郎修訂、增補一九二〇年的版本，於一九二六年完成三篇文章，並出版《改定增補中國關稅制度論》。這本書也成了高柳松一郎在東京大學的博士論文。[13]

在國民政府時期，總稅務司梅樂和（Frederick Maze）與中國政府的關係變得平穩。相對於安格聯積極地自證清白，梅樂和選擇與中國政治保持安全距離。因此，中國海關內部史學家遂重建中國海關傳統的資料搜集整理的角色。重中之重便是，於一九三二年重建海關圖書館。[14]第二步則是指示班思德（Thomas Banister）與魏爾特編輯一系列專著，以便「記錄中國海關在近代中國的商業史、貿易發展中扮演的多元角色。」[15]

班思德完成 *Coastwise Light of China: An Illustrated Account of the Chinese Maritime Customs*

Light Service (1932)，以及作為《十年報告》（一九二二—一九三一）的導論章：《五十年間中外貿易概況》（一八八二—一九三一）。魏爾特完成《關稅紀實》第三版，但重新命名為《民國以來關稅紀實》（一九三六）。不同於此前的兩版為了澄清總稅務司署對中國實有貢獻，第三版之目的強調一九二九年國定稅則委員會調漲的進口稅「極大地提高稅率並導致大規模的走私」。[16] 魏爾特編輯七冊的史料彙編：*Documents Illustrative of the Origin, Development, and Activities of the Chinese Customs Service* (1937-1938)。現在看來，這七冊是海關史料的菁萃，因為包含所有各時

---

9 F. Aglen, 'Foreword', in S. Wright, *The Collection and Disposal of the Maritime and Native Customs Revenue since the Revolution of 1911: With an Account of the Loan Services Administered by the Inspector General of Customs*, 2nd edition (Shanghai: Statistical Department of the Inspectorate General of Customs in Shanghai, 1927).

10 易紈士（著）、陶樂均（譯），〈序〉《民國以來關稅紀實》，卷一；張研、孫燕京（主編），《民國史料叢刊》，第四一〇冊（經濟・財政）（鄭州：大象出版社，二〇〇九）。

11 高柳松一郎，《中國關稅制度論》（東京：內外出版株式會社，一九二〇）。

12 高柳松一郎著、李達譯，《中國關稅制度論》（上海：商務印書館，一九二九），頁一四四。

13 飯島涉，〈高柳松一郎與中國海關〉；吳倫霓霞、何佩然編，《中國海關史論文集》（香港：香港中文大學，一九九七）。

14 〈梅樂和通令第四二五一號〉（一九三一年六月二十四日），中華人民共和國海關總署辦公廳編，《中國近代海關總稅務司通令全編》（北京：中國海關出版社，二〇一三），卷二十，頁六二七—三八。

15 〈梅樂和機要通令第七十一號〉（一九三一年一月三十日），中華人民共和國海關總署辦公廳編，《中國近代海關總稅務司通令全編》，卷四十一，頁一五五。

16 FederickMaze, 'Preface', in S. Wright, *China's Customs Revenue since the Revolution of 1911*, 3rd edition (Shanghai, Statistical Department of the Inspectorate General of Customs, 1935).

期海關史研究的必要史料。中國海關與國民政府的平穩關係也減少了中國知識界的敵意，因此一些中國學者開始反思為何中國的海關系統需要外籍專才管理的內在原因。中國知識界給出的答案是清政府的無能所導致。在武堉幹的《中國關稅問題》（一九三〇）一書中，稱「中國海關由外人幫辦之主因為清政府和北洋政之無作為導致」，「然稅務處於民前五年成立，仍形同虛設」。[17] 當然這個說法有欠公允，稅務處和稅專的建立，怎可說是虛設呢？

此時中國知識界的研究焦點漸漸轉向，一九二五年民族主義的浪潮降溫，也因為中央研究院等建立更加強基礎研究，而基礎研究所需要數據正是中國海關造冊處長久搜集的材料，所以學界從海關行政權的收回，逐漸聚焦到全面調查中國海關的統計資料。南開大學經濟系與社會調查所開啟了研究中國的社會經濟的議題的最豐富的寶庫：中國海關統計資料。唐有壬的《最近中國對外貿易圖解》一書，是第一本研究一九一一年後中外貿易的著作。但楊端六與侯培厚更為深刻，他們利用追溯至赫德擔任總稅務司後，一套完整的貿易統計資料，並且加以編輯，最終撰成《六十五年來中國國際貿易統計》（一九三一）一書。這本書包含一八六四—一九二八年的資料，而且其編輯風格大大地影響了此後類似書目的風格。

不同於這些經濟史學家，鄭友揆眼見抗戰時期中國受到日本軍事與經濟侵略，所以更加關注中國埠際貿易統計資料。在八年抗戰期間，鄭友揆與韓啟桐向中國海關借調統計資料，編輯《中國埠際貿易統計，一九三六—一九四〇》一書，開宗明義地指出：「本書明確地指出日軍在中國淪陷區如何發行估值過高的鈔票，以便購買從中國大後方運來的日常用品。」[18]

因為這些的研究成果都取材於造冊處的統計資料，所以這就開啟了調查貿易統計數據準確性的研究。一九三〇年代便有鄭友揆的《中國海關貿易統計編制方法及其內容沿革考》（一九三四）。對鄭友揆而言，呈現出一種說明完整的編輯格式以及準確性仍然是困難的，因為一九三〇年代的統計編輯格式已經改變過三次。

就在這時，一位英籍青年學者突然出現，費正清在大學時開始研究中國海關，並於一九三〇年完成他的文學學士論文《英國政策與中國海關的起源，一八五〇—一八五四》。[19]費正清於一九三二年來到中國。對他而言，當時正是研究中國海關的最佳時刻。有了海關圖書館與上述中國經濟史學家的幫助，費正清在中國收集了足夠多的原始資料，完成了五篇期刊論文。[20]

同時研究中國海關的外國史學家仍是以中國海關的關內史學家為主力，因造冊處的資料之

---

17 武堉幹（撰）、楊端六（校），《中國關稅問題》（上海：商務印書館，一九三〇），頁四二—三。

18 鄭友揆、韓啟桐（編），《中國埠際貿易統計，一九三六—一九四〇》（北京：中國科學院，一九五一），頁iv。

19 P. Evans, *John Fairbank and the American Understanding of Modern China* (New York: Blackwell, 1988), 18.

20 費正清在中國寫的期刊論文：'The Provisional System at Shanghai in 1853-1854 (to be continued)', *The Chinese Social and Political Science Review* 18, 4 (1935): 455-504; 'The Provisional System at Shanghai in 1853-1854 (concluded)', *The Chinese Social and Political Science Review* 19,1 (1935): 65-124; ' The Creation of the Foreign Inspectorate of Customs at Shanghai (to be continued)', *The Chinese Social and Political Science Review* 19, 4 (1936): 469-514; 'The Creation of the Foreign Inspectorate of Customs at Shanghai (concluded)', *The Chinese Social and Political Science Review* 20, 1 (1936): 42-100; and 'The Definition of the Foreign Inspector's Status', *Nanki Social and Economic Quarterly* 9, 1 (1936): 125-63. 'The Legalization of the Opium Trade before the Treaties of 1858', *Chinese Social Political Science Review* 17, 2 (1933): 215-263.

助，魏爾特完成了《中國關稅沿革史，一八四三—一九三八》（一九三八）。這是一部從中國的視角出發，描述中國如何失去與重拾關稅自主權的歷史巨作。《中國關稅沿革史，一八四三—一九三八》不只採用「中國中心觀」，而且該書也包含了無數歷史大小事件的細節，例如：一九二五前後關稅自主會議上廣東國民政府與港英政府關於省港大罷工的交涉細節。

緊接著《中國關稅沿革史》之後，魏爾特著手準備中國海關史的學術著作。為了這本專著的鋪墊，魏爾特先是撰寫了 *The Origin and Development of the Chinese Customs Service, 1843-1911: A Historical Outline* (1939) 這本小冊子。該小冊子僅在「私人之間流通」，並且只是「一部大部頭著作的初步概略」，[21]但至今仍是關於晚清時期中國海關歷史的最好入門指引。魏爾特於一九五〇年完成最重要的中國海關的學術著作：《赫德與中國海關》（一九五〇）。雖然魏爾特宣稱這一學術著作並非「試圖呈現一般意義上的傳記，頂多只是稍微觸碰到赫德的私人與家庭事務」。[22]這可能是因為魏爾特「太過於接近海關史這齣劇碼中的後期演員們，而他們正是他著作的資助者和觀看者，從而警戒他別太靠近（某些敏感的議題）」。[23]至今《赫德與中國海關》一書仍是最類似一部赫德傳記的著作。

一九五〇年以後，中國大陸與臺灣的華籍關員對他們的個人資料展開研究，例如：書信、日記、回憶錄、傳記與自傳等，這正是濱下武志說的「第二代海關史研究」。[24]海關史研究吸引了更多有興趣的史學家與學術界人士開始討論九十五年歷史裡中國海關外籍關員的本質。這種討論主要在費正清於中國大陸的馬克思史學家之間展開。雖然在一九五〇年以前，費正清只研究一八四二—一八五八年間的中國海關，但他於一九六八年開始與最後一任總稅務司李度（Lester Knox Little）合作，開始編輯赫德與中國海關駐倫敦辦事處稅務司金登幹（James Duncan Campbell）的書信往來，以及八冊的《赫德日記》。這些編輯工作被統稱為「赫德工程」（Hart industry）。[25]然而，中國大陸的史學家速度稍微快一些。早在費正清著手「赫德工程」前十年，中國大陸的史學家們已經開始翻譯、編輯中國海關的原始資料。

一九五七年中國大陸史學家開始編輯的《帝國主義與中國海關》（一九五七—一九六五）。在費正清眼中，《帝國主義與中國海關》「服務於中國大陸的宣傳需求。從他們的觀點出發，較少提及海關的優點」，[26]《帝國主義與中國海關》正好在文化大革命爆發之前完成，文革終止了中國大陸的所有學術活動，萬幸的是，此時在歐美學術界李度與費正清的合作推進了海關史料的編纂工作。一九六五年，李度帶著一八六八—一九〇七年間赫德寫給金登幹的書信，將其存放於倫敦大學亞非學院圖書館，但李度覺得「應該利用這些書信的複本做些什麼」。一九六八年，李

---

21 S. Wright, *The Origin and Development of the Chinese Customs Service, 1843-1911: A Historical Outline* (Shanghai, 1939), i.

22 S. Wright, *Hart and the Chinese Customs* (Belfast: Mullan & Son, 1950), xiii.

23 R. Bickers, 'Purloined Letters: History and the Chinese Customs Service', *Modern Asian Studies* 39, 4 (2005): 3.

24 濱下武志，〈海關洋員回顧錄和第二代海關史研究〉《國家航海》，三（二〇一六），頁二〇〇—一〇。

25 P. Cohen and M. Goldman (eds), *Fairbank Remembered* (Cambridge, MA: University Press, 1992), 229.

26 Harvard University Archive, HUP (FP), 12.28, Papers of John King Fairbank, Box 2, folder 'Hart journals', Fairbank to Foster-Hall, 14 December 1970.

度帶著二十冊已經編好的赫德寫給金登幹的書信與費正清接洽。[27]經歷了八年的辛苦工作，費正清的團隊出版了《總稅務司在北京——中國海關的赫德信函》（*The IG in Peking: Letters of Robert Hart Chinese Maritime Customs, 1868-1907*）。

《總稅務司在北京》的出版對費正清而言的重要性在於，反駁了以《帝國主義與中國海關》為代表的由中國大陸所書寫的近代中國史的線路。《總稅務司在北京》明確指出十九世紀英國與二十世紀毛澤東思想對赫德的態度，呈現了「兩種完全不同的世界」。「一套特殊系列在中國已經出版，檔案檔被選擇並翻譯，用來說明『帝國主義與中國海關』的主題」。因此，「一個大範圍的翻譯任務被提供給有求知欲的學生，而更多的矛盾則威脅到十九世紀晚期的中國史」。[28]

但更令人驚訝的是《赫德日記》的乍現。赫德的曾孫沒有繼承人，於是在過世後他將七十七冊赫德日記留給了貝爾法斯特皇后大學。費正清的一位學生邦克（Gerald Bunker）決定通讀赫德日記，並且以錄音的形式記錄它們。這一任務極為艱巨，因為「手寫體迫使邦克猶豫遲疑、重複，甚至改變了整句的意旨」。布魯諾（Katherine Bruner）的辨識稿證明邦克所做「徒勞無功」。[29]邦克的任務於一九七八年由司馬富（Richard J. Smith）接續。司馬富「將邦克的辨識稿與手寫體日記進行比較，進行了大量的校正，並且添加上赫德原來所寫的漢字，以及調查赫德收集的其他研究資料，例如寄給或來自赫德的信件、照片、清朝官員送的禮、書卷、書籍、斌椿的日記等格式各類的漢文資料」。[30]經過二十多年的努力後，兩冊赫德日記：《步入中國清廷仕途——赫德日記：一八五四—一八六三》（*Entering China's Service: Robert Hart's Journals, 1854-1863*）

與《赫德與中國早期現代化——赫德日記：一八六三—一八六六》（*Robert Hart and China's Early Modernization: His Journals 1863-1866*）終於出版。

《赫德日記》第二冊出版那年，正是在費正清去世那年。然而，很少有人知道「費正清留下的未竟之作已擱置在他心中將近六十年之久」[31]——《馬士傳》（*H. B. Morse: Customs Commissioner and Historian of China*）。事實上，《馬士傳》應是費正清的第一部著作，因為他於一九三一年「承諾當這本書完成時將會將其先給馬士」。[32]這本書的出版推遲了六年。在費正清死前，他寫好了前言並在其中承認馬士與他「有許多共通點」，並且分享「某種喜好與盲點」。費正清總結道：「一本關於一生的傳記。這本傳記只涉及較少問題。」[33]

除了費正清的團隊外，一九九〇年代的西方史學家似乎對中國海關並沒有特別感興趣。孔如

---

27 Bruner Fairbank and Smith, *Entering China's Service*, xi-xii.

28 J. Fairbank, K. Bruner and E. Matheson (eds), *The IG in Peking: Letters of Robert Hart, Chinese Maritime Customs 1868-1907* (Cambridge, MA: Harvard University Press, 1975), vol. I, xii.

29 Bruner, Fairbank and Smith, *Entering China's Service*, xii-xiii.

30 R. Smith, J. Fairbank and K. Bruner (eds), Robert Hart and China's Early Modernization: His Journals, 1863-1866 (Cambridge: MA: Harvard University Press, 1991), xv-xvi.

31 J. Fairbank, M. Coolidge and R. Smith, *H. B. Morse: Customs Commissioner and Historian of China* (Lexington, KY: University Press of Kentucky, 1995), ix.

32 Evans, *John Fairbank and the American Understanding of Modern China*, 19.

33 Fairbank, Coolidge and Smith, *H. B. Morse*, 4.

軻（Nicholas Clifford）研究亞非學院收藏的梅樂和的檔案，和李度交換的書信，出版了〈梅樂和與中國海關，一九三七—一九四一〉（一九六五）；[34]史景遷（Jonathan Spence）的《改變中國：在中國的西方顧問》（*To Change China: Western Advisers in China, 1620-1960*）的一章論述了兩位總稅務司：李泰國（Horation Lay）與赫德；而葛松（Jacob Gerson）的《李泰國傳》（*Horatio Nelson Lay: His Role in British Relations with China*）則是現在西方學界研究李泰國的最有名的著作。

但一些在美國大學取得學位的臺灣史學家追隨一九三〇年代中國社會經濟學者的研究腳步，在一九七〇年代重啟了中國經濟史的研究。受《六十五年來中國國際貿易統計》的鼓舞，蕭亮林想要編輯一本續編。靠著退休關員，如：葉元章、李度等協助，蕭亮林完成了《中國國際貿易統計手冊》（*China's Foreign Trade Statistics*），該書中的原始資料便來自中國海關統計資料。[35]但以海關史料為基礎的社會經濟史研究則是由哈佛大學畢業的劉翠溶開創。劉翠溶回到臺灣後，訓練了一批經濟史學家。

在劉翠溶回臺灣後幾年，中央研究院近代史研究所從哈佛大學購回一百卷縮微膠卷《中國海關出版品》，這正是第一系列的貿易報表和報告的。[36]劉翠溶與他的學生范毅軍和劉素芬利用造冊處的統計資料，專注研究中國經濟史。在劉翠溶的指導下，他們利用海關貿易數據研究中國區域經濟史。這種有著濃厚社會科學傾向的社會經濟史研究方式變成臺灣和日本學界最流行的歷史研究潮流。這也正是濱下武志說的「第一代海關史研究」。當時在臺灣還有其他的社會經濟史學家，例如王建鍵的學生林滿江，也因為接觸了臺灣銀行的史料，而開始利用造冊處史料出版了

《茶、糖、樟腦業與臺灣之社會經濟變遷（1860-1895）》（一九七七）。

文化大革命之後，中國大陸歷史學家開啟了另一個編輯任務，以便對抗西方世界書寫的近代中國史。一九八二年，中國大陸的中國社會科學院近代史研究所與中國第二歷史檔案館（以下簡稱二檔館）開始編輯中國大陸版的《總稅務司在北京》，此即陳霞飛編輯的《中國海關密檔：赫德、金登幹函電彙編》（一八七四—一九〇七）》（一九九〇）。這九冊包含了《總稅務司在北京》並未收錄的部分，即金登幹回覆赫德的書信。一九八二年中國大陸學界仍然與歐美學界隔離，身為《中國海關密檔》的主編，在編輯工作一開始，中國社會科學院近代史研究所的陳霞飛並不知道有《總稅務司在北京》這套資料的出版。[37]然而，《中國海關密檔》的出版除了呈現《總稅務司在北京》未收錄的金登幹給赫德回信和電報之外，也有自身的歷史意義，因為它「提供給我們〔中國大陸〕的讀者們一套完整的未刪節的中國海關歷史，它證明我們未曾提供錯誤的歷史圖像」。[38]

---

34 Conversazione transcript, 16-17 December 1971, G. E. Bunker, K. F. Bruner, L. K. Little, 16-17 December 1971, 35.

35 Hsiao Liang-lin, *China's Foreign Trade Statistics* (Cambridge, MA: Harvard University Press, 1974), vii-viii.

36 張存武，〈中國海關出版品簡介，一八五九—一九四九〉，《中央研究院近代史研究所集刊》，九（一九八〇）：頁五〇五—三四。

37 陳霞飛，〈越過重洋的追悼—記在一個研究項目中與費正清教授的文字交往〉《近代史研究》，二（一九九二）：頁二〇七—一二。

38 Chen Xiafei and Han Rongfangeds., *Archives of China's Imperial Maritime Customs: Confidential Correspondence between Robert Hart and James Duncan Campbell, 1874-1907* (Beijing: Foreign Languages Press Beijing, 1990), vol. I, ix.

所有中國大陸研究中國海關的歷史學家中，廈門大學陳詩啟的貢獻最為傑出。陳詩啟對海關史的貢獻可以被視為中國的費正清。在文化大革命期間，陳詩啟祕密收集並發動家人抄錄廈門關所藏的中國海關資料。[39]文革之後，陳詩啟在廈門重啟他的學術生涯，並全心學習英文以研究中國海關史。[40]陳詩啟的大部分研究成就在他一九八六年退休後出版。[41]

一九八五年，中國海關學會與陳詩啟在廈門大學成立中國海關研究中心。北京的中國海關學會也推動發展中國海關史的學術期刊：《海關研究》。在中國海關史研究中心與中國海關學會的推動下，一九八八年、一九九〇年及一九九五年三次中國海關史國際學術會議召開，其中一些文章被刊登在《近代史研究》、《中國社會經濟史研究》和《歷史研究》。[42]

在陳詩啟眼中，一九八一年前的中國海關史研究「擺脫不了閉關自守思想的束縛和影響，無可諱言，大多不是實事求是的」。[43]但在一九九三年，陳詩啟完成了《中國近代海關史（晚清部分）》，並在一九九七年完成了《中國近代海關史（民國部分）》。此外，陳詩啟的學生戴一峰則撰成了《近代海關與中國財政》（一九九三）一書，這些專著的完成，總結了廈門大學在一九九〇年代在中國大陸開創中國海關史研究的基礎。

除了出版專著之外，同時期，廈門大學中國海關史研究中心也翻譯了一系列的英文著作，例如：《赫德與中國海關》、《李泰國與中英關係》，同時也出版了一系列的工具書，例如：《中國近代海關常用詞語英漢對照寶典》（二〇〇二）、《中國近代海關史大事記》（二〇〇四）。由於這些成果的支援，陳詩啟再將《中國近代海關史（晚清部分）》與《中國近代海關史（民國部分）》整合成為涵蓋了一八四二—一九五〇年中國海關史的一冊《中國近代海關史》。經歷了二十年的努力，完整版的《中國近代海關史》總結了陳詩啟對中國海關史研究的貢獻。

　　費正清去世之後，有關赫德的原始資料的編輯工作停止了。從一九九〇年到二〇〇〇年初，歐美學界對中國海關史的興趣相對較小。然而，像費正清得知赫德日記重現江湖一樣，另一個機會意外降臨。劍橋大學的方德萬在無意間得知二檔館藏有約五萬五千多份中國海關檔案。為了調研如此龐大的資料，方德萬與畢可思與南京大學合作，在二檔館內組建團隊、招收博士生，其研究成果則是這五萬五千多份中國海關檔案的電子目錄、兩萬兩千名關員的資料庫、一份電子資料傳記，以及三七二卷中國海關的原始資料的微卷。而方德萬和畢可思的博士生們也在二〇一〇年代開始出版他們的博士論文。[44]

39　陳詩啟，〈前言〉《中國近代海關史初探》（北京：中國展望出版社，一九八七）。

40　戴一峰，〈陳詩啟與中國近代海關的研究〉《近代中國史研究通訊》，十九（一九九五），頁六一—二。

41　戴一峰編，《近代中國海關與中國社會：編念陳詩啟先生百年誕辰文集》（廈門：廈門大學出版社，二〇一二）。

42　陳詩啟，〈再版序言〉《中國近代海關史》（北京：人民出版社，二〇〇二）。

43　陳詩啟，〈前言〉《中國近代海關史初探》。

44　See Catherine Ladds, *Empire Careers: Working for the Chinese Customs Service, 1854-1949* (Manchester: Manchester University Press, 2013), Hans van de Ven, *Breaking with the Past: The Maritime Customs Service and the Global Origins of Modernity in China* (New York: Columbia University Press, 2014), Felix Boecking, *No Great Wall: Trade, Tariffs, and Nationalism in Republican China, 1927-1945* (Cambridge, MA: Harvard University Press, 2016).

這些新資料，促使歐美史學家重啟中國海關史的研究。方德萬與畢可思的研究團隊完成了一批學術著作、期刊論文和博士論文。二〇〇六年，《現代亞洲研究》（*Modern Asian Studies*）為中國海關史開闢了一個專號（第四十卷第三期），其中大部分的文章仍然聚焦於赫德及赫德的時代研究。這些文章討論一八六〇年代赫德的政治網路，赫德受愛爾蘭文化的影響，赫德與金登幹的史料編輯史，赫德對造冊處的設計等等。二〇〇八年，《帝國和英國協歷史雜誌》（*Journal of Imperial and Commonwealth History*）也為中國海關史開闢了一期專號，但文章主題不再限制於赫德，還拓展至一九四一—一九四五年間的重慶總稅務司署、一九〇一年後的常關，以及外籍關員的社交團體。

同時，廈門大學海關史研究中心的博士生畢業，開始發表相關著作，這些研究超越了傳統史觀，而外籍關員的知識結構切入；[45]並開始總結他們改革開放以來的研究成果，例如《赫德與舊中國海關論文選集》（二〇〇四）、《中國海關與中國近代社會：陳詩啟教授九秩華誕祝壽文集》（二〇〇五）。此時，海關史研究在中國大陸還沒成為熱點，但是仍有一些重要的研究成果，這些成果的特色是脫離了傳統史觀的影響，[46]有一部分改向中研院的社會經濟研究方向靠近，[47]這些海關史著作為海關與地方社會的經濟發展提供了清楚的說明。這一研究路徑正是一九三〇年代大陸的中研院與社會調查所與一九八〇年代臺灣的社會經濟史脈絡。

但是海關史在中國大陸復興則是要在二〇一五之後。今日，中國大陸的中國海關史研究分為三個脈絡：一、廈門大學的戴一峰和水海剛：他們仍然承襲著陳詩啟的脈絡，但是將海關史推向與地方社會結合的研究視角；二、復旦大學的吳松弟和王哲：他們從中國海關出版品出發，結合著史地所的歷史地理學科優勢，利用地理信息系統、數據庫和視覺化的研究；[48] 三、茅海建的學生如任智勇和傅亮各自從海關監督和抗戰的視角研究中國海關。[49]

---

45 詹慶華，〈中國近代海關貿易報告的傳播及影響〉《廈門大學學報（哲學社會科學版）》，四（二〇〇三）；詹慶華，〈中國近代海關貿易報告述論〉《中國社會經濟史研究》，二（二〇〇三）；詹慶華〈略論近代中國海關與早期高等教育〉《上海海關學報》，一（二〇〇九）。

46 中國大陸傳統觀點的海關史著作，見文松《近代中國海關洋員概略：以五任總稅務司為主》（北京：中國海關出版社，二〇〇五）、孫修福，《中國近代海關首腦更迭與國際關係：國中之國國王登基內幕》（北京：中國海關出版社，二〇一〇）。

47 利用海關史料研究社會經濟史，見：佳宏偉，《區域社會與口岸貿易：以天津為中心（一八六七—一九三一）》（天津：天津古籍出版社，二〇一〇）；胡丕陽、樂成耀，《浙江海關與近代寧波》（北京：人民出版社，二〇一一）。

48 吳松弟、方書生，〈一座尚未充分利用的近代史資料寶庫：中國舊海關系列出版物評述〉《史學月刊》，三（二〇〇五），頁八三—九二；吳松弟，方書生，〈中國舊海關統計的認知與利用〉，《史學月刊》，七（二〇〇七），頁三三—四二；吳松弟，〈中國舊海關出版物評述：以美國哈佛燕京圖書館收藏為中心〉《史學月刊》十二（二〇一一），頁五四—六三；吳松弟，〈中國舊海關出版物的書名、內容和流變考證：統計叢書之日報、月報和季報〉，《上海海關學院學報》二（二〇一二），頁一—八；吳松弟，方書生，〈中國舊海關出版物的書名、內容和流變考證：統計叢書之年刊系統〉，《上海海關學報》一（二〇一三），頁一—十七。

49 任智勇，《晚清海關一研究：以二元體制為中心》（北京：中國人民大學出版社，二〇一二）；任智勇，《咸同時期的榷關與財政》（北京：北京師範大學出版社，二〇一九）；任智勇，〈從榷稅到夷稅：一八四三—一八五四年粵海關體制〉《歷史研究》，四（二〇一七）、任智勇，〈一八五〇年前後清政府的財政困局與應對〉《歷史研究》，二（二〇一九）傅亮，〈近十年來中國近代海關史研究綜述〉《海關與經貿研究》，二（二〇一五）；傅亮，〈混亂的秩序：珍珠在前述三個主要脈絡中，還要介紹兩位不是從中國大陸學術體系出身，但是現在正在中國大陸研究海關史的學者，第一位享譽已久其於中國大陸史學家推動海關史研究的貢獻，甚至可說是近二十年來中國大陸海關史學界發展的關鍵人物。這人就是濱下武志。早在一九七〇年代，濱下武志就是以日本「海關派」的史學大家名聞於世，[50]但是從二〇〇五年濱下武志前往中山大學服務後，就一直推動著中山大學和華中師範大學海關史研究，並且提出極為宏觀的理論框架，引導著現代海關史的進程。[51]

另一個不是從中國大陸學術體系出身，但是現在卻在中國大陸研究海關史的就是筆者。筆者自博士畢業後，前往中央研究院任職三年期間，獲得范毅軍、林滿紅和唐啟華指導，所以對海關史中的社會經濟史和外交史等史料有更多的認識，此後前往中國大陸任職，以歐美學界和臺灣學界的海關史兩條研究脈絡訓練學生。因此呈現出三條研究方向：一、社會經濟史；二、海關與外交；三、外籍關員。[52]以及筆者自己因為文學的學術背景而做出的一些研究嘗試。[53]

港事變後海關總稅務司的人事更迭〉《抗日戰爭研究》，四（二〇一五）；傅亮，〈一九三〇年代甌海關與反日會緝私權之衝突〉《民國檔案》，二（二〇一六）；傅亮，〈太平洋戰爭爆發後洛陽關的徵稅與緝私（一九四二—一九四五）〉《抗日戰爭研究》三（二〇一八）；傅亮，〈國民政府海關戰時消費稅的開徵與撤銷（一九四二—一九四五）〉《蘇州大學學報（哲學社會科學版）》，四（二〇一八）；傅亮，〈關稅特別會議與英國對華海關新政策（一九二五—一九二六）〉《史林》，六（二〇二一）。

50　濱下武志，《中国近代経済史研究：清末海関財政と開港場市場圈》（東京都：汲古書院，一九八九）；濱下武志，〈海関資料に生かされる：旧中国海関資料群の活用と次代の東アジア研究：歴史の風〉《史学雑誌》，第一三〇卷第一號（二〇二一），頁三六—八；濱下武志，〈一九世紀末における銀価変動と上海金融市場——中国通商銀行の初期活動に関連して〉《一橋論叢》，第八十七卷第四號（一九八二），頁四二一—四七；濱下武志，〈近代中国における貿易金融の一考察——十九世紀前半の銀価騰貴と外国貿易構造の変化〉《東洋学報》，第五十七卷（一九七六），頁四〇四—六五。

51　濱下武志，〈全球歷史視野下晚清海關資料研究的新挑戰與新途徑〉《清史研究》，六（二〇二一）；濱下武志，〈中國海關史研究的三個迴圈〉《史林》，六（二〇二〇）；濱下武志，〈海關洋員回顧錄和第二代海關史研究〉《國家航海》，三（二〇一六）。

52　社會經濟史方向見：蔡誠、張志雲，〈晚清海關稅則之比較研究：一八四三—一九〇二年〉《清史研究》；蔡誠、張志雲〈方言與晚清海關同文供事資料庫研究：一八七六—一九一一〉《中國社會經濟史研究》二（二〇二一），頁四五—六一。蔡誠、張志雲，〈晚清海關稅則之比較研究：一八四三—一九〇二年〉《清史研究》，三（二〇二二），頁九〇—一〇八。侯彥伯，〈晚清泛珠三角模式的貿易特色：華商、中式帆船與粵海常關的積極作用（一八六〇—一九一一）〉《中國經濟史研究》，六（二〇二一）頁一〇四—一二二；侯彥伯，〈從財政透明化評價清末海關兼管常關〉《中山大學學報》（社會科學版），三（二〇一八），頁八四—九七；侯彥伯，〈一九四九年以來國內海關資料研究的困境與解決途徑〉《中國社會經濟史研究》，三（二〇二〇），頁八九—九九。外籍關員見：丁怡駿、張志雲，〈海關圖書館與中國政治進程（一八六三—一九五一）〉《蘇州大學學報》，六（二〇二一），頁一二〇—一三二。張志雲、姜水謠，〈日中戦争期における中國海関総税務司と総務科税務司岸本広吉〉《東洋學報》，第一〇三卷一號（二〇二一）。海關與外交見：鄭彬彬、張志雲，〈江漢關開埠與漢口國際貿易（一八五八—一八六九）〉《近代史研究》二（二〇二〇），頁一一〇—一二六；鄭彬彬、張志雲，〈英國在華使領的情報工作與修約決策（一八四三—一八六九）〉《歷史研究》，二（二〇二二），頁一三四—一五七。

53　Chihyun Chang, "From Personal Connections to Mutual Trust: Building Memories with the Children of the Chinese Staff of the Chinese Maritime Customs Service," in Katherine Swancutt ed., *Crafting Chinese Memories: The Art and Materiality of Storytelling* (New York: Berghahn, 2021).Henk Vynckier and Chihyun Chang, "Imperium in Imperio: Robert Hart, the Chinese Maritime Customs Service and its (Self-)Representations," *Biography* 37, 1(2014): 69-92. Henk Vynckier and Chihyun Chang, "The Life-Writing of Sir Robert Hart, Inspector-General of the Imperial Maritime Customs Service," *CLCWeb: Comparative Literature and Culture* 14, 5 (2012).

自從一九一〇年第一冊《中華帝國對外關係史》出版以來，儘管已有四、五代學者的努力，各地學者對中國海關仍有待進一步探索。其中主要的原因是歷史學家理解中國海關資料的途徑有所差異。馬士與魏爾特在手邊擁有全套的中國海關資料，因此他們的學術著作有極高水準。雖然費正清對中國海關的興趣是受到了馬士的啟發，但魏爾特卻限制他接近中國海關資料；儘管如此，赫德的書信與日記卻幸運地得以披露於世。陳詩啟的情況則是因為文化大革命而最為艱難。假如方萬德與畢可思未被告知有五萬五千份的中國海關資料，他們並不會研究中國海關史。除馬士和魏爾特之外，上述歷史學家研究中國海關史的成果基本上可以說都是意外，但他們遵循學術契機，並將其成果呈現於世。

雖然大部分中國海關的原始資料目前存放在中國，但中國大陸的史學家面臨的困難是最為嚴峻。中國海關的原始資料是英文的，語言障礙和辨認手寫字跡的困難阻止了中國大陸史學家理解中國海關對中國貢獻的整體面貌。類似的情況也適用於西方學者。中國海關對中國做出的巨大貢獻使人們低估了列強通過對中國海關的良好管理，從中國奪取自然與財政資源所造成的破壞，以及低關稅稅率對民族工業的傷害。中研院對於社會經濟史的研究或許調和了中國與西方史學家的研究觀點，但有時陷於瑣碎的片段：分析無止境的貿易數據，而非呈現開闊的中外貿易圖像。

在中國海關史研究的這一百年，形成了四個學派：主張中國海關對中國現代化的貢獻的馬士和費正清現代化史觀學派；主張中國海關受西方帝國主義主導、剝奪中國資源的中國大陸馬克思主義學派；討論區域經濟與中國海關的互動的社會經濟史學派；對中國海關內部研究的制度史學派。這四個學派立足於他們選擇的案例來對中國海關史做出不同詮釋。下文將回顧這些與中國海關史有關的詮釋。

中國海關史的理論回顧

中國海關的本質始終充滿爭議，而所有史學家都有自己的一套詮釋。本書主張中國海關的本質可以說成是「間接控制的代理制度」（indirect control through delegation）。這意味著中央政府委託一個代理首腦，管理某個中央政府不會或不能直接控制運營的機構。此代理首腦可以自主地雇傭代理下屬，把管理觸角延伸到全國。這一制度的有效運作必須建立在三項前提：一、代理首腦與中央政府的互信；二、代理首腦在該機構的自主；三、代理首腦的代理下屬對其服從。只要「互信」、「自主」和「服從」的前提存在，憑藉代理首腦及代理下屬的廉潔和專業，此代理集團幫助中央政府快速地建立起對某些機構的控制。雖然中央政府對這些機構的控制僅是間接的，但是關鍵是「快速」，在十九世紀下半葉，清政府面對「百年未有之變局」的挑戰，無法花費幾十甚至上百年的時間，建立起與全球連結的機構。沿此思路，總稅務司署於一八五四年建立，並由英國人擔任代理集團的骨幹。

以「間接控制的代理制度」為核心的總稅務司署被應用到全國各地的條約口岸。[54] 總稅務司署由兩部分組成：一、作為總部的總稅務司署；二、各地海關站的稅務司。總稅務司署由總稅務司領導，在其下分設有科處，以稅務司領導，輔佐總稅務司管理全國海關站稅務司。地方海關站分布在條約口岸，由海關監督和稅務司共同領導。在總稅務司署、總署科處與各地海關站中的幫辦擔任各層管理職務，幫辦是海關站正副稅務司、總署科處稅務司，乃至總稅務司的候補人選。然而，總稅務司一職自一八五四—一九五〇年間，始終由外籍人士擔任，同樣的情況也適用於一八五四—一九二八年間的總署科處和海關站。

總稅務司署並非「間接控制的代理制度」的唯一案例。清政府也把各種職責委託給其他中國官僚。南、北洋大臣分別被授予處理中國南五口和北三口的洋務、條約口岸及水師事務。這些封疆大吏的幕府中的幕賓大都與地方督撫為大小同鄉。總稅務司署與南、北洋大臣具備共同點：總稅務司是英國人，骨幹關員大多來自英國；北洋大臣李鴻章是安徽人，他的淮軍將領也來自江淮。本書主張中國海關的特徵並非不同於晚清中國的其他機構。相反的，總稅務司署的模式正是當時一種普遍的現象，即一個地域團體受中央政府委託，代為管理諸多職責，而這些代理集團可讓清政府省心省時地且間接地營運這些機構，並和中央政府維持羈縻關係。

間接控制的代理制度的便利之處是「快速」且「有效」，因為中央不需要訓練一批官僚去營運這些機構，而且也不需要完全重建政府體系。然而，缺點就是出在「間接」之上，因為中央政府時常失去對這些機構控制，而這些代理集團形成強枝弱幹、尾大不掉之勢。到了二十世紀時，中央政府試圖解決間接控制的代理制度尾大不掉的現象，而想出三個方案：

第一個方案似乎最為有效，或者說簡單粗暴：中央政府替換代理首腦，並換上中央政府的心腹。假如代理首腦被懷疑對政府是致命威脅的話，第一個方案可以立即劃下停損點，並且解決眼下的燃眉之急。當燃眉之急解決後，再過一段時間即可看出，第一個方案明顯無效。原因是代理下屬組成的代理集團不聽命於中央政府派任的新任代理首腦。變通方法可能是，中央政府從代理下屬中挑選新的代理首腦。但這個方法同樣不成功。因為新、舊代理首腦來自於同一個代理團體，因此無法保證新的代理首腦會服從中央政府的領導。不用說，第一招的第一種選項會嚴重傷害中央政府威信，而第二種選項會讓代理集團更加團結，讓原本尾大不掉之勢更形棘手。況且應用在總稅務司署時，還要加上新的考量因素：總稅務司通常是從在中國和中國海關勢力最大的列強之國籍關員中挑選，因此中國政府更換總稅務司的行為將會激怒總稅務司、外籍關員及總稅務司的母國。

第二個方案較為中庸：則是中央政府是在原有代理集團之上創立一個新的監督機構。如此一來，這個監督機構從原有機構中獲得更多的經驗，假以時日，會成為替換原有機構的最佳選擇。此外，總稅務司署事實上是一個中國政府中級機構，中央政府極容易就降低其的級別。在清末新

---

54 條約口岸為Treaty Port的直譯，在過去的史料和中文著作中，常以通商口岸稱之，但是此通商口岸實際上指的是，因中外條約而開通中外貿易的口岸，所以只進行省際埠際貿易的口岸，就不能以通商口岸稱之。為了避免上述誤會，本書中，一律以條約口岸稱之。

政時期，總稅務司署曾有一次被降低等級，代理首腦也被間接地降低等級。稅務督辦和稅務處即是為此目的而設。然而第二招也有顯著的問題，這種疊床架屋會造成原本的行政體系過度複雜，最終降低原有代理集團的效率，同時打擊了間接控制的代理制度的「快速」且「有效」。失去「快速」和「有效」的代理集團，這就讓中央政府懷疑其存在的必要性。然而，有時候使總稅務司署失去「快速」和「有效」正是中央政府想要的效果，因為總稅務司署與地方勢力結合正是中央政府最危險的威脅。同時，等到新監督機構完成其歷史任務替換了原有的代理集團，也有可能變成另一個尾大不掉的問題。

第三個方案最為溫和：因為不觸及代理首腦或是代理集團，而是聚焦於替代代理下屬。這一漸進的方法能逐漸消減代理主管的權力，而代理首腦也不會感到直接的威脅。這種辦法能以訓練基層職員作為說詞，因為沒有一位代理首腦會拒絕政府訓練基層職員的要求。這個方法給代理首腦臺階下。正是基於這種考量，基層職員可以因此而得到必要的培養和訓練。但是溫和漸進的代價是需要的時間很長，而二十世紀上半葉的中國，最缺乏的就是長期穩定；另一個問題，訓練基層職員必須要由中央政府訓練，不然這會讓代理集團的權力更加擴大。

在探討間接代理制的模式與三個解決方案之前，有必要全盤理解對中國海關或總稅務司署本質的不同理論。

第一個創造出的描述中國海關本質的理論是「國中之國」（*imperium in imperio*）。雖然現在看來「國中之國」傳達的是負面的資訊，暗示著中國海關不聽從清政府的命令。但是中國海關外籍關員使用此拉丁詞彙原義並非如此，而是為了描述前文中，間接代理制度的第二、三項要素：自主和服務，也就是赫德的全面自主，以及中國海關內部對赫德全面服從的現象。造冊處稅務司慶丕（**Paul King**）指出困難之處在於「如何維持『國中之國』但卻又不使另一方（清）政府沒有面子」。[55]慶丕也記敘道：「海關內部一直將赫德普遍評述為仁慈的暴君。某種程度上來講，赫德的確是暴君，但受害者很少享受到赫德的仁慈」。[56]而在寄給赫德的聖誕卡上寫道：「萬歲，陛下，向您致敬」。[57]

然而，「國中之國」一詞在一九二〇年代成為中國民族主義攻擊的目標，因為顧維鈞稱總稅務司安格聯為「太上財政總長」。「國中之國」一詞代表一種尷尬的境地，因為中國海關的自主致使中央政府不能控制中國海關與總稅務司，結果總稅務司的自主性無可避免地削弱中央政府的權威。這一負面詮釋之後被中國大陸史學家拿來批評中國海關的帝國或殖民主義特徵。

「國中之國」同時說明中國海關的對下極大的自主性與對上極小的從屬性，但該詞僅是描述性的，而非一種能解釋中國海關的本質的分析式的詮釋。這些問題留待不同時代、地區的史學家們進一步討論。

首先，對海關自主和服務的本質特色提出最具影響力詮釋的，是費正清對中國條約體系的

55　Paul King, *In the Chinese Customs Service: A Personal Record of Forty-seven Years* (London: T. Fisher Unwin, 1924), 195.

56　King, *In the Chinese Customs Service*, 21.

57　King, *In the Chinese Customs Service*, 184.

研究，以及他新創的術語「共同治理」（synarchy）。受到「平行治理」（dyarchy）概念的啟發，費正清研究中國史上的外族王朝（barbaric dynasties），並列出「四到十九世紀外族王朝的十個特點」。共同治理的本質可以歸結為「華夷聯合統治」，就定義而言，共同治理可以說是「在外族王朝的統治下中國政府的華夷聯合行政管理」。在費正清眼中，「共同治理是中國政治史上的一個普遍現象」。[58]共同治理的基本價值有二：第一是它跳脫近代史而關注它源自四世紀的歷史傳統，第二是它跳脫歐洲中心主義，同時關注中外雙方的互動關係。

然而必須提出的質疑是：共同治理是否適用於總稅務司署這個案例？答案是不，因為華夷聯合行政管理表示總稅務司署是由華籍、外籍關員，或中、外政府共同管理的。但總稅務司署的情形並非如此。原先中國海關的設計是可以被詮釋為共同治理的，因為理論上是外籍稅務司與華籍海關監督共同管理所有的海關。[59]但實際的運作是海關監督在初期，或許還符合共同治理的模式，但是到了二十世紀初，海關監督很大程度上依賴外籍稅務司。在總稅務司署內部，共同治理就更不恰當，因外籍與華籍關員並非共同管理總稅務司署，管理關員總是外籍關員而非華籍關員，華籍關員總是擔任低層的職位。

值得注意的是，費正清主張的共同治理「被證明是儒家天下觀的王朝阿奇里斯之踵」。[60]但費正清的學生對共同治理則有較高的評價，並讚賞共同治理是對中國有所貢獻的。費正清的博士生Adshead研究了鹽務稽核所之後，主張：「在歐洲與亞洲的多種接觸模式中，共同治理是最被限制且自制的。亞洲國家的健全與獨立沒有被破壞；事實上，共同治理的模式常常應用在不同的目標上，並一直強化它們本身。」[61]這詮釋絕不會是兩岸史學家的共識。

雖然費正清意識到了共同治理的潛在缺陷，但他還是成了人們最容易攻擊的目標。諸如陳霞飛、陳詩啟等中國大陸史學家都批評費正清的哈佛學派。中國大陸史學家提醒了我們注意下述三點：一、總稅務司署為列強而徵收庚子賠款；二、失去關稅自主損害了中國民族工業；三、而且總稅務司署是由外國人士控制的。但中國大陸史學家也忽略了下述兩點：一、部分外國人士並不同意他們母國的政策；二、部分外國人士既不同意中國政府的政策，也不同意他們母國的政策。

費正清與中國大陸史學家的論辨之外，還有一種必須討論的理論，這就是歐斯坦海默（Jürgen Osterhammel）將「非正式帝國」應用到中國近、現代史的辨證。[62]這成為詮釋總稅務司署本質的另一種極有說服力的理論。在研究一九三〇年代日本侵華的基礎之上，歐斯坦海默分析

58 John Fairbank, 'Synarchy Under the Treaties', in J. Fairbank (ed.), *Chinese Thought and Institutions* (Chicago: University of Chicago Press, 1957), 204.

59 〈赫德通令一八六四年第八號〉（一八六四年六月二十一日），中華人民共和國海關總署辦公廳編，《中國近代海關總稅務司通令全編》，第一卷，頁七〇—七六。

60 Fairbank, *Chinese Thought and Institutions*, 231.

61 S. Adshead, *The Modernization of the Chinese Salt Administration, 1900-1920* (Cambridge, MA: Harvard University Press, 1970), 210.

62 J. Osterhammel, 'Semi-Colonialism and Informal Empire in Twentieth-Century China: Towards a Framework of Analysis', in W. Mommsen and J. Osterhammel (eds), *Imperialism and After: Continuities and Discontinuities* (Boston, MA: Allen & Unwin, 1986), 290-314.

了帝國主義入侵模式，並列出二十六項界定二十世紀列強在華的帝國主義和殖民活動的特徵。十九世紀的總稅務司署指出「事實上外國控制著一些最為重要的稅收代理機構」，[63]並且間接指出十五項罪狀。歐斯坦海默的理論較費正清而言，顯得更加有宏大企圖，因為非正式帝國應被理解為「有潛力且普遍適用的理想模型」。然而，歐斯坦海默也注意到非正式帝國「不能直接地『套用』於現實狀況」，它只是「提供一個細部研究的指引與框架」。[64]但是值得讀者注意的是，非正式帝國的理論基礎基於二十世紀民族國家崛起時對抗帝國主義入侵的歷史，而非十九世紀帝國主義史。但當代史學家仍然看出非正式帝國是極為令人信服的一點：它是適用於中國海關史的，雖然歐斯坦海默本人不見得這樣想。

相比於創造新的學術用語，畢可思使用一個直觀的詞彙解釋中國海關的本質，即「外包制」（outsourcing）。畢可思主張總稅務司署「代表清政府委託外籍專家的外包制度——包括日常處理與洋商之間微妙關係」。[65]間接代理制與畢可思的外包制有許多共同點，因為兩者均指向一個概念，及將諸多職責交付給第三方。但外包制的概念限制其解釋的彈性，因為外包制依賴於「外籍專家」。本書主張的是清政府將職責託付給最為合適的代理首腦，但不一定特別限定是中國人或外國人。

其他歷史學家也基於其個案研究，提出了一些適用於中國海關的理論。其中最具影響力的模式是朱莉（Julia Strauss）的「機構突破」（institutional breakthrough）。藉由列寧式黨國體制的「革命突破」（revolutionary breakthrough），以及對鹽務稽核所的個案研究，「機構突破」意指

「爬出衰弱的泥潭」，並且這個機構「在面對外來壓力時，開啟了一個中央執行的視野，從而引導機構的建立與發展」。[66]「好的機構」是「標準化、單純化、官僚化的，藉由替換一個千年之久的間接控制的混合機構（鹽專賣制度），對遍布中國各地，但是仍在政府體制外的鹽務與稅收經理機構建立直接的控制」。[67]

「機構突破」乍看說明了中國海關徵收關稅的功能，但深入研究發現，把中國海關套進「機構突破」的理論框架或許有缺陷。「機構突破」是基於鹽務稽核所的研究，而非總稅務司署。鹽務稽核所成立於二十世紀初，但總稅務司署是建立於十九世紀中葉。外籍專家因為北洋政府舉借善後大借款，進而授權丁恩控制對鹽務稽核所，總稅務司署的建立純粹是因為上海小刀會進逼蘇松太道台衙門而出現的權宜之計。在中國海關史的形形色色的案例中，唯一可以適用於案例，或許是《辛丑和約》簽訂後，總稅務司對於洋關周邊五十里內常關的控制，因此這項控制的目的是確保五十里內常關的稅收可擔保支付庚子賠款。

---

63 Osterhammel, 'Semi-Colonialism and Informal Empire in Twentieth-Century China', 291.

64 Osterhammel, 'Semi-Colonialism and Informal Empire in Twentieth-Century China', 314.

65 Rorbert Bickers, 'Revisiting the Chinese Maritime Customs Service, 1854-1950', *Journal of Imperial and Commonwealth History* 36, 2 (2008): 222.

66 Julia Strauss, 'The Evolution of Republican Government', *China Quarterly* 150 (1997): 335.

67 Strauss, 'The Evolution of Republican Government', 337.

另外兩個從個案研究引導出的理論是約翰．荷曼（John Herman）的「土司制」以及肯尼斯．佛森（Kenneth Folsom）的「幕府制」。土司制代表明清帝國對西南地方的妥協，因為遙遠的距離與完全不同的種族認同，制約著中央和省級政府的控制力，因此中央政府不能將其權威延伸至西南。面對這一制約，唯一解決之道是指定當地的酋首「以延伸中國國家對於地處超朝廷行政能力所及的地區，進行非漢民族的、『有名無實』的控制」。[68]總稅務司署似乎可以運用土司制，因為從舊中國的視角出發，西方人與西南少數民族同樣都是蠻夷之人。西南土司的管轄範圍也可被視為國中之國，因為這些少數民族事實上是中國十八行省境內的獨立王國。共同治理與土司制也「符合費正清所稱的條約體系的模式，因為在中國的『共同治理』的案例中，是外國人管理外國人」。[69]總稅務司作為土司，外籍關員作為土司的人民，再把中國海關轉化為一種領地概念，由總稅務司統治著外籍關員。這看來說得通。

然而，深入地了解土司制，西南土司少數民族是完全不同於總稅務司與外籍關員組成的體系的。理查．霍洛維茲（Richard Horowitz）指出：「不同於地域性土司那樣——其管轄權僅限於一個特定族群居住的區域——中國海關將其影響力從北京擴散至所有條約口岸」。[70]此外，十九世紀的外籍關員，主要是英籍，關員的社會地位和對清政府的影響力，也不能與西南少數民族相比。

基於對李鴻章幕府的研究，「幕府制」似乎更適合於解釋中國海關的運作模式。幕府制是「設計一種私人聘用省級顧問的制度，早已盛行於中國歷史上的各個時期，但在清朝發展到了極致」。[71]這些私人聘用的幕僚是「依靠個人與非正式官方的網路而被省級官員所招募，幕僚們提供自身所具備的專業知識以幫助解決統治的問題」。[72]總稅務司署的外籍關員，尤其是科處稅務司，可以類比為總稅務司的幕僚，因為總稅務司就像地方督撫般，有絕對的權力來挑選他的人手，而且也對總稅務司署擁有絕對的權威，這兩點頗似於地方督撫在其轄下省份的情況。此外，所有地方督撫也都偏愛選擇他的同鄉。這也適用於解釋英籍關員始終在外籍關員中占有最大比例的這個現象。

前述八項中國海關的理論，彼此之間都存在著共同點：國中之國、馬克思主義、非正式帝國、共同治理和外包制，這五項理論專注於中外互動；土司制、機構突破和幕府制三項理論專注於中國國內互動。假如我們從另一個視角分析這些理論的話，將會發現不同的結果。國中之國、馬克思主義、非正式帝國、共同治理、土司制都指向中國政府與外國人士、帝國主義者、少數民

68 John Herman, 'Empire in the Southwest: Early Qing Reforms to the Native Chieftain System', *Journal of Asian Studies* 56, 1 (1997): 50.

69 Richrad Horowitz, 'Politics, Power and the Chinese Maritime Customs: The Qing Restoration and the Ascent of Robert Hart', *Modern Asian Studies* 40, 3 (2006): 564.

70 Horowitz, 'Politics, Power and the Chinese Maritime Customs', 564.

71 Kenneth Folsom, *Friends, Guests and Colleagues: The Mu-fu System in the Late Ch'ing Period* (Berkeley: University of California Press, 1986), 33.

72 Folsom, *Friends, Guests and Colleagues*, 2.

族及蠻夷進行共同統治。不同的是國中之國、馬克思主義教條、非正式帝國強調帝國主義的負面性，但共同治理與土司制較為積極。此外，共同治理與土司制擁有較長的歷史傳統，但其他則僅僅發生於十九和二十世紀。

外包制、機構突破、幕府制指向有能力的個人，例如：外國人、韋伯式官僚（Weberian bureaucrats）和幕賓等，他們經營的有效率的機構。不同的是外包制依賴外籍關員，幕府制依賴中國人，機構突破是中央政府或是政黨挑選出的精英官僚或黨籍幹部的抉擇；但必須注意的是，幕府制是省級督撫而不是中央政府的抉擇。

基於上述的理論分析，本書主張間接代理制與費正清的共同治理都在中國歷史上有著長遠的傳統，這有點類似於共同治理與土司制；配備良好的官僚，建立高效機構，則類似於機構突破；委託的專家則類似於外包制；賦予絕對權力給高度自治的首要代理人以招聘自身的次要代理人或幕僚，則類似於幕府制與國中之國。

然而，本書與這些詮釋不同的是，間接控制的代理制度不贊同共同治理的聯合統治，因為中國海關的華籍監督和外籍稅務司最終還是倒向外籍和總稅務司署一直是由外籍關員統治；也不贊同依賴外籍專家的外包制，因為總稅務司署和湘軍、淮軍是同一種現象並非永遠仰賴外籍。然後間接代理制專注於中國政府、總稅務司署與華籍關員之間的三角互動關係，這就不同於機構突破與幕府制，因為前者著重中央政府與機構，而後者分析督撫與幕賓。整體來說，間接代理制意味著中國海關仍在中央政府的掌控之下，這就不同於國中之國與馬克思主義的理論。

本書章節

為了說明間接代理制適用於中國海關史，以及晚清以降歷屆中央政府反覆使用三個解決之道，以平衡介於中央政府、總稅務司署及華籍關員之間的問題，本書採用時序性的敘述筆法。

本書第一篇（第一、二、三章）敘述總稅務司的權力因何擴大，以及一八九五—一九二七年間日漸衰弱的中國政府是因何更加依賴中國海關？第一章回答了一個根本性的問題：為何是赫德做到此事，以及他又是如何能夠得到清政府的高度信任？接著轉向探討清政府規範總稅務司署的第二個方法，即稅務處的建立。第二章分析為何安格聯與赫德的權力本質的差異，以及安格聯是如何與北洋軍閥、廣東軍政府互動？因為安格聯與武漢國民政府過從甚密，所以迫使北洋政府尋求第一個解決之道，即替換安格聯。第三章解釋了為何十九世紀之時，華籍關員的地位遠遠低於外籍關員，並且描述了清政府尋求第三個解決之道，即設立稅務學堂以訓練華籍關員，將來替代外籍關員的過程。

本書第二篇（第四、五、六章）描述國民政府與總稅務司署的關係，儘管彼此間存在的小衝突仍然隨處可見，但是大致上互惠互利的合作。第四章揭示北伐期間，國民政府與北洋政府如何支持各自屬意的候選人擔任總稅務司職位，以及國民政府的候選人梅樂和是如何利用政治手段變成總稅務司。第五章描述總稅務司署如何在南京政府之下，強化中央政府的權力、解決地方軍閥問題、提升華籍關員地位。第六章分析國民政府強化稅務專門學校的地位與功能，以及這些政治手段如何破壞稅專的教育品質。

本書第三篇（第七、八、九章）分析三位英、日、美籍總稅務司的撤退，以及關員如何嘗試在十二年戰爭期間維持中國海關的延續。第七章專注於抗戰時期的上海和重慶總稅務司署，首先討論了英籍總稅務司梅樂和如何藉由交涉、妥協以維持中國海關的完整，其次轉而討論日籍總稅務司岸本廣吉如何藉由與汪偽政府和日軍的合作政策以保護華籍關員，最後分析重慶總稅務司署的重建、生存和準備勝利復員的過程。第八章討論國共內戰爆發後，李度在上海總稅務司署的重建與接收全國海關站的過程，以及在國共內戰末期，李度如何準備總稅務司署的撤退，討論了國民政府的無能與腐敗與華、洋籍關員在海關內的鬥爭；最後描述李度如何從上海、廣州、九龍把總稅務司署體制重建在臺北。第九章討論了戰爭時期與戰後的稅專的轉變過程，一九四八－一九四九年間的惡性通貨膨脹，以及國民政府對其尷尬處境的漠視和錯誤政策如何導致一九四九年的大潰敗。

本書第四篇（第十、十一、十二章）展示了分處於中國大陸與臺灣的中國海關的結局。第十章解釋滯留中國大陸的華籍關員與中國共產黨意識形態的衝突，以及共產黨幹部如何將稅收單位的職責泛政治化後，將之變成貿易監督單位，最後再將之虛集化。第十一章描述李度如何帶領關員與總稅務司署從中國大陸撤退至臺灣，以及臺灣政府是如何通過掌握外籍關員撤退與華籍關員內部出現問題的這個時機，來降低總稅務司署的機構權力。第十二章追蹤稅專在一九四九年停辦之後，在大陸轉變成上海海關學校、在臺灣改組成財政部財稅人員訓練所的過程，並分析源自於稅專的歷史淵源，以及在兩岸不同的政治環境中各自發展出不同的特色，以及共同繼承的歷史淵源。

稅務處與稅務學堂於二十世紀初建立後，中國政府一直嘗試藉由這兩招來規範中國海關，因此稅務處和關務署與稅務學堂和稅專被賦予了過多的權力。這導致最終的諷刺性結局，本書的結論即討論此事。稅務處的後續機構關務署和關政司與臺灣關稅總局合併成關務署，而留在中國大陸的華籍關員則被由稅專訓練的共產黨幹部取代。因為稅務處已經成功地實現中國政府交付與他們的職責，所以不再需要稅務處與稅專畢業生，而在他們成為另一個問題之前，必須防患於未然。

第一篇

中央政府的衰落和中國海關的崛起

（一八六〇—一九二七）

第一章 晚清的三次改革（一八六〇——一九一一）

十九世紀清朝洋務運動的進程與兩個因素密切相關：一，在中央層級的政府機構，即總理各國通商事務衙門（此後簡稱為總理衙門）[1]；二，在地方層級的各省督撫。雖然中央政府已經有歷時超過千年的六部制度，但總理衙門卻監管著一切洋務，包括教育、技術、外交、條約口岸，以及以外籍關員為核心的總稅務司署。

一八六一年殘酷的祺祥政變後，[2]五歲同治皇帝無法親政，所以兩宮太后垂簾聽政，而以其中的西太后，也是同治皇帝的母親慈禧太后掌握朝中大權；兩位滿族改革家，議政王大臣恭親王

1 英文學界對總理衙門的研究見：Richard Horowitz, 'Central Power and State Making: The Zongli Yamen and Self Strengthening in China, 1860-1880' andS. Meng, *The Tsungli Yamen: Its Organization and Functions* (Cambridge, MA: Harvard University Press, 1970), 61-91; and Mary Wright, *The Last Stand of Chinese Conservatism: The T'ung-Chih Restoration, 1862-1874* (Stanford, MA: Stanford University Press, 1957), 224-8.

2 Horowitz, 'Central Power and State Making', 56-8.

奕訢和文祥則控制著朝政和總理衙門。[3]在一八六一—七四年同治年間，由於洋務運動的成功推進，清朝的軍事力量顯著提高，所有的地方叛亂也得以鎮壓。這些成就統稱為同治中興。

在地方，改革家們並非滿族，而是由漢人出任的各省督撫。北京的滿族官員把漢人督撫分配各地，讓他們發揮所長，而這也在多方面體現不分中外、滿漢隔閡的間接控制代理制的模式。在北方，李鴻章長期擔任北洋三口通商大臣（以後簡稱北洋大臣）統籌一切西方事務；在南方是張之洞出任南洋五口通商大臣（以後簡稱南洋大臣）。中國海關管理的各地條約口岸則由赫德負責。與其說「赫德生逢其時」，[4]不如說以上提及的所有人都是生逢其時的自強運動世代。

前述自強運動世代，間接控制的代理制度執行比較成功，是建立在「互信」、「自治」和「服從」。如果沒有互信，那麼清政府不會同意這些機構首長擁有自治和服從的制度。一九〇八年慈禧駕崩前，她分別與李鴻章、張之洞、赫德之間建立很強的互信關係，而這三人也是無條件地忠誠於太后，在清政府的官僚體制內享有高度自治，並且在自己的代理機構內有絕對權威。

在歐美學者眼中，赫德與清政府互信的祕密在於「他達到了二元文化狀態的程度。」[5]赫德與中國官員的往來使他在被任命為總稅務司前，就獲得總理衙門大臣們的信任。一八六三年十一月三十日，赫德通令全國地方海關站他被任命為總稅務司。[6]但在這份通令發出前兩個星期，恭親王早已上書提議罷免第一任總稅務司李泰國，並任命赫德接替。[7]在通令發出前一天，卜魯斯（Frederick Bruce）和柏卓安（J. McLeavy Brown）向赫德發出急件，表明外國公使的支持以及清廷對他的充分信任。[8]他們不知道赫德已經知道自己被任命為總稅務司了。因為在被任命前五個月，代理總稅務司赫德曾經抱怨做代理官員很難施展，於是文祥問他：「你難道沒聽說過『署』變為『實』的操作嗎？」而後他繼續說道，李泰國將來會離開，那之後將「非你不可」。[9] 魏爾特生動地描述了赫德與總理衙門的合作情況：

> 正是衙門裡的大臣們——通常包括帝國首屈一指的政治家們——與他們的海關總稅務司之間的這種直接關係使得大臣們可以向總稅務司諮詢事務。嚴格來講，這超出海關管轄範圍外的事務，涉及中國的國際關係以及國家經濟的發展。赫德經常被徵詢對此類問題的意見，而他提出的建議非常合理明智，又符合中國的核心利益，因此總稅務司赫德漸漸獲得了一種諮詢顧問的影響力，而這種影響力超越海關事務範圍外，按理說他的權力應當僅限於海關事

3　Wright, *The Last Stand of Chinese Conservatism*, 70-1.

4　Smith, Fairbank and Bruner eds., *Robert Hart and China's Early Modernization*, 5.

5　Bruner, Fairbank and Smith eds., *Entering China's Service*, 327.

6　〈赫德通令一八六三年第二十三號〉（一八六三年十一月三十日），中華人民共和國海關總署辦公廳編，《中國近代海關總稅務司通令全編》，第一卷，頁六十一。

7　〈恭親王上書〉（一八六三年十一月十六日），《同治朝籌辦夷務始末》（北京：中華書局，二〇〇八），第三卷，頁九二三—九二五。

8　Bruner, Fairbank and Smith eds., *Entering China's Service*, 317-18.

9　Bruner, Fairbank and Smith eds., *Entering China's Service*, 273.

務以及與海關直接相關的事務範圍內。[10]

另一個例子也能證明清政府對赫德的信任——他的《局外旁觀論》。[11]這篇有時前後不連貫的四二〇五個字的文章，精確地闡明了中國在軍事、行政事務、外交、考試制度等方面的弱點。有些問句十分辛辣諷刺，比如：「居官者初視洋人以夷，待之如狗」；「兵勇之數，動稱千百萬，按名排點，實屬老弱愚蠢，充數一成而已」；「至今萬眾之內，或有一二人知有條約，然未認條約之重，未知違約之害」。[12]

一八六五年十月十一日，赫德前往總理衙門將《局外旁觀論》中的觀點介紹給董恂和寶鋆。兩天后，赫德又將草稿拿給董恂看。董恂看後相當「震驚」。但他仍然說，「這會冒犯一些人，會激起猜疑；儘管如此，仍建議我上呈」，並告訴赫德「一個叫馮（桂芬）的蘇州人不久前也提出非常相似的建議」。[13]十月十七日赫德將潤色好的《局外旁觀論》再於總理衙門交給寶鋆。赫德記錄道「這很可能掀起軒然大波」，並希望「會影響到董恂」。[14]內廷的回覆十分迅速，十日後，赫德看到了他期待的「軒然大波」：

又是一個成功：今天在衙門，他們將我的《論》（《局外旁觀論》）還給我，並讓我就不明晰的地方做幾處改動；這樣做的原因是這篇文章將被發送給外臣——比如督撫等等，讓他們得到啟迪、提出批評——眼下的目的是讓局外人看到衙門肩挑重任，而在重任並未減輕的情況下，旁人不應該干涉衙門事務而使得任務變得更加繁重。萬歲！我認為這篇文章將作為敕令下發：無論如何，我都會盡全力說服中國的進步者！我希望他們不會狡猾地欺騙我！[15]

一八六六年四月一日，清政府詢問各地巡撫關於《局外旁觀論》以及威妥瑪的《新議略論》的意見。[16] 恭親王評論道：

> 據總稅務司赫德呈遞《局外旁觀論》一本。臣等覈其所議，於中外情形，尚能留心體察，然究係局外議論，且亦非急切能辦之事，是以未敢上瀆宸聰。茲於本年正月十九日，據英國使臣阿禮國照會，並附外《外國該議》一件，說帖一件。臣等公同詳閱，其所議與總稅務司赫德前遞《局外旁觀論》大致相同，而措詞更加激切。其中恫喝挾制，均所不免，且窺

10 Stanley Wright, *The Origin and Development of the Chinese Customs Service, 1843-1911: A Historical Outline* (Shanghai, 1939), 83.

11 〈總稅務司赫德局外旁觀論〉《同治朝籌辦夷務始末》，第四卷，頁一六六六—一六七三。

12 Smith, Fairbank and Bruner eds., *Robert Hart and China's Early Modernization*, 284-93.

13 Smith, Fairbank and Bruner eds., *Robert Hart and China's Early Modernization*, 325.

14 Smith, Fairbank and Bruner eds., *Robert Hart and China's Early Modernization*, 326.

15 Smith, Fairbank and Bruner eds.,*Robert Hart and China's Early Modernization*, 329-330.

16 〈英參贊威妥瑪新議略論〉，《同治朝籌辦夷務始末》，第四卷，頁一六七—一八三。

其立意，一似目前無可尋釁，特先發此議論，以為日後藉端生事地步。若不通盤籌舉，先事圖維，恐將來設有決裂，倉猝更難措置。查該使所論各節，如飛線、鐵路等事，皆屢經臣衙門辯駁之件，該使亦未將如何有益中國之處，切實指出，似仍未便遽為置議。惟所陳內治外交各種利弊，反覆申明，不無談言微中。就其所陳，再四尋繹，文內扼要之語，一則曰：借法自強；一則曰：緩不濟急。而其所以挾制中國者，則以地方多故，不能保護洋商為兢兢。

臣等查中國本應力圖自強，概鄙他人之法為不可用，又不廣求良法，立見施行。現在沿江沿海通商口岸，均與洋人交涉，全賴各督撫大臣，督飭地方官處置得宜，方免外國藉口生事，非臣衙門所能與各該國駐京使臣徒以口舌相爭。今該使臣等所陳各節，雖多窒礙難行，然有為各國處心積慮所必欲力爭之事。將來一有舉動，誠恐以保護洋商為詞，即由通商口岸而起，臣衙門必有鞭長莫及之勢。其如何設法預防，俾各國目前不致生疑；如何設法自強，使中國日後有備無患，自應由該督撫大臣各就各地，亟早籌維，仍合通盤大局，悉心妥議，再由臣衙門酌覈請旨辦理。[17]

赫德就任總稅務司僅兩年後就上呈了《局外旁觀論》，確實有些輕率，但令人驚訝的是，兩宮太后和同治皇帝並未被赫德激怒；但威妥瑪的《新議略論》就有不同。連恭親王等開明的洋務派都懷疑威妥瑪的目的是「目前無可尋釁，特先發此議論，以為日後藉端生事地步」實際上二者的文章內容和辛辣程度並沒有很大區別，不同的僅是朝廷對赫德和威妥瑪的信任程度而已。

除了人際關係的信任之外，赫德還提出了實績：稅收。豐沛的稅收已將兩次英法聯軍的賠款付完。一八六六年三月十八日，南洋大臣李鴻章和北洋大臣崇厚會銜上奏：

竊照通商各口徵收洋稅，自咸豐四年（一八五四年），上海一關設立稅務司，幫同經理有效，嗣後南北各口，亦即次等舉行，並沃設總稅務司名目。咸豐十一年五月間（一八六一年六月），赫德於署總稅務司時，曾將每年應收洋稅約略開報。迨同治二年（一八六三年），議定稅務司歲支經費案內，截至第八結長江開口，是年所徵正稅、半稅及子口稅，共有銀七百二十五萬餘兩，聲明此後仍可較前豐旺。同治三年（一八六四年），臣因總稅務司赫德年來經理洋稅，接濟餉需，奏蒙恩准賞加按察使銜。

茲准總理衙門諮臣，各口稅務司均悉心查辦，任勞任怨，辦力襄助。內有稅務司日意格、美里登、休士、惠德，幫辦巴德、好博遜、薄朗、滿三德、揭謨，業經各省大吏另案奏請鼓勵，蒙恩賞給寶星。此外尚有現任稅務司吉羅福、費士來、馬福臣、狄妥瑪、威理士、麥士威，並粵海關扦子手頭目鮑良七人，應如何一體獎勵，諮臣酌覈辦理等因前來。

17〈恭親王上書〉（一八六六年四月一日），《同治朝籌辦夷務始末》，第四卷，頁一六六三——一六六六五。

> 臣查赫德總司稅務，現呈比較總數清單，係將南北各口通年合計，除子口半稅不計外，其進出口各項洋稅，近已收至七百八十萬餘兩，較之從前歲收總數，已增數十萬兩，足為通商稅課豐旺之徵。
>
> 該總稅務司赫德悉心經理，業蒙恩賞加按察使銜，其各口稅務司，俱能不避嫌怨，辦力襄助，現值兩國扣款收完，查單結數，均有勞績。所有吉羅福等，自後一體獎勵，臣加查覈，援照成案酌辦。合無仰懇天恩，准將稅務司吉羅福、費士來、馬福臣、狄妥瑪、威理士、麥士威等六人，各給一等金功牌一面；海關扦子手頭目鮑良，給與二等金功牌一面，以示獎勸。俟命下之因，再飭江南海關，照式製備齊全，分別移送祇領，所需價值，即在洋稅項下作正開銷。[18]

雖然得到了總理衙門和內廷的信任，赫德依然小心地處理與傳統常關的關係，尤其是與總稅務司署平行的海關監督系統。海關監督並非常設機構，也沒有統一的上級機構。比如，江海關由蘇松太道台兼任，但監督並不一定總是當地道台。粵海關監督在十九世紀被稱為河伯（Hoppo），[19]由皇帝欽點並由內務府選派上任。閩海關監督是福州將軍。[20]由於每個監督是由不同機構派遣的，稅務司和監督之間的合作模式也有地方差異。

赫德接任總稅務司後立即發表十二頁的通令，闡釋各關稅務司在總稅務司、海關監督、領事、貿易團體、海關服務之間應採取的立場。稅務司的職責像是「執行長」和「海關監督的顧問」。他隨後陳述道：「總稅務司署是一項中國的而非外國的機構，並且……鑑於此，各關員都應以身作則為中國官民考慮，這樣才能避免一切可能引發冒犯和敵意的隱患」；稅務司是

> 總稅務司的（派在各關的）代表或副手……受命負責管理協助華籍海關監督徵收關稅、進行海關商業貿易的外國關員；在職位上，他是海關監督之下的執行者，在禮節上——雖然不必要——他是監督在有關港口外國貿易所有問題方面的顧問。[21]

一八七三年，赫德再發表十三頁的通令，還用斜體向外籍稅務司強調：「我們在這裡是為了一起行動、協助，而不是忽視或忽略本地官方。這就是我們位置的定義」；如果某稅務司因為「他的個人脾氣而危害到他所在的官位職責」，那麼赫德絕不會「袖手旁觀」。最後一項職責是「與同事、監督和所有行政人員保持良好的關係」。最後還用斜體再次強調「你必須靠你自己

---

18 〈李鴻章奏覈獎各稅務司等七人摺〉（一八六六年三月十八日），《同治朝籌辦夷務始末》第四冊，頁一六三八—一六三九。

19 河伯（Hoppo）名稱的由來，見 J. Fairbank, *Trade and Diplomacy on the China Coast: The Opening of the Treaty Ports, 1842-1854* (Cambridge MA: Harvard University Press, 1953), 490.

20 陳詩啟，《中國近代海關史》，頁七九。

21 〈赫德通令一八六四年第八號〉（一八六四年六月二十一日），中華人民共和國海關總署辦公廳編，《中國近代海關總稅務司通令全編》，第一卷，頁七〇—七六。

培養和保護與海關監督的適當關係，你不能看著我然後期待我用官方的力量強迫他們」。[22]這兩封長篇通令清楚地表明赫德如何看待合作關係。一開始，稅務司是海關監督的顧問，並實施海關監督的政策。但九年後，這種關係漸漸地變得不平衡。稅務司只需與海關監督保持良好的關係即可，而後者的權力漸漸弱化。

陳詩啟認為「海關行政統一的過程，就是總稅務司剝奪海關監督權力、架空海關監督的過程」，「如果沒有把他們的徵稅權力剝奪過來，海關行政的統一，就難以實現」。[23]然而事實上，此時大清帝國沒有能力找到一批合格的文官來填補整個海關監督的職務。魏爾特這樣描述稅務司和海關監督之間關係的演變：

> 一開始，我們看到，理論上每個口岸的行政執行權力是賦予華籍海關監督的，但是迫於形勢，這種權力和責任漸漸地轉移到監督的同事，即外籍稅務司手中；在涉及技術知識和經驗的問題時，如口岸管理，監督非常樂意將所有實際安排交給他的外國同事去處理。[24]

然而，對待外國下屬，赫德就不像對待中國官僚般體貼入微。他透過私人信件（Semi-Offical Corre Spondence）的方式密切關注每一個地方海關，這樣他就可以時刻了解「你們港口或港口附近有趣或重要的事件——那些應當引起我的注意，但不能夠被寫進官方信函的事情」。[25]他也十分關心外籍關員對漢語的掌握。他寫信給時任廈門關幫辦的安格聯（Francis Aglen）問道：

「你的中文怎麼樣？你有沒有保持現有水準並學習新知識？還有，你能不能將信件和急件英漢互譯？」[26]他想給外籍關員樹立的形象是「一個在中國生活了二十年的人」，並且不喜歡員工反駁他的建議；他曾告訴慶丕：「二十年後你將在日記裡寫道『當年我沒有採納總稅務司的建議是多麼的愚蠢』」。然而，赫德的下屬普遍的觀點是「把赫德先生描述為一位仁慈的暴君」，[27]有些外籍關員確實感覺赫德的風格讓他們感到很不舒服。

總體來說，自赫德上任的一八六四年到一八九四年間清政府和總稅務司署之間的合作是和諧且互惠的。赫德雖然只是總稅務司，但他作為洋務首席顧問幫助總理衙門推進洋務運動。或許現代史學家可能認為赫德的貢獻是一種帝國主義的滲透，但大多數同時期的中國官員卻認可赫德為幫助中國所做的努力。

一八九四—九五年的甲午戰爭打破了這種平衡又互惠的局面。中國戰敗並簽訂了《馬關條

---

22 〈赫德通令一八七三年第二十四號〉（一八七三年十二月十八日），中華人民共和國海關總署辦公廳編，《中國近代海關總稅務司通令全編》，第一卷，頁五〇六—五一三。

23 陳詩啟，《中國近代海關史》，頁八一。

24 Wright, *Hart and the Chinese Customs*, 301.

25 〈赫德通令一八七四年第十五號〉（一八七四年四月十日），中華人民共和國海關總署辦公廳編，《中國近代海關總稅務司通令全編》，第一卷，頁五三二。

26 SOAS, MS 211081, Hart to Aglen 28 May 1894.

27 King, *In the Chinese Customs Service*, 20-21.

約》。中國必須「承認朝鮮的完全獨立和自治」並「永久割讓臺灣主權歸日本所有」。另外，中國還要賠償關平銀兩億兩。[28]但是中國海關失去了臺灣的淡水和打狗關，也失去了三個朝鮮境內海關站的行政管轄權。馬士這樣描述這位「深得信任的顧問」是如何幫助中國支付《馬關條約》的賠款：

> 一八九四年的海關總收入是二二、五二三、六〇五兩，按當年平均匯率換算相當於三、六〇一、四三一英鎊。如果必須要以此作為給日本的賠償，大約是四〇、〇〇〇、〇〇〇英鎊……所有這些借款可以用海關稅收解決，利息和分期償還每年需付二、六二六、一九五英鎊；為給第三次借款提供足夠的保證，中國必須以長江流域六個稅收轄區的鹽稅和釐金擔保。在海關檢查員的監督之下，這些稅收每年總共可以提供五、〇〇〇、〇〇〇兩（八三三、三三三英鎊）；為避免拖欠，總稅務司署必須承擔他們的管理職責。[29]

「這種狀況令人痛心疾首，因此我十分擔憂、悲痛和不安」，[30]赫德說道。恥辱的甲午戰敗後，朝野立即湧現出全面改革的呼聲。那時中國人認為日本之所以能夠戰勝他們，是因為明治維新時期實現了比洋務運動更加全面的現代化改革。此時，一八九八年張之洞上書《勸學篇》給光緒帝。張之洞試圖調和傳統派和改革派的情緒，並提出了「中學為體，西學為用」的口號，這一主張也是平衡傳統派的保守和變法派的狂熱的唯一辦法。但在《勸學篇》中，張之洞還是抨擊了「排斥變法者」：

> 今之排斥變法者大率三等：
> 一為泥古之迂儒，泥古之弊易知也。
> 一為苟安之俗吏，蓋以變法必勞思，必集費，必擇人，必任事，其餘昏惰偷安，徇情取巧之私計，皆有不便，故藉書生泥古之談以文其猾吏苟安之智，此其隱情也。至問以中法之學術治理，則皆廢弛欺飾而一無所為，所謂守舊，豈足信哉？
> 又一為苛求之談士。[31]

作為回應，光緒皇帝推行了比自強運動更急切、廣泛、全面的百日維新。然而在馬士眼中，百日維新的總設計師康有為是：

---

28 《馬關條約》原文，見Inspectorate General of Customs, *Treaties, Conventions, Etc. between China and Foreign States*, 2nd ed. (Shanghai: Statistical Department of the Inspectorate General of Customs, 1917), vol. II, 590-596.

29 Morse, *The International Relations of the Chinese Empire*, vol. II, 53-4.

30 Hart to Hannen, 6 January 1897, quoted from Morse, *The International Relations of the Chinese Empire*, vol. II, 56.

31 Chang Chih-tung, Samuel I. Woodbridge trans., *China's Only Hope* (New York: Fleming H. Revell Company, 1900), 123.

一個空有一腔熱情的人，在管理方面毫無經驗，也不善於統領他人。他僅僅是被突然提升到一個有權力的職位，因此沖昏了頭腦；其實他並沒有就任什麼高的官職，只是滿足於他對皇帝思想上的影響力，但他所構想的只是一種哲學家的政府，而非政治家的政府。[32]

康有為和其門生「決心為一場政變賭上一切」。在慈禧意識到她的個人安危受到威脅前，她並沒有反對百日維新。[33]但是結果很容易預見。自一八五〇年祺祥政變起，慈禧就應對無數的政治、軍事危機。她先下手為強發動戊戌政變。於是，康梁逃往日本、「戊戌六君子」被處死，光緒帝也被終生軟禁。

康黨和百日維新的覆滅後，慈禧懷疑所有的洋務改革都是對其權威的威脅，大清帝國就在此時走向了極端排外的路線，清政府也被最強硬的保守派控制。這種極端排外主義最終引發了義和拳之亂。赫德十分擔心這個極端排外運動帶來的惡果。他寫信給金登幹說：「我想麻煩才剛剛開始」，[34]「如今建議已毫無用處，我們只能等待和接受將要發生的一切！」[35]

拳亂標誌著中國二十世紀極為不祥的開端：一九〇〇年八月十五日慈禧和光緒以西狩的名義逃至西安，出發時僅比八國聯軍的軍隊踏入紫禁城提前了幾個小時。聯軍占領紫禁城超過一個月，清政府再加上一筆庚子賠款。十九世紀的自強運動和百日維新明顯失敗了——北洋海軍在一八九五年迎擊日本帝國海軍的時候被完全摧毀，而新建陸軍在抵抗八國聯軍的侵略時，在北京戰役中僅能守城兩日。

西狩持續了大約四個月，這和四十年前第二次英法聯軍的北狩熱河一樣，無非是掩蓋戰敗的一塊遮羞布。一八九五年戰敗後被貶為兩廣總督的李鴻章不得不眼睜睜地看著大清帝國的崩潰，卻又無能為力。李鴻章在廣東時，另一位關員為《辛丑和約》的談判做出重要貢獻。慶丕於一九〇〇年四月一日被任命為粵海關稅務司。[36]他和李鴻章成為莫逆之交，也是李鴻章關於兩廣總督任內的洋務顧問，同時也是倫敦和李鴻章之間的聯繫紐帶。在北京城陷落之前，李鴻章問慶丕：「目前狀況下，八國聯軍會不會火燒北京城？」慶丕回答道：「如果中國政府在一八六〇年處決了巴夏禮，那麼會發生什麼呢？」李鴻章聽後，默然不語。[37]

赫德知道只有李鴻章能夠勸說慈禧太后阻止義和團對外國公使館的包圍，於是他在一九〇〇年六月十日給慶丕發電報：

> 所有公使館都很擔心受到攻擊，而中國政府坐視不管，如果不是因為無能，那就是懷有敵意的。假設發生任何事情，或是情況沒有很快好轉，那麼肯定會有大規模的外國聯合

---

32 Morse, *The International Relations of the Chinese Empire*, vol. II, 139.

33 M. Cameron, *The Reform Movement in China, 1898-1912* (New York: Octagon Books, 1963), 47.

34 Chen and Han eds., *Archives of China's Imperial Maritime Customs,* vol. III, 381, Hart to Campbell, Z/812, 11 December 1898.

35 Chen and Han eds., *Archives of China's Imperial Maritime Customs*, vol. III, 387, Hart to Campbell, Z/813, 8 January 1899.

36 King, *In the Chinese Customs Service,* 140.

37 King, *In the Chinese Customs Service,* 147.

干預，大清帝國也有可能走到盡頭。代替我請求他給太后發電報，以保障公使館的安全為首位，並無視所有建議採取敵對行動的顧問。十萬火急。[38]

毫無疑問，李鴻章保證將赫德給慶丕的信件轉發給慈禧。六月十五日，與北京方面的聯繫中斷，一時謠言四起。[39]可靠的資訊必須由各海關站稅務司流轉。雖然李鴻章和赫德對於對方都懷有複雜的情感，但他們知道彼此是幫助中國渡此難關的唯一希望。李鴻章顯然很擔心赫德。當慶丕告訴李鴻章他已發電報給東海關稅務司詢問總稅務司的情況時，李鴻章說：「誰知道他發生了什麼事？」當李鴻章和慶丕商討北京可能發生的事情時，「雖然李鴻章表面上似乎是在責備赫德，他〔李鴻章〕卻不斷地插話說『如果我們能聯繫到總稅務司，他肯定會發揮作用。』」[40]

李鴻章身體日漸衰弱，由於消化不良和腹瀉，不便動身前往北京。但慶丕相信「李鴻章的堅強意志會使他戰勝孱弱的身體，並支撐一段時間。」李鴻章請慶丕陪同前往上海。當李鴻章還在猶豫要不要去北京時，英國外交部也表達關切。七月二十日，英國外交部發電報給慶丕說：「總督北上引發懷疑。回電確認。」言下之義就是英國擔心李鴻章的北上是勤王還是調解矛盾，慶丕回覆說：「懷疑是荒謬的。作為直隸總督〔當時李鴻章已被任命為直隸總督〕，他的北上必將有利於快速解決問題，且應得到同情和支持。」七月二十四號李鴻章接待了慶丕，並請他做自己的私人顧問。這是他們最後一次見面。在慶丕眼中，「那個時代對中國真正起到重要作用的三個人是兩廣、兩江、和湖廣總督〔李鴻章、劉坤一和張之洞〕」，而「李鴻章是迄今為止最有影響力的那位」。[41]慶丕以高度讚揚總結了這三個月的合作——「他的〔李鴻章〕讚歌，其中不含一絲貶詞，是用比我的更崇高的豎琴所奏響的。」[42]

《辛丑和約》的簽訂是赫德、慶親王奕劻和李鴻章合作無間的成果，此成果是由李鴻章推薦赫德，而赫德推薦慶親王形成；這或許就是像費正清稱「在一八六〇年以後，最好叫做滿族、漢族和西方『共同治理』」。[43]李鴻章在上海時就知道靠他自己的力量是無法解決這一災難的，所以他建議：

> 可否請照美日所擬，即飭總理衙門王大臣速與駐京各使臣妥商，先派明幹委員，帶同繙譯走前敵尋由所派重臣續行前進，倘能特派赫德同行，似更得力，但恐此次攻毀民巷，赫德亦在其內，非優加恩詔，褒勉，難以勸行。[44]

---

38 Hart to King, 10 June 1900, quoted from King, *In the Chinese Customs Service*, 143.
39 King, *In the Chinese Customs Service*, 146.
40 King, *In the Chinese Customs Service*, 150-1.
41 King, *In the Chinese Customs Service*, 146.
42 King, *In the Chinese Customs Service*, 156-7.
43 Fairbank, *Trade and Diplomacy*, 465.
44 〈李鴻章致信慈禧〉（一九〇〇年八月十三日），《西巡大事記》，第一卷，頁三一—三三，王彥成、王亮編，《清季外交史料》（一九三四）（北京：書目文獻出版社，一九八七），第四卷，頁四〇二一—四〇二二。

於是一九〇〇年八月二十一日，溥善、那桐、崑岡、裕德、阿克丹和翻譯官張德彝前往崇文門內高井廟總稅務司公所與赫德討論，赫德先表示：「現在中國時事艱危已至於此。總稅務司素受朝廷厚恩，斷不忍袖手膜視」後，[45]他們隨即與赫德展開討論，他們首先表示：

我們實覺對不住各國大臣暨赫大人，現在中國時事敝壞至極，萬分危急，我等孤臣與閣下共事多年，素所欽佩。向蒙皇太后皇上倚重，相待最優，現值國事如此之糟，諒閣下亦不能辭其責，是以我等前來奉求閣下，設法斡旋，以救眉急。

赫德說：中堂大人有何意見，尚望示下，以便商酌。

答：重大事件，我們一時亦不敢擅定，惟目前最急者，保護宗廟社稷、東西兩陵以及禁城以裡大內各地方均為最要。其次則百萬生民性命全仗赫大人旋乾轉坤之力向各國大臣設法婉商，俾得保全一切，不但我等數人即天下官民亦均感激於無既。

赫德：外洋向以百姓為第一、宗社當在其次，所說數事尚不甚難，但必須慶王爺急速回京，李中堂來與不來均可。緣慶王爺在總署辦事屬年，謹慎和平，為各國所欽佩，是以各國均願與慶王爺早日商議和局大事，倘若遲遲不來，恐大內一切不堪設想。緣兵丁把守日久總無定義，難免騷害不但我無此權阻攔，即各國帶兵之人亦難照應周到，更恐德國兵來決裂堪虞必誤大事。諸位中堂大人於三日期內可能請慶王爺回京？

答：王爺隨駕，不知現在何處，三日內萬不敢應。

赫：早來原為於中國有益，如若稍遲，恐宗社陵寢難以保全奈何？

答：我們必趕即具稟王爺作速回京，然往返程途亦須數日，請閣下向各國大臣婉言，總望稍寬日期方妥。

赫：無論王爺能否即行回京，務請中堂大人於八月初一（一九〇〇年八月二十五日）午後四點鐘仍來高井廟一會中堂大人。

答：如此甚好，此節要事皆蒙赫大人竭力拯救中國萬民，感激現在不必說，將來我們也要叩謝的。[46]

慈禧立即發來充滿謝意的答覆：「數十年借才異地至此，彌見悃忱，朕心甚慰之至。現已派慶親王奕劻會同該總稅務司與各國妥商一切。」[47]

45 《那桐致信慈禧》（一九〇〇年八月二十六日），《西巡大事記》，第一卷，頁一〇，《清季外交史料》，第四卷，頁四〇一四〇一二。

46 《那桐致信慈禧》（一九〇〇年八月二十六日），《西巡大事記》，第一卷，頁一〇，《清季外交史料》，第四卷，頁四〇一〇—四〇一二。

47 《慈禧致信赫德》（一九〇〇年八月二十七日），《西巡大事記》，第一卷，頁十六，《清季外交史料》，第四卷，頁四〇一三。

慶親王、李鴻章和赫德之間的合作無間其來有自：慶親王作為最具權勢的滿族親貴以及首席軍機大臣，說服外強相信慈禧真誠地希望戰爭停止；李鴻章作為最受信任和最有經驗的中國外交家，處理了協商的具體問題；而赫德作為世界知名的中國通，說服列強和歐美輿論界不要摧毀大清帝國。在《中國與重建》中，赫德問道：「中國會被分割，還是改朝換代，又或是滿族人能繼續保有政權呢？」[48]他進而討論：

中國方面……即使是那些支持國際交流的人也不能斷定和平不會比戰爭犧牲更大代價；在外國方面有這樣一種擔憂：雖然一些權貴和罪犯應當受到懲罰，然而懲罰他們的要求不僅有可能達不到目的，而且有可能擴大矛盾範圍，並無限期地拖延和平，造成無政府和混亂狀態……吞占中國某些省份的誘惑，以及將攫取中國人民擁有的資源，若將這一目的加入外國清單，有可能導致拖延，並增加中國以及外國最終解決問題的難度。[49]

最後，赫德建議道：

為了法紀，為了重得寧靜，使人民生活安全，商業活動獲利，唯一實際的解決方案就是首先讓現有朝堂在其位、謀其政，讓中國人民自己決定政府的權威是否足以維繫。[50]

這「唯一實際的解決方案」的代價就是對已經負擔馬關賠款的金融體系的再一計重擊。《辛丑和約》的賠款數額甚鉅：關平銀四億五千萬（約六千七百五十萬英鎊），[51]從一九〇二年到一九四〇年，本金和利息都要每年按固定匯率計算的金債。這三十九年的分期付款利息是百分之四，總額為九億八千兩百二十三萬兩。[52]鑑於中國財政早因《馬關條約》而嚴重惡化，赫德認為：（一）不能再用釐金來擔保賠款，[53]因為釐金是由各省政府當局控制的；（二）賠款數額太大，不能申請外國銀行貸款；[54]（三）賠款不能以外幣賠付，而且匯率必須固定。[55]為了保證總稅

---

48 Robert Hart, *These from the Land of Sinim: Essays on the Chinese Questions* (London: Chapman & Hall, 1901), 84.

49 Hart, *These from the Land of Sinim*, 95.

50 Hart, *These from the Land of Sinim*, 99.

51 雖然賠款數量是按照銀兩為單位進行計算的，但這筆賠款在《辛丑和約》中被定義為「金債」，意味著四十年的分期賠款將按照金本位貨幣匯率進行計算。匯率如下：一海關兩合英國三．〇先令；德國三．〇五五馬克；奧匈帝國三．五九五克朗；美國〇．七四二美元；法國、義大利、西班牙、比利時三．七五〇法郎；日本一．四〇七日元；荷蘭一．七九六荷蘭盾；俄國一．四一二金盧布。

52 Morse, *The International Relations of the Chinese Empire*, vol. III, 351-2.

53 〈恭親王和李鴻章致慈禧〉（一九〇一年六月十九日），《西巡大事記》，第八卷，頁三五，《清季外交史料》，第四卷，頁四二〇四。

54 〈劉坤一致慈禧〉（一九〇一年五月五日），《西巡大事記》，第八卷，頁三三，《清季外交史料》，第四卷，頁四一七九。

55 〈盛宣懷致慈禧〉（一九〇一年七月二十五日），《西巡大事記》，第九卷，頁五，《清季外交史料》，第四卷，頁四二一八。

務司能籌到足夠的稅金，列強決定給赫德「最後的獎賞」——洋關設立五十里周圍內的常關（以下簡稱五十里內常關）。[56]《辛丑和約》中規定：

> 所定承擔保票之財源，開列於後：
>
> 一、新關各進款，俟前已作為擔保之借款各本利付給之後餘剩者，又進口貨稅增至切實值百抽五，將所增之數加之，所有向例進口免稅各貨，除外國運來之米及各雜色糧麵並金銀以及金銀各錢外，均應列入切實值百抽五貨內。
>
> 二、所有常關各進款，在各通商口岸之常關，均歸新關管理。[57]

條約簽訂後，赫德被任命為太子少保。[58]他是受此頭銜的唯一西方人，所以感到非常榮幸：「同樣的頭銜剛剛被授予張之洞和袁世凱，我認為這就像中國人說的那樣，是無上的榮耀。現在人們談話時不叫我大人了，而叫我『宮保』。」[59]但是宮保頭銜的代價就是赫德因為《辛丑和約》而精疲力竭。簽訂後赫德開始覺得：

> 我每多待一天，新的困難——新的不和——就會出現在我面前。實際上我已經可以說，「客大欺店」了：中國人不想讓我離開，可我感到自己老了，而這個職位需要一個充滿自

信、沒有那種「驚弓之鳥」般猶豫不決的年輕人！[60]

《辛丑和約》簽訂兩個月後，自強運動世代的領軍人物李鴻章辭世，隨後劉坤一也在一九〇二年十月謝世。自強運動世代只剩三個宮保在世——張之洞、袁世凱和赫德。

《辛丑和約》使得五十里內常關的業務變成了國際問題，總稅務司的責任也愈加繁重。《辛丑和約》讓中國政府與總稅務司署的關係發生了根本性變化。原本總稅務司署的稅收用於中國建設，但如今是把稅收交給列強：總稅務司的主要職責變成保證每個月付給外國銀行團一筆相應比例的費用，然後銀行團再轉交給各國政府。為了保障賠款的支付，總稅務司必須小心翼翼地計算海關和常關的每一分收入。因此總稅務司不能再資助新政的改革計畫，而這就改變了總稅務司與中央政府的關係。然而，總稅務司在常關中的作為可以當作直接反映間接控制代理制度的優越

---

56 Weipin Tsai, 'The Inspector General's Last Prize: The Chinese Native Customs Service, 1901-31', *Journal of Imperial and Commonwealth History* 36, 2 (2008): 243-258.

57 Inspectorate General of Customs, *Treaties, Conventions, Etc. between China and Foreign States*, vol. I, 303-13.

58 〈慈禧敕令〉（一九〇一年十二月十一日），《西巡大事記》，第十一卷，頁二十七，《清季外交史料》，第四卷，頁四二八三。

59 Chen and Han eds., *Archives of China's Imperial Maritime Customs*, vol. III, 603, Hart to Campbell, Z/914, 15 December 1901.

60 Chen and Han eds., *Archives of China's Imperial Maritime Customs*, vol. III, 577, Hart to Campbell, Z/899, 8 September 1901.

性，因為之前在海關監督管理時，由於他們的腐敗問題，常關稅收嚴重不足，但是總稅務司署一旦接手後，常關稅收量馬上改觀。

庚子拳亂雖然是晚清最劇烈的災難，但也是一系列問題的句點。二十世紀的曙光標誌著中國從傳統天朝轉變為現代國家，在拳亂之後，中國向著一個現代化國家全速前進，而中國的現代化改革在經歷一八九八—一九〇〇的兩年拳亂後，也重新開始。大清帝國決心實施一系列的改革來逆轉其奄奄一息的命運。為了表示決心，改革被命名為「新政」。雖然這些政治、社會、經濟、教育的改革，最終也沒能阻止大清帝國的落幕，但改革家們卻為北洋政府和國民政府，甚至後來的人民政府提供了一個嶄新國家的藍圖。道格拉斯·雷諾斯（Douglas Reynolds）說，新政改革是「現代中國真正的改革」。[61]

但是新政府嚴重地影響了總稅務司署以和中央政府的互動。新政中的某些思想直接來自洋務運動和百日維新重啟，而大部分是嶄新的設計，以便克服十九世紀遺留下來的弊病。透過分配一系列洋務項目，來實施間接控制代理制，在十九世紀給了總稅務司署極大權力，因此新政世代不得不重新規範總稅務司署的職責。但是，經過拳亂之後，朝廷高度信任總稅務司，所以總稅務司署和外籍關員就成了開展工作的目標。

進一步說，這些制衡不只專門針對赫德，而是兩個世代之間的衝突：自強運動和新政世代。與百日維新的康黨不同，新政的改革者們不是自強世代的漢人督撫，也不是百日維新的科舉失意者，而是青壯年的滿族皇室成員。他們想效法先烈：第二次英法聯軍之役後，拯救大清帝國的恭親王和文祥。但是，自強運動世代早已掌控大清帝國的每一個角落：張之洞在南洋、袁世凱在北洋，而赫德的關員則遍佈中國。兩代人不免會發生碰撞，而這種碰撞也將拖垮了大清帝國。

新政看似與百日維新相像，因為他們都具有深刻的自我批判的反省意識。然而兩者卻有關鍵差異，新政的改革受到慈禧的大力支持。從慈禧西狩之時，她下了一道吹響改革號角的諭旨，並在其中對自強運動和百日維新進行了完整自省：

> 我中國之弱，在於習氣太深，文法太密，庸俗之吏多，豪傑之事少。文法者，庸人藉為藏身之固，而胥吏倚為牟利之符。公事以文牘相往來而毫無實際，人才以資格相限制而日見消磨。誤國家者在一私字，困天下者在一例字。[62]

一九〇二年一月七日，慈禧太后和光緒帝終於回到了紫禁城。一九〇二年二月二十三日，太后接見了赫德。赫德感到非常榮幸，他在通令中進行了詳細敘述：

> 接見持續了二十分鐘，並且儀式非常愉快。在親密的談話中，除了其他的事情，太后特

---

61 Douglas Reynolds, *China, 1898-1912: The Xinzheng Revolution and Japan* (Cambridge, MA: Harvard University Press, 1993), 1.

62 〈光緒敕令〉（一九〇一年一月二十九日），《近代中國對西方及列強認識資料彙編》（臺北：中央研究院近代史研究所，一九八八），第四輯，第一分冊，頁六—七。

別強調了總稅務司的留任從來沒有如當下這般重要；雖然他在一八六六年上呈的《局外旁觀論》中的建議沒有被完全實行，這些建議仍然是正確的，並且禁得起推敲；另外，在這一關鍵時刻，不管誰離開，他無論如何也不能考慮離開中國的事情。對此，總稅務司回答說不能指望他永遠在此職務上，而且認為他是唯一適合人選的觀點也是錯誤的——在稅務司中，有幾個人很適合在他離去時接替這個職務，擔負起這個頭銜的所有職責。太后微笑著說不希望有任何改變。[63]

在給金登幹的信中赫德說：「太后用女性甜美的嗓音談話，並且態度非常友善。」[64]魏爾特評論這次接見說：「如果想挽救國家，使王朝佇立，赫德比太后更加意識到改革的必要性；但什麼也不能動搖他對服務了如此之久的統治者的忠心。」慈禧也「充分意識到他代表中國實施的一系列行動，以及他們那雇有世界各地關員的總稅務司署和外籍總稅務司對政府的價值」。[65]他們共同渡過拳亂和八國聯軍，這更加鞏固了赫德和慈禧之間的互信。

一九〇五年日本在日俄戰爭的勝利也把清政府的新政推向更高一階：釐定官制和君主立憲制。因為當時的中國知識界普遍認為，日本戰勝歐陸強權反映著君主立憲制國家形態戰勝了君主專制的政體。但是日本的君主立憲與英國有所不同，一八九〇年推出的明治憲法確保天皇可以保留極大的權力，這對慈禧來說是一個更容易接受的選擇，因為她不想成為英國的虛位元首。一九〇五年十二月，清政府決定派出五大臣出洋考察所有主要國家的政治體制，但卻因革命黨的恐怖攻擊而推遲。[66]他們於一九〇六年七月返回北京，並提交了《歐美政治要義》。慈禧於是又下了一道諭旨，標誌著釐定官制和君主立憲制的開始：

> 而各國之所以富強者，實由於實行憲法……時處今日，唯有及時詳晰甄覈，仿行憲政，大權統於朝廷，庶政公諸輿論，以立國家萬年有道之基。但目前規制未備，民智未開，若操切從事，塗飾空文，何以對國民而昭大信？[67]

清政府用歐美的內閣部會體制取代了超過一千年的六部體制，而總理衙門終於不被排斥在政府組織之外，而是被外務部取代。[68]慈禧的下定決心把改革甚至推進到新疆。《時代》雜誌在駐北京特派員莫理循（G. E. Morrison）記錄道：當時在新疆，「一種新的精神驅動著整個省，這種

---

63 〈赫德通令第一〇〇七號〉（一九〇二年二月二十六日），中華人民共和國海關總署辦公廳編，《中國近代海關總稅務司通令全編》，第八卷，頁三四—三六。

64 Chen and Han eds., *Archives of China's Imperial Maritime Customs*, vol. III, 629, Hart to Campbell, Z/922, 8 March 1902.

65 Wright, *Hart and the Chinese Customs*, 847.

66 Cameron, *The Reform Movement in China*, 101.

67 〈光緒敕令〉（一九〇六年十一月六日），《近代中國對西方及列強認識資料彙編》，第五輯，第一分冊，頁五—六。

68 Richard Horowitz, 'Breaking the Bonds of Precedent: the 1905-6 Government Reform Commission and the Remaking of the Qing Central State', *Modern Asian Studies* 37, 4 (2003): 775-97.

精神體現在不斷提升的現代化教育、改善的金融方法、強化的軍隊和政策，也體現在禁煙運動的加強上」。[69]在芮瑪麗（Mary Wright）眼中，那時的中國是「一個新世界」。[70]

轉變為一個外交部門的總理衙門對總稅務司來說有何限制呢？過去由於總理衙門負責所有的洋務項目，總理衙門的權限事實上跨越六部。「這一變化與海關是息息相關的」，魏爾特說：

舊時代〔自強運動時代〕的總理衙門在其本質上是人事部門，它的功能——如果沒有更多，就像一個內閣會議那樣——與一個外交部門的功能是一樣的。外國公使館與衙門中的大臣們通信和協商，而總稅務司也與衙門磋商和通信，並且他〔赫德〕從中獲得指導。這是當時唯一切實可行的安排。[71]

外務部的建立僅僅是第一步。清政府決定設立稅務督辦，來監管全國的海關監督，而其真實目的就是監管總稅務司的工作。一九〇六年五月九日，稅務督辦鐵良和會辦唐紹儀受命「管理海關中的所有華、洋籍關員」。[72]這一決定讓列強擔心他們的分期賠款及相關利益會受損。由一九〇六年五月十七和十八兩日，各國公使館派員問詢設置稅務督辦之事，即可得知茲事體大：

一九〇六年五月十七日，德署葛爾士到署，那桐、唐紹儀接見。

葛云：中國現派兩位稅務大臣已奉有諭旨不知是何意思？從前所用各海關稅務司是否仍可

照常？

答以：現時所派係稅務大臣並非稅務司，已告知赫總稅司，仍照常辦事。

葛云：現在頗有謠言故我們政府要問明白，今既如此說，我們亦甚滿意，即照此轉達政府。

同日，法署使顧瑞到部，那桐、唐紹儀接見。

顧云：稅務大臣節制華洋人等一節，各海關人員以後辦事如何辦法？

答以：仍照向章辦理。

顧云：恐於大賠款有礙。

答以：賠款一事，立有合同，載在條約，中國看得極重，赫總稅務司辦理多年甚為得力，以後收稅一切，悉仍其舊，不過將冊報外、戶兩部之件呈報兩位大師，以專責成，於賠款絕無妨礙。

顧云：如將收稅冊報等事仍歸赫德經理等語聲敘明晰，外間自無疑惑。

---

69 《泰晤士報》，一九一〇年六月十三日。

70 Mary Wright ed., *China in Revolution: The First Phase, 1900-1913* (New Haven: Yale University Press, 1968), 30.

71 Wright, *Origin and Development of the Chinese Customs Service*, 83.

72 Chen and Han eds., *Archives of China's Imperial Maritime Customs*, vol. III, 958, Hart to Campbell, Z/1086, 9 May 1906.

答以：節制兩字已向赫總稅務司解說明白，各海關洋員千餘名均係中國雇用，自應歸我節制，赫總稅務司管理四十餘年，往往有新來洋員視同洋關，是以明發諭旨，俾眾咸知。

顧云：何不先向各國商量？

答以：此係中國內政，無關交涉，毋庸預先通知。

顧云：海關人員皆因解釋不明，咸感不平。

答云：洋員不明此舉之用意，容或有之，至海關係中國所有，自派大員管理何不平之有？查二十四年英使竇納樂為總稅務司須用洋員管理一節，彼此曾用照會聲明，亦不必多生疑惑，請報明政府為要。

顧云：自當轉報。

隔日，一九〇六年五月十八日，日本翻譯高尾享來署，那桐接見。

高尾云：內田大人差我來說稅務大臣一事現在日本政府來電問及此事與賠款有無窒礙？於稅務司權限有無更動？

答以：此事與稅務司毫無窒礙，仍係照常辦事，其節制一語係使各關洋員知道食中國俸薪應歸稅務大臣節制。

高尾云：昨日京津報內載有中國派稅務大臣係受日本指使，此說無理！日本政府並無干涉之意，我來不過問問情形，明日英國嘉署大臣請會議以便對答。閒談數語遂去。

同日，義署巴使到署，那桐、唐紹儀接見。

巴云：稅務大臣一事各國均甚疑惑，未知與赫稅務司權限有無更重？

答以：前已告知赫總稅司照常辦事，所有節制一語係使個關洋員知道為國家所雇用。赫總稅務司向來歸外務部節制，現有自應歸稅務大臣節制。

巴云：此係我一人之意，先問明白，以便明日會議佈告各國欽差。

答以：甚感巴大臣之意。

同日英署使嘉乃績到唐紹儀宅會晤。

嘉云：日前接貴部照復為稅務事，其字句似乎過嚴。

答以：貴署大臣來照字句即係如此，僅就原文復還，何嚴之有？且是中國內政，實未便由各國干預。

嘉云：日前見邸抄後，議論紛紛，一時照會內措辭稍欠斟酌，尚望諒之，今晨特來告知，奉到本國政府來電，此事係中國內政並不干預，惟海關定章，甚屬妥善，不宜更變。

答以：更變二字包括太廣，不能應允，海關有應整頓之處必須整頓，不能概無更變，且貴政府之意，昨已見路透電報了。

嘉云：今晨面談稍遲，即辦照會，送部答以，若照會詞意和平，我們必以和平之意答復，不然請勿見怪。嘉遂辭去。[73]

雖然鐵良和唐紹儀告訴赫德「工作一切照舊」，[74]赫德仍然感到「中國將要完全控制一切，外國人將從所有崗位消失，除了那些非常低階的崗位」。[75]赫德還說唐紹儀是「一個非常堅強的人，他不惜使出撕咬的手段來鬥爭；他非常了解外國人，因此並不是那麼好打發的」。[76]任命鐵良和唐紹儀為稅務督辦會辦是第二步。隨後清政府又設立稅務處來監督總稅務司署。稅務處並不是很重要，因為督辦沒什麼經驗，而稅務處人員也少，並且缺乏國際外交貿易網的人脈。但這卻代表了清政府的決心。剛開始稅務處是隸屬外交部，但後來轉移到度支部之下。七月二十一日稅務處的成立令赫德很擔心。「在各個方面，這都證明我們在當地已經不受歡迎：所有的道台等等，都很想排擠掉稅務司。」[77]

但是合作過了一陣子的磨合後，赫德在鐵良和唐紹儀手下工作的時候再一次展現了他的政治手腕，緊張的關係得以緩解。到了十月的時候，赫德寫道：「依我看，在未來很長一段時間內，稅務處不會嚴重干預到總稅務司署的事務或總稅務司的工作。」[78]在寫這封信的十天後，赫德寫信給港督金文泰，而這封信展現了他的真實感受：

> 報紙上提出了設立稅務處的種種原因——尤其是袁總督〔袁世凱〕對資金的需求，以及督辦鐵良和唐紹儀規劃的許多可能的方針——尤其是不正當地操控稅收的欲望：我對這種對事實的詮釋和對未來的預言都持懷疑態度——袁世凱是想要資金，但他不會用這種方式攫取。鐵良和唐紹儀或許對稅收有想法，但已建立的檢查機制可以防止大規模的投機行為。

在這封信中，他承認自己「不知所措」。赫德已經太老了，沒能力對付鐵良、唐紹儀這些年富力強的政治對手。他所做的只能是「接受改變，不向任何人尋求幫助，並以海關和中國，稅收

73 〈任克鐵良、唐紹儀為總辦、會辦稅務大臣〉，中央研究院近代史研究所藏，檔號02-13-039-02。
74 〈赫德通令第一三六九號〉（一九〇六年九月二十二日），中華人民共和國海關總署辦公廳編，《中國近代海關總稅務司通令全編》，第九卷，頁六〇一。
75 Chen and Han eds., *Archives of China's Imperial Maritime Customs*, vol. III, 959-60, Hart to Campbell, Z/1087, 13 May 1906.
76 Chen and Han eds., *Archives of China's Imperial Maritime Customs*, vol. III, 961, Hart to Campbell, Z/1088, 20 May 1906.
77 Chen and Han eds., *Archives of China's Imperial Maritime Customs*, vol. III, 973, Hart to Campbell, Z/1095, 22 July 1906.
78 Chen and Han eds., *Archives of China's Imperial Maritime Customs*, vol. III, 986, Hart to Campbell, Z/1102, 14 October 1906.

和貿易的利益為先，爭取做到最好」，這也是他一直繼續做下去的事。[79]

雖然新政旨在將國家權力集中化並提高官僚機構的工作效率，但稅務處對總稅務司署和常、洋關的規範既不體現集中化也沒有提高效率。稅務處的建立使得中國海關的官僚體係更加複雜，因為總稅務司還要通過稅務處後，才能與度支部溝通。在過去自強運動的美好時光裡，總稅務司可以直接與國家的最高層聯繫，例如恭親王和文祥，而現在，總稅務司署被降級為一個中級機構，並且效率也被迫降低。

馬士認為將總稅務司從總理衙門或外務部移出，並將總稅務司和總稅務司署置於督辦和稅務處之下是為了切斷「總稅務司與外務部之間的聯繫，這種聯繫控制著中國與列強和外國公使的關係」。[80]雖然赫德在他有生之年並沒有看到，透過設置稅務處等上級機構造成效率的癱瘓，成為制約總稅務司署的策略。但是此後，總稅務司署有了一個主要競爭者以及從屬的監管機構，而與這個監管機構的關係成了每一任總稅務司特別注意的問題，而且持續到二十一世紀的臺灣。雖然清政府有意讓稅務處的職能與總稅務司署類似，甚至刻意地讓稅務處顯得累贅，這累贅仍然發揮著積極作用。稅務處為中國官員熟悉海關事務提供了最佳訓練處。

雖然赫德深知稅務處是制衡外籍總稅務司署的策略，他卻仍然忠於朝廷。但是在赫德的外國同事眼中，他的晚年並不像十九世紀時的輝煌。馬士雖然對自己的老闆評價很高，卻這樣負面評論道：

> 赫德先生，尤其在他晚年，接受了那種「關係」的邏輯，很多關係甚至很多超出了血緣之外。在他的事業臨近終結時，海關內部的不滿情緒很高，但他自己卻沉浸在對中國行政管理部門的感激之中，任憑什麼也無法弱化他的這種感情；任何批評都無法改善他的獨裁統治——一種「為所欲為」〔拉丁文 *sic volo sic jubeo*〕的統治方式。[81]

一九〇八年四月二十三日赫德離開中國後，《泰晤士報》立即做出語帶雙關的評論：「如果在外交協商中他有時會想到自己原本對中國同僚是有一定責任的，那麼我們並不會因此批評他。」[82]離開中國後，赫德仍然擔任總稅務司；清政任命裴式楷做為代理總稅務司。這樣做是為了嘉獎赫德所做出的貢獻——如果他願意，他可以隨時回中國復職。

赫德的離去沒有毀掉總稅務司署，但同年發生了另一場政治風暴。七個月後，也就是一九〇八年十一月，光緒帝和大清帝國的實際統治者慈禧太后在一日間雙雙辭世。慈禧去世前，洋務運動世代的最後兩位宮保張之洞和袁世凱被調回朝廷並任命為軍機大臣。對於那位英籍的宮保，慈禧的死亡是一個「個人打擊」；赫德總是「將這位狡猾而善於控制他人的老太太尊為首位，就像

---

79 Stanley Wright ed., *Documents Illustrative of the Origin, Development and Activities of the Chinese Customs Service* (Shanghai: Statistical Department of Inspectorate General of Customs, 1937-38), vol. VII, 206-12, Hart to Sir Cecil Smith, 21 October 1906.

80 Morse, *The International Relations of the Chinese Empire*, vol. III, 405.

81 Morse, *The International Relations of the Chinese Empire*, vol. III, 404.

82 《泰晤士報》，一九〇八年四月二十三日。

中國政府忠心耿耿的僕人，始終為她和她的政府保持全心全意的忠誠」。「只要這位精力充沛的老佛爺活著，海關中就有她的一位朋友，同時也是一個守護者。」[83]她的死亡意味著這種互信的終結，也意味著對朝廷對自強運動世代的保護終結。

張之洞和袁世凱不得不直面新的統治者，即三歲宣統皇帝身後的攝政王醇親王載灃和隆裕太后。造冊處稅務司杜德維（E. B. Drew）形象地記錄道：「皇上〔光緒〕和太后〔慈禧〕『龍馭上賓』。隨後是一個衰弱的攝政時期。攝政王為了滿足愚蠢的報復，走出致命一步，罷免了中國最明智幹練的大臣袁世凱。」[84]另一位造冊處稅務司馬士描述載灃擺脫袁世凱的策略：「一九〇九年一月二日的一道聖旨宣稱袁世凱因為腳上的一處感染不能按規矩出席典禮，命令他辭去職務，即刻返回河南老家。」[85]

袁世凱被開缺回籍後九個月，張之洞去世了。自強運動世代在清政府中任職的最後一名遺老就是在倫敦深受寵信的總稅務司。赫德十分懷念在北京的生活。稅務司慶丕去赫德倫敦的家中拜訪他，感受到赫德「不喜歡他在倫敦的房子，而更喜歡他在北京的四合院」。[86]「北京外交部不斷來信請赫德回中國。赫德的回答是『好的，只要我的身體狀況允許』」。[87]在倫敦，人們很關心赫德是否返回中國。一九一〇年十一月，赫德公開承諾會回到中國，這對於與中國做生意的英國商人來說是「一個莫大的滿足」。[88]似乎中國和英國都希望赫德回歸。

然而事實並非如此。赫德此時已是七旬老人，又有病痛纏身，不能再遙控總稅務司署了。稅務處實際上已填補了這一權力真空。儘管如此，《泰晤士報》聲稱：「中國建立稅務處這一奇特而又頗具特色的陰謀——這個在一九〇六年針對赫德爵士的弱點並取得了初步成功的陰謀——如今看似落空了。」[89]莫理循對此事採取了另一種視角：

> 《泰晤士報》關於稅務處取得了初步成功的這一說法是錯誤的……一九一一年的中國與一九〇六年的中國相去甚遠。稅務處成立之初我們對它責備有加，但毫無疑問應當指責的人是赫德。部分由於他虛弱的身體，部分由於這一東亞國家的漸漸冷漠，他讓海關陷入了一種非常糟糕的境地。到處都是不滿情緒，海關幾乎被淹沒在造反之中。他荒唐地不公正地對待中國人……赫德再也沒有聘用他人，直到被唐紹儀強迫這樣做。唐紹儀聲稱，中國人應當參與到管理他們自己的海關的工作當中來。稅務處有它自己存在的正當理由，它加鞏固總稅務司的地位，因為從某種程度上來說，它使總稅務司免遭國際的攻擊。[90]

---

83 Wright, *Hart and the Chinese Customs*, 846-7.

84 Drew, 'Sir Robert Hart and His Life Work in China', 30.

85 Morse, *The International Relations of the Chinese Empire*, vol. III, 442.

86 King, *In the Chinese Customs Service*, 226.

87 Drew, 'Sir Robert Hart and His Life Work in China', 30.

88 《泰晤士報》，一九一〇年十一月四日。

89 《泰晤士報》，一九一一年五月二日。

90 Hui-Min Lo ed., *The Correspondence of G. E. Morrison, 1895-1912*, vol. I (Cambridge: Cambridge University Press, 1976),

雖然赫德在他人生的最後十五年或許沒能「無愧於他的名聲」，[91]誰將成為他的繼任者仍然是一個待解決問題。清政府不可能永遠通過遠在倫敦的代理首腦間接控制總稅務司署。一九一〇年，赫德為他的繼任者提名了五個人選，而江漢關稅務司安格聯在一九一〇年五月被選為代理總稅務司。[92]雖然赫德在晚年並不活躍，但像每個代理集團首腦那樣，他四十五年掌管中國海關意味著沒有人可以取代他，因為他的權力是建立在清政府對他個人信任的基礎上，而不是對總稅務司此一職務的信任。赫德無心培養繼承者，然而即使他這樣做了，成果也有限，因為他的權力來自於他四十五年的工作以及與清政府共度多次危機後積累出的信任。

直到一九一一年七月辭世，赫德一直保留著總稅務司的頭銜。隨後，安格聯在一九一一年十月成為新任總稅務司。清政府立即下發詔書嘉獎赫德的貢獻：

總稅務司赫德於咸豐年間來華，由粵海關副稅務司洊升總稅務司，迭受國朝恩遇，歷經賞加按察使、布政使銜、花翎頭品頂戴並雙龍二等一等寶星、三代正一品封典、太子少保銜。前因病請假回國復賞加尚書銜。該總稅務司供職中國所有通商各口設關徵稅事宜，均由其經手創辦，以及辦理船廳、設同文館、赴各國賽會、設立郵政經始規劃悉臻妥協，遇有交涉，時備諮詢，在中國宣力五十餘年，深資贊助，茲據稅務處呈遞出使英國大臣劉玉麟來電遽聞溘逝，軫惜殊深，加恩著賞加太子太保銜，伊子赫承先著賞換雙龍二等第三寶星以示優異，欽此。[93]

這位英籍的宮保被清帝國授予了最高頭銜。在洋務運動最後的三位宮保中，赫德可能比張之洞更有能力，比袁世凱對清廷更加忠心。他在一九〇八年離開中國，無疑是對失去慈禧太后的清帝國最後的打擊，慶丕這樣評價他的辭世：

> 太后、督撫和大臣們、殉道的光緒帝和他們所有人的神祕莫測的支撐力量——赫德爵士：他們生前得以常聚，而死後卻四散飄零。他們在各自的故國，在各自的巨棺中，在無上的光榮中長眠——他在英格蘭鄉村的教堂墓園中，離他生前所奮鬥的事業、所照料的一切和所熟識的人們如此遙遠。這看起來極為不妥。[94]

赫德離開中國後三年，他死後的三個月，辛亥革命顛覆了大清帝國。但是革命卻沒有打倒總稅務司署，並且由於中央政府的權力真空，總稅務司的權力再次得到擴張。由於列強不相信清政

607-8,Morrison to Braham, 19 May 1911.

91 Richard Horowitz, 'The Ambiguities of an Imperial Institution: Crisis and Transition in the Chinese Maritime Customs, 1899-1911', *Journal of Imperial and Commonwealth History* 36, 2 (2008): 289.

92 《泰晤士報》，一九一〇年五月一日。

93 中國第一歷史檔案館，（2）稅務大臣為總稅務司赫德病假、逝世、裴世楷代理，安格聯升補總稅務司、稅務司人事調整、償寶星事扎總稅務司文，第二二七六號，一九一一年八月四日。

94 King, *In the Chinese Customs Service*, 247.

府可以保護海關稅收，海關應該也必須負起徵收稅款的責任。這一新的舉措使安格聯在一九一〇年代和一九二〇年代間成為了「太上財政總長」。雖然這看起來為總稅務司署帶來了更大的權力，但安格聯擴權破壞了中央政府與總稅務司曾經存在的互信，也最終導致了他在一九二七年被免職。

清朝的三個西化項目中，第一次自強運動是以地方督撫的軍事和工業化為導向，第二個百日維新由光緒皇帝推動，但是瞬間結束。但以前兩個項目為鑑，中國現代化改革的最終版本，新政，徹底地轉變了未來中國政府的結構。在魏爾特眼中，這一「全面大規模轉變」是「不僅關乎國家，更關乎一種文明」。[95]雖然大清帝國在二十世紀僅僅存續了十一年，這段時間卻為後來的北洋政府和國民政府提供了規範總稅務司署和訓練華籍關員的藍圖。但是，帝國的崩潰導致了政府控制力突然衰退，這也迫使總稅務司署在許多不同方面代替中央政府行使國家職能。

中國政府和總稅務司署的關係在二十世紀發生了變化。甲午戰爭和八國聯軍的賠款迫使中央政府依賴海關稅收來繳納賠款的分期付款，而《辛丑和約》的簽訂又將總稅務司的管轄區擴展到五十里內常關——結果是總稅務司的權力極大提升。赫德投入精力管理海關和常關的稅收以達到庚子賠款的金額。總稅務司權力的增加是以中國的衰敗為基礎的，雖然衰敗不是由赫德、外籍關員或總稅務司署引起的。然而這無疑激起了中國知識分子的懷疑，因為看起來總稅務司和總稅務司署是中國發生災難的唯一受益者。

95 Wright ed., *China in Revolution*, 1.

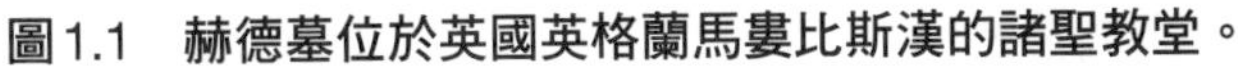
圖1.1 赫德墓位於英國英格蘭馬婁比斯漢的諸聖教堂。

資料來源：《十年報告》(1922-1931)。

圖1.2　赫德塑像

資料來源：《十年報告》(1922-1931)。

互信、自治和服從，是間接控制的代理制度的三個必要因素，促成了赫宮保四十八年的成就。而他的成就引發了一個有趣的矛盾觀察：中國人認為總稅務司署是一個外國的機構，而外國人卻抱怨赫德的舉止太中國化。他的繼任者既不能平衡這種二元文化衝突，也不能從中央政府那裡得到同等的信任。

當缺乏互信時，[96]代理集團的高度自治和下屬對代理首腦的服從極大地威脅著繼任的中央政府。自強運動世代和慈禧的合作持續了四十多年。這也是宣統帝年間的真正統治者——載灃和隆裕太后感覺受到這三個宮保威脅的原因，因為大清帝國沒有下一個四十年可以培養互信。也可以認為是朝廷和地方督撫的關係仍然是以人際互信和慈禧的權威為基礎。由於缺少一個中央領導者，代理首腦們和其代理下屬變得自治程度太高，以致脫離中央控制。如果皇權的管轄不能觸及龐大帝國的每一個角落，那麼這些代理集團就成了中央政府最沉重的負擔。

---

96 英文原書在校訂時，筆者未發現有誤，原文為：The absence of trust, complete autonomy and absolute subordination seriously threatened the following governments. 本次中文版校訂時，筆者發現應為：Without the mutual trust between the central government and the head delegate, the complete autonomy and absolute subordination in the delegated service would seriously threatened the following governments.

圖1.3　赫德塑像上的碑文

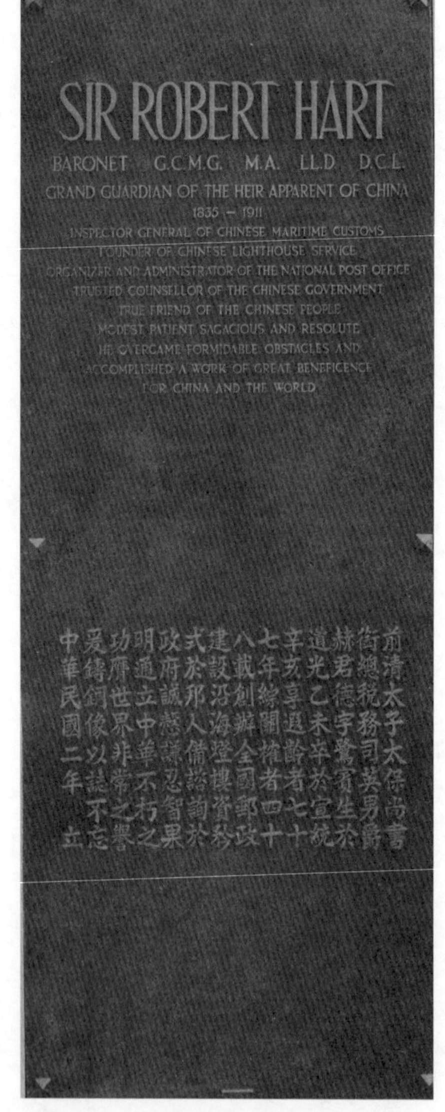

資料來源：《十年報告》(1922-1931)。

第二章 太上財政總長（一九一二—二七）

一九一一年的辛亥革命意外地把總稅務司推上權力巔峰，而原因應該從辛亥革命之前說起，魏爾特指出：

> 辛亥革命以前，總稅務司對於稅款，從無直接管理之職責，僅由其所委各關稅務司按照稅則，切實核計應收稅鈔數目，據實列賬呈報政府而已。至商人應納稅鈔，一經稅務司核查無誤，即須赴海關收稅銀號如數完納，由銀號出具收據，送由稅務司轉交海關監督……大抵每埠俱設收稅銀號一所，但亦設二所者，論其性質，或係還逃知名營業征廣之銀錢票號所分設，或係純粹之地方銀號，其中且有由尋常商人承辦，藉作穩利可圖之副業者。更有少數地方之銀號，實係本關監督所經營，又聞經理某埠稅款之銀號，為是省巡撫之私產。然是時經徵稅鈔之事，絕無委諸外國銀行者，亦無一係由總稅務司或其委任之稅務司所指定。[1]

1 Wright, *China's Customs Revenue since the Revolution of 1911*, 1. 亦見：《關稅紀實》上卷，頁十九—二〇；劉輝主編，〈民國時期關稅史料之四〉《中國舊海關稀見文獻全編》（北京：中國海關出版社，二〇〇九）。

但一九一一的辛亥革命「敲響了這一體系的喪鐘」。[2]為了避免革命黨掠奪海關稅收，「清政府和公使團立即進行協商，設計應對當前局面的實際方法」。為了安全起見，被革命黨占領的條約口岸，海關稅收轉存入安格聯名下帳戶，但海關監督仍然控制著華北和東北條約口岸的稅收。然而，統一的解決方案出現了——外務部通知公使團：「為了支付外國的債務，所有條約口岸的海關稅款徵收現在已經交由總稅務司控制。」[3]為了保衛賠款，安格聯建議成立一個外國銀行團。清政府和公使團關於一九一二年一月二十一及三十日的安排如下：

> 第一款：此項委員會須由顧於庚子以前以關稅作抵尚未付清之各洋債銀行與關餘和約賠款之各國銀行之董組織成立。該委員會應決定各洋債內何款應行儘先付還，並編列一先後次序單，以便滬關稅務司遵照辦理。
>
> 第二款：關係尤重之各銀行，即滙豐、德華、道勝三家應作為上海存管海關稅項之處。
>
> 第三款：應請總稅司承認允許將海關所有淨存稅項，開單交與所派之委員會，居中國政府復能償還洋債賠款之時為止。
>
> ……
>
> 第五款：應請總稅司將上海所積淨存稅項，辦力籌維，於每星期均分，收存滙豐、德華、道勝三行，以作歸還該項洋債及賠款之用。上海稅司應由此項存款內，按照第一條委員會決定之先後，准其屆期償還。[4]

前述條款經歷了幾次微調，就構成了《一九一二協議》：徵收和存儲海關稅收款變成了國際銀行團和總稅務司的責任。[5]戴一峰和陳詩啟說這是總稅務司和列強奴役中國的陰謀。[6]然而，事實卻非如此「：《一九一二協議》後，中國固有的權力未受損害，中國可以按照自己的意願處理這筆稅收」，[7]況且，如果安格聯想要擴展他的個人權力，他就不會提議成立外國銀行團，因為這個銀行團使列強相互監督，任何一方都不能通過投機取巧或巧取豪奪的方式分配海關稅款。

另一個新機構的創立也影響了一九一二年到一九二九年間的中國財政。依照《一九一二年協議》的第五款，安格聯在一九一二年一月與三家銀行共同在上海開立了「總稅務司債務帳」

2 Wright, *China's Customs Revenue since the Revolution of 1911*, 2.

3 Wright, *China's Customs Revenue since the Revolution of 1911*, 4.

4 Wright, *China's Customs Revenue since the Revolution of 1911*, 7-8.《關稅紀實》上卷，頁三十，劉輝主編，《中國舊海關稀見文獻全編》（北京：中國海關出版社，二〇〇九）。

5 第二款在一九一二年五月有變更：At the end of each month, beginning with January 1914, the surplus, after all payment due each month on account of loans secured on the Customs revenues and contracted previous to 1900 have been fully met, shall be divided pro rata amongst the banks having charge of the Indemnity service up to the amount of the instalments of the Indemnity respectively due to them each month. 這一段被加上第二款，見 Wright, *China's Customs Revenue since the Revolution of 1911*,8-9.

6 戴一峰，《近代中國海關與中國財政》（廈門：廈門大學出版社，一九九三），頁六〇—七三；陳詩啟，《中國近代海關史》，頁四三六—四八七。

7 Wright, *TheCollection and Disposal of the Maritime and Native Customs Revenues*, 2nd edition,7.

（Loan Service Accounts），並將上海稅收中取得的申規元三百三十萬兩按均等份額轉入這些帳戶名下。作為總稅務司的代表，江海關稅務司在銀行團決定賠款應該被如何分配後，立即支付中國的欠款。開設此帳戶的目的不僅是為了保障《辛丑和約》中規定庚款的支付，也是為了保障八項不同貸款的支付。[8]

普遍認為赫德是中國海關史上權力最大的總稅務司，但就總稅務司這個職位的權力而言，卻在安格聯的任職期間（一九一一—一九二七年）達到頂點。赫德的影響力，是建立在他個人與清政府和列強的互信之上。但是安格聯時期的總稅務司職位，其權力擴張由兩個事件造成：八國聯軍後的《辛丑和約》和辛亥革命後的《一九一二協議》。《辛丑和約》使得總稅務司能夠將他的管轄區域擴大到五十里內常關，而作為條約賠款保障的海關稅收使得總稅務司署能夠間接地影響中國的外交關係。然而，《一九一二協議》使得總稅務司可以在向中央政府上報稅收總數之前就分配海關稅收款。因為害怕革命軍徵收稅款，列強建議清政府授權安格聯通令地方稅務司將稅收款存入他們的私人帳戶中，再匯到安格聯的名下。在償還了外債和賠款的分期金額後，總稅務司署就可以將剩餘的稅款解匯給北洋政府。

失去分配賠款的權力標誌著中國政府的衰落，但這並不是說總稅務司挪用財政部的資金或是竊取財政總長的權力。這與一八五三年上海小刀會起事類似——列強想要保護它們的利益，因此才開始介入中國海關事務。一九一一年到一九一二年間，辛亥革命如火如荼之際，清政府既不能保障稅收不落入革命黨之手，又不能確保按期支付分期賠款。將這個任務轉交給總稅務司只是意味著將這這塊「燙手山芋」委託給總稅務司署代理。因此，總稅務司為了執行本屬於中央政府的職責，積累了更多的權力。但是，一九一二年以後中國將遭遇更多危機，而總稅務司也將受託擔起更多責任，來幫助北洋政府力挽狂瀾度過危難。

（一）北洋軍閥和北京政局

赫德和安格聯都是大權在握的總稅務司，但他們權力本質卻不同：赫德的影響力是基於他與清政府和朝廷之間的互信。而安格聯在北洋政府中的角色卻全然不同：他的權力是由《辛丑和約》和《一九一二年協議》共同賦予；另外，北洋政府從沒有像清政府信任赫德般信任安格聯。再者，北洋軍閥的政治軍事鬥爭使得安格聯在直、皖、奉系的鬥爭和南北對峙中在袖手旁觀和力挽狂瀾之間進退兩難，而赫德則捍衛慈禧的威權統治長達四十載。換句話說，在北洋政府更替頻繁的情況下，安格聯所接觸的每一位新任稅務督辦都是他之前上司的敵人。

「不要忘記我們的工作是徵收和保護稅款，要遠離政治，並與那些有權勢的人們保持友好的關係」，這就是安格聯在一九二五年被免職前的聲明，但事實情況總是更加複雜。[9]安格聯從一

8 Wright, *China's Customs Revenue since the Revolution of 1911*, 111-13.

9 〈安格聯機要通令第五二號〉（一九二六年十二月十五日），中華人民共和國海關總署辦公廳編，《中國近代海關總稅務司通令全編》，第四十一卷，頁一〇七—一〇八。

九一一年到一九二七年的任期剛好是中國兩次大革命：一九一一年的辛亥革命和一九二七年的北伐，這一階段也是近代中國歷史上最為混亂的時期。在一九一二年到一九一六年的袁世凱總統任期內，北洋政府僅僅維持著表面上的穩定。一九一六年以後，全中國爆發了數以百計的軍閥內戰，袁世凱死後，到一九二八年底東北易幟的十二年來北洋軍閥一直為爭奪大總統、國務總理和對北京的控制權而不斷作戰。幸運的是，新政遺留下來的責任內閣制度防止了軍閥攫取全部的國家權力，因為任何一個軍閥不能同時擔任大總統和國務總理。在這段政局混亂的時期，巨大的軍政開支迫使安格聯非常謹慎地分配稅收。[10]各方面對經費的急需賦予了安格聯更大的權力，這也是他被命名為「太上財政總長」的原因。然而這一綽號卻毫無讚美之意。

安格聯並非自願走上太上財政總長的之路。新任大總統袁世凱面臨著成百上千的難關，其中最嚴重的就是中國幾乎破產。年輕的民國決定舉借外債籌集資金。第一步就是向外國銀行團借錢，也就是「善後大借款」。但是，在民族主義氛圍下，這一貸款被認為是導致中國進入「財政奴役」狀態的證據。[11]因此，梁士詒設計了一個從國內籌集資金的計畫。為了盡量吸引中國的捐款人，「盡可能地披上外國控制的外衣」。貸款「發行規格合理，伴有計劃書、分期償還表、特別承諾擔保和精心印製的債券，並且一切以裝飾門面為目的的常設貸款業務的組織都委託給總稅務司處理」。[12]

一九一四年，安格聯應邀成為新成立的內國公債局協理，並被授權「選擇銀行，存儲特別款項，以為付息之用」。安格聯加入內國公債局，最後證明「實為當時各原因中之最重要者」。[13]安格聯與內債產生關係，這就是太上財政總長的第一步。

北洋政府原計劃籌集民三公債的額度是一千六百萬銀元，[14]但是「人民自由認購」加上「政府強迫官吏認購」，所以最終籌集了二四、九二六、一一〇銀元。[15]鑑於此番成績，中國政府在一九一五年「很快開始著手第二次冒險」，但這一次，擔保卻「具有一種更加模糊不清的特徵——某些省份的稅收被用作擔保，而這些稅收的實現卻依賴於中央政府對這些省份的控制」。[16]雖然有上述問題，但是「華亂愛國觀念與投資穩妥二者相舉勸勉，故各地應募者，異常興奮，結果復超過發行數目，總計募集之款共達二五、八二九、九六五銀元」。[17]

---

10 Beijing's role and the powers, see, Andrew Nathan, *Peking Politics 1918-1923: Factionalism and the Failure of Constitutionalism* (Berkley, CA: University of California Press, 1976), 59-64.

11 Wright, *China's Customs Revenue since the Revolution of 1911*, 238.

12 Wright ed., *Documents Illustrative of the Origin, Development and Activities of the Chinese Customs Service*, vol. VII, 236-7, Memorandum by Aglen on the Chinese Revolution of 1911 and the Maritime Customs Service, January 1918.

13 《關稅紀實》上卷，頁四七八。

14 Wright ed., *Documents Illustrative of the Origin, Development and Activities of the Chinese Customs Service*, vol. VII, 237, Memorandum by Aglen on the Chinese Revolution of 1911 and the Maritime Customs Service, January 1918.

15 《關稅紀實》上卷，頁四七八。

16 Wright ed., *Documents Illustrative of the Origin, Development and Activities of the Chinese Customs Service*, vol. VII, 238, Memorandum by Sir Francis Aglen on the Chinese Revolution of 1911 and the Maritime Customs Service, January 1918.

17 《關稅紀實》上卷，頁四八五。

袁世凱的洪憲帝制以及他於一九一六年辭世讓北洋政府的威信徹底破產。此時大多數省份已經脫離北洋政府，總稅務司被迫尋求其他的財政來源以支付每月的利息。然而，中國加入第一次世界大戰給安格聯提供了另一種選擇。

據江漢關稅務司戴樂爾（F. E. Taylor）描述，安格聯總是採取「一種狹隘的部門觀念，認為經他之手的哪怕只是五分錢的稅收都比發展能在未來帶來巨額稅收的貿易更加重要」。[18]原因是關平銀從一九一二年到一九一五年間貶值了。因此，沒有「足夠的餘額可以在支付以海關稅收為擔保的貸款之後再付清每月的分期賠款」。這樣一來，關餘的初始定義就是：

係指業經分配之海關稅款，於償付一九〇〇年前以關稅為擔保之各項外債後所餘者而言。所有各國庚子賠款之償付，即以此項餘款，於攤存經理賠款各銀行後撥給。換言之，即一九〇〇年前所訂借之各項外債，應儘先以海關稅款賞給，如有餘額，方可再照《辛丑和約》之規定，以為付還各批賠款之用也。[19]

從一九一六年開始，國際銀價上漲，關平銀開始升值，這也大大改善了北洋政府的財政狀況。另外，一九一七年三月中國加入一戰，使得中國停付德奧庚款，使得「一九一七年八月間，債務帳及洋稅帳保留部分之款項，積存甚鉅，而該年其餘期間，預計情況，當極良好，故除賞付各項外債及賠款外，顯然尚有大宗餘款，足供政府之支配」。[20]所以關餘的定義發生變化，就產生第二種定義：

> 海關稅收淨數，除按照原來條約及合同之規定，於償付擔保之外債及賠款後所餘之稅款而言。此種定義，並不容關餘包括取消或緩付之賠款在內。[21]

結果在一九一七年一整年銀價上漲，關餘居然高達一千萬兩，所以分四次撥給北洋政府。[22]這就讓袁世凱死後瀕臨破產的北洋政府注入了一劑強心針。但是關餘到底可以由何方支配呢？這是個爭議很久的問題。依照《一九一二年協議》第二款，安格聯寫道：「非常明顯，這個國際協議（《一九一二年協議》）並沒有觸及關餘的處置權問題，因此公使團是否有權力扣留這筆款項是存在爭議的。」[23]這個爭議在一九二〇年代的金佛郎案也造成問題，因為當時駐華公使認為：

---

18 Lo ed., *Correspondence of G. E. Morrison*, vol. II, 288, Francis Taylor to Morrison, 2 February 1914.

19 《關稅紀實》下卷，頁二十。亦見Wright ed., *Documents Illustrative of the Origin, Development and Activities of the Chinese Customs Service,* vol. VII, 244-246, Memorandum by Sir Francis Aglen, Inspector General of Customs, for the Ministry of Finance, on a Suggested Alteration of the 1912 Agreement, 27 June 1919.

20 《關稅紀實》下卷，頁二一。

21 《關稅紀實》下卷，頁二一。

22 《關稅紀實》下卷，頁二四、二五。

23 Wright ed., *Documents Illustrative of the Origin, Development and Activities of the Chinese Customs Service,* vol. VII, 241,

> 以為任何關餘之發放，非先徵得公使團同意，不能動用，而事實上某某外交代表〔法國〕，於最初某次請求撥付時，竟對提用關餘，暫不肯予以同意，以冀代其國家要挾特別利益。夫此處所言之關餘既係純粹之關稅餘款，則民國元年之辦法自須修正，以期明白規定此項餘款，得由中國正式政府無限制支配，惟在上述情況之下而欲如此提議，誠恐難以通過，即或可以辦到，亦必有繁重之條文，以管理此款之用途。中國政府知其如此，復以保持尊嚴及其他政治關係，不肯輕言改訂，至公使團方面，自更不願出而提議也。[24]

由於關餘激增至一千萬兩，加上到底中國政府還是列強得以支配關餘的爭議無法解決，這使得安格聯做為一種中立第三方，必須管理關餘。

這就是為什麼一九一七年北京政府可以「指撥取消之德國賠款擔保之故」，民三、四年公債「因賴此項政策之實行，結果極為圓滿，其地位已儕於第一等之可靠證券，政府對內信用，因之大增，故以後政府每值籌措內債，而無適當擔保品時，輒不免乞靈於此項取消之賠款」。[25]從那之後，總稅務司的職位就和內國公債局協理的職務緊緊聯繫在一起了。太上財政總長的第一步是安格聯與內債發生聯繫；再來是手握關餘和市場青睞的民三、四公債和民七短期公債，這就是太上財政總長形成的第二步。

袁世凱死後，北洋政府名義上的統一被打破，分裂為直系、皖、奉系。粗略來說，皖系的段祺瑞從一九一七到一九二〇年控制著北京，直系的曹錕是從一九二〇年到一九二四年，而奉系的張作霖則是從一九二四年到一九二八年。雖然這三個派系經歷了一系列的內戰，大總統徐世昌在他一九一八—二二年的任期間，維持著相對平穩的局面的管理政府。在皖系「北洋之虎」段祺瑞的幫助下，徐世昌努力重整袁世凱死後紛陳的政治亂局。[26]他首先下令「偃武修文」與南北議和，雖然南北對峙的局面結束，但一戰結束反而給中國帶來嚴重的財政危機。戰爭時期銀價不斷上漲，但戰後就恢復正常價格水準，甚至開始下跌。這樣一來，如表2.1所示，一九二〇年一關平銀可以兌換六先令九・五便士，但一九二一年一關平銀就只值三先令一一・四三七五便士了。也就是說關平銀貶值了百分之四十一・七九。這就讓原本極為豐沛的關餘，瞬間打了折扣，北洋政府就需要對內債有一套比較周密的整理辦法。

銀行公會張嘉璈、財政總長周自齊和總稅務司安格聯聯合向大總統徐世昌呈請經理內債基金處。周自齊稱：

> 公債一途，為現今東西各國立國之命脈，致富之根基，我國萌芽方始，風氣初開，果能整理得宜，則人民重視債票，樂於投資，利源既闢，何事不舉？否則凡百設施，皆須仰給於

---

24 Memorandum by Sir Francis Aglen on the Chinese Revolution of 1911 and the Maritime Customs Service, January 1918.

25 《關稅紀實》下卷，頁二五、二六。

26 徐世昌、安福系國會和皖系，見：Nathan, *Peking Politics*, 91-127.

Wright, *China's Customs Revenue since the Revolution of 1911*, 247. 亦見《關稅紀實》上卷，頁四九四。

表2.1 1912年—1927年海關和當地海關總稅收的徵收和利用情況（關平銀）

年份	關平銀對英鎊匯率	收入*	支出**	盈餘	放給北京政府的關餘***
1912	0.152604	44,455,401.517	33,668,676.014	10,786,725.503	
1913	0.152083	55,455,469.982	52,841,796.497	2,613,673.485	
1914	0.136458	43,665,331.834	42,260,076.948	1,405,254.886	
1915	0.129688	41,115,639.572	37,652,415.680	3,463,223.892	
1916	0.165885	44,135,645.542	36,064,958.754	8,070,686.788	
1917	0.215885	49,348,700.843	43,311,667.365***	6,037,033.478	7,181,328.545
1918	0.264323	45,777,356.567	36,459,799.265	9,317,557.302	1,795,332.136
1919	0.316667	58,518,364.525	55,225,683.555	3,292,680.970	22,604,103.276
1920	0.339583	55,875,527.247	47,864,032.378	8,011,494.869	18,183,168.762
1921	0.197656	65,210,864.459	60,484,270.100	4,726,594.359	13,553,283.878
1922	0.187500	65,462,166.802	60,771,552.702	4,690,614.100	13,531,112.065
1923	0.173958	70,494,771.280	60,693,418.387	9,801,352.893	9,854,937.792
1924	0.183073	81,071,944.370	63,556,713.316	17,515,231.054	14,938,356.256
1925	0.174479	89,736,424.283	85,861,388.439	3,875,035.844	18,365,830.484
1926	0.155729	83,537,303.285	78,550,005.154	4,987,298.131	15,584,164.009
1927	0.140885	77,630,232.882	70,823,313.189	6,806,919.693	1,504,814.183

表格來源：Wright, *China's Customs Revenue since the Revolution of 1911*, 398-440.

* 收入包括：1）上一年結存；2）海關稅全部收入；3）常關稅全部收入；4）利息，匯換盈餘、似其他雜項收入。

** 支出包括：1）照案提撥之海關經費；2）各關監督經費；3）銀行手續費、匯費、及匯換虧折；4）疏濬江河及改良港口經費或墊款；5）防疫及海港檢疫經費；6）撥交地方當局之地方捐鈔及奉准按成提撥之稅款；7）其他雜項支出；8）外債及賠款；9）關餘內撥充政府行政經費之款。

*** 開始向北洋政府支付關餘。

外資，損失權利，何可勝計？此尤自齊所旦夕憂慮，不能不冒群疑、犯眾難，毅然以整理自任者也。[27]

徐世昌馬上回覆道：

> 近年財政艱難，全恃內債一項以為周轉之資。溯自民國元年迄今發行內債已歷八次，財政金融兩有裨益。惟因大局未寧，國計益絀，以致內債信用不免同受影響，所關甚鉅，自應亟圖整理之法，以資補救。茲據財政部呈擬整理內國公債辦法業經國務會議決定，應即責成該部會同內國公債局，督率總稅務司安格聯及中國、交通兩銀行按照三、四年暨七年短期公債辦法認真辦理，期裨金融而利推行。[28]

為確保北洋政府內債可以定期支付，北洋指派安格聯於一九二一年四月一日開始經理該

27 'Memorial submitted to the President by Mr. Chow Tze-chi, Minister of Finance, Recommending the Consolidation Certain National Loans,'，轉引自Wright, *China's Customs Revenue since the Revolution of 1911*, 612-614.

28 'Presidental Mandate, approving Memorial submitted by Mr. Chow Tze-chi, Minister of Finance, on the Suggested Consolidation of Certain National Loans', 3 March 1921，轉引自Wright, *China's Customs Revenue since the Revolution of 1911*, 615.

處。[29]因為民三、四公債和七年短期公債在發行時，已經有穩固的抵押，所以不需整理，新成立的經理內債基金處需整理七項公債：「八釐軍需公債、愛國公債、元年公債、五年公債、七年長期公債、八年七釐公債和九年整理金融短期公債」。[30]以上所有公債償還本息的辦法：

> 以各常關收入及海關稅餘款，除償付三、四年公債及七年短期公債本息外，所有餘款儘數作抵不足之數。擬在鹽餘項下提撥每年總數以一千四百萬為度，不得超過全部以公債基金每年所需總數十二分之七，以次遞推。並在煙酒收入項下提撥每年總數以一千萬元度，不得超過每年公債基金所需總額十二分之五。如煙酒收入不足此數。擬由交通部先於交通事業餘利項下每月借撥五十萬元，將來即以煙酒整理後收入餘款償還。[31]

安格聯在經理內債基金處的角色，可以證明透過間接控制的代理制度對北洋政府做出的貢獻。徐世昌大可將經理內債基金處交由周自齊管理，但是徐、段兩人都沒這樣做，其原因可能是北洋軍閥使得徐、段二人必須依賴於安格聯的中立性，因為徐、段的內閣閣員很有可能隨時與其他軍閥合作。雖然安格聯的在經理內債基金處的角色賦予了他操控全國金融網路，也就是洋、常關、鹽稅和煙酒稅的收入，以及他維繫著內債的市場信用。其權力之大一時無右，但安格聯出任此職務也讓其他國內軍閥無法染指洋、常關、鹽稅和煙酒稅的收入。如此一來，徐段二人可以籌措經費維持局面，又讓洋、常關、鹽稅和煙酒稅的收入中立於中國政局之外。何樂不為？

在安格聯仍是內國公債局的協理時，內國公債局仍是財政總長的下屬機構，僅管理發行內債。經理內債基金處支付內債本息的資金來源就是關餘，這使得安格聯在事實上和財政總長周自齊同級。由於經理內債基金處的成立，使得安格聯除了民三、四公債和民七短期公債外，必須再管理七項公債，而且安格聯的存在增強了中國、交通銀行的信用和中國投資者信心，這就成了太上財政總長形成的第三步。

這些穩定內外債的成就應歸功於皖系段祺瑞的軍事優勢，使得大總統徐世昌的權力相對穩定，但一九二〇年七月的直皖戰爭結束皖系統治的局面。隨後，一九二二年四月到五月期間的第一次直奉戰爭，直系再度獲勝確保了直系的完全執政。[32]奉系撤退回東北，而直系領導人曹錕逼迫徐世昌總統退位，將前任大總統黎元洪又推上總統的位置。徐世昌是北洋元老，自小站練兵起就和袁世凱結拜兄弟，而黎元洪曾當過孫文和袁世凱的副總統。總體來說，徐世昌和黎元洪都可以作為合適的總統候選人。袁世凱去世與徐世昌和黎元洪的下臺極大地破壞了北洋政府的穩定性，而曹錕想要當總統的野心則導致了長期的政治混亂，並將總稅務司捲入其中。

29 Wright, *China's Customs Revenue since the Revolution of 1911*, 305.
30 Wright, *China's Customs Revenue since the Revolution of 1911*, 306.
31 〈內國公債詳細辦法〉Wright, *China's Customs Revenue since the Revolution of 1911*, 618-19.
32 兩次直奉戰爭，見Nathan, *Peking Politics*, 176-82.

一九二三年六月，當安格聯在倫敦享受假期的時候，[33]代理總稅務司包羅（Cecil Bowra）向他發出機密電報：

> 直系軍閥企圖密謀強迫黎元洪於六月十三日離開北京。張紹曾內閣可能會暫時重掌權力，這樣一來……而這會進一步攻擊貸款基金，也可能會動搖你的地位。[34]

安格聯立即意識到直系軍閥會向他索要經費。正如預期，包羅向他報告：「內閣迫切要求資金，表面上是為了海外的公使館和領事館，而實際上有可能是為了其他目的，比如議會和總統選舉。」[35]曹錕通過賄選在十月當上了總統，但這一醜聞激怒了奉系軍閥和南方革命黨人，並且他們認為是安格聯協助曹錕實施了他的計畫。

雖然曹錕因為賄選和大字不識而臭名昭著，但他深有自知之明，因此他予以代理首腦充分的自治。像是顧維鈞、顏惠慶和安格聯這樣的技術官僚備受尊崇，而且只要曹錕享受著總統的榮耀，內閣就可以獨立行使自己的權力。[36]內閣的技術官僚們試圖建立財政重整委員會（Financial Readjustment Committee）來重建金融體系。安格聯在被委任為這個委員會的委員後才得知這個消息。包羅告訴安格聯：

> 新財政重整委員會成立，以顏惠慶博士為主席。所有其他的財政委員會都已被廢除。新

的委員會有包括你在內的十四位委員，二十四位技術專家，八位秘書以及二十個關員。委員會的任務是準備政府的國家預算；安排內外債的調整和分期償還，尤其是那些沒有充分擔保的貸款；以及謀劃國家未來的財政政策。[37]

財政重整委員會的本質與經理內債基金處的本質有所不同：前者是位於內閣之上的，由總理、財政專家以及安格聯組成的，而且目的是制定連貫的經濟、財政和金融政策；而後者只能在財政總長的監督下管理內債本息的支付。安格聯在委員會中的角色十分尷尬：只有他手上有錢。然而稅務督辦和財政總長雖然都是委員會的常任委員，但都是安格聯的上司。安格聯從財政總長的下屬，到與財政總長平級，但是在財政重整委員會中，他彷彿是財政總長的上司，這就是太上

---

33 一九二三年三月五日，安格聯申請休假，同年十一月六日，安格聯結束休假。見〈安格聯通令第三四〇〇號〉、〈安格聯通令第三四五六號〉，中華人民共和國海關總署辦公廳編，《中國近代海關總稅務司通令全編》，第十七卷，頁六七一、八二四。

34 中國第二歷史檔案館，679(1) 32744, Confidential Telegrams to & from IG, April 1923 to October 1927：機要電報，Bowra (Peking) to Acheson (London), 14 June 1923.

35 中國第二歷史檔案館，679(1) 32744, Confidential Telegrams to & from IG, April 1923 to October 1927：機要電報，Bowra (Peking) to Acheson (London), 25 June 1923.

36 A. Waldron, *From War to Nationalism: China's Turning Point, 1924-1925* (Cambridge: Cambridge University, Press), 28-30.

37 中國第二歷史檔案館，679(1) 32744, Confidential Telegrams to & from IG, April 1923 to October 1927：機要電報，Bowra (Peking) to Acheson (London), 20 August 1923.

財政總長的最後一步。

之前，安格聯只能滿足北洋政府的財政需求，因為經理內債基金處只是監管著內債本息的支付和財政網路的健全；但是，財政重整委員會作為國家層面的政策制定者，允許安格聯將手上經費分配到整個國家費用的方方面面。北洋政府財政的惡化迫使他擔負起更多的責任，也造成了以下兩難困境——安格聯是唯一手上有錢的委員，即便如此，因為資金有限，他也不得不小心翼翼地行事。因此，太上財政總長和北洋政府之間不可避免的產生嫌隙。

由於曹錕的賄選，導致第二次直奉戰爭於一九二四年九月爆發。為了滿足緊急的行政管理費用，以及為保持北京城內的和平與秩序提供資金，財政重整委員會決定發行價值四百二十萬美元的國庫債券，以一九二四年十月一日停付德國庚款的收益利息作為擔保。為獲得發行債券的收益，中國銀行天津分行開立了一個特殊帳戶，除非是持有財政部長和總稅務司同時簽字的支票，任何人不得從此帳戶向外提款。雖然總稅務司保證這筆基金實際是用來支援行政管理費用以及北京員警部門的薪酬，但由於直系軍閥正與奉系交戰，中國知識界普遍們認為這只是一個「填補戰爭資金缺口的偽裝」。[38]總稅務司再次淪為北洋軍閥內鬥的從犯。

一九二四年的第二次直奉戰爭結束了曹錕的總統生涯。馮玉祥發動北京政變，軟禁曹錕。[39]自此之後北洋政府陷入徹底的混亂之中。從一九二四年十一月到一九二八年十二月的這段時間內沒有大總統上任。退休的皖系軍閥段祺瑞被奉系張作霖和國民軍系馮玉祥共推為臨時執政，並於一九二四年十一月二十四日組成了臨時執政府，但這頭退休北洋之虎早已失去爪牙。段祺瑞的權力是以張作霖和馮玉祥面和心不和聯盟為基礎。臨時執政府只是一個過渡性的行政管理機構，這意味著它並沒有得到列強的法理認可（*de jure* recognition），因此與中國與列強的交涉變得更加複雜。在曹錕統治期間，作為總統和直系領袖，他有最終決定權。但段祺瑞不得不與張作霖和馮玉祥進行磋商，如果他們尚能和平共處的話；但是如果他們互相憎恨，甚至交戰，張作霖和馮玉祥二人誰也不能拍板。

有趣的是，雖然執政府只屬於過渡性質，但是對中國有重大意義的關稅自主會召開了。在華盛頓會議召開後的四年，美國總統柯立芝希望組織一個國際會議來討論治外法權和中國海關問題，同時表示推動這一事項是美國遠東政策的「目標」。[40]關稅自主會議於一九二五年十月二十六日在中南海舉行，由外交總長沈瑞麟主持，主要議題是作為廢除釐金和常關制度後，列強就將子口稅轉換為二五附加稅，並授權總稅務司署開始徵收。這將使列強和北洋政府同時獲益，但是這卻傷害地方軍閥的利益，因為釐金自太平天國軍興以來，一直是地方督撫的財源。北洋政府提議在一九二九年一月一日以前廢除釐金，作為交換條件，列強同意對普通商品徵收二五附加稅，對酒、煙草等奢侈品再加徵百分之二．五至五的關稅。[41]

---

38 Wright, *The Collection and Disposal of the Maritime and Native Customs Revenue since the Revolution of 1911*, 2nd ed., 156.

39 J. Sheridan, *Chinese Warlord: The Career of Feng Yu-hsiang* (Stanford, CA: Stanford University Press, 1966), 130-48.

40 《泰晤士報》，一九二五年七月十五日。

41 Wright, *China's Struggle for Tariff Autonomy*, 466-7.

「切實值百抽五」的問題變得國際化的原因是一八四二年的《南京條約》以及其一八四三年的關稅細則。《南京條約》迫使清政府開放中國的五個條約口岸，而其關稅細則是以值百抽五為基準點的從量稅率。因為通貨膨脹而使得中國海關真實徵收的關稅從來無法達到切實值百抽五。但是中國又喪失了關稅自主，所以無法自行調高關稅。這就是為何所有享有最惠國待遇的列強必須召開關稅自主會議來調整中國所有關稅細則。[42]

釐金和常關稅可以被看作是國內關稅，但不同之處是前者的收入將歸省政府所有，而後者的收入則歸中央政府所有。理論上，如果貿易商付了百分之二·五的子口稅，那麼所有的國內關稅都應該免除。但是據華洋貿易商指出，他們支付的常關稅的只有釐金稅收的四分之一，[43]因為《辛丑和約》讓清政府委託廉潔的總稅務司署管理著五十里內常關。

除了名字上的差異，各省採取不同的手段徵收釐金，日籍幫辦高柳松一郎有很精闢的分析：

> 釐金稅一項，若以課程之場所為標準，大體可分為三類：即第一為出發地釐金（departure likin）、第二為中途釐金（transit likin）、第三為到達地釐金（terminal likin）是也。所謂起釐、出產稅等屬於第一種；行釐、驗釐、進省稅、過境稅等屬於第二種；坐釐、埠釐、落地稅、銷場稅等屬於第三種。第一種釐金係在出產地或市場課徵，第二種釐金係在貨物到達消費地點課稅，故其納稅上之煩累較少，至第二種釐金係在貨物通行時課稅，故納稅與驗查之手續極其煩瑣，不免授稅吏以留難勒索之機會，大阻交通之自由。結果所至，商民

固大受損失，而地方財政廳亦多耗徵稅之費，此無俟說者也。近年來有數省為除此弊計，採用一種新釐金，即統捐（consolidated likin）和產銷稅（production and consumption likin）二者。統捐制度之目的在以一省為一釐金地域，依統一稅率將前述三種釐金作一次徵收之。產銷稅制度在前述第二種之中途釐金，而貨物之生產地課出產稅，於貨物之消費地課銷場稅。財政部雖於民國三年命各省採用產銷稅，於四年命各省採用統捐制，但至今採用統捐制者僅江西、湖北、陝西、甘肅、浙江、四川、新疆七省，採用產銷稅制者，僅奉天、吉林、黑龍江及江蘇等省所轄地方而已，他省則仍續用舊式釐金制度也。但近年來鐵路增設之結果，基於營業上之必要，亦有使輸送貨物之釐稅徵收法趨於簡易之效，此亦真確之事實也。[44]

啟釐、過釐和抵釐中，最有問題的是過釐，因為每個省都「有它自己獨立的組織，根據它自己的稅率收稅，因此在所有情況下都已經超出了每英里的原始稅收，有些時候竟升高到了百分之五」。[45]

42 協定關稅，見Fairbank, *Trade and Diplomacy*,114-32；亦見Wright, *China's Struggle for Tariff Autonomy*,2-48.

43 高柳松一郎，《改訂增補支那關稅制度論》（京都：內外出版株式會社，一九二六），頁三〇八。

44 高柳松一郎，《改訂增補支那關稅制度論》，頁三一四—一五。譯文見：高柳松一郎著、李達譯，《中國關稅制度論》，頁一九九—二〇〇。

45 Wright, *China's Struggle for Tariff Autonomy*, 506.

釐金的徵收嚴重地損害了北洋政府以及華洋商人的利益。由於釐金掌握在各省當局手中，北洋政府得不到一分錢。釐金制度使得土貨在國內運輸成本較高，因此不能與洋貨競爭。雖然外國商人在支付了百分之二．五的子口稅後不需要再支付釐金，但事實卻非如此，釐金官員仍然尋找各種理由扣押他們的貨物，以此尋求賄賂。有些洋商就選擇支付過釐而不是子口稅，因為他們認為地方勢力無論如何不會允許子口稅可以抵免釐金稅。當然這也是因為中央政府早就無法節制這些地方軍閥。

「然而，關稅會議即將召開的消息卻沒有受到與北京政府為敵的軍閥歡迎，」魏爾特評價道。這些軍閥認為「這個會議不僅是對政府的及時加固，而且一旦這次會議成功，政府的生命會因為新的關稅或授權的附加稅帶來的稅收升高而得到延續」。[46]廢除釐金無疑會使北洋政府受益，並削弱地方政權，因為那樣的話只有中央政府能獲得關餘，而且能用手上的關餘支持屬意的地方軍閥。很明顯的，廣州國民政府絕對不會是受益者，因為會失去釐金收入，然後又不可能從北洋政府手上得到關餘。

但是，在一九二五年十月到一九二六年四月期間，張作霖和馮玉祥的衝突惡化，而段祺瑞沒有能力阻止張、馮二人的徹底破裂。段祺瑞於一九二六年四月自願提出辭職。他下臺以後，攝政內閣組建，並且北洋軍閥們決定讓大總統和臨時執政的位置空著，[47]而總理的位置就變得極為不穩定，因此沒有一任總理能在位超過八個月。這樣一來，列強決定「推遲關稅自主會議的下一步會議，直到全中國都認可的政府出現。」[48]

北洋軍閥的內戰最終導致了全面的財政癱瘓。缺少強有力的中央政府，經理內債基金處就不能命令省級的銀行按比例向北京繳納稅收，因此安格聯不得不謹慎地調撥本應用來支付國內貸款利息的關餘。與此同時，北洋政府已經不能負擔一九二六年九月慶祝中秋節的預算津貼。在「嘗試了各種辦法來滿足中秋獎金需求」之後，財政部長向安格聯提議道：唯一的選擇就是「向地方銀行發行五百五十萬美元的國債券，並且以向奧地利庚款為擔保，數額為三萬二千英鎊，等同於每年二十八萬美元」。[49]安格聯回覆說：

> 在當前情況下，我斷然拒絕以任何直接或間接的方式參與到政府的買賣交易中。至於分解對奧地利的賠款，我認為除非違背諾言，否則是不可以這樣做的。但是如果政府可以從檔案記錄中得出結論，證明現存的對奧地利的賠款義務中沒有優先索賠權，那麼我當然會每月將分期付款上交財政總長，並由他按他認為合適的方式處置。[50]

46　Wright, *China's Struggle for Tariff Autonomy*, 464-5.

47　Wright, *China's Struggle for Tariff Autonomy*, 594.

48　Wright, *China's Struggle for Tariff Autonomy*, 598.

49　中國第二歷史檔案館，679(1) 32744, Confidential Telegrams to & from IG, April 1923 to October 1927：機要電報，Edwardes to Bowra (London), 7 September 1926.

50　中國第二歷史檔案館，679(1) 32744, Confidential Telegrams to & from IG, April 1923 to October 1927：機要電報，Aglen (London) to Edwardes, 13 September 1926.

由於安格聯嚴謹的態度，總理杜錫珪被迫辭職，因為如果沒有中秋獎金，沒有任何公務員願意繼續供職。[51]「財政毫無辦法，專門濫用信用以增加人民的負擔，供給有力者的浪費，這當然是國民全體反對的，但是最小限度的必須行政經費，也不能完全棄置不管。安格聯時時以維持國家信用為名，拒絕政府的要求，固然是肯負責任的表示，但是他所維持的是國家的信用呢？還是他個人的信用呢？」北京大學經濟學教授唐有壬評論道：「安格聯也不過假以濟私，謀他個人及其他關係人的利益，何嘗是代國家維持信用？」[52]

似乎每次安格聯休假都會遇到大問題，上次（一九二三年三月五日至十一月六日）時的休假遇到曹錕賄選，這次從一九二六年六月二十六日開始的六個月休假，遇到了北伐。[53]這或許是因為北洋時期政局本來就不穩定，但是也可以看出他和赫德極為不同，赫德來中國後，只回英國兩次，一次回去結婚，另一次回去後再也沒有回中國。七月，國民黨開始了北伐。五個月內，國民革命軍迅速地從一支地方力量發展為一支稱霸全國的正規軍，而這一發展進程使張作霖和列強們十分擔心。[54]在這一關鍵時刻，安格聯不得不尋求英國外交部的意見。倫敦辦事處稅務司澤禮（Stephenson）隨後傳達了英國外交部的建議：

> 不僅在廣東，而且在國民革命軍逐漸控制的其他地方，都有一種對國民政府的友好和幫扶的態度，這可能使得海關變得不可或缺，並有利地影響未來的關係：即使這種方式的合作意味著實行關稅自主，關稅自主也是經過承諾的，而且英國政府正準備正視之。[55]

但是，英國外交部對國民黨的態度實際上使安格聯陷入了困境，因為安格聯理論上是隸屬於北洋政府。他向澤禮發電報抱怨道：

> 在廣東的英國當局與國民黨的交流活動控制了我，並且將我從合適的國際性職務（雖然它可能非常尷尬）轉移到它的外國方面服務職務上。而推薦給我的政策在保護海關不被破壞的問題上不會比此政策在仍然大規模存在的聯合抵制上發揮的作用更大。[56]

當列強們逐漸認可國民政府時，張作霖正在召集所有北洋軍閥，包括他以前的敵人孫傳芳和

---

51 唐啟華，〈北洋政府時期海關總稅務司安格聯之初步研究〉《中央研究院近代史研究所集刊》，第二十四期（一九九五），頁五九五。

52 唐有壬，〈安格聯與中央財政〉《現代評論》，第四卷，第九十一期，一九二六年九月四日，頁一、二。

53 安格聯的休假自一九二六年六月二十六日開始，同年十一月十一日日結束，見〈安格聯通令第三六九四號〉、〈安格聯通令第三七二五號〉，中華人民共和國海關總署辦公廳編，《中國近代海關總稅務司通令全編》，第十八卷，頁五五二、六四三。

54 北伐，見C. Martin Wilbur, *Nationalist Revolution in China, 1923-1928* (Cambridge: Cambridge University Press), 55-63.

55 中國第二歷史檔案館，679(1) 32744, Confidential Telegrams to & from IG, April 1923 to October 1927：機要電報，Stephenson (London) to Aglen, 22 November 1926.

56 中國第二歷史檔案館，679(1) 32744, Confidential Telegrams to & from IG, April 1923 to October 1927：機要電報，Aglen to Stephenson (London), 29 December 1926.

閻錫山，於十二月組成安國軍並任大元帥，這是自曹錕大總統退位後，北洋政府中，最接近大總統職位的角色，這也是北洋軍閥的最後一博。安國軍需要巨大的軍費開支，因此張作霖要求內閣向他統治範圍內的所有條約口岸徵收二五附加稅，並將一九二七年二月一日作為起徵日期。

安格聯依然成功地守護著陷入困境的中國海關。他以必須徵得列強全體同意才可以開徵附加稅為藉口，輕鬆地拒絕了向華北的條約口岸開徵二五附加稅。[57]但是，張作霖非常堅決地要徵收二五附加稅。安格聯對他所處的尷尬處境抱怨道：

北京政府正嚴肅地考慮試圖賄賂要求開徵華盛頓附加稅的公使團：所出的主意是海關在上海和華北條約口岸開徵稅款，總稅務司控制這一過程並將稅款交到北京供財政部花銷，這就意味著即時的資金收入將被投入到北方聯合政府的戰爭基金中……當我被諮詢到這個問題時，我回答說國際上的贊同是一個必要條件：海關可以徵收稅款，但是總稅務司必須遵循革命前（一九一一年以前）的慣例只收取銀行收據，並且拒絕處理或匯出現金。請注意，這個決定非常不受歡迎，但由於國民革命軍的附加稅徵收的現狀，這一做法卻是維持海關安全的必須做法。如果提出這一要求，我想列強們將同意可能出現的結果，即國民政府將會贊同，並且海關將會成為一個公正無私的機構，負責省級稅款的徵收，而沒有責任去運用這些資金。[58]

在這種情況下，安格聯只能依靠英國政府。他讓澤禮去力勸英國外交部保住現有的「海關地位」，這個地位直接與「整個條約口岸體系」聯繫在一起。他同時指出如果海關沒有被保留下來，外債就不會「安全」。[59]但是，中國政治變化的步伐如此之快，以至於英國的外交部跟不上變化的節奏，這也迫使安格聯只能隻身面對國民政府。

安格聯決定訪問武漢。這次旅程的官方理由是為了解決江漢關華籍關員以及新成立的華籍關員工會的問題，但是實際上沒有任何一個總稅務司會親自調查此類地方事件。因此這次出訪的真實原因是為了會見武漢國民政府要員。安格聯要求江漢關稅務司費克森（**J. W. H. Ferguson**）轉告「國民黨對粵海關的態度是正確的，他們是採取保護手段，而非干涉」之後，[60]安格聯認為與武漢國民黨要員的私人會晤將會保障「海關體系」的存續。他給費克森發了一封電報，來確認代理外

57 中國第二歷史檔案館，679(1) 28976, Inspector General Semi-Official Circulars Vol. 1, Nos 1-100: Memorandum (Maritime Customs Attitude in Connexion with Canton'Illegal'Surtax), 3 December 1926.

58 中國第二歷史檔案館，679(1) 32744, Confidential Telegrams to & from IG, April 1923 to October 1927：機要電報，Aglen to Stevenson (London), 13 December 1926.

59 中國第二歷史檔案館，679(1) 32744, Confidential Telegrams to & from IG, April 1923 to October 1927：機要電報，Stephenson (London) to Aglen, 4 December 1926.

60 中國第二歷史檔案館，679(1) 32744, Confidential Telegrams to & from IG, April 1923 to October 1927：機要電報，Aglen to Ferguson (Hankow), 11 December 1926.

交部長是否同意與他在武漢見面。[61]費克森回覆道：「陳友仁認為這很有必要，甚至可以說是很緊急的：他非常願意與總稅務司討論任何問題。」[62]而安格聯或許沒想到，武漢之行的代價就是他在總稅務司署的職業生涯。

一九一二年到一九二七年這一階段的中國國力急劇衰退，這也明顯地影響到了總統的高度。袁世凱是北洋時期最有實力的領導人。徐世昌雖是文人總統，但仍是北洋元老，德高望重，也可以維持一個有效運行的政府。曹錕雖然因為賄選而臭名昭著，但他至少是直系領導人，有著強大的軍事力量和政治資本。從袁世凱到徐世昌和曹錕，北洋政府領導人的實力在下降，這也是為什麼安格聯的責任越來越重，並且被安排在內國公債局、經理內債基金處以及財政重整委員會裡任職。當世界經濟惡化時，對中國經濟其實是利好，因為銀價會上漲，會讓關餘激增（同樣的情況也發生在經濟大蕭條時，美國推出購銀法案，這也造成銀價上漲，但就因銀價上漲導致美國商人直接用美金匯兌中國銀元，並將銀元按其含銀量售出，套得重利。因此國民政府無法在經濟大蕭條時獲得大量關餘，反而被迫要推出法幣），並且與德奧斷交更進一步地改善了財政狀況，安格聯也幫助北洋政府發起更多貸款來支付內債利息。當國際經濟局勢對中國不是那麼有利的時候，銀價下跌，關餘減少，他謹慎地劃撥關餘來支付內外債本息。

安格聯在以上三個組織裡的任職標誌著中國「太上財政總長」形成階段。這也說明衰弱的北洋政府是如何通過代理制度實施間接控制以渡過難關。當政府意識到它賦予安格聯過多的權力時，他的財政權力早已尾大不掉。一九二五年的關稅自主會議對於北洋政府來說是通過列強的幫助獲得更多財源支持的一個良機，但是段祺瑞的臨時執政府過於衰弱，不足以把握這個良機。

段祺瑞的臨時執政的位置只不過是張作霖和馮玉祥的脆弱聯盟的權宜之計，但他作為「三造共和」的前國務總理和皖系領導，仍然具有一定的威望。在段祺瑞之後，攝政內閣中無人有足夠威望，代表中國處理外交事務。在此種情形下，安格聯只能小心謹慎地管理著關餘，因為他必須保護中國債信，以及確保關餘不被濫用到無意義的軍閥鬥爭。事實上，一位財政總長極可能只在位幾個月，甚至幾週就下臺，這種情況下任何一位財政總長又怎能擁有足夠的政治資歷，來對抗現任總稅務司並且任經理內債基金處經長達十餘年之久的安格聯呢？安格聯不僅僅是太上財政總長，更是中國從一九一二年到一九二七年間真正的財政總長。用葉元章的話來說，總稅務司實際上「把握著中國的財政命脈」。[63]

61　中國第二歷史檔案館，679(1) 32744, Confidential Telegrams to & from IG, April 1923 to October 1927：機要電報，Aglen to Ferguson (Hankow), 21 December 1926.

62　中國第二歷史檔案館，679(1) 32744, Confidential Telegrams to & from IG, April 1923 to October 1927：機要電報，Ferguson (Hankow) to Aglen, 22 December 1926.

63　Yeh Yuan-Chang, *Recollections of A Chinese Customs Veteran* (1987), 86.

（二）廣州革命黨和反帝國運動

研究一九二五年安格聯和國民黨之間的互動前，必須先回顧在一九一二起安格聯與國民黨之間的分歧。結束在日本的流亡，孫中山於一九一七年九月被選為護法軍政府大元帥之後，中國正式進入南北對峙。南方軍閥鬥爭一點也不遜於北洋。北洋政府被皖、直、奉三系輪流管理，而軍政府也被滇系、舊桂系和粵系輪流控制。孫中山就像段祺瑞一樣，他在軍政府中的權力是建立在這三個派系脆弱平衡上的權宜之計，這也僅僅維持了八個月。一九一八年五月孫中山被岑春煊等聯合排擠離開廣州。沒有好戰的孫大炮，軍政府也終止了原本孫中山領導的護法戰爭。與此同時，大總統徐世昌決定「偃武修文」。南北雙方迎來了相對和平的四年。

在「偃武修文」的氛圍下，因為總稅務司署從一九一七年開始向北洋政府交納關餘，並且在一九一九年關餘和世界銀價同時大幅上漲的驅動下，軍政府認為自身的獨立地位就應該獲取其應得比例（*pro rata*）的關餘。在一封回覆給軍政府外交總長伍廷芳的信中，安格聯寫道：

> 我是關餘的會計，因此我負責著內外債服務。這種託管權是相關外國銀行在國際協議〔《一九一二協議》〕中賦予的，而我沒有獨立處置關餘的權力，你認為我擁有的那種權力是北京政府和國際協議都沒有賦予過我的。我的工作是負責內外債，並且算清在各種條約還款和所有意外開支都滿足之後，還有多少關餘可以用。但是我的責任就到此為止。至於怎樣分

> 配關餘？這既不是我的工作，也不是我的任務……同時，我也非常希望看到關餘能夠得到合理分配，並使得認為有權得到資金的各方面都能夠滿意，這也是為什麼當我獲得機會的時候，我會敦促廣州方面向北京政府提出索取關餘的要求。[64]

伍廷芳對此非常滿意——從一九一九年七月到十二月，有百分之十三．七比例的關餘以港幣通過匯款打到軍政府財政部在廣州滙豐銀行的帳戶。但是，南方的軍閥鬥爭打破了這個慣例。一九二〇年一月伍廷芳要求安格聯將款項匯款到他在上海滙豐銀行的私人帳戶下，當時孫中山也在上海。同年二月和三月的款項也匯款到了這個帳戶，但伍廷芳於一九二〇年三月突然離開廣州前往上海，並拒絕移交他對軍政府關餘的保管權。

伍廷芳的離開無疑與孫中山對軍政府的軍事報復行動有關。一九二〇年孫中山和粵系的陳炯明正準備攻擊由舊桂系控制的軍政府。由於孫中山的軍隊是由伍廷芳帳戶裡的關餘資助，軍政府方面對此十分不滿，因為這不啻為用軍政府的錢，打軍政府的人。因此，從一九二〇年四月開始應撥給軍政府的關餘就暫存在安格聯手中，直到一九二〇年十二月。在陳炯明的幫助下，孫中山於一九二〇年十一月返回廣州，並重新開始了他對北洋政府的第二次護法戰爭。但從一九二〇年

---

64 Wright ed., *Documents Illustrative of the Origin, Development and Activities of the Chinese Customs Service*, vol. VII, 246-7,〈安格聯致伍廷芳〉（一九一九年六月二十五日）。

十二月開始，安格聯停止把關餘劃撥給軍政府。[65]

對此魏爾特總結了兩個原因。首先，「公使團不再願意為一個非國際認證的政府提供這些經費，況且這些資金嚴格說來是完全屬於中央政府的」；第二，「關餘本來就是指定用來為經理內債基金處的公債服務」。[66]但是，他或許沒說出最重要的原因：北洋政府和公使團為什麼要把關餘給要執意護法戰爭的孫大炮呢？

在一九二三年一月以前，孫中山的位置就是不穩固的。一九二二年六月，陳炯明與孫中山在是否發動護法戰爭的問題上，完全決裂，陳炯明發動「六一八事變」，炮擊總統府。孫中山於是被迫離開廣州。孫中山在反覆被滇、桂、粵系軍閥背叛後，他不得不努力尋找更加可靠的同盟。這時，蘇聯派出越飛（Adolf Joffe）向孫中山伸出援手。一九二三年一月，孫中山和越飛在上海發表聯合《孫越宣言》。越飛指出：

> 中國最重要最迫切之問題，乃在民國的統一之成功，與完全國家的獨立之獲得。關於此項大事業，越飛君並向孫博士保證，中國當得到俄國國民最摯熱之同情，且可以俄國援助為依賴。

蘇聯與國民黨之間建立聯盟關係。有了蘇聯的支持，孫中山成立陸海軍大元帥大本營，成功擊敗陳炯明，並於一九二四年一月在中國國民黨第一次全國黨代表大會上，開始「聯俄容共」和第一次國共合作的統一戰線。

國共合作需要喚醒中國人民反帝國主義的決心，因此大元帥大本營的政治宣傳就從保護《臨時約法》轉變為打倒帝國主義，並開始教導中國人民了解「帝國主義」這個相對較新的政治術語。[67]而作為關稅第二大來源口岸就是粵海關，這就成為國共兩黨攻擊的目標。共產黨居然把粵海關外籍稅務司問題拉到和協定關稅同等地位的高度：

> 協定關稅制，稅則用人均不能自由行使主權，這是國際帝國主義者制我死命的最毒政策，因為在此關稅制度之下，不得列強之許可，不能自由增加進口稅，以遏外貨之輸入；不得列強之許可，不能自由增加出口稅，以遏原料之輸出；如此產業落後的國家，永遠不易發展，永遠為銷行外貨之市場。
>
> 目前廣東海關問題，廣東政府原來之目的固然僅在關餘，然相持之際已發展到用人問題，吾黨此時應一面聲援廣東政府並智〔督〕促其根本的收回海關全部主權，勿僅僅爭在關餘；一面主張收回全國海關主權，廢除協定關稅制，以排斥英貨美貨為武器，若軍閥有表同

---

65 Wright, *China's Customs Revenue since the Revolution of 1911*, 295-9.

66 Wright, *China's Customs Revenue since the Revolution of 1911*, 299.

67 Edmund Fung, *The Diplomacy of Imperial Retreat: Britain's South China Policy*, 1924-1931 (Oxford: Oxford University Press, 1991), 31.

情者，雖與之合作亦所不惜。[68]

此後，南方政府和外籍總稅務司署之間的問題更加尖銳，之前的關餘問題也更加複雜。孫中山再次將注意力轉移到關餘上。在一次《泰晤士報》的記者採訪中，孫中山被報紙媒體稱為「一頭掠食的餓狼」。他宣稱：

> 北京方面以戰爭為目的從廣東徵收稅款的行為是不可容忍的。只有外交家們准許給予廣東應得的那份關餘，就像一九一九年到一九二〇年那樣，並補上從一九二〇年開始拖欠的那部分，他才能不奪取〔粵海關〕稅收。[69]

孫中山的理由很簡單——孫中山曾經用關餘資助軍事行動打擊護法政府；所以孫中山也擔心，北洋政府也可能利用粵海關的稅收來發動軍事行動入侵廣東。但英國不買孫中山的帳。孫中山的宣言發表後僅僅一天，英國海軍將領萊維森（Arthur Leveson）領導的七艘炮艦就「停靠在沙面」的英租界。[70] 雖然孫中山沒有採取任何激進的行動，但列強卻對此有著截然不同的看法。他們認為孫中山「犯了一個大錯誤」，因為他竟然想要「挑動蘇聯與其他列強鬥爭」。這些炮艦和水兵作為「尖銳而又明白的警告」，為的正是糾正這個錯誤。[71] 最後通牒截止到十二月十九號，而孫中山奪取粵海關稅收的企圖被英國炮艦制止了。[72]

炮艦外交阻止了孫中山接管粵海關。這也是為什麼一九二五年末英國外交部認為「在全中國徵收的海關稅收都交到了北京政府手中，因為列強已經準備好動用武力來對抗任何來自中國非官方的阻撓」。[73]雖然孫中山無法截留粵海關稅款，但是事實上用來擔保內外債和賠款的關稅收入以及關餘並沒有被北洋政府挪用做為征伐廣東之用，因為曹錕那時正忙著對付他的主要敵人——奉系軍閥張作霖。

孫中山的布爾什維克主義傾向和反帝國主義立場使英國、美國以及華洋貿易商開始憂慮。國共合作使得透過群眾運動通過海報、抗議遊行和聯合抵制來攻擊這些「帝國主義者的走狗」。但是，廣州商人的力量卻不同於其他條約口岸的華商。首先，他們與英國的遠東貿易網緊密相連，因此一直是英國和港英政府關心的問題。其次，他們控制著一九一一年組建的廣州商團；到一九

68 〈國民黨改組及收回海關主權問題〉，一九二三年十一月，網路資料：https://www.marxists.org/chinese/reference-books/ccp-1921-1949/01/043.htm

69 《泰晤士報》，一九二三年十二月六日。

70 《泰晤士報》，一九二三年十二月七日。

71 《泰晤士報》，一九二三年十二月七日。

72 炮艦外交，見Donna Brunero, *Britain's Imperial Cornerstone in China: The Chinese Maritime Customs Service, 1854-1949* (London: Routledge, 2006), 54-78; Fung, *Diplomacy of Imperial Retreat*, 30-40；亦見應俊豪，《外交與炮艦的迷思：一九二〇年代前期長江上游航行安全問題與列強的因應之道》（臺北：學生書局，二〇一〇）。

73 FO 371/10925, F6117/2/10, Telegram 381, Chamberlain to Macleay, London, 31 December 1925, 2.

二四年，它已經發展為一支擁有大約八千名精銳隊伍，由滙豐銀行廣州分行經理陳廉伯領導。[74]很顯然，任何廣州政權都會對這支有英國做後盾的軍事力量感到芒刺在背。

一九二四年七月二十五日，衝突爆發了——國民黨得知一艘載有德國製造的「兩部機槍，多部來福槍（以及）六十噸彈藥」的挪威貨輪海福（*Hav*）號即將到達粵海關。[75]雖然這批軍火有著廣東政府發給陳廉伯的進口護照和准入許可證，但在八月十一日，海福號到達粵海關，但孫中山竟然取消了進口護照，並命令搜船且扣押這批軍火。[76]粵海關稅務司羅雲漢（W. O. Law）發現自己被夾在兩股勢力中間；他很清楚地知道這些軍火原本是合法的，但也只能要求「封上船艙」，將船長隨車帶走——「接到進一步命令之前，不會下發卸船許可」——並且等待〔廣州〕領事團的干預。[77]

孫中山下手極快，以至於英國領事來不及干預。雖然羅雲漢向粵海關監督抗議「在沒有海關卸船許可的條件下卸下獲得合法進口證明的貨物」，[78]孫中山仍然命令扣留這部分軍火，並打算瓦解廣州商團的武力，孫中山威脅道「商團必須將武器上交到〔廣東〕政府，不然就解除志願軍團〔廣州商團〕的武力」。眼看此事已無法善了，商團在廣州發佈了宵禁，也組織了一系列的罷市罷工。面對逐漸升溫的態勢，孫中山採取了更進一步的行動——威脅要炮轟廣州城最繁華的西關地區。羅雲漢報告：

> 最近罷工的形勢十分嚴峻。由於雙方打破信用，未能找到解決方案……地方局勢超出

控制之外，除非地方政府做出改變或找到解決方法，不然可能會出現更加嚴重的狀況，並且布爾什維克的主義將成為這裡的最高統治。[79]

粵海關員們再一次陷入兩難。羅雲漢不能永遠將合法貨物扣押在關內。但是在孫中山眼裡，羅雲漢不僅在商團事變中掩護了陳廉伯進口軍火，而且還把當地的情況通報給北京的安格聯，而安格聯又把資訊透露給在北京的公使團和英國記者。雖然在這次事件中，英國的炮艦沒有干預，

74 廣州商團和孫中山，見 C. Wilbur, *Forging the Weapons: Sun Yat-sen and the Kuomintang in Canton, 1924* (New York: Columbia University Press, 1966), 89-93, 100-5；邱捷，〈廣州商團與商團事變——從商人團體角度的再探討〉《歷史研究》，二（二〇〇二），頁五三—六六；關於廣州商團的歷史，亦見，敖光旭，〈商人政府之夢——廣東商團及「大商團主義」的歷史考查〉《近代史研究》四（二〇〇三），頁一七七—二四八。

75 中國第二歷史檔案館，679(1) 32744, Confidential Telegrams to & from IG, April 1923 to October 1927：機要電報，Law (Canton) to Aglen, 25 July 1924.

76 中國第二歷史檔案館，679(1) 32744, Confidential Telegrams to & from IG, April 1923 to October 1927：機要電報，Law (Canton) to Aglen, 1 August 1924.

77 中國第二歷史檔案館，679(1) 32744, Confidential Telegrams to & from IG, April 1923 to October 1927：機要電報，Law (Canton) to Aglen, 11 August 1924.

78 中國第二歷史檔案館，679(1) 32744, Confidential Telegrams to & from IG, April 1923 to October 1927：機要電報，Law (Canton) to Aglen, 13 August 1924.

79 中國第二歷史檔案館，679(1) 32744, Confidential Telegrams to & from IG, April 1923 to October 1927：機要電報，Law (Canton) to Aglen, 18 August 1924.

但孫中山仍然認為羅雲漢挑戰了他的權威，並進一步推測商團的背後有總稅務司署的支持。

到了一九二五年，南北方的政治局勢徹底地改變了。在北洋，北京政變後曹錕被軟禁，臨時執政段祺瑞取而代之。至於南方，孫中山於一九二五年三月去世，汪精衛於七月改組大元帥大本營為國民政府，但是由於新桂系打敗了舊桂系和滇系後，李宗仁加入了國民黨，國民革命軍的力量大大提升，地盤也擴大到廣西和一部分的福建和雲南。[80]由於一系列的偶發悲劇，反帝國主義於是在中國社會深深扎根。

一九二五年上海的五卅運動的一次示威遊行中，公共租界員警對示威遊行開火，裡面的學生因此有傷亡。從那之後，中英關係嚴重惡化。[81]孔如軻（Nicolas Clifford）把這表述為「中國與外部世界關係的一個轉捩點，也是民族主義與帝國主義鬥爭的一個關鍵時刻」。[82]北洋政府十分同情死難學生，但同樣擔憂這些反帝運動是否激發二十五年前義和團之亂的極端仇外情緒，進而觸發列強干預，最後導致災難性的後果。此時，安格聯正在英國，並成為了中國和英國之間的最佳中間調解人。安格聯在北京的代表澤禮報告說：

> 中國所有階級的人們都被深深觸動了，包括所有的高層軍事領導，他們都公開聲明非常同情那些學生……對英國來說，祛除它〔躁動〕的唯一辦法可能就是做出一些讓人們感覺良好的舉動，以表明願意遵循正義的原則來解決問題，而不是通過武力示威——比如撤銷緊急狀態、撤回水兵並且與中國政府合作建立一個公共安全聯合委員會，來維持居民區和郊區

的秩序：或許領事團體還可以負責起來解決問題，將上海工部局暫時放置一旁。[83]

六月十九日，英國外交部長張伯倫（Austen Chamberlain）首次承認「上海工業界的不幸狀況」，並在一次演說中談到「英國政府實際上在六月十日前就不停地敦促上海市工部局採取人道主義管理」。[84]中國海關倫敦辦公室稅務司指出張伯倫的演講「給所有階級的中國人民都留下了很好的印象」。[85]安格聯回覆道：

> 中國為了不破壞這種良好狀況，應該克制欲望，不能再提出列強不會予以考慮的過分要求。這裡也有對中國的同情，以及採取建設性政策的真誠願望，但是英國政府保護他們建立

80 唐德剛，《李宗仁回憶錄》（香港：南粵出版社，一九八六），頁一七〇—一七九。

81 五卅事件，見 Robert Bickers, *Empire Made Me: An Englishman Adrift in Shanghai* (New York: Columbia University Press, 2003), 163-9.

82 Nicolas Clifford, *Shanghai 1925: Urban Nationalism and the Defense of Foreign Privilege* (Ann Arbor, MN: University of Michigan, 1979), 73.

83 中國第二歷史檔案館，679(1) 32744, Confidential Telegrams to & from IG, April 1923 to October 1927：機要電報，Stephenson to Bowra (London) (for IG), 14 June 1925.

84 《泰晤士報》，一九二五年六月十九日。

85 中國第二歷史檔案館，679(1) 32744, Confidential Telegrams to & from IG, April 1923 to October 1927：機要電報，Stephenson to Bowra (London) (for IG), 21 June 1925.

已久的合法利益的決心同樣堅決。[86]

但是，張伯倫發表演說後兩天，廣州發生了另一起更加嚴重的事件。作為對五卅運動的支援，國共兩黨於六月九日在沙面租界對面組織了一場抗議活動。成千上萬的學生、工人、市民和士兵沿著沙面租界對面的堤岸遊行。六月二十三日下午，英國和法國的軍隊向抗議人群開火，《泰晤士報》報導：

當他們面對英租界裡的維多利亞酒店時，槍響了。英國和法國的水兵們隨即回應，射擊持續了十分鐘之久。中國的士兵從堤岸的西側開火……目前所有的證據都說明第一聲槍鳴是從堤岸上的中國人群裡發出的。[87]

五卅事件和沙基慘案都是由國共兩黨策劃的反帝運動，但英國方面的過度反應，使得已被挑起狂熱情緒的中國社會像乾柴烈火延燒。更何況沙面租界還是位於國民黨的地盤上。魏爾特認為一九二五年的這兩個事件「在國家每個角落學生組織的充滿活力的遊行示威中，在國民黨內部不斷加強的更加極端因素的影響中，在中國與其他大國關係不斷緊張的局勢裡……釋放了愛國主義狂熱的洪流。」[88]

五卅事件和沙基慘案發生後，各方軍政勢力都聯合起來反抗英國。聯合控制北京政府的馮玉祥和張作霖都支持反帝國主義運動。澤禮報告說廣東政府堅持認定「外國人在沙面引起的事件非常嚴重——應疏散婦女和兒童」。浙海關稅務司威立師（Williams）報告說：「這裡有嚴重的暴亂，海關被洗劫得一片混亂，已婚幫辦的住所被破壞了，目前沒有人員傷亡，沒有炮艦！十萬火急。」

澤禮建議公使館和稅務處敦促「所有省政府對海關關員和財產採取特殊保護」，並且貝泐（F. H. Bell）建議港英政府派出軍隊保護沙面的外國人；英國總領事建議「如果粵海關不能再履行稅收職責，那麼按照協議九龍關應當與香港政府一起徵收稅款」。對粵海關的攻擊造成了一起特殊的傷亡事故，粵海關稅務司「易紈士膝蓋受了輕傷，並逃到香港」。[89]三個月後，廣東的局勢仍然「不明朗」；於是澤禮問安格聯「易紈士休假回來後是否會在廣州復職？」[90]雖然易紈士被流彈射中，安格聯仍然將他送回北京總稅務司署，從那以後，易紈士便成了安格聯的得力助手

86 中國第二歷史檔案館，679(1) 32744, Confidential Telegrams to & from IG, April 1923 to October 1927：機要電報，Aglen (London) to Stevenson, 23 June 1925.

87 《泰晤士報》，一九二五年六月二十四日。

88 Wright, *China's Struggle for Tariff Autonomy*, 462.

89 中國第二歷史檔案館，679(1) 32744, Confidential Telegrams to & from IG, April 1923 to October 1927：機要電報，Stevenson to Bowra (London) (for IG), 24 June 1925.

90 中國第二歷史檔案館，679(1) 32744, Confidential Telegrams to & from IG, April 1923 to October 1927：機要電報，Stevenson to Bowra (London) (for IG), 4 September 1925.

和最有可能的總稅務司繼任人選。[91]

在五卅事件和沙基慘案發生前，中國社會還沒有完全信服國共兩黨的激進言辭。而在五卅事件和沙基慘案發生後，在華外國人就變成了帝國主義的代理人和滲透者。當國民黨還在計畫沙面示威遊行時，共產黨正試圖組織一次更大規模的運動——一九二五年七月到一九二六年十月的省港大罷工。[92]這個長達十五個月的反帝運動最終變為安格聯與北洋政府關係破裂的導火線。

陳友仁在一九二六年十月十日通知英國駐廣州總領事：廣東政府可能會結束省港大罷工，但代價就是粵海關要徵收二五附加稅。一九二六年十一月底，廣東和廣西的所有海關都在國民政府的轄內，但是安格聯為了不介入北洋和國民政府的鬥爭中，要求稅務司不徵收附加稅。國民政府財政部設立的負責附加稅估價和徵收的辦公部門在口岸取了不同的名字，但都作為徵收出產運銷物內地稅局的分支機搆。[93]為了不與關稅自主會議產生衝突，這不叫做附加稅，而是被命名為「出產運銷物內部稅」，並且是由國民黨人徵收的。看到國民黨在南方變相地徵收二五附加稅，張作霖感到很有必要在北方也徵收附加稅。

安格聯將自己捲入了一場政治風暴的中心，因為國民政府擔心張作霖最終會迫使安格聯徵收二五附加稅，而這會大大提升北洋政府的財政收入從而增加軍事實力，而且這也會導致北洋政府會全力固守稅收豐沛長江沿岸的海關，就如陳友仁向安格聯發電報說「不管英國的意圖是什麼，這些稅（附加稅）的徵收意味著敵人（張作霖）將獲得一大部分收入，換句話說，敵人會拚盡全力守住上海這樣的中心並且以此拖延鬥爭。」[94]安格聯回覆道：「自然，除非雙方都同意將這份收益用於非軍事目的」。[95]這兩封電報就足以讓張作霖解聘安格聯。雖然北洋政府轄下的海關站數量在減少，但是仍然是安格聯的上司，國民革命軍北伐對張作霖來說，不是軍閥之間為政權的鬥爭，而是一場革命。

為「帝國主義列強」服務的總稅務司署工作的華籍關員在仇外情緒氛圍下更顯尷尬。總體來說，他們劃分為兩個陣營：內班的幫辦和供事支持總稅務司署制度，而外班關員和本口供事卻不支持。雖然華籍關員經常抱怨不公平的現狀，但他們也不同意暴力和仇外主義，因為他們能充分意識到總稅務司署對金融穩定作出的貢獻。

一九三六年五月，唐生智投靠國民政府，邀請國民革命軍李宗仁部增援湘南。北伐就糊里糊塗地開始了。但是此時，吳佩孚正在南口與馮玉祥大戰，等到國民革命軍攻到吳佩孚後方時，吳佩孚只好全力回援，在汀泗橋和賀勝橋與國民革命軍大戰後，主力被擊敗退守武漢。最後在十月

---

91 〈安格聯通令第三六五九號〉（一九二五年十一月十六日），中華人民共和國海關總署辦公廳編，《中國近代海關總稅務司通令全編》，第十八卷，頁四七四。

92 Fung, *Diplomacy of Imperial Retreat*, 40-60.

93 Wright, *China's Struggle for Tariff Autonomy*, 602-09.

94 中國第二歷史檔案館，679(1) 32744, Confidential Telegrams to & from IG, April 1923 to October 1927：機要電報，Ferguson (Hankow) to Aglen, 25 December 1926.

95 中國第二歷史檔案館，679(1) 32744, Confidential Telegrams to & from IG, April 1923 to October 1927：機要電報，Aglen to Ferguson (Hankow), 27 December 1926.

退出武漢。攻下武漢後，國共兩黨開始吸收主要華中城市的華籍海關關員加入工會。武漢作為國民政府控制下的工業化程度最高的城市，成為了反帝國運動最活躍的城市。當地海關監督們全部被國民黨幹部取代。「我得到的可靠消息是，長沙關、岳州關、江漢關和九江關將一起發動罷工，從燈塔看守人開始，進而擴展到所有階層」，安格聯在武漢的代理人，即江漢關稅務司費克森在電報中報告說：

> 海關監督梅哲之[96]在公開演講中從海關工會應該堅決地支持南方政府說到海關的管理，以及海關為何應由外國人管理。監督向所有非工會成員——也包括我——發出正式邀請，邀請我們一同見證這場運動……大多數海關員工反對目前的運動。我始終保證領事機構能得到消息，但工人煽動運動嚴重，到處都是罷工，而且這些罷工毫無疑問都有官方支持，並且迅速地擺脫了控制。我的華籍內班關員被嚇壞了，申請保護，但由於主事監督來自中國一方，（保護）是不可能的。我認為這次運動是蓄意破壞海關。在這裡，沒有更高一級的政府能夠控制局勢。[97]

以五卅事件和沙基慘案為前車之鑑，安格聯認為如果總稅務司署反應過度，那麼事態會變得更加嚴重。「不要對個人採取任何行動」，他告訴費克森，而至於海關監督，「警告他海關混亂將會在整個中國引起金融和財政恐慌，而這勢必不會促進國民黨的事業」。[98]隨即，他警告其他海關站：

> 漢口當地政府煽動的嚴重勞工問題的目的在於分裂海關，他們計畫發動海關關員包括被迫加入工會的燈塔看守人進行罷工……我們應該盡一切努力保證燈塔通明。[99]

安格聯以超凡的智慧和技巧應對了這次反帝運動的浪潮，因為他清楚地知道，任何懲罰措施都可能會引發更多仇恨。他讓外籍關員停止調查這些事件，並讚揚所有支持海關的華籍關員所做出的貢獻。在機要通令中，安格聯寫道：

---

96 江漢關代監督梅哲之，請見Chinese Customs Publications, V.-Office Series: Customs Papers No. 44, *Customs Service: Officers in Charge, 1921-35* (Including Officers in Charge Of Native Customs Establishments, 1901-31), Fifth (Supplementary) Issue (Shanghai: Statistical Department of the Inspectorate General of Customs, 1936), 59.

97 中國第二歷史檔案館，679(1) 32744, Confidential Telegrams to & from IG, April 1923 to October 1927：機要電報，Ferguson (Hankow) to Aglen, 22 November 1926.

98 中國第二歷史檔案館，679(1) 32744, Confidential Telegrams to & from IG, April 1923 to October 1927：機要電報，Aglen to Ferguson (Hankow), 23 November 1926.

99 中國第二歷史檔案館，679(1) 32744, Confidential Telegrams to & from IG, April 1923 to October 1927：機要電報，Aglen to Gowing (Shanghai), 23 November 1926.

在目前已受到罷工和聯合抵制衝擊的廣州和汕頭，由於稅務們——貝勒和賀智蘭（R. F. C. Hedgeland）——的傑出領導，在幾乎難以忍受的環境裡，中外籍關員們仍能保證令人滿意的工作表現，中國籍員工在威脅和恐嚇下仍能保持穩定，整個管理系統未失寸土，未減效率，頑強地挺過來。工會被控制在一定距離之外，並且與工會組織相結合的為了推翻紀律的中國員工的煽動情緒也沒有得到多少回應和鼓舞。海關傳承了七十年的公正和自由的傳統根深柢固的。雖然我們擁有眾多華籍員工並且人數一直在增加，這可能使我們更容易受到潛在的危險攻擊，但當面臨他們的外籍同事們沒有面對過的困難的時候，他們表現出的忠誠和效率對於海關的未來來說，卻是一個令人欣慰的好兆頭。[100]

當安格聯還在與陳友仁討論二五附加稅時，國民黨漸漸對其左翼黨員失去控制，左翼分子開始攻擊支持海關的華籍關員。安格聯必須保護這些忠誠的華籍關員，因此他告訴江漢關稅務司他「隨時可以將胡輔辰這個忠誠幹練的關員以個人安全為目的送走」。[101]他告訴易紈士：「我相信更多麻煩還在醞釀之中：現在，工會成了真正的驅動力量，很有可能國民政府會對此失去控制。」[102]但是，這並不是說地方海關的華籍關員都自願地加入了工會。據岳州關葡籍護理稅務司（Assistant-in-charge）諾樂師古（J. M. Nolasco da Silva）報告：「在外部壓力的脅迫下，低階的華籍關員於今天成立了工會。」[103]

由於第一次國共合作的統一戰線形成，中國的民族主義和反帝國運動在一九二三年到一九二七年間達到高潮。國民黨利用這些群眾運動奪取政治資本，與此同時，策劃更多的運動以創造更多機會。然而，由於北伐之後國共兩黨在意識形態開始衝突，使得北伐陷入困境停滯不前，並且對左翼勢力失去了控制；在清黨之後，共產黨從城市轉入鄉村，城市裡的反帝運動馬上失去推動力，這對位居條約口岸的海關站壓力馬上減輕。更有趣的是，表面上看來，陳友仁作為武漢國民政府內最激進的左翼分子，實際上對安格聯相當友好；他也很努力地控制反帝運動不要太過激進。雖然陳友仁以其激進的左翼意識型態聞名於世，但是他的理由很務實：武漢國民政府仍然需要總稅務司署在財政支持，而且在國民黨完全控制中國前，激怒列強十分不明智。國民黨雖然一直聲稱不會向列強低頭，但在面對現實的時候，也不得不跟隨清、北洋政府的腳步。

100　〈安格聯機要通令第五二號〉（一九二六年十二月十五日），中華人民共和國海關總署辦公廳編，《中國近代海關總稅務司通令全編》，第四十一卷，頁一〇七—一〇八。

101　中國第二歷史檔案館，679(1) 32744, Confidential Telegrams to & from IG, April 1923 to October 1927: 機要電報，Aglen (Hankow) to Edwardes, 20 January 1927.

102　中國第二歷史檔案館，679(1) 32744, Confidential Telegrams to & from IG, April 1923 to October 1927：機要電報，Aglen (Hankow) to Edwardes, 19 January 1927.

103　中國第二歷史檔案館，679(1) 32741, Confidential Telegrams to & from IG, 1928-1931：機要電報，Nolasco (Yochow) to Aglen, 27 December 1926.

第三章　華籍關員和稅專（一九〇八—二九）

華籍關員在總稅務司署地位一直是體現其殖民和帝國主義特色的最直接證據。如表3.1顯示，赫德在任期間，華籍關員的工資和職位都遠遠低於外籍關員。造冊處稅務司杜德維雖然讚賞赫德，但他也承認「赫德確實沒有把華籍關員培養為條約口岸的海關稅務司」。[1]但不可諱言十九世紀中晚期的中國士大夫仍然需要時間來緩和對西方知識的排斥情緒。一九三四年，赫德的外甥梅樂和（Frederick Maze）擔任總稅務司時解釋道：「在設立海關之始，華人中受新式教育之人材甚少，故赫前總稅務司不得不以洋員任幹部職務，以應需要。」[2]

中國海關從一八六〇年代開始就意識到，必須教給華籍關員西方知識，並將他們分配到不同的單位。赫德充分意識到：

1　Drew, 'Sir Robert Hart and His Life Work in China,' 32.

2　〈梅樂和機要通令第一〇六號〉（一九三四年五月一日），中華人民共和國海關總署辦公廳編，《中國近代海關總稅務司通令全編》，第四十一卷，頁三八四—四〇三。

表3.1 一八六九年華籍關員和外籍關員的薪資對照表（兩／年）

外籍關員				華籍關員	
內班關員		外班關員			
稅務司	3,000-9,000	總巡	1,200-2,400	書辦	900-2,400
代理稅務司	3,000-3,600	驗貨	960-1,200	書辦二等	360-900
一等幫辦	2,400-3,000	鈐子手	600-840	書辦三等	240-360
二等幫辦	1,500-2,100				
三等幫辦	900-1,200				

資料來源：赫德通令一八六九年第二十五號，一八六九年十一月一日；《通令全編》，第一卷，頁二四五—二五九。

在未來半個多世紀的時間裡，中國或許還需要目前在崗的這些外籍關員來服務中國海關；但如果指望目前狀況一直延續下去，可謂無稽之談。幾乎可以肯定的是，在或近或遠的將來，我們的繼任者們遲早會被本地人取代……這樣，總稅務司署應該「盡一切努力來訓練一批本地人，使他們成為合格的接班人；而至於這一批人是否需要從現存的語言學家們中選擇，或者是從同文館中產生（我認為這種方式更有可能），時間會給出答案。[3]

起初，赫德認為更好的方式是訓練同文館學生，而畢業生將作為三等幫辦加入中國海關。[4]赫德向來是一個有先見之明的觀察者，而這一次，他的判斷卻只是部分正確。實際上，在總稅務司署九十六年的歷史中，依賴外籍關員長達七十幾年之久。他認為外籍關員的繼任者們將要被華籍關員取代，這當然正確，但同文館的學生卻不是合適的選擇。魏爾特認為培訓合格的華籍內班關員「是〔十九世紀〕六〇年代早期他建立同文館的時候就想到的目標，並希望同文館可以培養出未來中國的華籍海關稅務司。而這一願望……並沒有實現。」[5]

雖然同文館從來沒有培養過合格的華籍幫辦，但赫德仍然任命了幾個華籍幫辦。應崇厚的要求，一個中國人被指派為津海關的幫辦，但他隨後因為散漫被免職了。還有一個被丁日昌關進監獄，而另一個則死去了。赫德擔心「道台們永遠不會合理地對待他們，也不會允許他們按照規定履行自己的義務」。[6]

赫德提醒我們更了解十九世紀華籍關員的大致處境。「不管員工是中國人還是外國人，我都希望盡可能地不干涉他們的私人生活，」赫德說：「那些〔華籍關員〕深深沉浸在吸食鴉片中，以至於影響了他們的出勤、能力、或工作的人將會被開除；此外，雖然婚姻是最為神聖的，但似乎有些制度要求了、有些制度限制納妾的數量。」[7] 赫德是一個身處二元文化的人，他清楚地知

3 〈赫德通令一八六八年第一二號〉（一八六八年五月十五日），中華人民共和國海關總署辦公廳編，《中國近代海關總稅務司通令全編》，第一卷，頁一六一—一六四。

4 〈赫德通令一八六九年第二六號〉（一八六九年十一月一日），中華人民共和國海關總署辦公廳編，《中國近代海關總稅務司通令全編》，第一卷，頁二六〇—二六一。

5 Wright, *Hart and the Chinese Customs*, 839.

6 Hart to Hansson, 31 May 1906，轉引自Wright, *Hart and the Chinese Customs*, 840-41.

7 〈赫德通令第六四一號〉（一八九四年五月四日），中華人民共和國海關總署辦公廳編，《中國近代海關總稅務司通令全編》，第六卷，頁一五六。

道想要讓華籍關員們做到不吸食鴉片、不納妾是不可能的，尤其是在外籍關員也納妾的情況下。他想要做的只是控制他們吸食鴉片的程度以及納妾的數量。

然而，有一名華籍關員是成功的：丁崇吉。[8]他是一八七〇年代的一百二十名留美幼童之一。丁崇吉於一八七三年到達麻塞諸塞州，並且於一八七六年到一八八〇年間在霍利約克高中學習。一八八〇年，他開始在哈佛大學學習，但在一八八一年十月被清政府召回。一八八五年他被任命為內班關員，開始了他的海關生涯。[9]十三年後，也就是一九〇八年，他被提拔為造冊處副稅務司（超等一級幫辦）。一九二三年，他以代理造冊處稅務司的身分退休。[10]甚至與外籍關員相比，他的職業生涯都是非常輝煌的。但是，總稅務司署不能僅僅依賴這幾位的留美幼童。

雖然還有幾名中國人被任命為幫辦，華籍關員在總稅務司署內的行政權力在新政改革者們眼中還是不夠。稅務督辦鐵良制訂計畫：如果有一所學校能夠把中國學生培養成關員，並且成為幫辦的接班梯隊，那麼稅務處就可以保證管理單位總是由他們來填補。這樣，總稅務司的高度自治和關員對總稅務司的絕對服從最終就會失效，而總稅務司署最終將會回到中國人的手中。

赫德不會不了解鐵良其實是想要制衡總稅務司署，但是赫德支持這一舉措。他寫信給英籍稅務司安文（Unwin）說「我們必須將盡可能多的工作交到中國人手中，我不僅要出錢，也是為了將來必須交給本地員工更多的職責做準備」。[11]赫德離開中國前八個月，稅務處為關務學堂（後改名為稅務學堂）草擬辦學章程。鐵良希望將學堂建設成專門培訓機構，而非一所大學：

現在中國擬設關務學堂一節，前在稅務處蒙督辦稅務大臣面飭擬備節略當經詳細審訂。竊以為此日設堂教育之生徒即為異日各關辦事之關員，是堂中每日課程自應以各關事務為標準，以資造就有用之材，查各關事務歷年即久，則分門別類頭緒亦頗浩繁，惟頭緒雖繁，而綜觀各類亦可得提要之大綱數項：

一曰：發單，各關所發各項單照並來往文函均憑修約、稅則、關章而定。是以學堂之中應將條約、稅則、關章等編入課程之內。

一曰：驗貨，向來驗貨雖屬外班之事，然內班人員亦不可不略明貨色，是以學堂之內應另設貨樣，所俾得預識貨色免受欺蒙，一旦會同議訂商約稅則關章等項，此類事端頗為緊要，與公法理⿰貝夋關係密切，是以學堂之內亦應諳習公法研究理財各學業俾成通材。

一曰：各海關所用船鈔所造之鐙浮樁塔。

8　丁崇吉又名丁鰮仙（Ting I-hsien），而《題名錄》中均以丁鰮仙為名。

9　丁志華，〈第一個擔任海關副稅務司的中國人——憶父親——「留美幼童」丁崇吉〉，《徐州師範大學學報（哲學社科版）》三（二〇〇五），頁一—五。

10　*Service List*, 1921 (Shanghai: Statistical Department of the Inspectorate General of Customs, 1922), 6, 14.

11　Hart to Unwin, 10 March 1907, Wright, Hart and the Chinese Customs, 841.

此等事雖歸稅務司統轄，然非幫辦等自行辦理，向有營造工程之專門工師，此不能在學堂講習，必須日後到關方能漸漸明曉。經理各法、綜論大綱，如此至所擬四年卒業之期限，各年應有歷進之學程，似應於第一年除漢文外，須學英文、筆算等學；第二年除漢文、英文、算學續行研求進步外，又須加添地理及各國歷史等學；第三年除繼續各學仍行研求進步外，又須加添公法理財等學；第四年除仍須繼續所學研求進步外，又須加添各國條約，及通商稅敗，各關章程等學。

其各關所發單照式樣，亦須逐項閱看，如照以上所擬在學四年則派赴各關時，於各項事務均已預曉，惟著手辦事尚須歷練，此則專恃到關經辦後，方有進步之效，所謂數項大綱即係如此，至開學之詳細章程教法應俟管理學務之鄧稅務司到京後再與詳訂，至所訂每年取入學生四十名至第四年即有學生一百六十名雖有卒業出學之四十名仍復取入新生四十名，則教習一員萬難教授，應除總教習一員外，每年另延洋教習一員，再副以通曉英文之華人二員作為副教習，至第四年即為總教習一員、洋教習四員、通曉英文之華副教習八員，漢文教習未計在內，以上英文教習十三員，每年薪水約在三萬兩左右。

至取入學生或應官給膏火，抑應令交學費一節，竊意以為該生等就得憑其所學而得關缺，似應令交學費為是，且令自出學費則該生等以月須出貲，則向學之志必專，似較給與膏火以致徒耗款項者，相去懸殊。如何考取一節，大約鈞處已有辦法。惟年歲似應在十五歲以外二十歲以內，漢文粗通者方為合格，若已經過英文啟蒙等課者更佳，緣四年之內在學堂學習英文為時

> 未免太促也。此外仍有一要言，即係每年應將不堪造就之生嚴加裁汰，以免佔礙缺額，徒勞教習之指授，其有未提及各事與詳細辦法俟鄧稅務司到時再為酌議，先以試行之章舉行。[12]

稅務督辦和總稅務司對稅務學堂的訓練課程有著不同的看法。督辦認為稅務學堂的訓練課程應當聚焦在對關務專業上；但是總稅務司從來都不認為培訓專業人員是稅務學堂應該是目的；相反的，稅務學堂應該教給中國學生學術知識，隨後再由總稅務司署來訓練關員，提供專業培訓。

在鐵良眼中，稅務學堂不是普通高中學生可以進入的，因為他們不能負擔稅務學堂的高額學費，也不能通過英語的術科考試。在一九一〇年代，只家境富裕的孩子有機會學習英語。例如，丁貴堂畢業於一個私立基督教小學，[13]而葉元章則就讀於廣東省育才書社，這是由英籍猶太人嘉道理（Ellis Kadoorie）創辦，主持人為港人劉鑄伯。[14]因此，稅務學堂的學生大多來自較發達沿海省份，尤其是中國最富裕的省份江蘇省和廣東省。在某種程度上，這也適用於招收外籍外班關員的標準：「體面的」家庭背景。[15]

---

12 中國第二歷史檔案館，679(6) 10，《總稅務司署漢文卷宗第九號：北平稅務學校，1907-1928》：The Customs College, Beijing, 1907-1928, Chin. Corresp. Dossier No. 9, 23 August 1907; Chu No. 380, 25 March 1908.

13 王文舉，《濫竽海關四十年》，頁五四。

14 葉元章，《抗戰前往事瑣憶》，中文版，頁六。

15 Catherine Ladds, 'Empire Careers: The Foreign Staff of the Chinese Customs Service, 1854-1949' (Bristol unpublished PhD Thesis, 2007), 68.

表3.2顯示，內班和外班大多數學生都來自江蘇、廣東、浙江和福建。據海關的清單顯示，從一八五〇年代到一九五〇年，共有一萬一千三百五十八名華籍關員，其中二千三百五十八名來自江蘇省，二千七百二十一名來自廣東省，共占約百分之四四・七二。這一百分比相對於廣東省和江蘇省的稅專學生的比例百分之五九較低，這可能是因為海關站稅務司有權雇傭本口和候補書辦和同文供事。因此，有些關員可能來自於相對貧困的地區。

北京的京師大學堂被用來當作運營稅務學堂的參照範例。因為它也展示中西「共同治理」的典型：由管學大臣孫家鼐（一八二七—一九〇九）領導，並配有一名外籍副校長丁韙良（W. A. P. Martin）。[16] 在稅務學堂裡，華籍關員陳鑾被任命為校長，[17] 而他的副手是鄧羅（C. H. Brewitt-Taylor）（一八五七—一九三八，一九〇八—二〇年間任稅務司），[18] 陳鑾任校長到一九二八年。這種共同治理的機制使得中國人和外國人可以分擔行政管轄責任，並保證總稅務司署能夠提供經費和教學資源。[19] 但是，他們之間的關係並不像孫家鼐和丁韙良般互補，而是更像一般的稅務司和

16 Wright, *Hart and the Chinese Customs*, 715.

17 Wright ed., *Documents Illustrative of the Origin, Development and Activities of the Chinese Customs Service*, vol. II, 677, Footnote.

18 中國第二歷史檔案館，679(6) 10，《總稅務司署漢文卷宗第九號：北平稅務學校，1907-1928》：Chu No. 380, 25 March 1908；〈赫德通令第一五〇一號〉（一九〇八年四月二十九日），中華人民共和國海關總署辦公廳編，《中國近代海關總稅務司通令全編》，第十卷，頁三九五—三九六。

19 中國第二歷史檔案館，679(6) 10，《總稅務司署漢文卷宗第九號：北平稅務學校，1907-1928》：IG to Shuiwuchu, 18 December 1908.

表3.2 稅專生源地省份，1914-37

		廣東	江蘇	浙江	福建	湖南	湖北	河北	遼寧	安徽	江西	山東	四川	河南	貴州	總計
1914	內班	6	8	3	2	1	0	1	1	1	0	0	0	0	0	23
1917	內班	13	0	4	1	0	1	4	0	0	0	0	0	0	1	24
1919	內班	9	2	4	2	0	0	0	0	1	0	0	1	1	0	20
1920	內班	10	2	1	2	0	2	0	0	1	0	0	0	0	0	18
1921	內班	10	1	2	1	0	1	0	1	0	0	0	0	0	0	16
1922	內班	5	2	1	1	0	0	1	0	1	0	0	0	0	0	11
1923	內班	7	6	0	6	2	1	1	0	0	0	2	0	0	0	25
1927	內班	4	7	4	4	0	0	4	0	0	0	0	0	0	0	23
1928	內班	2	8	2	0	1	2	4	0	0	0	1	0	0	1	21
1929	內班	5	11	2	2	1	0	3	0	0	0	2	0	0	0	26
1932	海事	9	5	1	0	0	0	0	0	1	1	1	0	0	0	18
1934	內班	13	8	5	2	0	1	2	1	0	1	4	0	0	0	37
1937	內班	9	13	5	4	0	0	1	0	1	0	1	1	0	0	35
總計		102	73	34	27`	5	8	21	3	6	2	11	2	1	2	297
		34.34%	24.58%	11.45%	9.09%	1.68%	2.69%	7.07%	1.01%	2.02%	0.67%	3.70%	0.67%	0.34%	0.67%	100%

資料來源：

Shui-wu Chu to IG, Li No. 80, 16 June 1914, Shui-wu Chu to IG, Chu Order No. 875, 21 June 1917, Shui-wu Chu to IG, Chu Order No. 997, 23 June 1919, Shui-wu Chu to IG, Chu Order No. 1106, 15 July 1920, Shui-wu Chu to IG, Chu Order No. 981, 6 June 1921, Chin. Corresp. Dossier No. 9, Series No. 37, 1922, Shuí-wu Chu to IG, Chu Order No. 896, 29 June 1923, Shui-wu Chu to IG, Chu Order No. 417, 3 June 1927, Shui-wu Chu to IG, Chu Order No. 501, 9 June 1928；中國第二歷史檔案館，679(6) 10.

Kuan-wu Shu Despatch No. 741, 22 June 1929；中國第二歷史檔案館，679(6) 11.

Kuan-wu Shu Despatch No. 13204, 31 May 1934；中國第二歷史檔案館，679(6) 14.

Kuan-wu Shu Despatch No. 7216A, 19 May 1932；中國第二歷史檔案館，679(6) 12.

Kuan-wu Shu Despatch No. 26545, 26 June 1937；中國第二歷史檔案館，679(6) 17.

海關監督之間的關係。換言之，稅務學堂中的外籍副校長才是實際校長。

陳鑾和鄧羅在中國海關中的職位清楚的顯示出這一制度體系的弱點。鄧羅是稅務司，「他之前接受的訓練、經驗以及有關中國的學識」，魏爾特描述道，「使他成為一名傑出的共同管理者，並付出全部時間來協助稅務學堂的教學和行政工作」。[20]陳鑾是供事，通常負責秘書工作，比如打字和做複寫本。陳鑾既不是像孫家鼐是位備受尊敬的中國學者，也不是一個擁有足夠西方知識的幹練校長，但督辦卻需要像他這樣的一個可信賴的中國官僚來領導稅務學堂。

校長和副校長在稅務學堂事務需要聯名諮詢總稅務司，因為只有總稅務司才了解實務，但是他們提出的方案進而又需要獲得稅務督辦的批准。耗費時間的流程，加上經驗豐富的外籍副校長又是由平庸的華籍校長領導，但是這種上下級關係卻是稅務督辦堅持的模式。如果平庸的校長和專業副校長必須在曠日費時的流程中一起折騰辦事效率將會大打折扣。因此陳鑾每學期只是來稅務學堂一到兩次，[21]這讓陳鑾只不過是橡皮圖章，其實這也是保證稅務學堂訓練品質的方法。

然而，並不能說稅務學堂的職責就只是為了制衡總稅務司署的權力，或者降低機構的辦事效率。它同時體現了中國海關的標準化招聘。「在稅務學堂成立以前」，魏爾特解釋說：「華籍關員是通過地方考試被招錄的，而錄取的標準實際上是缺乏統一性的。稅務學堂的目的不僅是排除這些不公平性，而且同時要提高華籍內班關員的招收標準和其在海關中的地位。」[22]

而另一位造冊處稅務司慶丕卻對此持不同觀點，他「對稅務學堂這個實驗感到懷疑」，他解釋道：

海關中華籍關員的主要來源是香港的皇仁書院，這個歷史悠久學校給學生提供了優質、完整的英語教育。當然，我的這番話是針對華南地區的。在上海，也有許多類似的學校。但是，我始終更傾向於提倡將現有華籍關員提拔到幫辦的職位——這樣就可以將他們引領到能夠晉升為內班辦公部所有其他更高職位的道路上來——而不是帶來一個新興的階層——來取代，或者在現有華籍關員之前受到任何青睞。但是現在的情況是，這兩個階層都可以任職內班的職位，並且這個體系運行得還不錯。[23]

一九一二年後，稅務學堂被命名為「稅務專門學校」（以下簡稱稅專）。稅專還是隸屬於稅務處，並且總稅務司仍然在稅專中享有舉足輕重的地位。北洋政府可以接受總稅務司在稅專管理發揮影響力，因為總稅務司明白海關需要何種畢業生，而且中國也沒有足夠的專家來管理稅專。但是包含中國校長和外籍副校長的共同治理體制，大大降低了辦事效率。於是安格聯不再指派稅務司作為稅專的副校長和教務長；取而代之的，「總稅務司署的總理文案理所應當地成為了稅專的共同管理者，並且只在諮詢事務方面提供服務」，「這種安排模式一直持續到了一九二一年，

20 Wright, *Hart and the Chinese Customs*, 841.
21 Wang, *Lianyu Haiguan 40 Nian*,4.
22 Wright, *Hart and the Chinese Customs*, 842.
23 King, *In the Chinese Customs Service*, 216-17.

那年學生們在稅專內部製造動亂，並促使學院管理恢復到以前的體制」。[24]

當首屆學生在一九一三年畢業的時候，中國政府和總稅務司署終於迎來了第一批訓練有素的中國關員。安格聯和稅務司都對這屆學生的表現頗為滿意。同年二月，稅務處詢問安格聯：

查處創辦稅務學校現已經辦四年，該校甲班學生前經考試畢業，曾於一月二十一日領給文憑，該生等就學多年，自應由稅課機關錄用，俾國家可收實效，而各生亦免荒其所學。查總稅務司辦理海關有用人之權，歷來華洋人員均歸其進退升調去取，目下華員幫辦究竟缺額若干，此外別項缺額能否以該生遞補之處？相應令行總稅務司詳查申覆，以憑核辦。[25]

安格聯回答說：

自稅務學校創設以來，總稅務司即視為國家最有實用之機構，是以或借與人員書籍或將各項商品標本隨時寄送，無不勉為襄。而該校辦法之善，成績之速，以及學員明敏力學稅度，品格之高尚聞之各處無不交口讚譽，若自茲以往各班學員後先繼美，則此後新關缺員或添人時僅用該校學員，而遊學歐美以及他處學校之人，尚應瞠乎其後，尤願以其畢業文憑抵免進關照章之考試。惟用人之權原為總稅務司所固有，倘查酌情形或為國家謀利益或為關務謀發達有必須延用他處人才時，亦不得不隨時酌辦。竊維新關所用華人向分兩途：一位幫辦，一為供事，按照關章各人進關應由下級升，以稅務學校學員之程度而論，自宜於幫辦而不合於供事，況新關向因供事人材極多，幫辦人材不易多得，故歷來辦法均係由供事內選其品學最優者提升，幫辦其入關即充幫辦者不過寥寥數人。先雖仍舊由供事內拔補幫辦，並擬變通向章特准初入關著派充幫辦，此後作為常例，但海關幫辦缺額有限，向係按照各關所需供求相當，就目下情事而論，實難安置該校如許學員。總稅務司詳為參酌今年似可暫不派委實缺，先行送赴各關交由稅務司加以歷練，俾各該學員實地見習，以一年為期。應送往某關暨薪水若干，由總稅務司核定。該見習員均應謹守關章，並飭由各該稅務司隨時將其辦事如何詳為呈報由總稅務司轉報鈞處。當此見習時間仍以學員看待，倘有不肯服從指使者，即由各該稅務司停其薪水，報由總稅務司將該學員送回鈞處酌為安置，在此一年期限內新關如人之處即可由各即各見習員內選拔數人提充關員，俾資觀感，以上所陳各節擬先試辦一年，是否可行，理合備文復請核，專示覆施行可也。[26]

24 Wright ed., *Documents Illustrative of the Origin, Development and Activities of the Chinese Customs Service*, vol. II, 616, Footnote.

25 中國第二歷史檔案館，679(6) 10，《總稅務司署漢文卷宗第九號：北平稅務學校，1907-1928》：Shui-wu Chu to IG, Chu No. 356, 8 February 1913.

26 中國第二歷史檔案館，679(6) 10，《總稅務司署漢文卷宗第九號：北平稅務學校，1907-1928》：IG to Shui-wu Chu, Customs No. 1805, 17 February 1913.

此提議提出一年後，安格聯將見習員們任命為四等丙級幫辦和三等乙級供事或三等丙級供事，而這種幫辦與供事分別任命的慣例也成了總稅務司署任命畢業生的規定。[27]由於華籍關員被稅專強化了，安格聯對此感到高興，所以安格聯命令漢文科稅務司賴發洛（L. A. Lyall）發出通知說：「華籍幫辦正式簽名的時候，不管是用英文還是用中文簽名，都不必添加『華籍』這兩個字」。[28]這樣，華籍幫辦和外籍幫辦表面的制度融合就此完成。

雖然華籍幫辦的品質令人滿意，但慶丕的擔心，也就是任命稅專畢業生為幫辦，而不是提拔有經驗的華籍供事成為幫辦會變成矛盾。經過一年見習期後，見習員被任命為幫辦或供事。但是幫辦和供事序列之間有明顯待遇不平等，這成為華籍關員不滿主要原因。這個問題在一九二〇年代變得更加嚴重，因為這時幫辦的職位變得更加稀缺，而薪酬差異巨大，並且現存的評價體系也不能精準地綜合評價見習員的表現。

在稅專畢業生被分配到各地海關，做完一年見習生後，稅務司按季度對他們進行考核評價。而一年後，總稅務司署會委派一名稅務司對他們進行面試，表現最突出者就會被任命為幫辦，而其他見習員就被任命為供事。[29]所有幫辦缺都會被應屆畢業生填滿，因此不是從稅專畢業的華籍供事很難晉升為幫辦。此外，每年大概只有三到五個畢業生會被直接任命為幫辦；而其他的畢業生的職業生涯則完全由一年的見習期和幾次筆試而決定。鑑於此，一封名為《呈為海關沿用外人實權旁落，懇請稅務處提高本校畢業生位置以便收回國權而符本校設立原意》的請願書給陳鑾，書中指出：

竊維關稅為國家要政所關重大，管理之權本應自主而不便假手外人，我國前因特別關係，總稅司一缺定為英人，更因通商之初關務人材缺乏，故各口稅司及重要職員亦均僱用外人充任，此實一時權宜辦法，而不便為長久之計。前稅務處督辦鐵〔良〕、會辦唐〔紹儀〕有見於此，奏設稅校造就關務主要人材以為收回主權之地。是本校之立，純為海關主權起見，亦即本校畢業生乃予備代替主要洋員位置，非為接任低級華員缺位也，不謂積重難返、尾大不掉。每次畢業生除給與三五華幫辦最低位置以事敷衍外，其餘悉數派作低級供事，專供驅使，與本校設立原意大相懸殊。近風聞某關稅司且提議以後本校畢業生全派供事不得即充幫辦，若果實行不惟本校根本動搖，而海關要職將永為外人佔據，主權收回將更無期。查海關洋員最低位置為幫辦，供事等缺向由各關就地考取中學畢業生充任，我國家年費鉅款辦理稅校原期挽回主權，而結果乃造就供事專備外人驅使，已近不妥，更查本校每屆畢業生往往有人以關中待遇太低去而之他，其地位薪俸較關中為優，若不早謀補救之法，則以後本校畢業生勢將改就他業，關中華員將多為各地考取之供事，程度學識自難與外人相競，彼更得有所

27 中國第二歷史檔案館，679(6) 10，《總稅務司署漢文卷宗第九號：北平稅務學校，1907-1928》：Shui-wu Chu to IG, Li No. 80, 16 June 1914.

28 中國第二歷史檔案館，679(6) 10，《總稅務司署漢文卷宗第九號：北平稅務學校，1907-1928》：Chinese Secretary's Note No. 13, 20 March 1914.

29 中國第二歷史檔案館，679(1) 17276,General Questions Concerning Graduates of Customs College《關於稅專畢業生的一般問題》：IG Despatch No. 10610 to Kuan-wu Shu；亦見，王文舉，《濫竽海關四十年》，頁一七。

藉口常據要武，瞻念前途，曷堪設想？值此關稅會議即將開幕，催回主權機不可失，為此呈懇轉請稅務處根據設立本校原意提高本校學生在關位置俾與洋員平等以後，並裁減洋員，凡本校畢業生一律派作幫辦以收主權而重國體；再者，本校畢業生見習期間薪俸原為五十兩，現已時逾十載物價數倍，薪俸仍舊，實覺太少，擬懇為轉請酌加，所有呈懇轉請提高畢業生位置以收國權，而符本校設立原意等緣由，是否有當，理合備文呈請，伏乞鑒核謹呈。[30]

事實上，這些要求既不可行也沒可能，因為總稅務司署沒有足夠的幫辦職位，而且稅務處也沒有權力要求安格聯解雇現有的外籍幫辦。然而，華籍關員和稅專學生確實發現，兩方聯合爭取華員權益更為有利。以下案例可以說明其有利之處：一九二一年，江海關幫辦徐鶴章犯了私吞公款的罪行，造成了二萬兩關平銀的損失。為了「抹去恥辱」，華籍關員和稅專學生們設計了一個方案，來「為兩個目的——抓捕瀆職者和補償海關的損失——籌集一筆可觀的費用」。這封請願書最終陳述道「我們很清楚地知道海關的規定不支援通過募捐籌款的方式……我們祈求您能仁慈地接受我們的提議」。安格聯認為這不是華籍關員或是稅專學生的問題，所以拒絕了他們的請求。[31]而且安格聯為了安撫華籍關員的情緒，就提高了他們的薪酬。相對於增加職務數量來說，改善薪資水準更加容易。安格聯提議：

案查稅務學業生辦法曾於民國三年奉飭，準將該校畢業生於見習一年期滿後，擇其優者酌升數人為四等丙班幫辦，月薪關平銀八十兩，其程度不足擢升幫辦或幫辦缺滿無法升補者，即改編為三等丙班供事，月支關平銀五十兩，歷經照此辦理在案。惟查民國十一年，總稅務司對於華班幫辦及供事等薪水等級曾經酌量改訂，將四等丙班幫辦一級取消，而以四等後班為幫辦之最低級，月支薪水關平銀一百兩，至於供事則係將三等丙班之薪水由五十兩改為五十五兩，竊查此兩項人員之最低級薪水一為關平銀一百兩；一為關平銀五十五兩，其間相差之數既屬如是之巨，且每屆該校畢業生於在關見習一年期滿時，常有因幫辦缺額較少之故，備編入供事之人員之成績頗有與擢升幫辦各員甚軒輊者，似此自不免此等編列三等丙班之供事極感失意。總稅務司現為公平調劑起見，擬請訂明嗣後對於該校畢業生見習一年期滿後，後即按其成績酌分三等任用，即係（一）擇其成績最優之見習員數人升為四等後班幫辦，月支薪水一百兩（二）程度稍次或以幫辦缺滿無法升補者可升為三等中班供事，月水關平銀七十兩（三）程度不足擢升幫辦者根行編為三等後班供事，月支薪水關平銀五十五兩。此項修正辦法如蒙核准，擬請指令過署以馮轉飭各關稅務司遵辦。[32]

30 中國第二歷史檔案館，679(9) 156，《郵局、鹽務稽核所及稅務專門學校來函卷》。

31 Wright ed., *Documents Illustrative of the Origin, Development and Activities of the Chinese Customs Service*, vol. III, 632-34, The Representatives of Chinese Assistants and Clerks to IG, 24 August 1921；王文舉，《濫竽海關四十年》，頁五四。

32 中國第二歷史檔案館，679(6) 10，《總稅務司署漢文卷宗第九號：北平稅務學校，1907-1928》：Shui-wu Chu to IG, Chu Order No. 234, 9 March 1925.

雖然安格聯忙於北洋政府的內外債支付以及派系鬥爭問題，總體來說，安格聯還是相當支持訓練華籍關員的工作，只是力度可能不及未來的梅樂和，他希望自己來訓練關員。安格聯「在海關面臨外籍關員缺乏的那段時期，除了提撥有限的幾個關員為幫辦並且招收一批華籍鈐子手來填補空缺以外，並沒有做出任何提高華籍關員地位的舉動」。[33]所有的稅務司都按要求招收了十名試用的華籍鈐子手，要求他們「強壯，肌肉發達，必須經過嚴格的體檢」，而且「必須能較好的說、讀、寫英文，能用英文寫簡單的文章或公務報告，且掌握一定的簡單算術知識」。[34]

稅專學生為取得更好待遇的政治訴求（表3.3顯示華籍外班關員的薪資）可能正是安格聯想要親自指導外班培訓學校來培養新一代華籍鈐子手的原因。這個項目持續了六個月，培訓了大約二十人。[35]有趣的是，第一節通識課的內容是關於「中國海關以及為什麼它處在外國人的管轄下」，講義節選自馬士的《中華帝國的貿易與制度》（*Trade and Administration of the Chinese Empire*），[36]其原因可能是為了防止華籍鈐子手對外籍總稅務司署制度的不滿，而引發的過激情緒。當然此課程只能在總稅務司負責的班級中，稅務督辦的稅專中，是不會有政治不正確的課程。

從一九一三年首屆稅專學生畢業起，稅專在海關的作用變得更加重要。稅專訓練中國學生的同時，總稅務司仍在招收外籍幫辦，外籍關員必然與用稅專畢業生取代外籍關員的目標衝突。畢業生完全不能接受：總稅務司聲稱沒有足夠的幫辦職缺給畢業生，而這就是大多數華籍關員必須屈居供事的原因；與此同時，總稅務司又不斷地聘任外籍幫辦並給他們發放退休金。但是，稅專

是北洋政府稅務處的下屬單位。如果國務總理不能命令太上財政總長匯出關餘，稅務處怎能要求

33 Yeh, *Recollections of A Chinese Customs Veteran*, 87.

34 〈安格聯通令第三〇六五號〉（一九二〇年八月十九日），中華人民共和國海關總署辦公廳編，《中國近代海關總稅務司通令全編》，第十六卷，頁五八一—五八六。

35 〈安格聯通令第三一六八號〉（一九二一年五月二十日），中華人民共和國海關總署辦公廳編，《中國近代海關總稅務司通令全編》，第十六卷，頁九二九—九四六。

36 Wright ed., *Documents Illustrative of the Origin, Development and Activities of the Chinese Customs Service*, vol. III,597-8, Report on Course of Instruction for Chinese Officers of the Out-Door Staff by Marden, 16 October 1920.

表3.3 中國鈐子手的薪資水準（關平銀／月）

工作年限	等級	薪資
六個月試用期	試用鈐子手	35
第七個月	四等二級鈐子手	40
第二年	四等二級鈐子手	40
第三年及第四年	四等一級鈐子手	45
第五年及第六年	三等二級鈐子手	55
第七年及第八年	三等一級鈐子手	65
第九年及第十年	二等二級鈐子手	75
第十一年及第十二年	二等一級鈐子手	85
第十三年、十四年及第十五年	一等二級鈐子手	100
第十六年、十七年及第十八年	一等一級鈐子手	115
第十九年、二十年及第二十一年	超級二級鈐子手	130
第二十二年	超級一級鈐子手	150

資料來源：安格聯通令第3065號，1920年8月19日；《通令全編》，第16卷，第581-586頁。

安格聯開放更多的幫辦缺給畢業生呢？

在一九二七年前，稅專畢業生實際上變成華籍關員主力。儘管稅專是在一九二七年之後攀上權力頂峰。在北洋時期，北洋政府的財政總長或是稅務督辦忙於派系內鬥紛爭而沒有時間來管理稅專，所以委託安格聯管理稅專。安格聯在北洋政府中長達十六年的任期，使得稅專學生們得以在相對穩定和資金充裕的環境裡學習知識和履行他們見習員的職責。

當稅專的第一屆畢業生在一九一三年畢業，結束一年的見習後，已經派關服務長達十四年，那時北伐已然完成。相較於北洋政府，國民政府的政治和軍事力量相對鞏固，也盡力制衡總稅務司署並提高華籍關員的薪資待遇和地位，這正是稅專前幾屆畢業生資歷完整的黃金時期。雖然在一九三〇年代稅專被賦予了更多權力和資源，但畢業生們的海關職涯卻因抗戰受到了很大的影響。此外，在北洋政府忙於黨派紛爭時，安格聯卻能以專業官僚的身分領導稅專和訓練學生，這反而使他們能勝任海關職責。一九二九年以後，國民政府堅持為稅專附加了一系列額外的責任，比如關員招聘和訓練，並且加大招生規模，但這些大大影響了稅專的教學品質。因此，雖然一九三〇年代的畢業生在稅專內享受到更多資源，但一九二〇年代的畢業生卻在中國海關中有更好的發展。

第二篇

互惠互利（一九二七——一九三七）

第四章 鼎革與政變（一九二七—九）

國民革命軍占領武漢意味著中國海關可能將會失去近半數的海關站。為了使中國海關能夠適應新的政治局勢，安格聯十分看重與陳友仁的武漢會晤。安格聯在處理政治事務上極為老練——他已經渡過了直皖、第一次直奉和第二次直奉戰爭。但是，他沒有意識到，北伐並不是軍閥內鬥，而是徹頭徹尾的革命。對張作霖來說，國民革命軍的勝利不僅意味著北洋政府或奉系的投降，更是意味著現存的內閣議會政體的徹底崩潰，並且轉變為列寧式的黨國體制。因此他無法對安格聯私自前往武漢視而不見，所以安格聯被迫下臺，將總稅務司署交給了易紈士管理。

安格聯的武漢行使得總稅務司署與北洋政府間的互信徹底破裂。三大前提中的互信前提被摧毀，因此易紈士在總稅務司署的高度自治被北洋和國民政府厭惡，而關員中絕對服從的模式慣例也不得不做出內部修正。身為江海關稅務司的梅樂和有更多機會接觸到京滬地區的國民黨，而且他也準備取易紈士而代之。雖然列強及大部分外籍海關關員更傾向支持易紈士，但當國民政府掌權後，易紈士就下臺了。

前往武漢前，安格聯建議道：「最好通知外交部長（陳友仁），在江漢關建立的模式有可能被北洋政府在上海及其他地方使用。」[1]但是，北洋政府無法容忍安格聯與敵人會面。在與陳友仁的會晤中，安格聯在北京的代理人易紈士從攝政內閣總理顧維鈞處發出一封急電：安格聯「因重要諮詢事務被要求迅速返回北京」。[2]安格聯只是簡單地回答道：「將儘快趕回北京，但這兒的江漢關情況嚴重，因此我必須在此逗留幾天」。[3]與此同時，安格聯通知英國外交部：「現在正是國際上調整和規範附加稅的時刻，並使得海關附加稅的徵收變為可能的好時機。這兒的情況十分緊張，並且對海關和全體列強來說都是關鍵時刻。」[4]英國外交部遂與其他列強討論了附加稅的問題。易紈士從英國外交部轉發了一封電報說：「在外交使團昨天的會議上，除日本之外的所有列強國家都同意徵收附加稅」。[5]

但是，事態的緊繃呈螺旋式上升，馬上超出列強的控制範圍。安格聯告訴陳友仁說：「北京方面以不容置辯的態度要求我開始徵收附加稅，而我也必須這麼做」，並且他讓易紈士「通知（稅務）處，並解釋他必須慢慢來」。[6]稅務處當然是了解安格聯的難處。蔡廷幹許諾道：他將「努力緩解內閣給海關的壓力，並將通知總理說中國海關在附加稅徵收問題上應該保持中立」，因為這是「稅款可以流向北京的唯一管道」。[7]

當安格聯還在前往上海途中，易紈士轉發了英國駐華公使的急電：「鑑於張大帥（張作霖）和內閣採取的態度，我強烈要求你儘快返回北京」。易紈士還說：「鑑於事態嚴重，我建議返回。」[8]安格聯似乎並沒有意識到事情有多麼嚴重，他從南京回電時這樣說道：「我不明白公使的要求和你的建議：明天過後將到達上海，那時我再做決定」；然後安格聯在抵達上海前上海補發一封電報中說道：「接到〔稅務〕處的明確指示後，速電上述情勢嚴峻性，如有需要，你們應與我保持資訊暢通：模糊的命令和建議無用」。[9]當他「通過外圍管道」最終意識到北洋政府的決

1 中國第二歷史檔案館，679(1) 32744, Confidential Telegrams to & from IG, April 1923 to October 1927：機要電報，Aglen to Ferguson (Hankow), 1 January 1927.

2 中國第二歷史檔案館，679(1) 32744, Confidential Telegrams to & from IG, April 1923 to October 1927：機要電報，Edwards (sign for IG) (from Admiral Tsai) to Ferguson (Hankow) (for Aglen), 17 January 1927.

3 中國第二歷史檔案館，679(1) 32744, Confidential Telegrams to & from IG, April 1923 to October 1927：機要電報，Aglen (Hankow) to Edwardes, 18 January 1927.

4 中國第二歷史檔案館，679(1) 32744, Confidential Telegrams to & from IG, April 1923 to October 1927：機要電報，Aglen (Hankow) to Edwardes, 19 January 1927.

5 中國第二歷史檔案館，679(1) 32744, Confidential Telegrams to & from IG, April 1923 to October 1927：機要電報，Edwardes to Ferguson (Hankow) (for IG), 21 January 1927.

6 中國第二歷史檔案館，679(1) 32744, Confidential Telegrams to & from IG, April 1923 to October 1927：機要電報，Aglen (Hankow) to Edwardes, 22 January 1927.

7 中國第二歷史檔案館，679(1) 32744, Confidential Telegrams to & from IG, April 1923 to October 1927：機要電報，Edwardes to Ferguson (Hankow), 24 January 1927.

8 中國第二歷史檔案館，679(1) 32744, Confidential Telegrams to & from IG, April 1923 to October 1927：機要電報，Edwardes to Maze(Shanghai) and Loureirs (Nanking) (for IG), 28 January 1927.

9 中國第二歷史檔案館，679(1) 32744, Confidential Telegrams to & from IG, April 1923 to October 1927：機要電報，Aglen (Shanghai) to Edwardes, 28 January 1927; Aglen (Shanghai) to Edwardes, 28 January 1927.

心時，安格聯馬上啟程回天津。[10]易紈士只能告訴安格聯的內容就是：「一月二十七日，事情朝著不可預見的方向發展，這與你對附加稅徵收的態度有關」。[11]

安格聯樂觀地估計，北洋政府應當理解他武漢之行的原因。他必須保證中國海關的延續，而中國海關是支撐北洋政府的唯一財政支柱。但是北洋政府另有三個解聘安格聯的理由：首先，顧維鈞再也無法忍受安格聯的傲慢；[12]第二，北洋政府需要安格聯協助發放一九二七年的新年補貼，畢竟杜錫圭內閣就是因為公務員的中秋獎金不到位而倒臺；第三，雖然稅務督辦羅文榦始終了解安格聯武漢會晤的進程和必要性，但是張作霖並不允許安格聯這麼做。

安格聯到達前，易紈士盡了最大努力來控制逐漸惡化的局勢。他告訴澤禮說：「總稅務司從上海回來前，我將努力阻止一切事態的發展」，[13]他同時命令安格聯在武漢的代理人費克森與陳友仁進行會談：

如果外交部長〔陳友仁〕接觸你，或者你有任何理由相信開除安格聯的命令將導致他〔陳友仁〕試圖加強他在南方海關站的權威，那麼你應該告訴他，我們這裡有希望做出合理處置，並且提醒他：第一，海關是一個完全中立的非政治性組織；第二，對總稅務司採取的行動〔開除安格聯〕是因為他堅持那些能讓海關履行職能的原則，並且拒絕徵收附加稅；第三，在這一緊要關頭干涉海關是最不合時宜的，並將使國民政府陷入困境。[14]

所有人都知道，此時張作霖是北洋政府幕後的決策者，但他們仍然期望安格聯可以用他的「由中國的財政利益作支撐背景的巨大影響力和權威」來「使北洋政府撤回這一決定」。[15]英國駐華公使藍普森（Miles Lampson）為安格聯的事情安排了一個會議，召集所有公使館公使，並且易紈士也安排了與蔡廷幹的祕密會晤。[16]但是，在一月三十一日晚上十一點三十分，藍普森得知北洋政府將於二月一日宣布安格聯的免職令。藍普森立即寫信給財政總長攝行國務總理顧維鈞：

---

10 中國第二歷史檔案館，679(1) 32744, Confidential Telegrams to & from IG, April 1923 to October 1927：機要電報，Aglen (Shanghai) to Edwardes, 30 January 1927.

11 中國第二歷史檔案館，679(1) 32744, Confidential Telegrams to & from IG, April 1923 to October 1927：機要電報，Edwardes to Maze (Shanghai) (for IG), 31 January 1927.

12 唐啟華，〈北洋政府時期海關總稅務司安格聯之初步研究〉，頁五九四—五九九。

13 中國第二歷史檔案館，679(1) 32744, Confidential Telegrams to & from IG, April 1923 to October 1927：機要電報，Edwardes to Stephenson (London), 1 February 1927.

14 中國第二歷史檔案館，679(1) 32744, Confidential Telegrams to & from IG, April 1923 to October 1927：機要電報，Edwardes to Ferguson (Hankow), 1 February 1927.

15 中國第二歷史檔案館，679(1) 32744, Confidential Telegrams to & from IG, April 1923 to October 1927：機要電報，Stephenson (London) to Aglen, 2 February 1927.

16 中國第二歷史檔案館，679(1) 32744, Confidential Telegrams to & from IG, April 1923 to October 1927：機要電報，Edwardes to Wilson (Tientsin) (for IG), 2 February 1927; Edwardes to Wilson (Tientsin) (for IG), 3 February 1927.

> 我幾乎無需指出，英國政府對海關行政管理一直都存在，並且現在還有很大的利益。這不僅是因為在半個多世紀以來海關一直是由前後任的英籍總稅務司建立，或者因為在這種艱難時刻裡必須以海關的高效率來確保中國境內對英國貿易的存續，而且還因為海關的稅收是外國債務和對英國的賠款的保障，而英國的債券持有人在此債務中享有很高利益。我深信英國政府非常關心北京政府的命令是否會影響上述事項，尤其是在那些沒有被海關稅收擔保的其他英國貸款已經被拖欠的情況下。因此除非這些報告是無憑無據的，那麼如果閣下能在做任何不可挽回的決定前願意給機會見我一面，我將非常感激。[17]

然而這封信潛在的威脅語氣只是火上加油。顧維鈞是中國當代最傑出的外交家，是巴黎和會、華盛頓會議和國際聯盟的中國代表。顧維鈞在巴黎和會的拒簽《凡爾賽和約》表現，也證明顧維鈞是不會輕易屈服為任何人的威脅。當英國政府在力圖挽救安格聯時，國民政府也對安格聯的免職表示關切。陳友仁代表武漢國民政府的支持：

> 我個人的觀點是，現任總稅務司的消失將會打開一個新的局面。我們的政府到這兒的時候，安格聯爵士就是總稅務司，我們已經將這當作既成事實（*fait accompli*）。另外，他還來到漢口，與我們進行了數次會談，營造了良好氛圍。但是如果他離任，情況就會徹底改變，而我們必須從一個嶄新的立場重新決定我們應採取的態度。

費克森進一步推斷，陳友仁的意思是武漢「國民政府拒絕承認新任總稅務司，並且將會對控制和管理他們轄區內的所有海關站做出自己的佈置」。[18]由於已經激怒了北洋政府，安格聯不得不與國民政府套近乎。他告訴陳友仁說：「不管做出什麼決定，我自己認為，目前中國海關在北方都沒有可能開始徵收附加稅」。[19]

儘管被迫下臺，安格聯仍然試圖在南北方之間發揮他的巨大影響力。國民政府的財政、交通、外交部長達成一致，認為「取消對安格聯的免職，並且使他重新返回權力舞臺將避免中國海關的分崩瓦解以及對內、外債經理的慘痛打擊」。[20]但所有的這些努力看起來都是白費的。在「長假」開始前，安格聯告訴陳友仁：

> 北京政府方面現在撤回要求海關徵收附加稅的命令，這充分證明了它缺乏考慮和了解就貿然行動；但你應該會理解，對他們來說，撤回命令是多麼不可思議的一件事：他們懇求我

17 中央研究院近史所檔案館，03-19-001-06，〈藍普森致顧維鈞〉，一九二七年一月三十日。

18 中國第二歷史檔案館，679(1) 32744, Confidential Telegrams to & from IG, April 1923 to October 1927：機要電報，Ferguson (Hankow) to Aglen, 9 February 1927.

19 中國第二歷史檔案館，679(1) 32744, Confidential Telegrams to & from IG, April 1923 to October 1927：機要電報，Aglen to Ferguson (Hankow), 8 February 1927.

20 中國第二歷史檔案館，679(1) 32744, Confidential Telegrams to & from IG, April 1923 to October 1927：機要電報，Ferguson (Hankow) to Aglen, 14 February 1927.

> 將他們從絕境中解脫出來，並且，修正過的辦法表明讓我繼續做一年的總稅務司可以避免在這一時期內進行正式任命，同時為後繼政府撤回命令提供說詞，保全他們的面子。我唯一的考慮問題就是要阻止海關的崩塌，因為我與海關的關係還沒有被完全切斷，因此不能擱置問題，海關在總稅務司手中有效率地運行十分重要，因為這確保中國的繁榮。[21]

安格聯被免職的政治風暴似乎隨著他的「長假」而漸漸平息。罷免安格聯看似激進，但或許也是無可奈何之舉。或許安格聯只需要等著下一屆內的來重新召回，但這召回卻沒有來到。這樣做無疑保全了所有人的面子：安格聯仍然是總稅務司，北京政府給予安格聯「懲罰」，但仍然保留他在海關中的職位和總稅務司的工資。[22]

北洋政府長期內耗，沒有足夠的時間來訓練另一位人選來取代安格聯。而且安格聯也可能是老了、累了、也懶得打理北京政壇中綿密的人際關係。而太上財政總長的下臺必須還從結構性原因加以分析：簡言之，安格聯的利用價值減低了。安格聯的權力來自於他對關餘的分配權。北洋政府越是衰弱，越是急切地需要關餘；北洋政府越是急切地需要關餘，安格聯越是小心謹慎。這造成了無可救藥的惡性循環，因為北洋政府不需要一隻一毛不拔的鐵公雞。但是鐵公雞如果太大方，馬上就會變成無毛雞。因此安格聯對中國的財政穩定做出的長期貢獻永遠無法滿足北洋軍閥在為生存和鬥爭時的燃眉之急。

安格聯的武漢行對北京政府來說是不可接受的，因為張作霖在對抗國民革命軍時，需要籌集更多經費。安格聯堅持滯留南方，而張作霖知道，如果他失去了對華北的控制，那麼安格聯將義無反顧地投奔國民政府。因此，安格聯的罷免僅僅是一個張作霖的自衛舉動而已。然而，在現代外國學者眼中，安格聯「可能太專橫和獨裁了」，但是他並沒有「對中國政府不忠。在他的英國同胞利益和中國雇主利益之間，他最終選擇了站在中國這一邊。」[23]至於南方，為什麼武漢國民政府改變了對安格聯和總稅務司署的敵對看法呢？表面原因似乎是因為安格聯堅決拒絕徵收二五的附加稅，而這阻止了張作霖獲得更多的軍事資源。而背後的深層原因是，國民政府逐漸認識中國海關的重要性，以及安格聯為中國的財政穩定做出的貢獻。安格聯的罷免純粹是被政治化了的。但是就像葉元章對安格聯的評論，「除了政治因素，也必須承認，安格聯是一個很有能力的管理者」葉元章說道：

> 他帶來了適合時代以及對改善現存系統的改革。當世界和中國都飽受戰爭之苦的時候，他竭盡全力維持中國海關的國際地位，並使它遠離政治……他是一個嚴守紀律的人，並且

21 中國第二歷史檔案館，679(1) 32744, Confidential Telegrams to & from IG, April 1923 to October 1927：機要電報，Aglen to Ferguson (Hankow), 15 February 1927.

22 〈安格聯通令第三七四九號〉（一九二七年二月十一日），中華人民共和國海關總署辦公廳編，《中國近代海關總稅務司通令全編》，第十八卷，頁六九七—六九八。

23 R. Dayer, *Bankers and Diplomats in China, 1917-1925* (London: Frank Cass, 1981), 88.

> 鐵面無私地管理下屬。他最重要的成就之一就是引進了退休金計畫，以使海關保持年輕，並承擔起關員退休後的經濟援助。[24]

與嚴守財政紀律的安格聯相比，易紈士似乎不很合適。最後一任外籍總稅務司，美籍李度（Lester Little）評論說「他是一個被寵壞了的孩子」，[25]而關務署署長張福運認為他是「資歷尚淺的稅務司」。[26]但最重要的是，早在一九二五年，他任粵海關稅務司的時候，就與國民黨爆發衝突：國民黨認為他故意關閉粵海關並同意港英政府干涉中國國內事務。但在易紈士眼中就不同，他被槍擊中，並被送往香港的醫院，為了保護華、洋籍關員的安全，就必須要關閉海關站。不論事實如何，不可諱言的是，出任代理總稅務司之前，易紈士就已經與國民黨有了很深的矛盾。至於北方，易紈士必須處理安格聯武漢行而引發的問題。因此他一上任就在南北兩方面臨很多難題。

易紈士所以被任命，最重要的原因為他是安格聯在北京的代理人，他在這場政治風暴中竭力保護安格聯和英國的利益，因此他獲取了安格聯、澤禮和藍普森的信任。但是，與安格聯相比，他在中國的政軍商人脈和在公使領事團的聲望都相對資淺。

一九二七年四月爆發的寧漢分裂，使得中國從南北分裂，正式變為南京、北漢和北京的三方分裂。而在北京、南京和武漢三地人脈關係尚淺的易紈士更加無法應付如此複雜政治關係。寧漢雙方都不打算長期與易紈士共事。安格聯因為他的武漢之行，所以他與國民黨之間的關係改善了，但這一狀況在易紈士任代理總稅務司後又惡化，寧漢分裂帶給中國海關另一場政治風暴，這就是易紈士與梅樂和爭奪總稅務司的內鬥。漢方與安格聯保持著一個相對友好的關係，而陳友仁聲明他承認安格聯是總稅務司。從這種意義上來說，代理總稅務司易紈士似乎是一個可接受的候選人。但是，寧方不接受易紈士，而傾向於梅樂和，因為他「與中國人民改革中國海關的期望有共鳴，並且沒有被任何列強利用的歷史，現在也沒有意願那樣做」。[27]代理總稅務司從國民政府與北洋政府的鬥爭，又徑直走進了寧漢分裂的政治鬥爭之中。

代理總稅務司的第一項任務是處理北洋政府的財政危機。易紈士對澤禮抱怨道：「財政總長現在命令我立即收回四十萬英鎊並匯款給銀行……政府或許可以採取措施解雇我，但緩和的中國財政壓力的影響力也在發揮作用。」[28]雖然澤禮認為「財政部長的行為可能只是由於想通過撤回他們的態度來保全面子」，但易紈士不能再採取任何大膽的行為了，例如拒絕所有的關餘匯款。[29]

---

24 Yeh, *Recollections of A Chinese Customs Veteran*, 87.

25 Conversazione transcript, 38.

26 Chang Fu-yun, 'Reformer of the Chinese Maritime Customs'(Private Collection) ,117.

27 Chang, 'Reformer of the Chinese Maritime Customs', 117.

28 中國第二歷史檔案館，679(1) 32741, Confidential Telegrams to & from IG, 1928-1931：機要電報，Edwardes to Stephenson (London), 23 March 1927.

29 中國第二歷史檔案館，679(1) 32741, Confidential Telegrams to & from IG, 1928-1931：機要電報，Stephenson (London)

但是，易紈士也沒有獲得國民黨的支持。他在南方的代理人費克森報告說，國民黨任命的海關監督聲稱：「國民政府堅決拒絕認可北京方面任命的安格聯的繼任者，並且不會允許他〔易紈士〕的命令在他們〔國民政府任命的海關監督〕全部管轄區域內生效」。[30]此時寧漢雙方開始出現分歧，國民黨左翼逐漸控制了武漢國民政府，而國民黨右翼的黃埔系和桂系早已隨蔣介石到南昌，之後到了南京。費克森報告說長沙關被「湖南總工會強制占領」。武漢國民政府的財政部長命令長沙關海關監督「不要關閉海關站，而是讓高級的華籍幫辦掌權，並負責保護關員和財產」。[31]

情勢快速惡化，因此易紈士不得不安排洋員全部撤離，並命令華籍幫辦負責管理這些海關站。[32]在此關鍵時刻，易紈士被迫尋求另一位助手，因為武漢國民政府沒有能力或者不願意控制激進的群眾。他要求費克森「向國民政府抗議工會強制占領長沙關的行為，並要求歸還長沙關重新為中國海關所管理」。此外，他還讓梅樂和與南京國民黨人會談。[33]作為對費克森抗議的回應，武漢當局聲稱他們強烈反對湖南工會占領長沙關和岳州關的行為。[34]但是，這一舉動並沒有阻止大規模的反帝運動，因為武漢國民政府早已控制不住局勢。

一九二七年四月十二日，南京國民政府發動「清黨」；七月十五日汪精衛的武漢國民政府也決定「分共」。[35]結果陳友仁等左翼下臺。隨後，寧漢合流並且將首都遷至南京；從那以後，右翼分子開始控制國民政府。曾為武漢國民政府工作的財政和外交官員離開後，易紈士失去了與國民黨的關係網絡。寧漢分裂使得易紈士的政治問題變得更加複雜，因為對於特定的地方海關站，他不得不與另一個政府妥協。例如，武漢國民政府的財政部長告訴易紈士說，甌海關「當前不再屬於這個政府的管轄」並且建議他「通過他的稅務司向蔣介石政府申請管理上海的外交事務」。[36]

有別於武漢國民政府，南京國民政府試圖建立新的機構作為稅務處的繼承單位，並以此監管全國的海關監督。這就是關務處，隨後改名為關務署。宋子文挑選的關務署長是他在哈佛大學的

---

to Edwardes, 23 March 1927.

30 中國第二歷史檔案館，679(1) 32741, Confidential Telegrams to & from IG, 1928-1931：機要電報，Ferguson (Hankow) to Edwardes, 26 March 1927.

31 中國第二歷史檔案館，679(1) 32741, Confidential Telegrams to & from IG, 1928-1931：機要電報，Ferguson (Hankow) to Edwardes, 11 April 1927.

32 中國第二歷史檔案館，679(1) 32741, Confidential Telegrams to & from IG, 1928-1931：機要電報，Edwardes to Ferguson (Hankow) 13 April 1927.

33 中國第二歷史檔案館，679(1) 32741, Confidential Telegrams to & from IG, 1928-1931：機要電報，Edwardes to Maze (Shanghai), 12 April 1927.

34 中國第二歷史檔案館，679(1) 32741, Confidential Telegrams to & from IG, 1928-1931：機要電報，Ferguson (Hankow) to Edwardes, 19 April 1927.

35 四一二事件，見楊奎松，〈1927年南京國民黨「清黨」運動之研究〉，《歷史研究》六（二〇〇五），頁四二—六三；武漢國民黨的分共，見Wilbur, The Nationalist Revolution in China, 135-46. 以及楊奎松，〈武漢國民黨的「聯共」和「分共」〉，《歷史研究》三（二〇〇七），頁二六—五一。

36 中國第二歷史檔案館，679(1) 32741, Confidential Telegrams to & from IG, 1928-1931：機要電報，Ferguson (Hankow) to Edwardes, 29 April 1927.

同學張福運，而張福運以其自由主義無黨派立場而聞名。[37]雖然關務署長張福運讓梅樂和通知易紈士說「南京政府並無意修改現存的經理債款服務」，[38]但南京國民政府通過向當地海關站收集各種各樣的資訊，把海關業務向關務署集中。關務署要求所有海關站上交所有海關出版品的複件，包括《題名錄》和通令等。雖然「除了總稅務司有命令之外，這些東西不得外傳」，但南京國民政府強迫各海關站上交這些資料。[39]

南京國民政府傾向支持現存的海關行政體系，但它最終還是強迫易紈士下臺；相反，武漢國民政府表面上聲稱：與這個帝國主義的機構拒不往來，但卻因為安格聯和陳友仁間合作的原因，與易紈士有著更好的關係。南京國民政府和易紈士之間的調停人是江海關稅務司梅樂和，易紈士和南京國民政府間的所有電報都是通過梅樂和傳遞。以下事實表明易紈士和南京國民政府之間的積怨已深，以至於南京國民政府完全無法容忍他的態度。例如，梅樂和警告易紈士說：

> 外交部長〔伍朝樞〕通知我並讓我通過電報告訴你，〔南京〕國民政府對你的態度不滿，因為你沒有遵從它的命令，而你應該遵從……如果你堅持這種態度，國民政府或許不得不建立一個獨立的海關總稅務司署，來管理國民政府轄區內的海關事務。[40]

易紈士還在回電中重述陳腔濫調：「中國海關是國家資產，它在非常艱難的情況下努力維持著中國在國外的財政信譽，而這種信譽對未來重建來說至關重要」。[41]梅樂和轉寄伍朝樞的電報：「貶斥你對國民政府的態度，並說明你是否承認它的權威並遵從它的命令」。[42] 易紈士刻薄地回答道：

> 我一直願意在政府的管轄下指導稅務司的工作，並執行政府的命令，只要這些命令不會對我負責的經理債務服務的正常運行有不利影響，但如果政府意圖將海關放在一個黨派組織的位置上，並將它作為一個黨派對抗另一個黨派的工具，那麼我就不得不拒絕這些命令，不管這些命令是來自南方還是北方的任何政府！部長〔伍朝樞〕必須意識到，海關不能被捲入政治衝突中，並且我的職責是保障所有徵收的稅款都嚴格地首要用來償還國內外的債務。只

37 Chang, ‘Reformer of the Chinese Maritime Customs’, 103.

38 中國第二歷史檔案館，679(1) 32741, Confidential Telegrams to & from IG, 1928-1931：機要電報，Maze (Shanghai) (from Chang Fu Yun) to Edwardes, — 21 July 1927.

39 中國第二歷史檔案館，679(1) 32741, Confidential Telegrams to & from IG, 1928-1931：機要電報，de Luca to Edwardes, 9 August 1928.

40 中國第二歷史檔案館，679(1) 32741, Confidential Telegrams to & from IG, 1928-1931：機要電報，Maze (Shanghai) to Edwardes, 25 July 1927.

41 中國第二歷史檔案館，679(1) 32741, Confidential Telegrams to & from IG, 1928-1931：機要電報，Edwardes to Maze(Shanghai), 26 July 1927.

42 中國第二歷史檔案館，679(1) 32741, Confidential Telegrams to & from IG, 1928-1931：機要電報，Maze(Shanghai) to Edwardes, 3 August 1927.

要這兩條得到滿足，那麼我完全願意遵從任何政府在其轄區內下達的合理命令。[43]

伍朝樞的回答清楚表明他與易紈士之間的緊張關係：你所說的與事實「相反，通過扣押南方的經費、再將這些經費付給北方，你在幫助北方對抗南方，並將海關當作內政鬥爭的工具，而你說你不應該這樣做的。」[44]易紈士與國民黨重建關係的嘗試就在這些唇槍舌戰的電報往來間破滅。

如果仔細看梅樂和給易紈士轉寄的電報，就會發現梅樂和並沒有在易紈士和南京國民政府之間充當扮演稱職的合事佬；他將這些電報完整地轉寄給易紈士，而這促使易紈士對南京國民政府採取了更加堅定的反對立場。沒有人知道梅樂和是不是誇大或誤導了南京國民政府的回覆，但可以確定的是，他沒有幫助易紈士緩和與南京國民政府的緊張關係。但是，即使梅樂和真心地想要幫助易紈士改善與南京國民政府的關係，根本性的問題仍然存在。彼時，易紈士人在北京，為北洋政府服務，而一九二七年的情況是，縱使寧漢分裂但南方實力明顯強於北方。

一九二七年十二月，蔣介石國民重新開始北伐。前北洋軍閥閻錫山和馮玉祥也加入了北伐陣營。[45]在這一動盪時期，中國沒有國際認可的中央政府。一些地方當局開始侵吞海關稅收款：「海關監督接到滇西當局的指令，強行截留海關稅收。」[46]易紈士命令道：「在收到蒙自方面消息前要堅決守護稅款。如果地方當局奪取稅收，不要反抗，但要以書信方式追究海關監督的責任。」[47]易紈士在為中國海關尋求一個新的保護者的過程中，對南京政府的態度急劇改變。他提議在北京召開會議，恢復一九二六年的關稅自主會議，但梅樂和告訴他說：「南京政府當局現在已準備與北京政府當局進行非政治性合作，但他們期待這個關稅會議在這兒〔上海〕召開」。[48]

雖然失去了伍朝樞的支持，但易紈士在國民政府中找到了一個擁有更高階的盟友，即財政部長宋子文。[49]易宋兩人通過他們在銀行業的共同朋友轉寄電報，而不再通過江海關稅務司梅樂和。宋子文和易紈士之間的交流發展迅速。例如，宋子文邀請易紈士來上海討論針對中國海關的一次聯合抵制運動的相關事宜。宋子文請他的朋友告訴易紈士說：「最好將行程推遲到部長〔宋子文〕通過電報邀請你的有利時機。部長〔宋子文〕永遠會為你做最好的安排。」[50]作為回應，

---

43 中國第二歷史檔案館，679(1) 32741, Confidential Telegrams to & from IG, 1928-1931：機要電報，Edwardes to Maze (Shanghai) , 4 August 1927.

44 中國第二歷史檔案館，679(1) 32741, Confidential Telegrams to & from IG, 1928-1931：機要電報，Maze (Shanghai) to Edwardes, 17 August 1927.

45 第二次北伐，見：Wilbur, *Nationalist Revolution in China*, 171-94.

46 中國第二歷史檔案館，679(1) 32741, Confidential Telegrams to & from IG, 1928-1931：機要電報，Kishimoto (From Peel, Tengyueh) to Edwardes (Shanghai), 21 February 1928.

47 中國第二歷史檔案館，679(1) 32741, Confidential Telegrams to & from IG, 1928-1931：機要電報，Edwardes to Peel (Tengyueh), 22 February 1928.

48 中國第二歷史檔案館，679(1) 32741, Confidential Telegrams to & from IG, 1928-1931：機要電報，Maze (Shanghai) to Edwardes, 12 January 1928.

49 Chang, 'Reformer of the Chinese Maritime Customs', 118.

50 中國第二歷史檔案館，679(1) 32741, Confidential Telegrams to & from IG, 1928-1931：機要電報，Kouyeekoa (Shanghai, Kiangsu Bank) (from Finance Minister) to Edwardes, 16 August 1928.

易紈士說：「非常了解這種情況，並且十分理解部長〔宋子文〕的難處」。[51]一九二八年一月之後，易紈士再也沒有讓梅樂和充當他與南京政府電報往來的中間人。易紈士會讓金陵關稅務司詹思敏（C. F. Johnston）、造冊處稅務司盧立基（L. de Luca）或者他個人的朋友來向南京方面傳遞消息；他再也沒有給過梅樂和任何機會從中干涉。

易紈士的任務之一是與日本和英國一起解決懸而未決的附加稅問題，而溝通交流的管道十分暢通，因此可以保證總稅務司署與南京、北京、倫敦和東京的關係穩定。隨後，一個始料未及的任命發生了：為了確保與東京方面的聯繫，三十九歲的岸本廣吉從大連關稅務司轉任代理總務科稅務司的職位。[52]總務科稅務司是總稅務司署中第二重要的職位，並且通常被看作是總稅務司的副手——這與安格聯在武漢與陳友仁會晤時易紈士的位置類似。據一九二九年的海關關員清單顯示，通常升到稅務司的職位需要二十三點七年，而在四十四位稅務司中，岸本用了最短的時間（二十年零兩個月）達成這一目標。[53]這也是非歐美籍關員第一次升到這職位。

岸本的任職有國際政治的因素，因為英國想要保住總稅務司的職位。安格聯被罷免後，英國公使藍普森立即給外交部長張伯倫（Austen Chamberlain）發出急件說：

如果想要長期保有海關行政管理權，那麼我們訴諸的最後手段必須是尋求日本的實質援助。因此，日本對海關越感興趣，那麼在時機到來時，日本就越有可能會堅決保衛海關存續。這樣，為了保證日本對海關感興趣，安格聯和易紈士都同意將總務科稅務司的職位讓給岸本，即現任的大連關稅務司。[54]

一開始，英國似乎成功地得到日本對總稅務司職位的擁護。藍普森仍然天真地認為「日本全心全意的支持是拯救海關行政管理的必要條件」，並且他不相信「日本人如果被公正地、規規矩矩地對待，還會繼續堅持這種〔奪取中國海關的〕陰險狡猾的企圖」。[55]但是，三個月之後，日本果然對總稅務司的職位顯露出了「陰險狡猾的企圖」。藍普森向張伯倫報告說：

日本公使館的領事最近對易紈士宣稱，鑑於岸本在北京被任命為總務科稅務司，我在去

---

51 中國第二歷史檔案館，679(1) 32741, Confidential Telegrams to & from IG, 1928-1931：機要電報，Edwardes to Kouyeekoa (Shanghai, Kiangsu Bank) (for Finance Minister), 17 August 1928.

52 岸本廣吉於一九〇五年加入中國海關，為四等三級幫辦，於一九二一年四月升副稅務司，再於一九二五年十月升稅務司。Wright ed., *Documents Illustrative of the Origin, Development and Activities of the Chinese Customs Service,*vol. II, 609, Footnote,

53 *Service List, 1929* (Shanghai: Statistical Department of the Inspectorate General of Customs, 1929), 2-3.

54 A. Trotter ed., *British Documents on Foreign Affairs: Reports and Papers from the Foreign Office Confidential Print* (University Publications of America, 1994), part II, series E, vol. 32, 242-3. F 2719/630/10 No. 136, Miles Lampson to Austen Chamberlain, 15 February 1927.

55 Trotter ed.,*British Documents on Foreign Affairs*, Part II, Series E, vol. 33, 329-30. F 9202/630/10 No. 1159, Miles Lampson to Austen Chamberlain,21 October 1927.

> 年二月讓日本公使認為，如果易紈士在某時退休，那麼總稅務司職位的繼任權將落入日本手中。易紈士以我的名義否認了此說法。[56]

雖然日本和英國對總稅務司職位的鬥爭非常激烈，但海關中的日籍關員仍保持中立，並與易紈士和岸本合作得非常成功。在確定了他背後有英國和日本的支持後，易紈士於一九二八年八月底來到上海。這是他第二次上海之行。這次上海行極為重要，他見到了宋子文，也成功地和宋子文建立了如安格聯和陳友仁的互信關係，宋子文甚至委託易紈士替他安排與日本駐華公使的會晤。易紈士請岸本處理此事，岸本於是向易紈士報告：

> 我也傳遞了您〔日本公使〕關於建議安排部長〔宋子文〕和您〔易紈士〕自己或委託的日本代表進行私人會談的聲明。部長要求我為他不能來北京見您致歉，但他很願意儘快與您或您的委託代表商議此事。[57]

然後易紈士也透過宋子文與江浙財閥們和南京的國民黨人達成了許多共識。上海市檔案館保存一段見識極為精闢的日記。陳光甫寫道：

> 今晚上海造冊處稅務司盧格飛〔de Luca〕約余晚餐，同席有總稅務司易紈士、張公權

〔張嘉璈〕、李馥蓀、貝淞蓀〔貝祖詒〕。余與易紈士乃第二次見面，渠此次南下專為就職而來，同時並欲解決上海江漢關稅務司梅樂和，梅為赫德外甥在職多年，對易為總稅務司心懷不服，屢言國府要人如胡漢民、孫科、張靜江、王儒堂〔王正廷〕，易氏之不忠心黨國，一九二五年為沙基事件曾自動閉關粵海關，此舉即屬反革命之憑證，一面在報紙散布謠言云：易氏依賴北平使團反抗政府。要人聞之甚為動聽，故於五月以來，報紙中有不斷的此項之記載。胡漢民且將梅〔梅樂和〕言擴而大之，云中山之死一半因易氏行為所氣死，梅因獻計，要人更主張整理公債須折半還本，蓋此款專為南征之用，上海銀行家聞之大為驚恐，若仍令梅為總稅務司則與票價大有出入，故出全力反對之。故國民政府委任總稅務司發生二派。一派為政府派，以胡漢民為中心，反對易氏贊成梅樂和；一派為銀行派以宋子文為中心，反對梅氏而贊成易氏，藉可發行三千萬元金融公債及乘機收回若干小利權。

造冊處稅務司盧格飛氏似忠於易氏。易氏未來之前，曾數電宋子文欲令梅告長假假滿即因海關例退休發退休金，每年一千鎊，此電均由盧托李馥蓀轉交子文，今晚易氏欲與上海銀行家談，故有此宴，余與盧兄相熟，惟前年已故，今夜主人為其弟，前未見過，乃李馥蓀邀

56 Trotter ed., *British Documents on Foreign Affairs*, Part II, Series E, vol. 34, 49. F 419/46/10 No. 69, Miles Lampson to Austen Chamberlain, 25 January 1928.

57 中國第二歷史檔案館，679(1) 32741, Confidential Telegrams to & from IG, 1928-1931：機要電報，Edwardes (Shanghai) to Kishimoto (for Japanese Minister), 4 September 1928.

余而往也，度間所論大半談梅氏之為人，因悉梅氏之為副總稅務司，實乃子文一片調停之苦心，與其一名因俾可對付國民諸人。今早馥蓀、公權、淞蓀與子文接洽，言定易氏為海關首領，梅不過名義上一副總稅務司，而今晚易氏云即日請示財長就職後，即須令梅告假假滿退休。馥蓀力阻云：若欲照此辦法，必令子文為難，最好三四個月之後再令梅去職。易仍覺不妥。易又云：吾不做，惟不做後公債票價格必落，此乃可慮之事。如此語，跡近要挾。吾國人自己不會經營債務致全國公私信用掃地，外人得乘而入，令人可嘆。然此尚不算十分過不去之事，如朝鮮、印度等國財政已為他人管理，本國人然毫不能過問，吾人無論辦政府財政或銀行，若再不小心翼翼，必到第二步無疑。易氏又取出一宣言書，內中詳述一九二五年閉關粵海關之經過，余閱畢後，易氏問余意見，余云：最好請傅秉常作一證函，閱則更為有價值。公權云：華人性情不冒寫此種信，余以為然。此宣言已交由馥蓀兄送子文閱看，如核准後，即行登報，易氏今晚云：明日作書與財政部長呈報就職，見子文後即往寧，晤國府要人返後將宣布政策，此後多用華人，縮短西人退休年齡，現在為六十歲將縮短為五十七歲，俾華人可以就依次補充要職，此語有多少誠意，余不敢全信。此後大半仍對梅氏而發。仝時有若干意思對國府表示好感，均為飯碗計也，子文又托馥蓀問易氏三千萬金融公債事，要渠經管並發宣言，易氏已首肯。

今晚一席話令人有數種感想：一、佛學有云天下事事物物皆脫不了生老病死、成住敗空，因憶余在海關內郵局之時，總稅務司一信經過郵局，西人皆須特別注意謹慎書記於送信

> 簿，恭敬將事，不料二十八年之後，上海關稅司居然藐總稅務司，而總稅務司之地位之能否保存，見財長如何發話，皆須仰銀行家鼻息，人事無常可見一斑。二、世界人皆是向利者，若云中國總稅司一缺可代表英國侵略政策，今晚觀之實無此表示。大約歐戰以前英人乘南京條約之餘威間而有之，此時非不肯為，實因歐洲局面變更，英國輿論又主和平，故不肯用政府力量以維持之，如易氏為日本人則情形大不同，實因日本為新興之國，事事趨於極端，則後背正有助力可無須馥蓀為之奔走。三、盧云：自有海關以來，像梅氏爭做總稅務司實為第一次，可見人必自侮而後人侮之。又云：物必先腐而後蟲生也。素書有言曰：賢人君子明於盛衰之道，通乎成敗之數，審乎治亂之勢，達乎就去之理。明此理則不足為奇矣，然易紈士之職，其勢恐終難持久也。[58]

陳光甫的眼光確實獨到，預見的三件事：一、總稅務司的地位由銀行家控制；二、日本對總稅務司署的野心大增；三、易紈士馬上下臺。這三件事中，第二、三件事確實發生，只是總稅務司的地位並沒有快速下落，這可能還是因為中國長年的內憂外患使得中央政府必須一直依賴總稅務司。

58 上海市檔案館，Q275-1-2388：作者佚名，一九二八年十月十六日；由《陳光甫日記》可知，此人為陳光甫，見邢建榮、李培德編，《陳光甫日記》（上海：上海書店出版社，二〇〇二），頁七〇—七二。

在此次會晤中，雖然易紈士所言聽起來很像是敲詐勒索，但易紈士所說確實在一定程度上反映部分事實。下一任造冊處稅務司覃書（R. C. L. d'Anjou）報告說：「中國的銀行家們對於任命梅樂和為代理總稅務司這一毫無預兆和毫無必要的舉措感到十分憤慨，懇求你馬上過來反擊他，並確保他們保持表示支持的堅定立場。」[59]

但是，易紈士、宋子文以及江浙財閥的私下協商似乎激怒了張福運，因為他才是代理總稅務司的直屬上司。當易紈士於十月底返回北京時，他讓宋子文給張福運轉寄一封信箋，寫著「關務署長按此辦理」。甚至在四十二年之後，這還是讓張福運感到惱怒不已。在採訪中，他談到：「這份引人注意的公文顯示了易紈士對於程序的全然不顧」，並且易紈士「認為他自己與宋子文是一個等級的，而我與他的稅務司盧立基和伯樂德（A. C. E. Braud）是一個等級的」。[60]

理論上，張福運當然正確，因為關務署與稅務處不同。如張福運所說，稅務處是「一個獨立的機構，並且除了他的首長不是內閣成員這一事實外，它與政府的其他內閣部門其實是處於相同等級的」。但是關務署是「國民政府財政部的一個下屬部門」。[61]換句話說，張福運的下屬易紈士一直繞過張福運行事，而與張福運的上級——財政部長宋子文——進行溝通，並讓張運福按規定行事。

但是在實務上，張福運可能忽視了歷史成因，鑑於他意識到國民政府和北洋政府的官僚作風差異，他就應該明白，易紈士的權力來自於他經理內債基金處和中國海關總稅務司的職位，以及其他多種接觸中國銀行業的管道。易紈士是中國太上財政總長的繼任，所以宋子文親自處理易紈士的事務顯然是合理的。不用說，江海關稅務司梅樂和可以直接與胡漢民對話；那麼，如果宋子文派張福運處理易紈士的事務，就會顯得非常尷尬。

有了宋子文的支援，易紈士最終得到了南京政府對他代理總稅務司的認可。[62]作為交換，他也承認了關務署的上級地位，並將總稅務司署遷回上海，任命他的死敵梅樂和為副總稅務司。[63]易紈士履行他在上海的承諾，暫停雇傭外籍關員表現誠意；在接管總稅務司署後，他立即聲明：「我不建議填補可能出現的外籍關員的職位空缺，因此，結果是外籍關員將要集中於更重要的稅務徵收中心。」[64]這樣，海關洋員的招錄暫時停止，但是也因為這次暫時停止，未來也沒有恢復過。總稅務司署自此停招外籍關員。

---

59 中國第二歷史檔案館，679(1) 32741, Confidential Telegrams to & from IG, 1928-1931：機要電報，de Luca to Edwardes, 4 October 1928.

60 Chang, 'Reformer of the Chinese Maritime Customs', 134.

61 Chang, 'Reformer of the Chinese Maritime Customs', 113.

62 〈易紈士通令第三八一九號〉（一九二八年十月二十六日），中華人民共和國海關總署辦公廳編，《中國近代海關總稅務司通令全編》，第十九卷，頁五九。

63 〈易紈士通令第三八二〇號〉（一九二八年十一月九日），中華人民共和國海關總署辦公廳編，《中國近代海關總稅務司通令全編》，第十九卷，頁六〇；〈易紈士通令第三八二三號〉（一九二八年十一月二十四日），中華人民共和國海關總署辦公廳編，《中國近代海關總稅務司通令全編》，第十九卷，頁六二—六三。

64 〈易紈士機要通令第五四號〉（一九二七年二月二十四日），中華人民共和國海關總署辦公廳編，《中國近代海關總稅務司通令全編》，第四十一卷，頁一一三。

但是，對於代理總稅務司的這種認可仍然是暫時的，也沒有任何人能保證代理總稅務司就會自然而然變成下一任總稅務司。李度記錄了張福運在重慶時告訴他的故事：

梅樂和在國民政府早期的時候就幫助過他們，並且張福運許諾說在國民政府控制全國後，將他任命為總稅務司。但是應英國公使館的要求，宋子文在北京任命了易紈士為署理總稅務司。當張福運聽到這個消息時，他曾威脅說要辭職，因為他認為宋子文讓他失望了。隨後梅樂和也威脅說要辭職，但是後來，作為協定，他要求被任命為副總稅務司，並且得到了這個任命。[65]

就在十二月，易紈士在與梅樂和的總稅務司鬥爭敗下陣來，但是相比於梅樂和，多數外籍關員還是站在易紈士這邊，因為他們認為只有易紈士才能保全海關的完整無缺。覃書建議道：

在我看來，如果你授權一位代理你在這裡的科處稅務司來與關務署推敲解決這些問題，將會對海關是非常有益的。已經沒有多餘的時間了。如果你不在扮演顧問的角色採取主動，拖延和混亂將會接踵而至，而我們的名聲會大大受損。[66]

但是一切已經太晚了。一九二八年十二月三十一日，易紈士發出的三條消息清楚地表明他的窘境。他發出最後一道通令，說道：「我發布一封供你們參考的通令，即財政部的五五二六號急件的複本，在其中你們可以看到，江海關稅務司梅樂和已被任命為海關副總稅務司。」[67]在一封寄送給所有海關站的機密電報中，易紈士說：「南京政府不能兌現承諾，這使我決定終結現在的這種權力分裂的局勢，這種局勢會使總稅務司對海關的控制分崩離析，進而迫使我辭職」。[68]隨後，他告訴身在倫敦的藍普森說：

> 由於國民政府未能履行他們的承諾，他們不打算終結現存的危機，導致中國海關行政管理的控制分裂的體系，我不得不於今晨向財政部長遞交辭呈。[69]

65 Chihyun Chang ed., *The Chinese Journals of L. K. Little: An Eyewitness of War and Revolution*, 2 January 1946, vol. II (London: Routeledge, 2017), 3-4.

66 中國第二歷史檔案館，679(1) 32741, Confidential Telegrams to & from IG, 1928-1931：機要電報，d'Anjou to Edwardes, 20 December 1928.

67 〈易紈士通令第三八四二號〉（一九二八年十二月三十一日），中華人民共和國海關總署辦公廳編，《中國近代海關總稅務司通令全編》，第十九卷，頁一〇六。

68 中國第二歷史檔案館，679(1) 32741, Confidential Telegrams to & from IG, 1928-1931：機要電報，Edwardes to all ports (except London and Shanghai), 31 December 1928.

69 中國第二歷史檔案館，679(1) 32741, Confidential Telegrams to & from IG, 1928-1931：機要電報，Edwardes to Stephenson (London), 31 December 1928.

這封通令以及兩封機要電報展現了易紈士處理此問題時的細緻。他不能在通令中公開抱怨，但是他暗示了他被忽視的事實。在機要中，他可以更加自由的解釋他的處境是多麼的尷尬，以及決定辭職的原因。但是，張福運說「易紈士究竟為什麼辭職是個謎」：

> 很難相信易紈士為了得到總稅務司的職位，在苦苦掙扎、想盡千方百計後會選擇放棄。最有可能的解釋就是，他相信宋子文被迫做出決定後，他就不會有勇氣讓易紈士離開，而如果宋子文拒絕了他的辭職，那麼他就會給我回信並挑戰我。不幸的是，他高估了自己。[70]

一九二九年一月，總稅務司職位的爭奪戰已經結束。梅樂和必須得到英國外交部的支持，因為英國駐華公使藍普森和中國海關倫敦辦事處稅務司澤禮對他非常不滿。藍普森向張伯倫報告：

> 我想強調的是，如果易紈士離開，我非常不可能與梅樂和一起工作。我認為他是徹徹底底不誠實的、不光彩的，並且在最需要他的時刻犧牲了海關來保全他自己的私人利益。[71]

但是，一旦梅樂和有了英國外交部的支持，藍普森和澤禮的看法也就不重要了。梅樂和試圖向澤禮和外交部解釋他們為何應該支持他的原因。

總稅務司目前面臨著前所未有的困難與挑戰，而如果英國外交使團堅持這種敵對、毫無同情的態度，那麼此困難將不必要地被加重，這個單位也將陷入險境……一種不確定和不信任的危險的氛圍——有害於海關上英國的財政利益——可能會造成威脅，除非我能得到來自英國政府的合理支持。[72]

澤禮給梅樂和拍了一封長電報，並在其中表達了他真誠的建議：

鑑於易紈士辭職，而你毫無疑問被中國政府任命為總稅務司，那麼，只要你自己對英國外交使團的態度是正確的，並且你採取的政策是英國外交使團認為可以支持擁護的，你就沒有理由推斷或預測英國外交使團會對你這個總稅務司有任何敵對或不同情的態度。

下面完全是我的觀點：我認為你必須獲得這種支持，因為它是合理的，也是可能的。但是由於最近看起來很重要的事態進展，以及新聞記者電報回傳的各種報告，關於海關行政管理的現狀和未來的一切都處在黑暗當中。有鑑於此，我認為大幅幫你改善與外交部關係的方

70 Chang, 'Reformer of the Chinese Maritime Customs', 136.

71 Trotter ed., *British Documents on Foreign Affairs*, Part II, Series E, vol. 36, 62. Lampson's telegram to Chamberlain, 14 January 1929

72 中國第二歷史檔案館，679(1) 32741, Confidential Telegrams to & from IG, 1928-1931：機要電報，Maze to Stephenson (London), 10 January 1929.

> 法就是，你可以開始——只要你準備好，並且請注意，這裡不需任何英國外交使團或外交部的態度——與我進行祕密書信往來（注意，純粹只是向我表達你的個人看法，但允許我將這些看法與〔英國〕外交部交流），在信中你可以表達你對目前海關局勢的看法，以及一些對未來政策和可能的發展的指示。安格聯之前也採取了這種辦法，而外交部沒有反對。這些溝通是非官方的，並會被嚴格保密。[73]

有了英國外交部和澤禮的支持，梅樂和向易紈士發出電報，吹響了勝利的號角：

> 財政部和關務署都強烈反對給你發放在違反現行規定的退休金，但是我決定不顧他們的反對，給你發放按六十歲年齡計算的稅務司全額退休金。[74]

易紈士下臺後，所有的高階外籍關員都向梅樂和提交一份機要信件表達他們的忠心以及保衛中國海關完整的誓言：

> 我們這些在下面簽過字的科處稅務司曾在前一任總稅務司手下工作，並且懷著深深關切，讀了最近中國和英國的公共媒體上出現的聲明，主要由於您被任命為總稅務司，海關內部目前分裂為兩大陣營：而這暗示忠誠的關員也被分為兩派……因此，我們強烈反對所有

的有誤導性的宣傳言論以及關於上述內容的險惡新聞報導。對我們，以及所有心智正常的同事來說，海關的利益高於一切，因此我們乞求您放心，我們衷心地接受中國政府任命您為海關首長的決定，您在擔負起海關運行的重任的同時，可以對我們的忠心支持與合作放心。海關的存續統一和福祉不僅對全體關員十分重要，而且對政府和人民也是至關重要的。[75]

林樂明評論安格聯努力「管理海關行政」，並且「他的貢獻將永垂青史」，[76]但安格聯的罷免卻是不可避免的。安格聯和易紈士都面臨著類似的困境——無能的北洋政府和敵對的國民政府。作為沙基慘案、省港大罷工和粵海關事件中的粵海關稅務司，易紈士不得不履行他的職責，而這樣做的結果就是使國民黨記恨於心。廣東國民黨，例如胡漢民會認為易紈士是一個傲慢的帝國主義者，但是宋子文和廣東國民黨素無淵源，所以在他眼中，易紈士是一個有能力的總稅務司候選人。

73 中國第二歷史檔案館，679(1) 32741, Confidential Telegrams to & from IG, 1928-1931：機要電報，Stephenson (London) to Maze, 18 January 1929.

74 中國第二歷史檔案館，679(1) 32741, Confidential Telegrams to & from IG, 1928-1931：機要電報，Maze to Edwardes (Peiping), 26 January 1929.

75 中國第二歷史檔案館，679(9) 3, Confidential Letters to & from IG (containing Little's personal letters and The Hongkong-China trade and Customs Agreement): All Secretaries (Officiating Chief Secretary Kishimoto, V.P. Customs College E. Alabaster, Staff Secretary L. de Luca, Chinese Secretary A. C. E. Braud, Personal Secretary S. F. Wright, Audit Secretary L. H. Lawford, Financial Secretary A. J. Commijs and Acting Statistical Secretary C. B. W. Moore) to Maze, 16 February 1929.

76 林樂明，《海關服務三十五年回憶錄》，頁五。

或許安格聯和易紈士都被認為十分傲慢，但他們都推動重要改革，努力適應新的政治局勢。安格聯建立了鈐子手培訓學校，而易紈士將總稅務司署從北京遷至上海並暫停雇傭外籍關員。但是，梅樂和得到了所有的好處。梅樂和蓄意地一次次重申他的政策都是緊隨「赫德的」政策，成功地讓安格聯和易紈士所做出的貢獻都被忽略了。梅樂和對華籍關員的平等問題做出的貢獻看起來比安格聯和易紈士的貢獻都要大，但實際上他只是繼續了他們開啟的事業。

「傳統很難改變——李泰國、安格聯和易紈士是自找麻煩，」梅樂和評論道。「他們顯然是完全缺乏政治常識，因為安格聯和他〔易紈士〕都是根據國民黨不可能長久存在的這一假設而行事！」[77]梅樂和非常幸運地選擇了政治正確的一邊，並將過錯都推到安格聯和易紈士的身上。

大多數的外籍關員不認同梅樂和與國民黨「搞七拈三」的方式。[78]從中國的財政穩定角度來說，在北伐期間，總稅務司署和外籍關員們應該受到褒獎，因為他們在革命鼎革之際，又一次保證中國的內外債和賠款能夠按時支付，並幫助中國渡過了一次又一次的債信危機。雖然國民黨永遠不會同意總稅務司署給華籍關員的薪資水準，尤其是華籍內班供事和外班關員。但是，對中國的財政穩定做出的貢獻還是可以幫助總稅務司署應付民族主義者的敵意，所以不管是左翼還是右翼的國民黨人都選擇了與安格聯和易紈士合作。

77　SOAS, PPMS2, 'Confidential Letters and Reports, etc.', vol. IV, 35, Mazeto Stephenson, 21 February 1930.

78　Conversazione' transcript, 37.

第五章　再建互信（一九二九—三七）

一九一一年到一九二九年之間，大權在握的總稅務司與衰弱的北洋政府之間的不平衡關係破壞了赫德與清政府多年積累起來的互信，但這也同時展現出中國海關對國民政府的價值。不管是國民黨左翼還是右翼都盡力保護中國海關不受侵害。但在東北易幟中國初步統一後，國民政府通過關務署、華員和稅專對總稅務司進一步加強管理。

國民政府給了關務署更多的權力。在國民政府的支持下，華籍關員開始爭取華洋關員平等待遇，並且一些華籍內班關員變為領導人物。他們鬥爭的目的是為了使華籍供事和外班關員能受到更好的待遇。在這種氛圍下，政府託付給稅專更多的責任，使它管理總稅務司署，但這些責任遠遠超出稅專的能力範圍；何況，一所學校本來就不應該被強迫承擔任何的政治任務。

總稅務司署仍然有很多權力，但安格聯的權力鼎盛時期已是昨日黃花。總稅務司署與中央政府之間的關係重新建立互信，並朝向著互惠互利的方向發展，而這也迫使總稅務司署不得不在更廣泛的層面上依賴國民政府。雖然日本的軍事侵略還是極為迫切，但是國民政府和梅樂和還是克服了國內的危機，並在一九二九到一九三七年間的保衛海關完整和國家建設方面取得了很多進步。在抗日戰爭爆發前夕，國民政府和總稅務司署已經從失去東北的打擊和內戰造成的破壞中恢復過來了，但抗戰的爆發給這一切畫上了句號。

（一）與國民黨和解

梅樂和作為新任總稅務司所面臨的最緊迫的問題就是緩解與國民政府的緊張關係。安格聯的免職表明，就算是衰弱的像北洋政府攝政內閣有可「開除總稅務司」的激進手段來保護它的利益與權威。梅樂和不會重蹈覆轍。雖然國民政府宣傳說他們會廢除總稅務司署制度，但宋子文領導的財政專家們卻務實地意識到，國民政府仍然在稅收和其他功能方面對這個代理集團很是依賴。據李度描述，宋子文是「海關的一位好朋友」，「一個很好的合作者」，「一個偉大的執行者」，以及「中國高層人士中為數不多的信守諾言的人」。[1] 宋子文任財政部長為雙方關係和解提供最佳時機。

易紈士辭職後，二十三個月的內部混亂終於結束。梅樂和被先後任命為副總稅務司和總稅務司，這主要是因為背後有國民政府的支持，而國民政府的支持又建立在梅樂和的忠心上，所以梅樂和必須表現得忠貞不貳。雖然易紈士將總稅務司署遷至上海，但太上財政總長權力的來源——經理內債基金處——還在北京。梅樂和在上任的第一天就撤銷了經理內債基金處，並設立了財務

科來替代經理內債基金處。[1]在任職八天後，梅樂和發表了下述聲明：[2]

海關總稅務司是政府的下屬官員，因此不能將自己視為政府財政政策的主宰者，並且這個管理職位應當對於與國家當局主權相矛盾的行政獨立採取一種超然的態度。同樣明顯的是，中國政府雇傭的外籍關員在強化中國海關長官的權威的過程中，對任何有關他制定的稅收協定的締約國的裁決不負有任何責任。明白了這一點以後，就應該清楚，徵收和分配附加稅或其他稅的責任在於政府，並僅限於政府：也就是說，總稅務司是直接從政府那裡獲得權力的——而不是從列強或條約當中獲得權力。[3]

這封通令的語氣與赫德在十九世紀發出界定稅務司與海關監督的長篇通令非常相似，而且這也清楚表明梅樂和與安格聯不同，梅樂和更願意與國民政府重新建立起類似赫德與清政府的和諧關係，而安格聯在北洋時期毀掉赫德與清政府積累的互信關係。因此梅樂和必須再三強調他對赫

1 Conversazione' transcript, 43.

2 〈梅樂和通令第三八五五號〉（一九二九年二月一日），中華人民共和國海關總署辦公廳編，《中國近代海關總稅務司通令全編》，第十九卷，頁一三九—一四〇。

3 〈梅樂和對《安格聯機要通令第五三號》的回覆〉（一九二九年一月九日），中華人民共和國海關總署辦公廳編，《中國近代海關總稅務司通令全編》，第四十一卷，頁一一二。

德式政策和原則的堅持。

像是新政時期清政府設置稅務處和稅務督辦一樣，國民政府的關務署又一次將總稅務司署降級。由於關務署目前是隸屬於財政部，而總稅務司署在關務署之下，所以梅樂和在國民政府中頂多是名中級官員，但是，總稅務司仍然擁有來自二十多國籍超過八千名關員，並有多種途徑接觸國際外交家和銀行家，因此總稅務司比任何關務署長更有權力。為了領導這個龐大的機構，宋子文需要親自處理有關總稅務司的事務，這可以從《海關總稅務司組織大綱》第二條：「海關總稅務司署承財政部及關務署之命掌管全國海關徵稅及內外債基金等事項」，[4]這就可以看出在此時，總稅務司署與關務署和財政部的上下級關係還是比較模糊。

與建立關務署來限制總稅務司署一樣，宋子文成立了國定稅則委員會，表面上是為了配合即將到手的關稅自主權，實際上的目的是轉移總稅務司署的制訂關稅稅率功能。國民政府選擇財政專家來「進行調研並考慮其他相關部門、產業界、商業貿易團體的意見。」[5]關務署長就是這個委員會主席，並且所有的關務署長都是從委員會成員中遴選。委員會中的大多數成員「在籍貫上來自江蘇和浙江。他們雖然與國民黨的關係有新疏之別，不過都是財經方面知識和經驗相當豐富的技術官僚。」[6]這樣，國定稅則委員會的財政專家們逐漸取代了外籍關員的財政顧問的角色。

國民政府並非總是想方設法來制衡總稅務司署的權力。有時國民政府會加強總稅務司署權力來強化中央政府的集權化，比如廢除五十里外常關。在一九二五年的關稅自主會議上，討論釐金廢除的問題，但是不久後，因為北洋政府的國民軍和奉系的鬥爭，會議就被列強暫停了。一九〇一年，列強幫助清政府從各省督撫手中接管五十里內常關，雖然列強的目的僅僅是保護庚款得以支付。一九三〇年十二月，國民政府將目標鎖定於剩餘的常關，因為國民政府的中央政府地位已經得到足夠的鞏固，可以進一步收拾地方勢力的財源了。「是時候奪回五十里外常關了」，關務署保證，並指示道：

> 經決定，所有的釐關和釐卡、五十里外常關和內陸常關都將於一九三一年一月一日被撤銷，但由於一些五十里外常關是建立在廣東、福建和浙江省的海岸線上的，並對帆船的直接裝運徵收進口和出口稅，當常關被撤銷後，為了緝私很有必要在這些位置建立海關站。因此，總稅務司要求稅務司考慮合適的人員來對此進行認真調查，並向關務署遞交詳細報告。關務署進一步表明，在國家邊境和沿海地區，有些釐關和常關可以作為檢查站，以檢查商人應支付的進口和出口稅，並且也有必要在這些地方建立海關站。因此，總稅務司還要求進行

4　中國第二歷史檔案館，179(2) 2，《海關總稅務司組織大綱》。

5　Chang, 'Reformer of the Chinese Maritime Customs', 114.

6　久保亨，〈1930年代中國的財政與財政官僚〉；北京市社會科學院編，《1930年代的中國》（北京：北京市社會科學院，二〇〇六），頁二八九；亦見，久保亨，『戦間期中国〈自立への模索〉——関税通貨政策と経済発展——』，東京大学出版会，一九九九，頁一八〇—六。

調研，並將他的發現寫入報告。[7]

此時五十里外常關是由南京政府控制的，而如果五十里外常關站是由總稅務司署來監督，那麼對於全國常關站的管理就會變得更加簡化。《辛丑和約》規定讓總稅務司署管理五十里內常關站的原因是考慮到清政府的無能和為了保證庚子賠款的支付。現在，國民政府主動指派總稅務司管理五十里外常關，這當然不是因為政府無能或保證賠款的需要。總稅務司和政府之間的互信非常強，因此政府願意給予梅樂和更多的責任。在這封電報中，關務署甚至讓梅樂和在一些當地常關站被廢除後再建立新的海關站。

雖然與國民政府的關係得到改善，但梅樂和職責仍然和那位太上財政總長的職責相似。國民政府的財政雖然較北洋政府為佳，但梅樂和的行政管理的主要任務是在庚子賠款以及內外債，以及大量的其他職責：

一、內外債是由海、常關稅收直接支付。

二、大量非海關業務的徵收稅款，例如：船鈔稅、統一貨物稅等等。

---

7 中國第二歷史檔案館，679(9)，《裁撤課徵釐金及五十里外常關權》：Confidential: Shu telegram No. 541 to IG, 16 December 1930.

圖5.1　中國海岸線上的燈塔位置，1937.

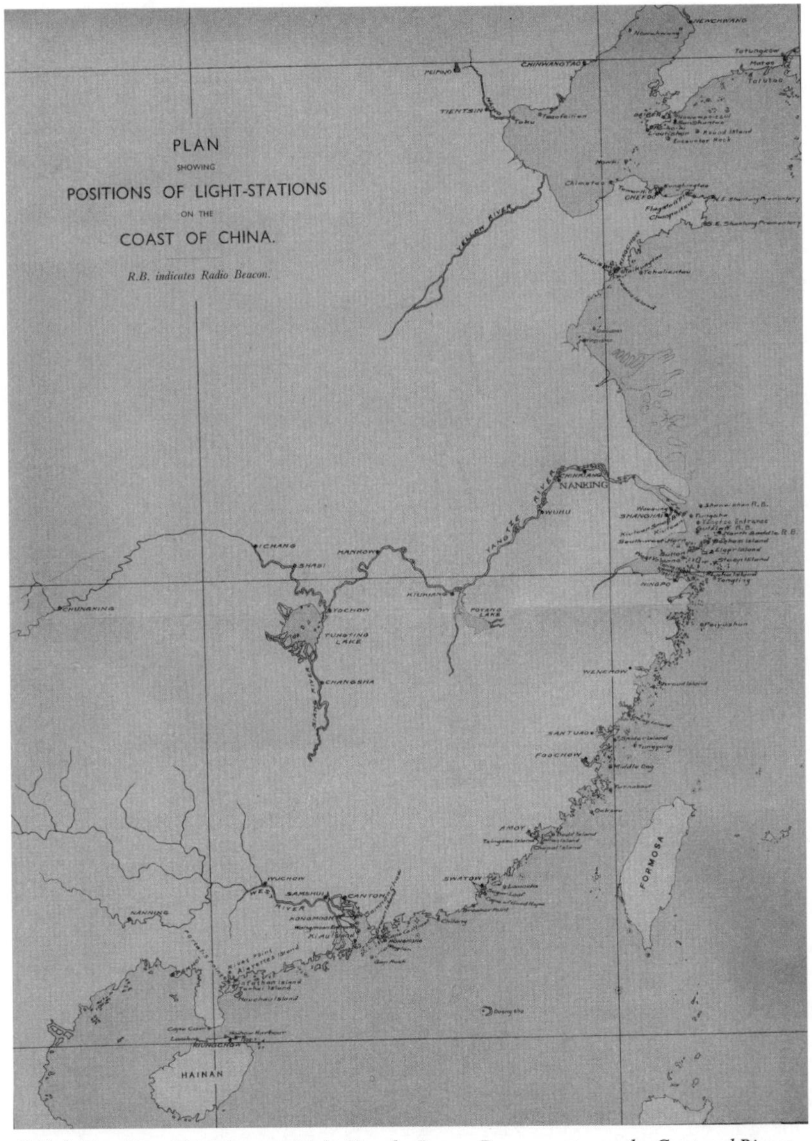

資料來源：*List of Lighthouses, Light-Vessels, Buoys, Beacons, etc.,on the Coat and Rivers of China* (Shanghai: Statistical Department of the Inspectorate General of Customs, 1937).

三、港口的行政和管理。

四、中國海岸上和重要水路的燈塔和助航設備的修繕。（圖5.1顯示了燈塔是如何在中國的海岸線助航的。）

五、岸上和船上政府財產的直接控制和管理。這些財產保守估計價值至少四千萬美元。

六、參加當地活動，比如港口改良委員會（Harbour Improvement Commission）、水道委員會（Conservancy Board）等等。

七、燈塔傳來的氣象資料。

地方海關的稅務司被賦予更多其他的地方職責。比如，他們與其他高級官員、重要政府組織、外國公使領事、銀行家，以及像是中外商會或行業協會等商業組織建立了更緊密的接觸。[8]

雖然梅樂和的權力遠遠超過其他國民政府的中層官僚，但他比安格聯的態度更為謙恭。一九三四年，在他返英休假九個月，[9]任命羅福德為署理總稅務司。[10]休假離開前，梅樂和交給總務科稅務司羅福德一份備忘錄（《海關歷任總稅務司政策之沿革及將來行政之方針》），描述了他領導中國海關的政策。他強調道「是從政府手中得到了權力，而不是從條約或其他國際協議中」，並且他在易紈士與他競爭總稅務司職位時，是努力保護中國海關完整的人其中之一。另外，他還寫下了他的「三條原則」，即：（一）合格的華籍關員享有同等機會——也就是說，被提拔為稅務司；（二）將「外部影響」轉告中國政府；並且（三）對關餘不進行干涉。梅樂和認為「據推測中國政府應該沒有意願或合法藉口殺雞取卵，尤其是在海關已恢復中國特色的情況下」。梅樂和感到「中國大眾要求解散現存的『總稅務司署體系』的觀點是缺乏根據的」，但是他仍然強調了「海關中中國特性的地位，並應盡可能地暫時擱置外國的元素」。[11]在陳詩啟看來，梅樂和的「兩面」政策是為了「繼續保存總稅務司署，並且保證總稅務司署處於英國的管轄之下」，[12]但是，沒人能夠否認，梅樂和成功地緩和了政府、總稅務司署和華籍海關關員之間的緊張關係。

梅樂和個人被委託以協商外債償還的任務。在一九三四年他休假時，孔祥熙詢問梅樂和「以整個海關稅收為擔保，清算現存的以海關為擔保的貸款——進而提高中國的信譽並促進國際上對中國的發展產生興趣為目的發行外國貸款公債的可行性」。[13]不幸的是，中日關係變得非常緊張，以至於中國對從日本借款，哪怕只有一分一毫，都會引起社會的公憤。但是，其他列強也同

8 中國第二歷史檔案館，679(9) 8603，《丁貴堂於1936年視察歐美海關歸國後所作有關改進我國海關制度之報告》：Financial Secretary Banister's Comments on Ting's Suggestions.

9 中國第二歷史檔案館，679(1) 4202,Mr. Ting Kwei Tang's Career《丁貴堂資歷卷》：IG Order No. 893, 7 January 1935.

10 中國第二歷史檔案館，679(1) 4202, Mr. Ting Kwei Tang's Career《丁貴堂資歷卷》：IG Order No. 828, 31 March 1934.

11 中國第二歷史檔案館，679(1) 28977, Inspector General Semi-Official Circulars Vol. 2, Nos 101-200: Note Concerning Principles of Administration by Maze, 17 March 1934.

12 陳詩啟，《中國近代海關史》，頁六四一。

13 中國第二歷史檔案館，679(9) 8589，《總稅務司在英致丁貴堂等函件》：Maze to Minister of Finance Kung,14 September 1934.

樣猶豫，不願意因借給中國貸款而觸怒日本。梅樂和建議說：「目前最好擱置外債的問題，而集中注意力到上海的內債問題上，因為這樣就可能避免來自日本方面的干涉」。[14]

像他的舅舅一樣，梅樂和現在不僅是旁觀者向國民政府表達自己的看法，而且也是作為一個客觀的中國通，向歐美世界闡述著對中國的積極進取的評論。一九三四年十一月，梅樂和在對英國皇家學會（Royal Empire Society）的演講中說「現今的中國政府已掌權超過六年，並在鞏固權威、發展國家經濟資源方面取得了許多重要成就」。[15]但是有時候在私下裡，梅樂和卻戲謔地嘲笑中國的財政部長或其他部長。[16]但是他知道，只要他不在公共場合抱怨，國民政府會默許他的抱怨。在上述的默契中，梅樂和通過重申赫德與清政府之間的互信，保住了他與國民政府之間的互信。

總稅務司署的第一項任務就是改善與政府的關係惡化。雖然總稅務司署的權力受到越來越多的限制，但它與國民政府的關係卻在很大程度上變得熱絡起來。當然，衝突仍然存在，尤其是在關務署長和總稅務司之間，但是大體上卻比安格聯與北洋政府的關係好很多。雖然總稅務司漸漸失去與國家最高階層的直接聯繫管道，但這個總稅務司署還是被委託以很多附加職責，比如建立新的海關站來替代常關。這些職責說明對總稅務司署的限制政策既不是延續的，也不是一致的。

雖然國民政府設立了關務署和國家稅則委員會，但中國政府、總稅務司署和華籍關員成功地重建了真誠親密的關係。這種合作關係對這個三角框架中涉及的三方都是有益的，因為國家的力量變得更加穩固，中國海關的完整性得到了保護，而華籍關員得到了更多晉升的機會。隨著國家權力集中化的進程不斷加深，政府保護了中國海關完整不受破壞，而這也使得地方勢力不再有插手海關事務的機會。

（二）內憂外患

北洋軍閥內戰打擊了安格聯管理的總稅務司署。從一九二九年到一九三七年，中國海關仍然捲入國民黨軍閥的內戰中，但是真正的威脅卻來自日本的軍事侵略。布魯諾認為一九三〇年代標誌著一個「中國海關的地位漸漸惡化」的過程的開始。[17]雖然安格聯在北洋軍閥的內戰中被迫下台，但是梅樂和卻成功地帶領中國海關渡過了這段國民黨的軍閥內戰危機，並與國民政府增強了互信。陳詩啟認為：

14　中國第二歷史檔案館，679(9) 8589，《總稅務司在英致丁貴堂等函件》：Maze's Confidential Letter to Kung, 5 November 1934.

15　中國第二歷史檔案館，679(9) 8589，《總稅務司在英致丁貴堂等函件》：Maze's Speech to Royal Empire Society, London, November 1934.

16　中國第二歷史檔案館，679(6) 11，《總稅務司署漢文卷宗第九甲號：北平稅務學校，1929-1931》：IG Despatch No. 1840, 2 March 1931.

17　Brunero, *Britain's Imperial Cornerstone in China*, 118.

在海關分裂的問題上，我們可以看出他不理會他的上司，南京國民政府的命令，而自行其是。南京國民政府因總稅務司尾大不掉而無可奈何的情緒表露無遺。[18]

但是，事實的情況是，相對於地方軍閥來說，國民政府一直從中國海關獲得更大的利益，因為中國海關的統一保證了海關稅收款項的有效遞交，也得到了列強的認可。

在安格聯時期，沒有任何華籍關員能與中央與地方的軍政大員建立私人渠道；但在梅樂和時期下，某些華籍關員與中央和地方軍政大員建立了私人聯繫。作為海關事務的顧問，丁貴堂和張勇年建立了與國民政府和地方軍閥的聯繫。華籍關員成了南京十年的另一受益群體。

從梅樂和真除總稅務司的第一天，地方軍閥就試著截留或奪取地方海關站的稅款，而梅樂和犧牲了小部分稅款換取對海關完整性的保護。這就為國民政府採取下一步行動爭取更多時間而付出的代價，事實證明，這對雙方都是有益的，因為到抗戰爆發之前，沒有任何軍閥有能力挑戰國民政府的權威。

南京政府和梅樂和之間的互信漸漸地重新建立起來，並且一同建立了總稅務司署與地方當局交流互動的一套模式。中國海關受到的第一次危機發生在一九三〇年。閻錫山、馮玉祥和李宗仁為中原大戰（一九三〇年四月到十一月）的準備而擴大財源。[19]因此閻錫山和馮玉祥瞄準了津海關的稅收款。

在西北系和晉系軍閥採取行動之前，梅樂和命令「將稅收機構從交通銀行轉移到滙豐銀行或其他外資銀行，以維持中國的稅款完好無缺」。[20]他也提醒津海關稅務司貝泐說「海關作為中央政府的機構，是由總稅務司根據中央政府宣布的政策來進行管理的，因此，應由中央政府，而不是總稅務司對政策的後果負責」來表示對國民政府的忠心。[21]

由於國民政府此時還不具備軍事優勢，閻錫山給辛博森（Bertram Lenox Simpson，筆名：Putman Weale），一個「不容置疑的命令」來接管津海關。[22]「所有一切都在他們掌控中」，貝泐報告說。「關員被警告繼續工作，外國人沉浸在被免職的痛苦中，而華籍關員被當作逃兵而遭受槍擊。」[23]梅樂和非常焦急，並給宋子文發了一封電報：「保護中國海關遠離政治或黨派衝突十分必要。這是對中國最有利的。」[24]但是，宋子文忙於中原大戰，顧不上津海關，他命令梅樂和

18 陳詩啟，《中國近代海關史》，689。

19 中原大戰，見：H. van de Ven, *War and Nationalism in China 1925-1945* (London: Routledge, 2003), 137-40.

20 中國第二歷史檔案館，679(1) 32741, Confidential Telegrams to & from IG, 1928-1931：機要電報，Maze to Bell (Tientsin), 30 April 1930.

21 中國第二歷史檔案館，679(1) 32741, Confidential Telegrams to & from IG, 1928-1931：機要電報，Maze to Bell (Tientsin), 7 June 1930.

22 中國第二歷史檔案館，679(1) 32741, Confidential Telegrams to & from IG, 1928-1931：機要電報，Lenox Simpson (Tientsin) to Maze, 17 June 1930.

23 中國第二歷史檔案館，679(1) 32741, Confidential Telegrams to & from IG, 1928-1931：機要電報，Bell (Tientsin) to Maze, 17 June 1930.

24 中國第二歷史檔案館，679(1) 28976, Inspector General Semi-Official Circulars Vol. 1, Nos 1-100: IG to Guanwushu, No. 1142, 20 June 1930.

「立即關閉津海關並阻塞天津港」。[25]

此時國民政府已經是鞭長莫及，但東北系軍閥卻對中國海關產生了興趣。張學良不僅沒有占中國海關的便宜，反而還打算保護中國海關的完整。他發了一封電報「反對北方結盟（閻錫山和馮玉祥）」，[26]然後調動他的軍隊進駐北京和天津。張學良自願「保護秦王島（秦皇島）關員」，[27]因為據丁貴堂假設，閻錫山對津海關的控制「給東北的商業利益帶來了不好的影響」。[28]梅樂和當然對張學良的幫助感到受寵若驚，但是他沒有犯安格聯在一九二七年所犯的錯誤，親自與地方勢力交涉。丁貴堂和張學良都來自遼寧海城，因此他把丁貴堂派往東北。與此同時，他要確保宋子文充分理解這次非官方的拜會，所以梅樂和提醒丁貴堂：

不要給任何人看或交付任何書面聲明，並且僅以模糊的語言小心翼翼地表達我對中央政府關於附加稅收款的建議。十分重要的一點是，你關於海關政策所說的任何話不應傳到財政部長那裡：張福運格外強調了這一點。[29]

丁貴堂與張學良進行了「非常令人滿意」會晤。丁貴堂向梅樂和報告說：「張學良要求你立即宣布將秦王島設立為牛莊關的支關，這樣就能保證在他管轄範圍內的所有海關站的安全。」當然，要實現這一點只能透過發送「祕密指示給東北的港口，而不諮詢關務署或財政部的意見」，[30]因為這會等於是越過南京政府，直接先斬後奏。梅樂和或許也不在乎關務署或財政部是否支持這行動暗通款曲，仍然繼續進行，權當閻馮聯軍已經「在北方獲勝的情況下」[31]保護中國海關。

一九三〇年九月十八日，張學良的部隊進駐天津，張學良的態度表示東北軍隨時可以打破中原大戰的僵局。[32]閻錫山和梅樂和都尋求張學良的支持，而作為閻錫山的代表，辛博森懇求張學良回憶道：「我始終忠於你的父親……我現在請你幫助我，是因為我的名聲將會被毀掉」。[33]

---

25 中國第二歷史檔案館，679(1) 28976, Inspector General Semi-Official Circulars Vol. 1, Nos 1-100: Financial Ministry Telegram No. 21 June 1930.

26 Sheridan, *Chinese Warlord*, 267.

27 中國第二歷史檔案館，679(1) 32741, Confidential Telegrams to & from IG, 1928-1931：機要電報，Shaw (Shenyang) to Maze, 21 June 1930.

28 中國第二歷史檔案館，679(1) 32741, Confidential Telegrams to & from IG, 1928-1931：機要電報，Maze to Shaw (Shenyang), 22 June 1930.

29 中國第二歷史檔案館，679(1) 32741, Confidential Telegrams to & from IG, 1928-1931：機要電報，Maze to Kishimoto (Dairen) (for Ting), 22 June 1930.

30 中國第二歷史檔案館，679(1) 32741, Confidential Telegrams to & from IG, 1928-1931：機要電報，Shaw (Shenyang) (from Ting) to Maze, 24 June 1930.

31 中國第二歷史檔案館，679(1) 32741, Confidential Telegrams to & from IG, 1928-1931：機要電報，Ting (Tianjin) to Maze, 28 June 1930.

32 中國第二歷史檔案館，679(1) 32741, Confidential Telegrams to & from IG, 1928-1931：機要電報，Peel, Ting & Grierson (Tientsin) to Maze, 18 September 1930.

33 中國第二歷史檔案館，679(1) 28976 Inspector General Semi-Official Circulars Vol. 1, Nos 1-100: Simpson to Chang Hsueh-liang, 21 September 1930.

丁貴堂也給張學良發電報詢問張學良是否會「在當局到來前爽快地命令你的軍官到這兒來，協助我們接管海關，或者你關於這一問題還有沒有其他指示？」[34]張學良立即回覆道：「考慮到要保障華北事務所需的設施，你們應該讓海關總稅務司來事先挑選津海關稅務司候選人，並把名字通知我。這個候選人必須與東北當局有著密切的友好關係」。[35]梅樂和通過任命紀爾森（R. C. Grierson）「來暫時接管津海關」[36]表達了他的贊同。奪取津海關的問題在丁貴堂和張學良的合作下，基本上被梅樂和化解了。

但這只是暫時化解，黃埔系在中原大戰的劣勢又讓梅樂和左右為難，而奪取津海關更讓梅樂和的窘境雪上加霜。如果蔣介石的黃埔系被擊敗，張學良的東北系軍隊就變得獨木難支，更加不能抵禦馮李閻聯軍的進攻。如果蔣介石被擊敗，梅樂和就可能被這些軍閥免職；如果梅樂和轉而投向李閻馮那邊，他就會在戰爭結束前被蔣介石免職。這正是安格聯的窘境。雖然梅樂和沒有向宋子文報告，因為梅樂和了解，他這種把雞蛋放在不同籃子裡的行為無異於通敵，必然被蔣介石痛恨。但是最終蔣介石在中原戰爭的勝利鞏固了南京中央政府的地位。從此以後，梅樂和將大多數雞蛋都放進了國民政府這個籃子裡。

中原大戰結束後，蔣介石與國民黨的軍閥鬥爭告一段落，但是蔣介石與國民黨文人政客的鬥爭又將爆發。一九三一年二月二十八日，蔣介石監禁國民黨的右翼領導人胡漢民；[37]一九三一年五月二十八日，國民黨的左翼和右翼聯合在廣東，爆發了寧粵分裂。據布魯諾稱，「中國海關面臨著相似的局面，這一次是以廣東為中心。陳濟棠將軍和陳銘樞之間由來已久的緊張關係這次終於爆發了。」[38]但是，廣東政府並非只由桂系或粵系軍閥支持，而是三個最高階的國民黨政客：胡漢民、汪精衛和孫科。[39]蔣介石的資歷遠遠低於這三個人，因此蔣介石不能像對付李閻馮一般，僅以揮舞拳頭解決問題，而必須退回到談判桌上。

六月三日，粵海關稅務司澤禮轉發了廣東財政部長的命令，命令廣東政府「撤銷蔣介石的一切本兼職務」，並「命令立即解散所述（蔣介石）政府」。廣東財政部長命令澤禮「從這個（廣東）部接受命令」並「向所有海關站發出命令，將所有稅收款匯至此部」。由於梅樂和不願意「前往〔廣東〕，或將總稅務司署轉移到廣東」，[40]廣東政府就試圖故技重施，像在一九二七年到

34 中國第二歷史檔案館，679(1) 32741, Confidential Telegrams to & from IG, 1928-1931：機要電報，Ting (Tientsin) to Maze, 23 September 1930.

35 中國第二歷史檔案館，679(1) 32741, Confidential Telegrams to & from IG, 1928-1931：機要電報，Ting (Tientsin) to Maze, 23 September 1930.

36 中國第二歷史檔案館，679(1) 32741, Confidential Telegrams to & from IG, 1928-1931：機要電報，Maze to Grierson (Tientsin) (for Ting), 26 September 1930.

37 楊天石，《蔣介石與南京國民政府》（北京：人民大學出版社，二〇〇七），頁二六一—八四。

38 Brunero, *Britain's Imperial Cornerstone in China*, 131.

39 陳濟棠和胡漢民之間的衝突，請參見羅敏，〈從對立走向交涉：福建事變前後的西南和中央〉，《歷史研究》二（二〇〇六），頁四一—六二。

40 中國第二歷史檔案館，679(1) 32741, Confidential Telegrams to & from IG, 1928-1931：機要電報，J. W. Stephenson (Canton) to Maze, 3 June 1931.

一九二九年的梅樂和和易紈士的鬥爭中，提議任命澤禮為總稅務司。但是在一九三一年的中國海關中，梅樂和沒有任何挑戰者，華洋籍關員對梅樂和的絕對服從已經被鞏固。

澤禮向廣東政府長篇大論地解釋道，為了中國的商業和信譽，海關必須「保持完整，不惜一切代價」。廣東財政部威脅將強行占領粵海關，以此強迫梅樂和來實施以下三個條款：㈠廣東和廣西的所有海關稅收；㈡所有海關站的工作支出（這代表廣東政府可以支配總稅務司署工作的經費）；㈢代表過去的百分之五關稅的一部分廣東和廣西的海關稅收現在將被匯款至外債經理處。[41]廣東和廣西稅收的數額大約占總稅收數額的百分之十一．五。[42]大約等同於一九一八年孫文和伍廷芳在廣東政府向徐世昌要求的金額。

寧方還在猶豫的時候，粵方已經行動。伯樂德和澤禮發電報說如果稅務司沒有將所有額外稅收款匯至廣東，他們「就會立即採取措施控制兩廣的海關站」，並且「分裂海關」的責任「不在廣東」。伯樂德強調，「通過這些強制措施，可以說我們是要求南京政府為了保全中國最易受到傷害的機構，即中國海關，做出一點犧牲」。[43]

宋子文和梅樂和隨後制定計畫：梅樂和同意匯出「所提出的百分之十一．五為基礎的地區稅收分配」，[44]同時，他要求「應祕密地做準備撤離兩廣的海關關員和文檔資料，並採取特殊保護來確保海關稅收船艦不會被扣留。」[45]然而，因為九一八事變，寧粵必須暫停雙方的政治齟齬，而孫科接受南京政府的提名成為行政院長自此孫科變成蔣介石的政治盟友。作為交換，蔣介石也辭退了國民政府主席。[46]在這一段時期，宋子文和梅樂和建立了更加親密的關係：宋子文始終能獲得梅樂和協商的消息，而梅樂和的決定都得到了宋子文的支持。

南京政府作為中央政府的地位變得更加穩固，而這也可以為地方海關站提供更好的保護。此後，福建和廣東的兩次反叛體現了南京政府在政治和軍事上的絕對優勢。一九三三年，福建軍閥蔡廷鍇與共產黨聯合發動閩變，成立中華共和國人民革命政府。[47]只有廈門關的稅收款被奪取，[48]

41 中國第二歷史檔案館，679(1) 32741, Confidential Telegrams to & from IG, 1928-1931：機要電報，J. W. Stephenson (Canton) to Maze, 3 June 1931.

42 中國第二歷史檔案館，679(1) 32741, Confidential Telegrams to & from IG, 1928-1931：機要電報，Maze to Osborne (Nanking), 3 June 1931.

43 中國第二歷史檔案館，679(1) 32741, Confidential Telegrams to & from IG, 1928-1931：機要電報，Braud & Stephenson (Canton) to Maze, 5 June 1931.

44 中國第二歷史檔案館，679(1) 32741, Confidential Telegrams to & from IG, 1928-1931：機要電報，Maze to Braud (Canton), 5 June 1931.

45 中國第二歷史檔案館，679(1) 32741, Confidential Telegrams to & from IG, 1928-1931：機要電報，Myers (Tsingtao) (from Soong) to Maze& Chang Fuyun, 25 July 1931.

46 蔣介石的第二次下野，見金以林，〈蔣介石的第二次下野及再起〉《歷史研究》二（二〇〇六），頁二三—四一。

47 閩變，見L. Eastman, *The Abortive Revolution: China under Nationalist Rule, 1927-1937* (Cambridge, MA: Harvard University Press, 1974), 85-139和粵方對閩變的態度，見陳紅民，《函件裡的人際關係與政治》（北京：三聯書店，二〇〇三），頁二三八—六一。

48 中國第二歷史檔案館，679(1) 32743, Confidential Telegrams to & from IG, 1933-1937：機要電報，No. 99, Forbes (Amoy) to Maze, 18 November 1933.

三都澳關被國民政府的炮艦和水兵保護著，[49]而潮海關稅務司許禮雅（H. D. Hilliard）報告說「當地的政治局勢處於休眠狀態，據估計近期不會有政權更替」。[50]

當年武漢國民政府的外交部長陳友仁又回鍋當革命政府的外交部長，威脅說梅樂和的拒絕「將會引發驟然的激烈行動」，[51]但梅樂和提醒閩海關稅務司威力師（C. A. S. Williams）說「中國海關的完整性是最重要的，並且你為了保護海關的完整而所做的任何非正式的讓步也不會不被批准」。[52]但是，軍事力量的懸殊如此之大，以至於蔡廷鍇為防禦所作的準備「簡直可笑」，並且他的倒臺簡直就是「閃電一般」迅速。「這次叛亂」，易勞逸（Lloyd Eastman）總結說，「是以嘶嘶聲而不是巨響開始的。沒有高潮的政變，也沒有激烈的戰爭。」[53]

一九三六年的兩廣事變更加可笑。雖然李宗仁在中原大戰中幾乎打敗了蔣介石，但在一九三六年，李宗仁的新桂系和陳濟棠粵系的軍事實力卻遠遠落後於蔣介石的黃埔系。雖然兩廣聯成一氣，兩廣事變僅是以國民政府策反粵軍的余漢謀就獲得決定性勝利。雖然粵海關稅務司李度有些擔憂，但是連他都知道余漢謀偷偷地與蔣介石合作，而他會為「廣東海關站提供全部的支援」。[54]相比於一九三〇年的中原大戰，兩廣事變只是代表蔣介石在中國境內已經沒有對手。

這一次，梅樂和甚至沒有派任何人來進行協商，因為他堅信國民政府可以提供足夠的保護，並且叛亂很快就會被鎮壓。余漢謀迅速解決所有危機，但國民政府卻不足以抵禦日本的侵略。一九三一年的九一八事變是中國海關在南京十年間面臨的最嚴峻的挑戰。

九一八事變後，一九三二年三月一日，滿洲國建立。因為東北海關站一旦脫離中國海關，那麼海關稅收可能不足以支付中國的外債賠款。為了解決這問題，協商海關事務的責任降落到漢文科稅務司丁貴堂和日籍大連關稅務司福本順三郎身上。雖然福本順三郎的日籍身分讓人不由得懷疑他對國民政府和中國海關的忠心，但丁貴堂私下彙報說「滿洲國決心採取極端行動，是福本的不懈努力才拖延了他們的行動」。[55]作為一個日本人，福本可以獲得大量的祕密消息。丁貴堂提醒梅樂和說：「從福本順三郎那裡出來的消息不能被引用或公之於眾……否則他的安全堪憂，並且他也不能再承擔任何協助任務」。[56]雖然丁貴堂發出一封機要電報報告說福本「絕對忠誠，

49 中國第二歷史檔案館，679(1) 32743, Confidential Telegrams to & from IG, 1933-1937：機要電報，No. 15, Wong Haiu Sing (Santuao) to Maze, 23 November 1933.

50 中國第二歷史檔案館，679(1) 32743, Confidential Telegrams to & from IG, 1933-1937：機要電報，No. 51, Hilliard (Swatow) to Maze, 28 November 1933.

51 中國第二歷史檔案館，679(1) 32743, Confidential Telegrams to & from IG, 1933-1937：機要電報，No. 52, Williams (Foochow) to Maze, 24 November 1933.

52 中國第二歷史檔案館，679(1) 32743, Confidential Telegrams to & from IG, 1933-1937：機要電報，No. 103, Maze to Williams (Foochow), 25 November 1933.

53 Eastman, *Abortive Revolution*, 86 & 130.

54 中國第二歷史檔案館，679(1) 32743, Confidential Telegrams to & from IG, 1933-1937：機要電報，No. 307, Little (Canton) to Maze, 20 July 1936.

55 中國第二歷史檔案館，679(1) 32742, Confidential Telegrams to & from IG, 1932：機要電報，Ting & Fukumoto (Dairen) to Maze, 23 March 1932.

56 中國第二歷史檔案館，679(1) 32742, Confidential Telegrams to & from IG, 1932：機要電報，Ting (Dairen) to Maze, 26 March 1932.

並做出很多值得嘉獎的貢獻」，[57]但福本仍然處於南京政府和日本當局兩方面帶來的巨大壓力之下。南京政府不相信他會為中國海關爭取最大利益，而日本當局則希望他能夠為滿洲國接管東北海關站，以報效祖國。

由於國民政府以及國聯無法阻擋日本的侵略，梅樂和的態度也變得搖擺不定。滿洲國政府被國民政府拖延激怒，因此對福本下達了最後通牒，讓他上交所有的稅款，完全不顧「之前為了一個友好的協議而表達的真誠願望」。[58]福本敦促南京政府「按照建議重新考慮修正她的態度」，因為福本害怕如果長春方面不能解決這個問題，那麼東京方面就不會保持「絕對的中立」，[59]並且整個協商過程就不僅是介於滿洲國政府和國民政府之間。一旦東京採取行動，那麼中國的利益會受到嚴重侵害。

福本和日籍關員被偽滿警告「在目前狀況下決定匯款是極富挑釁的舉動，並且會給關東廳的利益帶來致命性的影響」。[60]福本掙扎著應對壓力：

> 現在，我只可能採取一種消極的態度。我自己相信，並且也被負責的日本當局警告說，大連關與滿洲國的分裂對日本的利益將帶來摧毀性的影響。因此我——一個日本人，如果作為帶來這樣一個分裂的工具的話，將是不可容忍的，也是違背良心的。因此我希望總稅務司能意識到我一個人獨自承擔這個重擔是不可能的。我不得不建議總稅務司接近日本外交使團並爭取合作，以緩解逐漸影響我們的政治關係。[61]

在福本遞交辭呈之後，福本立即被任命為偽滿大連關稅務司。關員一直認為關員與中國政治應該「保持疏離」；而日籍關員認為國民政府與偽滿政府間的磋商本來是國內問題，但在關東廳介入後就國際化。多數日籍關員[62]決定在他們進入滿洲國海關之前「與中國海關撇清關係」。[63]日籍關員的離去對中國海關來說是災難，因為在東北，日籍關員人數眾多，而且新任英籍代理稅務

57 中國第二歷史檔案館，679(1) 32742, Confidential Telegrams to & from IG, 1932：機要電報，Ting (Dairen) to Chang Fu-yun, 24 March 1932.

58 中國第二歷史檔案館，679(1) 32742, Confidential Telegrams to & from IG, 1932：機要電報，No. 5, Fukumoto (Dairen) to Maze, 11 June 1932; No. 6, Fukumoto (Dairen) to Maze, 14 June 1932.

59 中國第二歷史檔案館，679(1) 32742, Confidential Telegrams to & from IG, 1932：機要電報，No. 5, Fukumoto (Dairen) to Maze, 11 June 1932.

60 中國第二歷史檔案館，679(1) 32742, Confidential Telegrams to & from IG, 1932：機要電報，No. 12, Fukumoto (Dairen) to Maze, 20 June 1932.

61 中國第二歷史檔案館，679(1) 32742, Confidential Telegrams to & from IG, 1932：機要電報，No. 13, Fukumoto (Dairen) to Maze, 22 June 1932.

62 《泰晤士報》，一九三二年六月二十七日。在這批離退的日籍關員中，有一有趣的例外，這就是吉田五郎，滿洲國成立後，他一九三三年從滿洲國海關辭職，然後回到總稅務司署報到。他在一九四一年十二月梅樂和被免職時辭職，然後一直稱自己是「忠於海關的日本人」。見，Robert Bickers, 'Anglo-Japanese Relations and Treaty Port China: The Case of the Chinese Maritime Customs Service', 50; in A. Best ed., *The International History of East Asia, 1900–1968: Trade, Ideology and the Quest for Order* (London: Routledge, 2009).

63 中國第二歷史檔案館，679(1) 32742, Confidential Telegrams to & from IG, 1932：機要電報，Japanese Staff (Dairen) to Maze, 26 June 1932.

圖5.2　瀋陽近郊地圖

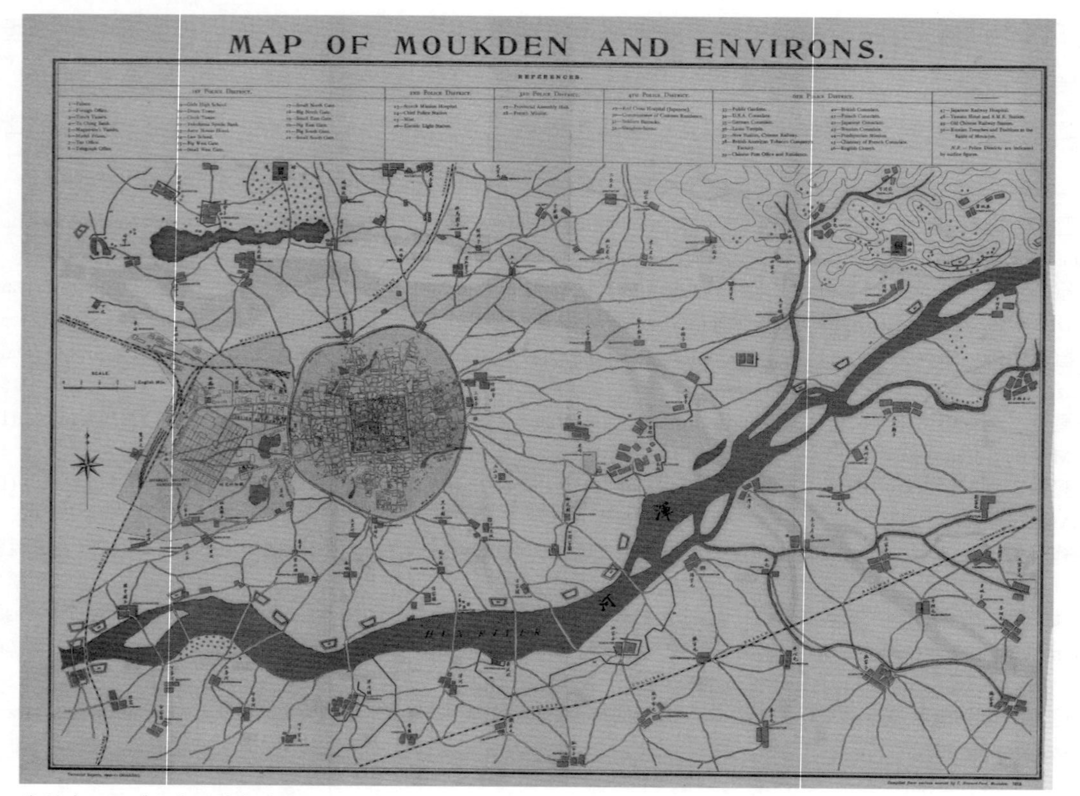

資料來源：《十年計畫》（1902-1911）

圖5.3　哈爾濱關界之詳圖

資料來源：《十年計畫》（1902-1911）

圖5.4 長城內外形式圖

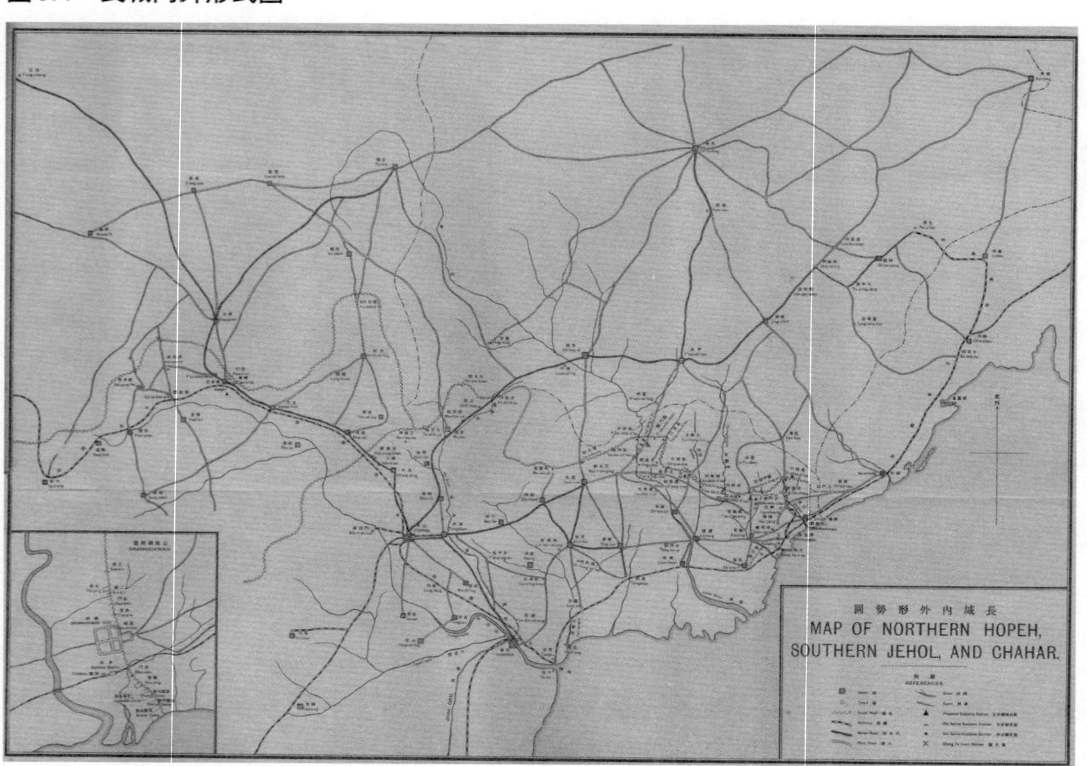

資料來源：Zhang Yongnian, _Report on Trade Conditions along the Great Wall between Shanhaikwan and Kalgan_, Office Series No. 129

司巴爾特（J. V. Porter）的資歷能力都無法與前任大連關稅務司，有著二十七年的工作經驗的福本順三郎相比。

為了減緩日本的軍事壓力，國民政府和日本在一九三三年五月簽署了《塘沽停戰協定》之後，兩方開始討論軍事停火線的問題。梅樂和被要求派出「有能力的關員」來「討論有關東北海關的問題」。梅樂和再次派出了丁貴堂，丁貴堂推薦津海關幫辦張勇年，梅樂和提醒丁貴堂說他的職責「僅僅是建議」，並且「沒有權力擅自行動」。[64]張勇年被命令調查中國長城山海關到張家口一線的貿易情況。梅樂和說：

> 日本軍隊占領滿洲以及在這一區域內建立一個不忠於中國的政府，即滿洲國，這些行徑引起了中國財政政策在從中國運輸到滿洲的本土貨物和從滿洲進口貨物到中國兩方面的變化，並且長城也變成了一個實質性的陸地前線，在長城之外，中國不再能夠自由地發展，而在長城沿線又沒有建立起海關站，這樣就給商人們提供了自由運送貨物的途徑，並且更重要的是，在涉及到關稅問題時，為祕密運送外國貨物到中國提供了良機。[65]

64 中國第二歷史檔案館，679(1) 32743, Confidential Telegrams to & from IG, 1933-1937：機要電報，No. 170, Maze to Bos (Tientsin) & Asker (Chinwangtao), 5 November 1933; No. 63, Maze to Williams (Peiping) (for K. T. Ting), 7 November 1933.

65 IG Confidential Despatch Staff No. 9300, 29 September 1933; Chang Yung-nian, 'Report on Trade Conditions along the Great Wall between Shanhaikwan and Kalgan', Office Series No. 129 (Shanghai: Statistical Department of Inspectorate General of Customs, 1934), v.

米德（Rana Mitter）認為《塘沽停戰協議》是「一個不穩定的解決方案」，也就是說「南京政府事實上給予滿洲國實際上〔*de facto*〕的認同」，[66]但是在磋商中，國民政府仍然努力迴避法理（*de jure*）認可。長城沿線海關站的建立變得非常敏感，因為這就暗示著一種准國境線的法理認可。但是，如果沒有長城沿線的海關站，那麼走私活動又會嚴重地傷害中國海關的稅收。

一九二〇年代北洋政府和安格聯的衝突造成兩敗俱傷的局面，而國民政府與梅樂和的合作卻給內憂外患的國民政府互惠互利的有效機制。梅樂和從安格聯的錯誤裡吸取了教訓。在中原大戰時，梅樂和沒有立即轉向李閻馮那邊，而是尋求第三方，也就是張學良的保護。在寧粵分裂中，梅樂和一邊安撫廣東國民政府，一邊準備將華南所有關員撤離。在閩變和兩廣事變中，梅樂和對國民政府的軍事實力已深具信心，因此沒有採取積極行動。國民政府和梅樂和成功地渡過這些危機。

因其具英籍身分，梅樂和與地方軍政大員的溝通協商有更大的空間，因為宋子文的出現意味國民政府將地方政權視為與中央政府平等。梅樂和不僅熟悉中國海關的各項事務，而且還有多種管道與列強進行交流。這些事件給華籍關員展示才能的機會，並且建立過去不可能接觸的重要渠道。丁貴堂和華籍關員作為顧問出席重要的國內、外會議並有卓越表現。丁貴堂與軍政要員，例如宋子文、張福運、張學良建立了私人聯繫。張學良甚至告訴丁貴堂說他「不認識羅福德和其他人，但認識你」，以及「非常希望你能夠再留一段時間」。[67]

沒有了國民政府的保護，總稅務司署就不能獨立存在。在一九三六年和一九三七年，中國社會普遍接受南京政府是中央政府，已經渡過了從一九三〇年到一九三四年間最艱難的時刻。這種感覺被描述為「一種新的情緒」[68]這種情緒鼓勵華籍關員爭取更好的待遇，因為他們相信國家實力的上升會使得總稅務司署對此問題更加重視。

（三）華洋平等

一九二九年以前，華洋籍關員平等問題並不凸出，因為北洋政府的力量不夠強大，因此沒有能力制衡總稅務司署；再者，也沒有足夠的高階華員足以向總稅務司署施加壓力。這一情況在梅樂和接任總稅務司後改變。由於梅樂和在與易紈士競爭缺乏外籍關員的支持，因此梅樂和非常依賴華籍關員。華籍關員相信，如果梅樂和當上總稅務司，他們的支持將會得到回報，因此這些華籍關員支持了梅樂和。梅樂和提拔的第一批華籍關員就是這些支持者。但是，少部分華籍幫辦

66　R. Mitter, *The Manchurian Myth: Nationalism, Resistance, and Collaboration in Modern China* (Berkeley, CA: University of California Press, 2000), 154.

67　中國第二歷史檔案館，679(1) 32741, Confidential Telegrams to & from IG, 1928-1931：機要電報，Ting (Shenyang) to Maze, 29 September 1930.

68　L. Eastman, J Ch'en, S. Pepper and L. Van Slyke eds., *Nationalist Era in China, 1927-1949* (Cambridge, MA: Harvard University Press, 1991), 45.

的崛起也將一些本來潛藏著的華洋不平等問題浮上檯面，而這也使得他們與外籍關員的關係變得緊繃。

梅樂和上任後不久，關務署就開始改革中國海關「普通關員尤其是關於雇傭華籍關員的決定」[69]的相關規定。這個委員會要求梅樂和保證「賦予華籍關員更多責任」；也向外籍關員承諾，這個過程是「緩慢的，並且從海關管理和對關員的公平性來進行指導」。[70]易紈士曾在一九二七年暫停了海關關員雇傭，而梅樂和則更進一步：他於一九三〇年資遣四十八名外籍關員，而在一九三一年解雇了二十七名外籍關員。[71]雖然梅樂和只是繼承易紈士的政策，但通過平衡華、洋籍關員工資和地位，梅樂和得到大多數華籍關員真心的支持。

當梅樂和還是江海關稅務司與易紈士競爭總稅務司時，他任命丁貴堂為私人代表與軍政要員溝通。[72]丁貴堂於一九一六年從稅專畢業，任命為安東關三等一級幫辦，[73]一九一九年轉任到總稅務司署總務科直到一九二七年。他在九年內晉升引人注目，但晉升速度仍屬正常。但是，當他於一九二七年到了江海關漢文辦公室工作後，事情發生了變化，因為他有機會與梅樂和建立關係。[74]梅樂和成為總稅務司後不久，丁貴堂就從三等一級幫辦被任命為代理漢文科稅務司。[75]在正常情況下，從三等一級幫辦到代理漢文科稅務司必須由副稅務司或是超等、特等或一等幫辦，從未有三等幫辦任代理漢文科稅務司的前例。

胡輔辰是梅樂和任江漢關稅務司時的秘書，而他的職業生涯與丁貴堂的職業生涯大不相同。丁貴堂為稅專畢業生，在讀書期間就是風雲人物，甚至在組織稅專學生在徐鶴章貪瀆一事上向總稅務司署請願，之後派關見習，直接充任幫辦；胡輔辰進海關在稅專建立之前，胡輔辰於一九〇三年以江漢關候補供事三級加入了中國海關。胡輔辰隨後於一九〇八年八月在江漢關被提拔為幫辦。一九二九年五月，他被任命為一等一級幫辦。從一九二九年到一九三二年，他在海關總稅務司署中先是銓敘科副稅務司（Assistant Staff Secretary），並於一九四〇年在銓敘科稅務司的職位退休。丁貴堂和胡輔辰是一九三七年以前達到總稅務司署科處稅務司的唯二華籍關員，而胡輔辰是從供事一路晉升為科處稅務司的唯一華籍關員。[76]

---

69 Wright ed., *Documents Illustrative of the Origin, Development and Activities of the Chinese Customs Service*, vol. IV, 181-6, Guanwushu Order No. 306 27 February 1929.

70 〈梅樂和通令第三八七三號〉（一九二九年三月十四日），中華人民共和國海關總署辦公廳編，《中國近代海關總稅務司通令全編》，第十九卷，頁一九六—二〇九。

71 Ladds, 'Empire Careers', 234.

72 王文舉，《濫竽海關四十年》，頁五四—五五。

73 中國第二歷史檔案館，679(1) 4202, Mr. Ting Kwei Tang's Career《丁貴堂資歷卷》: Proposed Order for Chf. Sec. Order No. 1325, 28 March 1927.

74 中國第二歷史檔案館，679(1) 4202, Mr. Ting Kwei Tang's Career《丁貴堂資歷卷》: IG Despatch to Shanghai Commissioner, No. 17,759/ 111,909, 2 April 1927.

75 中國第二歷史檔案館，679(1) 4202, Mr. Ting Kwei Tang's Career《丁貴堂資歷卷》:〈總稅務司命令第四八七號〉，一九二九年三月日期亡佚。

76 Wright ed., *Documents Illustrative of the Origin, Development and Activities of the Chinese Customs Service*, vol. V, 673,Footnote.

但是丁貴堂的競爭對手不是胡輔辰，而是身為總務科稅務司的岸本廣吉。梅樂和當上總稅務司後，岸本在此職務待到一九二九年五月。一九三一年四月一日，岸本再次被任命為總務科稅務司。[77]岸本的情形比大連關稅務司福本順三郎要好的多，因為他不在東北工作。他在一九三二年的一二八事變中幫助了華籍關員。他「取得了日本軍方的同意，並將一百名左右的華籍關員及他們的家人從極度危險地帶撤離」，岸本的行動受到了關務署的官方嘉獎：

> 查該稅務司岸本廣吉等因服務我國海關能於此次戰事劇烈之時前往戰區救護華員眷屬多人出險，實屬忠勇可嘉，應予傳令嘉獎並准備案，仰即轉飭各該員等知照此令。[78]

在一九三二年五月，滿洲國建立，國民政府和滿洲國的開始協商關稅存放和設關問題後，岸本為了避嫌，就申請了短期的假期，並將他的假期延長至一九三四年十二月。[79]岸本廣吉開始休假前，梅樂和說，「我希望借此機會將我對岸本先生身居要職時對海關所做出的有價值的、忠誠的貢獻記錄在案，他現在讓出了之前的職位。」[80]岸本離開中國在政治上是明智的，因為岸本避免福本面臨的窘境。在他休假期間，一九三三年的《塘沽停戰協議》暫時解決了華北的中日衝突矛盾。而緊繃的中日關係又回到了九一八事變前的模糊彈性的狀態。

雖然此時中日關係稍見和緩，但是對岸本而言，是回海關復職的絕佳時機嗎？梅樂和此時正在準備一九三四年三月回英國的長假，在離開中國之前，他再度以機要通令要求全體關員，必須服務華籍高階關員的命令：

查率屬程功，以待遇持平為原則，而分曹任職，以服從命令為常經。本總稅務司自就職以來，以給與合格華員平等機會，為主要政策之一。質言之，即係提高華員地位，與洋員平等待遇，此項主張之用意，從消極方面言之，可以化除華員不平之刺激，從積極方面言之，可以增進華洋人員之情感，並可使全體關員，因有上下相維之致，遂收指臂相使之功。自此項政策施行以後，於官守上，關政上，已收相當效果。乃近來間有洋員，對於華籍長官職權，不無懷疑之處，甚至有時對於華籍長官之命令，竟不遵從。似此情形，揆諸本總稅務司主張華洋人員平等待遇之本旨，大相背違。若不嚴加整飭，將何以肅紀綱而裨關政？嗣後各

77 一九三〇年五月，岸本休完一年假期回來後立即被重新任命為大連關稅務司，並直至一九三一年三月。中國第二歷史檔案館，679 (1) 11381, H. Kishimoto's Career, 1929-45: Proposed IG Order No. 478, 14 April 1929 & Proposed IG Order No. 578, 5 March 1931.

78 中國第二歷史檔案館，679(1) 4202, Mr. Ting Kwei Tang's Career《丁貴堂資歷卷》：〈總稅務司梅樂和致總務科稅務司岸本廣吉〉，No. 17,759/ 111,909, 2 April 1927.

79 中國第二歷史檔案館，679 (1) 11381, H. Kishimoto's Career, 1929-45：〈總稅務司命令第六七一號〉，一九三二年六月二八日；〈總稅務司命令第七三〇號〉，一九三三年一月十六日；〈總務科稅務司指令第二四八九九號〉，一九三四年三月二四日；〈總務科稅務司指令第二五五七九號〉，一九三四年十月三一日。

80 中國第二歷史檔案館，679 (1) 11381, H. Kishimoto's Career, 1929-45：〈總稅務司命令第七三四號〉，一九三三年三月二日。

關員對於長官正式命令，無論其長官為華員洋員，均須嚴格服從，切實遵辦，倘敢故違或持游移態度。即以違抗命令論，按其情節輕重，或予斥革，或予其他相當處分，用昭炯示。本總稅務司令出惟行，勿謂言之不預也。合行令仰該關稅務司轉飭所屬華洋人員，一體懍遵，並將此項通令，載入該關令簿，俾各關員隨時查閱，深切注意為要。此令。[81]

這封機要通令代表華籍關員的地位今非昔比，而且最大受益者就是兩位華籍科處稅務司丁貴堂和胡輔辰。但是岸本廣吉回海關復職，馬上就和丁貴堂產生衝突。因為梅樂和從一九三四年三月到一九三五年一月的長假，由署理總稅務司羅福德管理總稅務司署，在岸本的休假期間，總務科稅務司出缺，丁貴堂已被任命為代理總務科稅務司。由於丁貴堂是第一位出任這第二重要職務的華籍關員。丁貴堂在華籍關員中聲望極高，所以羅福德只能將岸本任命為津海關的稅務司，雖然津海關是全中國第二或第三重要的海關站，[82]但是其重要性當然不比總務科稅務司。這一任命激怒了日本。《字林西報》預警說：「東京方面可能會對南京政府採取抗議」，並以〈代理總稅務司變成稅務司〉：

日本外交部可能會針對任命岸本先生為津海關稅務司的問題向南京國民政府表示抗議。雖然日本外交部今天沒有接到關於岸本先生任命的官方報告，但地方當局已經發表不滿，因為作為中國海關代理總稅務司的岸本先生應該被恢復原來的職位。[83]

東京的壓力使得國民政府不得不重新調查此事。雖然丁貴堂建議梅樂和拒絕讓岸本復職，但梅樂和只是簡單地回答道：「如果南京政府不反對恢復他總務科稅務司的任命，那麼我也沒有理由反對。」[84]丁貴堂於一九三五年一月二十六日被任命為財政部的特別代表，出國訪問研究歐美海關行政管理，並接受了豐厚的研究津貼，[85]這是一種禮貌的調任方式，也是對他的一種補償。

由於總稅務司署已經停止招募外籍幫辦，而這意味著華籍關員應該得到機會被提拔為幫辦，因此華籍關員又一次提起幫辦和供事的歷史問題。與此同時，華籍關員開始關注更加敏感的問題，即內班和外班關員問題。雖然華籍關員聲稱，並非對華、洋籍待遇提出挑戰，但在外籍關員內部引起關注，而外籍關員感到，這次運動暗指華洋籍關員的平等問題。

---

81 〈梅樂和機要通令第一〇三號〉（一九三四年二月九日），中華人民共和國海關總署辦公廳編，《中國近代海關總稅務司通令全編》第四十一卷，頁三八〇。

82 中國第二歷史檔案館，679 (1) 11381, H. Kishimoto's Career, 1929-45: OIG Lawford Commrs. No. 154818, Tientsin No. 10247, 30 November 1934.

83 《字林西報》，一九三四年十二月六日。

84 中國第二歷史檔案館，679(9) 8589，《總稅務司在英致丁貴堂等函件》：Maze's Confidential Letter to K. T. Ting, 15 November 1934.

85 中國第二歷史檔案館，679(1) 4202, Mr. Ting Kwei Tang's Career《丁貴堂資歷卷》：〈總稅務司命令第八九七號〉，一九三五年一月二六日。

在一九三〇年代，華洋籍，內外班或幫辦和供事三條軌道有著本質的不同。理論上來說，中國海關的人事設計上並沒有華洋籍的區別，因為在一九二九年的時候華、洋籍關員的工資就已經平等；但在實際情況中，外籍關員由於得到仍然有更多的提拔機會，而由於離國津貼（Expatriation Allowance）和英鎊配薪（Sterling Allotment），他們仍然有更高的工資水準。離國津貼是作為在中國工作的補償，所有的外籍關員得到的津貼是一樣的。但高額的英鎊配薪就成了華籍關員抱怨的原因。

英鎊配薪是為了保證外籍關員的收入穩定。在中國海關早期，赫德就說過關員的工資不會「使人一夜暴富」，但「任何員工都可以在工作二十五年或三十年後退休，並在五十歲以前獲得一筆可觀的費用，來保證他在自己的家鄉可以有不錯的收入」。[86]為了確保這一點，海關關員的工資是以一種新的虛擬貨幣發放，即關平銀；每一兩關平銀包含五八三．二〇格令（約合〇．〇六四八公克）的銀含量。[87]關平銀也保障了中國的收入，因為清政府沒有將鑄造銀兩的權力集中化，因而所有中國銀兩中銀的比例都不一樣。關平銀有統一標準的銀的比例，因此可以確保中國海關收到更加精確的收入，進而穩定匯率和關員的工資。因為關平銀是虛擬銀兩，所以關員實際收到的銀兩是規平銀，也就是上海銀。

從表5.1可知從一九二〇年開始，關平銀為史上最高點，合〇．三三九五八三鎊；但是到一九三一年為史上最低，合〇．〇七六八二三鎊。如此貶值，當然造成外籍關員的薪水大幅縮水。於是梅樂和向財政部報告：「近來金貴銀賤，物價騰貴，關員奉公潔已事蓄維艱，且洋員因家居本國，所入薪俸購買本國貨幣以資贍養者，猶虞不足，長此經濟壓迫，內顧多憂，必致辦事失其效率，操守失其清廉」。[88]財政部回覆：

> 查所陳各節，尚屬實情，本部為維持關員廉潔及辦事效率起見，應准自本年〔一九三一年〕四月起將洋員薪俸百分之四十，按每規平銀一兩合二先令七便士發給，並為維持華洋員待遇平允起見，華員待遇應由該總稅務司酌裁辦理，以資策歷，惟此項變通辦法，係為金貴銀賤而設，俟將來銀價回漲時，當隨時按照情形核定辦理。[89]

本來是以關平銀發放的工資，隨即又因為經濟大蕭條而發生變化。因為美國推出「購銀法案」讓美元的發行能以銀儲備計算，所以美國開始從最大的銀貨幣國，中國，購買銀元銀兩。這對海關和中國同時造成影響，但是卻產生不同結果。

---

86 〈赫德通令一八六九年第二五號〉（一八六九年十一月一日），中華人民共和國海關總署辦公廳編，《中國近代海關總稅務司通令全編》，第一卷，頁二四五—二五九。

87 Wright, China's Struggle for Tariff Autonomy, 28.

88 〈梅樂和機要通令第七五號〉（一九三一年四月二十九日），中華人民共和國海關總署辦公廳編，《中國近代海關總稅務司通令全編》，第四十一卷，頁一九三。

89 〈梅樂和機要通令第七五號〉（一九三一年四月二十九日），中華人民共和國海關總署辦公廳編，《中國近代海關總稅務司通令全編》，第四十一卷，頁一九三。

表5.1　關平銀英鎊和美金匯率（一九〇一—一九三一）

	關平銀兌英鎊（先令制）	關平銀兌英鎊（十進位制）	關平銀對英鎊漲跌率（庚款固定匯率為基準）	關平銀兌美金	關平銀對美金漲跌率（庚款固定匯率為基準）
庚款固定兑率	3先令	0.15	***	0.742	***
1901	2先令11便士又9/16	0.148177	-1.2153%	0.72	-2.9650%
1902	2先令7便士又1/5	0.130000	-13.3333%	0.63	-15.0943%
1903	2先令7便士又2/3	0.131944	-12.0373%	0.64	-13.7466%
1904	2先令10便士又2/5	0.143333	-4.4447%	0.66	-11.0512%
1905	3先令1便士	0.150417	0.2780%	0.73	-1.6173%
1906	3先令3便士又1/2	0.164583	9.7220%	0.8	7.8167%
1907	3先令3便士	0.162500	8.3333%	0.79	6.4690%
1908	2先令8便士	0.133333	-11.1113%	0.65	-12.3989%
1909	2先令7便士3/16	0.129948	-13.3680%	0.63	-15.0943%
1910	2先令8便士5/16	0.134635	-10.2433%	0.66	-11.0512%
1911	2先令8便士又1/4	0.134375	-10.4167%	0.65	-12.3989%
1912	3先令1/16便士	0.150260	0.1733%	0.74	-0.2695%
1913	3先令1/4便士	0.152083	1.3887%	0.73	-1.6173%
1914	2先令8便士又3/4	0.136458	-9.0280%	0.67	-9.7035%
1915	2先令7便士又1/8	0.129688	-13.5413%	0.62	-16.4420%
1916	3先令3便士又13/16	0.165885	10.5900%	0.79	6.4690%

	關平銀兌英鎊（先令制）	關平銀兌英鎊（十進位制）	關平銀對英鎊漲跌率（庚款固定匯率為基準）	關平銀兌美金	關平銀對美金漲跌率（庚款固定匯率為基準）
1917	4先令3便士又13/16	0.215885	43.9233%	1.03	38.8140%
1918	5先令3便士又7/16	0.264323	76.2153%	1.26	69.8113%
1919	6先令4便士	0.316667	111.1113%	1.39	87.3315%
1920	6先令9便士又1/2	0.339583	126.3887%	1.24	67.1159%
1921	3先令11便士又7/16	0.197656	31.7707%	0.76	2.4259%
1922	3先令9便士	0.187500	25.0000%	0.83	11.8598%
1923	3先令5便士又3/4	0.173958	15.9720%	0.8	7.8167%
1924	3先令7便士又15/16	0.183073	22.0487%	0.81	9.1644%
1925	3先令5便士又7/8	0.174479	16.3193%	0.84	13.2075%
1926	3先令1便士又3/8	0.155729	3.8193%	0.76	2.4259%
1927	2先令9便士又13/16	0.140885	-6.0767%	0.69	-7.0081%
1928	2先令9便士又1/16	0.146094	-2.6040%	0.71	-4.3127%
1929	2先令11便士又1/16	0.132552	-11.6320%	0.64	-13.7466%
1930	1先令10便士又11/16	0.094531	-36.9793%	0.46	-38.0054%
1931	1先令6便士又7/16	0.076823	-48.7847%	0.34	-54.1779%

資料來源：「關平銀一兩對英鎊一鎊年平均匯率（先令制）」與「關平銀一兩對美金一元年平均匯率」之數據，引自 Thomas Roger Banister, "Synopsis of External Trade, 1882-1931', *Decennial Reports, on the Trade Industries, etc., of the Ports Opened by Foreign Commerce, and on Conditions and Development of the Treaty Port Provinces, 1922-1931* (Shanghai: Statistical Department of Inspectorate General of Customs, 1933), vol. I, 171.

註1：一九三二年開始施行海關金單位，故停用關平銀。

註2：英鎊在一九七一年未進行幣值十進制之前，一英鎊等於20先令，而1先令又等於12便士。

對中國來說，國民政府被迫發行紙幣；對海關來說，這使得行之有年的關平銀制度必須改革，所以梅樂和創造了一種新的虛擬貨幣形式，即海關金單位（Customs Gold Unit），以用於計算徵收關稅、以及支付關員薪水。一九三一—一九三五年，關員以海關金單位計薪，到一九三五年，他也開始停止付給關員海關金單位，而以法幣計薪。而應用在英鎊配薪時，梅樂和決定用英鎊配薪比例提高到百分之五十，而用法幣支付另外百分之五十。另外，匯率被確定為一法幣對一先令又二．二五便士。換句話說，無論銀價、海關金單位或法幣貶值多麼嚴重，外籍關員的工資都可以因英鎊配薪得到保障。

雖然在安格聯時期，稅專畢業生們和一些華籍關員就提出幫辦供事區別問題，但沒有高階關員的支持。但這一次卻是不同，有一位關員出來。丁貴堂結束歐美旅行的六個月後，將他的報告上交給總稅務司署：

> 現在的制度，每年將幾個見習員轉為幫辦，已經對其他關員非常不公，因為這些關員相比於見習員，在海關中的工作時間更長，在海關工作方面也更有經驗。一開始，這體系的建立有其歷史原因，但現在歷史原因已經不復存在，因此這個體系應該被立即廢除。[90]

但是，會計科稅務司（Audit Secretary）班思德（T. R. Banister）回應說：

在內班關員中，很多人除了會計和日常的文書工作外，其他什麼也沒有做，也沒有行政管理的責任。在一些高級關員的案例中，當他們更聰明、更能幹的同事被選拔為幫辦之後，他們就一直處於這樣的狀態，而且對於這樣的工作來說，他們得到超額的工資，超出的額度有百分之百之多，甚至更多。[91]

總稅務司署拒絕打破這種區分，但現實的情況是，幫辦和供事的區分由於一起意外事件而打破。一九三六年，一個匿名人士以「默然」為筆名所寫的一封充斥著仇外言辭的公開信貼滿總稅務司署以及江海關的每個辦公室。在這封信中，默然不僅將中國海關描述為「八十年來我們國恥的佈告板」，並聲稱外籍關員是「被上帝寵壞的孩子」，而且還尖銳地批評了國民政府，說他們「對海關內部的工作一無所知，而且也沒能成功地改正這些罪行」。[92]

---

90 中國第二歷史檔案館，679(9) 2112，《1935年丁貴堂考察歐美關政報告》：Report on Study of Customs Administrations in Europe and America, 1 September 1935.

91 中國第二歷史檔案館，679(9) 8603，《丁貴堂於1936年視察歐美海關歸國後所作有關改進我國海關制度之報告》：Tariff Secretary's (Mr. Barentzen) Comments on Mr. Ting's Original Suggestions（〈會計科稅務司巴閏森關於丁貴堂原始建議的評論〉）。

92 中國第二歷史檔案館，679(9) 1447，《人事科有關爭取華洋待遇平等及幫辦與稅務員兩類合併的呈文》：Mo Jan（默然），The Question of Salary Reduction in Cusotms Service as viewed under the principle of equal treatment（〈平等對待原則下看海關中薪資降低的問題〉），6 May 1936.

且不論這封信是否為華籍關員所寫，但梅樂和還是命令幫辦裘倬其進行調查，而裘倬其威脅華籍關員說，如果他們不指認作者，就開除他們。華籍供事寫了一封請願信來「在這一緊要關頭表明他們的立場」，以「消除進一步的懷疑並確保他們自己不要成為那些肆無忌憚地亂寫小冊子的人的代罪羔羊」，並正式地支持平等問題。[93]他們警告說，如果得不到滿意的答覆，那麼罷工將是不可避免的。梅樂和不能安撫他們的情緒，因此他讓丁貴堂來與這些憤怒的供事進行協商。丁貴堂是處理此事的合適人選，因為他長期以來一直為供事和外班關員的利益而戰，因此取得他們的信任。

丁貴堂帶回供事的要求，而總稅務司署隨後被迫修改海關的體系。由於梅樂和此時還在休假期間，這項任務的實施就落到總務科稅務司岸本肩上。岸本說：

> 我認為大家普遍同意的觀點是，幫辦和供事完全合併不僅是不可能的，而且對於海關和每個員工的利益來說，也是不受歡迎的……但我確實對關員們對現存體系表達的不滿非常同情，因為一位關員最終會被分配到這兩個類型的哪一個，是完全以他在僅僅一年試用期中的表現來決定。

岸本隨後提議說，稅專畢業生們不會被任命為學習員，而是在一年內被任命為四等二級供事（試用）。一年之後，他們會被正式任命為四等一級供事；如果上述晉升不利，則他們的試用期將會被延長。他們會繼續以供事的身分工作，直到他們到達三等一級供事或以上，這時他們就有資格參加供事提拔為幫辦的競爭考試，而這個考試一年舉行一次。[94]

幫辦和供事之間的區分可能暫時解決，但內外班關員的區別卻是更為敏感的話題。丁貴堂在報告中試圖陳述這一點，他認為㈠外班關員與內班關員同樣重要，並且他們有些也畢業於稅專；㈡內班關員也需要學習外班工作的職責；以及㈢將二者進行融合將有利於兩組人的合作。丁貴堂建議道，稅專的畢業生們「在第一年將作為見習員被任命到外班部門」。[95]

丁貴堂並不希望改變這一區分，但是他敦促總稅務司署修改任命稅專畢業生的規則。他認為只要每一個稅專的內班畢業生一開始都被任命為外班試用員工，那麼內、外班界限就會自動消失。除了審榷科稅務司（Tariff Secretary）巴潤森（P. G. S. Barentzen）和總務科稅務司岸本廣吉，各科稅務司都反對這個建議，包括銓敘科稅務司（Staff Secretary）胡輔辰在內。雖然他是唯二的科處稅務司，但胡輔辰還是認為丁貴堂的建議過於激進：

93　中國第二歷史檔案館，679(9) 1447，《人事科有關爭取華洋待遇平等及幫辦與稅務員兩類合併的呈文》：漢文科稅務司 (Commissioner's Chinese Secretary) 譯，The Committee of the Clerks of the Shanghai Office of the Inspectorate General and the Shanghai Custom，（〈總稅務司署上海辦公室及江海關職員委員會〉），12 May 1936.

94　〈岸本廣吉通令第五五二〇號〉（一九三七年六月二十三日），中華人民共和國海關總署辦公廳編，《中國近代海關總稅務司通令全編》，第二十七卷，頁七〇—七二。

95　中國第二歷史檔案館，679(9) 2112，《1935年丁貴堂考察歐美關政報告》：Report on Study of Customs Administrations in Europe and America, 1 September 1935.

> 我認為如果真的有抱怨，那麼真正的抱怨應該是一個特定的「恥辱」——如果這個詞是合適可用的話——這個恥辱是與外班員工聯繫在一起的。造成這個恥辱的原因，一方面是由於海關對所接收的外班外籍關員的教育和社會水準要求都遠遠低於對內班外籍關員的要求。[96]

為了解決「恥辱」的問題，機要科稅務司（Personal Secretary）卓爾敦（K. E. Jordan）建議改名：「為什麼不把他們叫做『管理』和『執行』部門呢？」[97]但是，財務科稅務司（Financial Secretary）郭本（J. H. Cubbon）將內班外班界限的打破視為對外籍關員的存在的威脅。「現在這種界限已經不像過去那樣清晰了」，他說：「隨著外籍關員數量減少，而又遇缺不補，這種界限會自動地變得越來越模糊」。[98]梅樂和婉拒丁貴堂的建議，並通知他說鑑於中國海關身負一系列額外職責，高階內班關員必須準備好處理一切問題，承擔一切責任。[99]梅樂和簡單地認為華籍的外班關員並沒有做好這樣的準備。

許多華籍關員因為新任的總稅務司而受益，因為他們曾在梅樂和競爭總稅務司時幫助過他。梅樂和以提拔的方式回報表現最突出的華籍幫辦，而這些華員又提拔了他們的朋友。這樣，一個華籍關員的領導階級就形成。至於平等問題，雖然梅樂和在一九二九年停止招錄外籍內班關員，但人事體系還需要進一步調整。華籍關員批判關員的區分：首先是關於幫辦、關員之間的區分，其次是內、外班關員的區分。這兩種區別指向了深層的問題——根深蒂固的華、洋平等問題。華籍關員的不滿遭到外籍關員的懷疑。雖然在一九三六年到一九三七年期間，海關內部討論了幾次重要的修正，但抗日戰爭的爆發將一切改革凍結。

一九二九年丁貴堂當上漢文科稅務司之後，總稅務司署大大提高了華籍關員的待遇。但是總體來說，華籍關員的地位和待遇仍然低於外籍關員。這並不是說華、洋籍區分引發了所有的問題：例如，一個外籍關員（或是外班關員）和一個華籍關員（或是外班關員）有相同的工資（不包括高額離國薪貼和英鎊配薪）。

這種尷尬的境地深深植根於人事體系的基礎設計，因為大多數幫辦是外籍，而多數外班關員

---

96 中國第二歷史檔案館，679(9) 8603，《丁貴堂於1936年視察歐美海關歸國後所作有關改進我國海關制度之報告》：Staff Secretary's (Hu Fu-sen 胡輔辰) Comments on Mr. Ting's Original Suggestions（〈銓敍科稅務司胡漢民有關丁貴堂原始建議的評價〉）。

97 中國第二歷史檔案館，679(9) 8603，《丁貴堂於1936年視察歐美海關歸國後所作有關改進我國海關制度之報告》：Personal Secretary's (K. E. Jordan) Comments on Mr. Ting's Original Suggestions（〈機要科稅務司卓爾敦有關丁貴堂原始建議的評價〉）。

98 中國第二歷史檔案館，679(9) 8603，《丁貴堂於1936年視察歐美海關歸國後所作有關改進我國海關制度之報告》：Financial Secretary's (Mr. Cubbon) Comments on Mr. Ting's Original Suggestions（〈財務科稅務司郭本有關丁貴堂原始建議的評價〉）。

99 中國第二歷史檔案館，679(9) 8603，《丁貴堂於1936年視察歐美海關歸國後所作有關改進我國海關制度之報告》：Audit Secretary's (Mr. T. R. Banister) Comments on Mr. Ting's Original Suggestions（〈審計科稅務司班思德有關丁貴堂原始建議的評價〉。

和供事是中國人。其他的海關並不存在這種幫辦、供事的區分或內、班的區分，但中國海關拒絕打破這些十九世紀的慣例。華籍關員認為總稅務司署故意用這些區分來保護外籍關員的特權。但是外籍關員簡單地認為華籍關員如果通過了所有的考評，可以與外籍幫辦享受同等的待遇。對於他們來說，華洋平等不是國籍問題而是體制問題。

第六章　唯一招募基地（一九二九—三七）

從一九〇八年稅專建校開始，稅專在中國政府、總稅務司署和華籍關員組成的三角框架中一直處於相對尷尬的位置。與稅務處和關務署類似，稅專的存在是為了制衡總稅務司署；但是，它又高度依賴總稅務司署的資源。事實也證明，當稅專由總稅務司嫻熟業務的技術官僚指揮時，常常比關務署等政治官僚領導時，可以訓練更好的關員。

一九二九年後，國民政府力圖給予稅專更多責任，將其制衡總稅務司署的力量更加擴大。關務署將稅專定義為海關「唯一的招募基地」，以此作為限制總稅務司署自行招募華籍關員的一種方法。在那之後，所有的內、外班或海事關員都是先由稅專招錄並進行培訓，隨後才被派關工作。

從一九〇八年到一九二九年，稅專學生開始被培訓為內班關員。履行體力職責的外班關員仍由總稅務司署招募。內班部門由不同等級的供事（一九二九年後改稱稅務員）和幫辦組成。供事負責文書工作；而幫辦是行政管理層。總稅務司用招募外籍幫辦的標準來招錄稅專的畢業生。招募外籍幫辦的學業標準是「由一個考試來決定的，這個考試是為了測試候選人的總體教育水準，而避免專注於『過分吹毛求疵的學究標準』」。這個考試的目的在於招到有「全面發展的能力水準——能深入了解海關業務」的人。[1]

這種全面發展的能力包括廣泛的基礎學科和語言能力。博學多識的幫辦成為講師，比如魏爾特和包羅。簡立言（Isidore Cannon）認為稅專的考試可以被看作是「『帝國教學法』的真實案例」，因為試卷是「完全集中於歐洲中世紀的，而沒有關注同時期的中國，更不用說是近代的政治和經濟史了」。[2]簡立言可能認為稅專是為培養海關行政管理專家而設立的，但北京大學也有教授歐洲中世紀歷史的課程模組，稅專只是按照總稅務司署設計的教學大綱來授課。

每屆大概有十一到二十五名學生，他們學習經濟學、英國文學、社會學、歷史和地理。外國語言的訓練，尤其是英語，由外籍的副校長親自監督教學。教科書都是英語，而副校長每兩週就會舉行一次英語作文和口語測試。每兩個月就有一次考試；每六個月有學期考；而每年都有學年；並且每個學生都參加畢業考試。沒有通過學年考的學生會留級一年，而沒有通過畢業考的學生不予畢業。[3]其他必修的語言課程模組是日、德、法和俄語。這些都是由以母語老師教授。講師是從外國領事館或有名的西方大學中請來的。費正清在清華大學進行博士研究時，就因蔣廷黻的介紹，曾當過稅專的兼職講師。[4]而應用的科目，包括會計、製表、驗估在內的實踐技能是在第四年開始教授。[5]

一九二九年，關務署決定在上海設立三年制的海事學校以及兩年制的外班學校，並要求梅樂和來為它們的創立籌集資金。[6]前者位於法租界的姚主教路二〇〇號（今天平路二〇〇號，南洋模範初中），後者位於上海浦東。[7]關務署接管了安格聯的鈐子手培訓學校並將它擴展，與外班學校合併。培訓學校和外班學校的區別在於招募的權力。地方稅務司將華籍鈐子手送到培訓學校，而外班學校招募它自己的學生。由於總稅務司只招募外班學校的畢業生，關務署再一次通過設立新的學校將招募外班關員和海事關員的權力從總稅務司署中抽離。

此後，內班班級階級就是A班，而外班班級就B班。海事和外班學生需要通過嚴格的體測，因為他們會承擔更多的體力勞動。[8]海事部門最初是為了緝私而設立的，但這一部門在招募過程

---

1 C. Ladds, “‘Youthful, Likely Men, Able to Read, Write and Count’: Joining the Foreign Staff of the Chinese Customs Service, 1854-1927’, *Journal of Imperial and Commonwealth History* 36,2 (2008): 230.

2 I. Cannon, *Public Success, Private Sorrow: The Life and Times of Charles Henry Brewitt-Taylor (1857-1938), China Customs Commissioner and Pioneer Translator* (Hong Kong: Hong Kong University Press, 2009), 122.

3 王文舉，《濫竽海關四十年》，頁一一。

4 John Fairbank, *Chinabound: A Fifty Year Memoir* (New York: Harper & Row, 1982), 100.

5 葉元章，《抗戰前往事瑣憶》，中文版，頁一一—一五；王文舉，《濫竽海關四十年》，頁四—一〇；中國第二歷史檔案館，679(1) 17934, General Questions Concerning Customs College: Williams to IG, Peiping No. 62, 30 September 1929.

6 中國第二歷史檔案館，679(6) 11，《總稅務司署漢文卷宗第九甲號：北平稅務學校，1929-1931》：IG Despatch No. 256 to Kuan-wu Shu, 6 May 1929.

7 中國第二歷史檔案館，679(6) 11，《總稅務司署漢文卷宗第九甲號：北平稅務學校，1929-1931》：Customs College General Letter No. 219 to Kuan-wu Shu, 5 June 1930.

8 中國第二歷史檔案館，679(6) 11，《總稅務司署漢文卷宗第九甲號：北平稅務學校，1929-1931》：Customs College General Letter No. 219, 5 June 1930.

表6.1　海關預算，一九三三—一九（關平銀）

	1933-4	1934-5	1935-6	1936-7	1937-8	1938-9
內班	160,728	160,728	97,500	97,500	87,750	67,200
海事班	97,056	97,056	96,096	96,096	86,500	67,267.20
外班	130,932	130,932	130,932	130,932	117,800	91,652.40
評估師和檢驗師班	9,824					

資料來源：Kuan-wu Shu Despatch No. 10278 to I.G., 17 July 1933；中國第二歷史檔案館，679(6) 13.

Kuan-wu Shu Despatch No. 13633 to O.I.G., 13 July 1934, 679(6) 14.

Kuan-wu Shu Despatch No. 17500 to I.G., 27 July 1935, 679(6) 15.

Customs College General Letter No. 2472 to I.G., 12 January 1939, 679(6) 18.

中從不受學生青睞，因為大多數學生不會選擇類似海軍或海巡署的職業。上海的這兩間學校還是由總稅務司署來資助。梅樂和用三個不同帳戶的款項付錢：稅收、船鈔稅和總稅務司署帳下支出。[9]從一九三〇年到一九三七年，總稅務司為稅專提供了充沛資金，但截止到一九三九年底，由於抗日戰爭的原因，這一資助從百分之九十下跌到百分之七十。

為了提升稅專品質，張福運將他的心腹余文燦從教育部調任稅專校長。[10]這是中國政府第一次任命教育專家來管理稅專。余文燦的繼任者朱彬元是清華大學著名的經濟學教授。[11]稅專之前由無能的校長領導一個經驗豐富的副校長的問題終於得到了解決。

但是，一個有能力的華籍校長是不願意充當橡皮圖章，而國民政府則給予了余文燦很多重要的任務。雖然李度認為稅專是一所「非常好的學校」，[12]但稅專裡的一些西方教師並不認可余文燦所採取的政策。作為稅專和清華大學的兼職講師，費正清將稅專的學生與清華的學生相比較。他在前者身上「花費的時間很少」，因為他發現他們「思想缺乏活力」。他不明白為什麼稅專「一直像以前一樣培養低階的關員」。[13]很顯然，費正清沒有意識到問題的本質。

張福運和余文燦對於培養學術精英沒有什麼興趣。透過訓練關務專家，他們可以加快華籍關員取代外籍關員的速度。另外，關務署永遠不會同意總稅務司署招募稅專的畢業生，因為關務署要排除對華籍關員失去控制的一切可能性。因此，一九三一年關務署加強了稅專的力量，將它變成了中國海關的「唯一招募基地」。當總稅務司需要更多人手的時候，他需要「估計需要的人數並提前通知關務署，這樣關務署才可以向稅專下達命令，確保留下足夠的人數」。[14]總稅務司署不可以自主雇傭關員。要想招募關員，必須透過關務署，而關務署會命令稅專招收更多的學生。

9　中國第二歷史檔案館，679(6) 13，《總稅務司署漢文卷宗第九丙號：北平稅務學校，1932-1933》：Kuan-wu Shu Despatch No. 10278 to IG, 17 July 1933.

10　張朋園、沈懷玉編，《國民政府職官年表》（臺北：中央研究院近代史研究所，一九八七），頁一八四—一八五。

11　孫大權，《中國經濟學的成長：中國經濟學社研究，一九二三—一九五三》（上海：聯合出版社，二〇〇六），頁四八三。

12　Conversazione transcript, 35.

13　Fairbank, *Chinabound*, 101-3.

14　中國第二歷史檔案館，679(6) 11，《總稅務司署漢文卷宗第九甲號：北平稅務學校，1929-1931》：Kuan-wu Shu Despatch No. 4480, 16 February 1931; 中國第二歷史檔案館，679(6) 12，《總稅務司署漢文卷宗第九乙號：北平稅務學校，1931-1932》：Kuan-wu Shu Despatch No. 5559 to IG, 29 June 1931；中國第二歷史檔案館，679(6) 11，《總稅務司署漢文卷宗第九甲號：北平稅務學校，1929-1931》：IG Despatch No. 2080, 9 May 1931.

總稅務司必須等待數年，待到學生完成學業，他們才能被配關工作。

除了內班、海事和外班這三個職前科班，稅專還設立了特殊職內課程。一九三二年，稅專設立了兩年制的驗估和一年制的驗貨課程[15]以展示「經驗豐富的關員是如何處理海關事務和履行他們的職責的」。[16]但是，開展三科和兩組課程導致了稅專情況失控。從一九〇八年到一九二九年，總稅務司署、稅務處和稅專都是位於北京的。一九二九年之後，總稅務司署遷至上海，關務署在南京建立；稅專的內班學校實際上在北平受到孤立，因為外班學校和海事學校都在上海。後來，因為總稅務司署在上海、稅專在北平，無法就近監督，使得稅專內班學校，教學水準大受影響。總稅務司報告了這種惡化的情況：「這些評論絕不是一家之言」，但「各個學監很少甚至從不出席處於他們監管下的班級，而這嚴重地影響了紀律的維持」。[17]「繼續將稅專保留在北平對於中國海關來說不是最好的選擇」，梅樂和強調；「現在，我們可以很容易地從稅專中得到合格的人才」，並且「關務署被要求考慮終止招收他們的問題」。[18]

關務署於一九三五年九月向梅樂和提議重組稅專，並遷至上海康脫腦路一二五〇號（今康定路）。[19]關務署並沒有足夠的權力命令總稅務司署支付搬遷的費用，但宋子文私下裡讓梅樂和從東方匯理銀行籌集貸款「以使得稅專現有的三所學院可以被安排在同一座大樓裡」。[20]雖然一九三五年重組通過將三所學院聚集在上海而提高品質，但背後仍充滿了政治考量，其真實的目的是為了讓署長取得稅專校長的職位。[21]從那之後，關務署長因為兼任稅專校長，使得稅專的位階實際上超過了總稅務司署。

一九三五年的重組的兩大特色是：一、三校聚集在上海；二、關務署長兼任稅專校長。前者增加教學品質，後者反而降低品質，因為總稅務司現在不能指導稅專來培養其心目中理想關員。另外，由於關務署長的首要職責是制衡總稅務司署的外籍關員，因此儘管海關中大多數時候沒有足夠的職缺，但關務署署長仍傾向於招收更多學生。這雖然使得稅專變得更加熱門，但稅專畢竟不是教育部認可學校，所以不能發放大學畢業證書。如果稅專不能保證學生畢業後都會被中國海關招募，沒有大學畢業證書的稅專畢業生也無法選擇其他職業道路。為了解決問題，稅專開始招

15 中國第二歷史檔案館，679(6) 11，《總稅務司署漢文卷宗第九甲號：北平稅務學校，1929-1931》：Kuan-wu Shu Despatch No. 4979, 28 April 1931.

16 中國第二歷史檔案館，679(6) 11，《總稅務司署漢文卷宗第九甲號：北平稅務學校，1929-1931》：IG Confidential Letter No. 16, 13 February 1930.

17 中國第二歷史檔案館，679(6) 11，《總稅務司署漢文卷宗第九甲號：北平稅務學校，1929-1931》：Confidential Letter No. 16, 13 February 1930.

18 中國第二歷史檔案館，679(6) 11，《總稅務司署漢文卷宗第九甲號：北平稅務學校，1929-1931》：IG Confidential Letter No. 15, 7 February 1930.

19 中國第二歷史檔案館，679(6) 15，《總稅務司署漢文卷宗第九戊號：北平稅務學校，1935-1936》：Kuan-wu Shu Despatch No. 17439, 20 July 1935.

20 中國第二歷史檔案館，679(6) 13，《總稅務司署漢文卷宗第九丙號：北平稅務學校，1932-1933》：Ts’ai-cheng Pu Confidential Despatch No. 670 to IG, 23 November 1932.

21 中國第二歷史檔案館，679(6) 15，《總稅務司署漢文卷宗第九戊號：北平稅務學校，1935-1936》：Kuan-wu Shu Despatch No. 17439, 20 July 1935.

募大學畢業生，並提供為期一年的內勤訓練班。[22]招收大學畢業生順利解決了沒有學士文憑的問題，但是一般大學的訓練又不如四年稅專的訓練。一九三〇年代的其他中國大學的教育品質不如稅專的教育品質高，因為其他大學沒有來自總稅務司署的財力支持，而總稅務司署為稅專的每一筆花銷買帳，提供外籍講師、設備以及實習機會。

一九三五年重組之後，關務署長和總稅務司開始就學生的訓練問題產生了分歧。從稅專創辦的第一天起，鐵良就想把學院發展為職業培訓學校，而安格聯則希望教育學生，使他們得到智識上的發展，並在他們的試用期內提高專業素養。由於稅務司同時也是副校長兼教務長，因此稅專維持了總稅務司偏好的學術風格。關務署長接管稅專之後，對教育政策做了很大改變。在南京十年間，關務署長總是認為需要培養更多的專家才能取代外籍關員，而梅樂和從來不認同這個觀點。「海關並不要求內班關員都是專家，但是要求他們是受到過全面高等教育的人」，梅樂和辯解道：「考慮到這些，所有學生都應該學習文言文……而海關相關學科的集中學習是沒有必要的，因為一旦被任命，學習員有足夠的時間來學習和熟悉他們的工作」。[23]

雖然稅專的政治考量導致畢業生品質的下降，但從一九二九年到一九三七年，關務署、中國海關和稅專所面臨的更緊急的問題是日本的軍事侵略，因為這使東北關員內撤，而導致冗員過多的問題，然後又因為從一九二九年到一九三二年，中國的貿易發展迅速，因此要求一大批鈐子手。在一九二九年到一九三二年關員需求激增到一九三二年後東北海關脫離總稅務司署而造成冗員的雙重影響下，冗員問題更加嚴重。總稅務司、關務署署長和稅專校長對這一突然出現的急劇改變沒有做好準備。在一九二九到一九三二年亟需外班關員時，他們所能做的就是任命外班學生，甚至有時是內班學生出任外班職位。為了吸引更多的外班關員，總稅務司提高了外班關員的待遇。接著到一九三二年後，東北關員又必須派往關內海關站工作，尤其造成內班關員過剩，而這大大地改變了內、外班關員之間的地位差別。

關務署一直試圖使中國海關的官僚結構變得複雜化，這就是問題的本質。稅專作為中國海關「唯一的招募基地」迫使總稅務司署不得不通過關務署向稅專下達有關員工招募的要求，而這一過程是極為費時的。一九二九年，「由於新進口關稅（New Import Tariff）導致的大量走私情況」，梅樂和要求「關務署同意招收三十五名華籍鈐子手和十五名日本地區〔東北通行日文的地區〕鈐子手」。[24]但是，關務署只同意招收五名鈐子手，並命令稅專「來解決剩下的四十五名」。[25]由於太過曠日費時，梅樂和向關務署寫信說這個招募流程「不僅與之前的相矛盾，而且

22　中國第二歷史檔案館，679(6) 15，《總稅務司署漢文卷宗第九戊號：北平稅務學校，1935-1936》：Kuan-wu Shu Despatch No. 17439, 20 July 1935.

23　中國第二歷史檔案館，679(6) 15，《總稅務司署漢文卷宗第九戊號：北平稅務學校，1935-1936》：IG General Letter No. 1191 to the Customs College, Peping, 20 May 1935.

24　中國第二歷史檔案館，679(6) 11，《總稅務司署漢文卷宗第九甲號：北平稅務學校，1929-1931》：IG Despatch No. 419 to Kuan-wu Shu, 16 July 1929.

25　中國第二歷史檔案館，679(6) 11，《總稅務司署漢文卷宗第九甲號：北平稅務學校，1929-1931》：Kuan-wu Shu Despatch No. 939 to IG, 25 July 1929.

還有可能導致嚴重的糾紛」，他還要求「在未來的情況發生時，應重新使用舊的體系」。[26]關務署以陳詞濫調回應說「等下次再考慮這個問題」。[27]

所謂的「下次」真的到來了，但事情還是沒有任何改變。一九三〇年十一月，梅樂和報告說需要任命六十名外班學生為鈐子手，並由總稅務司署另外招募二十個人。[28]兩個半月之後，關務署回覆：

稅專是作為中國海關的唯一招募基地而建立的，因此當中國海關需要人手時，總稅務司當然應該估計所需人數，並提前通知關務署，這樣關務署才能向稅專下達命令，讓他們保留足夠的人數……現在為了給未來的需求提供保障，總稅務司應儘快估計未來兩年需要內班關員和外班關員的數量並提交關務署，這樣才能保留足夠的人手以供需求。[29]

梅樂和對此當然非常不滿，因為國民政府方面突然下達命令，讓總稅務司署建立地方海關站來取代五十里外常關站。然而，梅樂和卻不能自主招募關員，但關務署故意讓這個本來就費時的招募過程變得更加拖遝。「目前的人手缺乏完全是由於政府突然要求人手」，梅樂和苦澀地回覆道：「除非政府能提前預見到需求，不然總稅務司也沒有辦法提前保留足夠的人手來應對額外需求」。[30]

但是，一九三一年的九一八事變迫使關務署長、總稅務司和稅專校長來共同處理更加嚴峻的問題。總稅務司署在一九三二年滿洲國成立後使得關員內撤和很多內班關員離職；與此同時，南方的海關站還需要更多的鈐子手。另外，稅專還新增另一個內班班級，即A2班，為的是滿足海關對於特殊消費稅的稅務員需求；雖然特殊消費稅被財政部停辦，但班級還在，[31]然後總稅務司署又必須為新增的內班學生找工作。雖然梅樂和在一九三三年建議稅專暫停招收並廢除驗估和驗貨班，但在一九三五年重組後的秋季學期，稅專還是開始招收學生。[32]梅樂和不得不要求校長

26 中國第二歷史檔案館，679(6) 11，《總稅務司署漢文卷宗第九甲號：北平稅務學校，1929-1931》：IG Despatch No. 491, 26 August 1929.

27 中國第二歷史檔案館，679(6) 11，《總稅務司署漢文卷宗第九甲號：北平稅務學校，1929-1931》：Kuan-wu Shu Despatch No. 1131, 6 September 1929.

28 中國第二歷史檔案館，679(6) 11，《總稅務司署漢文卷宗第九甲號：北平稅務學校，1929-1931》：Kuan-wu Despatch No. 1555, 29 November 1930.

29 中國第二歷史檔案館，679(6) 11，《總稅務司署漢文卷宗第九甲號：北平稅務學校，1929-1931》：Kuan-wu Shu Despatch No. 4480, 16 February 1931.

30 中國第二歷史檔案館，679(6) 11，《總稅務司署漢文卷宗第九甲號：北平稅務學校，1929-1931》：IG Despatch No. 1840, 2 March 1931.

31 中國第二歷史檔案館，679(6) 14，《總稅務司署漢文卷宗第九丁號：北平稅務學校》：Customs College Despatch No. 5953, 4 June 1934.

32 中國第二歷史檔案館，679(6) 13，《總稅務司署漢文卷宗第九丙號：北平稅務學校，1932-1933》：IG Despatch No. 4104 to Kuan-wu Shu, 16 March 1933；中國第二歷史檔案館，679(6) 14《總稅務司署漢文卷宗第九丁號：北平稅務學校》：Kuan-wu Shu Despatch No. 15875 to IG, 22 February 1935.

在學院內將內班A2班和外班班級多保留一年，因為「海關不太可能一年招募八十三個人」。[33] 為了加強這些被保留下來的學生的專業知識，一個為期一年的「特殊班級」「為那些想要在等待任命期間留在稅專內的學生而建立」。[34]

梅樂和努力勸說內班A2班的學生任職外班，以此來解決內班關員過多、外班關員缺乏的問題。[35] 雖然這些學生不願意改變生涯跑道，但對內班關員漸漸減少的需求使他們明白，他們苦苦等待也沒有前途。但是一旦畢業生選擇了外班，他們就會失去內班的任職資格。因此內班畢業生們向關務署上交了一封請願書：

前奉面諭，謂關務署以內勤人員過於擁擠，擬將生等延至二十五年六月關，生等遽聆之下，不勝惶惑，祇以彼時尚未畢業，派差辦法，亦未明確規定，未敢即有請求。今生等業已正式畢業，而派關時期，則須延遲至明年六月，生等瞻望前途，倍增憂懼，竊海關行政，首重效率，生等在校四年，凡所研求，皆為服務海關應用之智識，設畢業不能即入關供職，學業自不免荒疏，他日進關，效率自減，對於海關行政，不無不良影響，是則延期派關，非惟生等不得儘量一展所長，且有違國家培植專門人材之至意。生等家境類皆清寒，籌措四年學費，已成弩末，惟畢業後即時入關服務，今一旦延期派關，個人生活立成問題，雖欲繼續勤求深造，但因經濟困難，亦不克如願，故我校擬設之特別班辦法雖極良好，而生等未能加入，為生活計，不得不各謀枝棲，以資餬口也。近來關稅提高，漏私日多，外勤工作，因之日漸浩繁，前聆校長面諭，謂海關當局，為體恤生等艱苦起見，仍可予以轉入外勤服務之機會，生等至為感激。惟生等在專門班苦讀四年，今已畢業，於內班應用各科，皆有充份準備，與半途廢業轉入外勤者自應有所區別。且自校長整頓課程以來，生等自忖程度較以前被派各屆同學有過之無不及，今一旦為權宜計，轉入外勤，即喪常四年苦讀所獲之內勤資格，與修業半年或一二年之外班同學一律待遇，此非惟有負校長栽培之苦心，上有違政府育才之至意矣。蓋國家於財政萬分困難之時，猶年措鉅萬以作育生等，深冀生等成為專門人才，服務國家，今雖內勤稍過擠，今生等投閒置散至於一年之久，固有不得已之苦衷，而今年等犧牲一切所學內勤專門功課，一旦加入外班，即不為再敘用於內班，是則園家為生等所耗鉅量國帑等於虛擲，而生等四年不惟攻苦，校長暨各師長所諄諄教誨者，皆將無視泯沒，事之不經濟與浪費，當有甚於此者耶？生等思維再四，擬懇校長特呈關務署令飭總稅務司公署收生等中之願替入外勤服務者，以內班學習員名義，派往外勤服一年，仍保留內學資格，於原定

33　中國第二歷史檔案館，679(6) 14，《總稅務司署漢文卷宗第九丁號：北平稅務學校，1934-1935》：IG Despatch No. 7289 to the Shu, 19 March, 1935.

34　中國第二歷史檔案館，679(6) 15，《總稅務司署漢文卷宗第九戊號：北平稅務學校，1935-1936》：Customs College, Peiping, General Letter No. 1491 to IG, 13 May 1935.

35　中國第二歷史檔案館，679(6) 14，《總稅務司署漢文卷宗第九丁號：北平稅務學校，1934-1935》：IG Despatch No. 5953 to Kuan-wu Shu, 4 June 1934.

明年六月派生等入關時期，悉數調回內勤，遺缺由二分校外勤同學正式遞補以符國家培植專門內勤人才之原旨，而免生等四年苦讀付諸虛糜，不勝恐惶待命之至。[36]

這事件的結果是外班關員的待遇和地位因此提升。外班學生在第一年的訓練期結束後通常是被派去地方海關站，但內班學生會接受內班為期六年的培訓。這種差異使得外班學校變得更加有吸引力，因此也吸引了更好的學生選擇了學制較短的外班班級。然而，在長遠來看，這卻提高了內班關員的地位。內班畢業生的數量減少了，而他們卻受到了更加綜合性的培訓。他們大學畢業後讀一年的內勤班，然後再繼讀一年特殊班，經過一年的內班部門試用期，有些甚至經歷了一年的外班部門試用期，這讓他們的訓練非常全面。而關於外班關員形成了惡性循環，因為總稅務司署越是急切地需要外班關員，這些關員所接受到的培訓越少。

朱莉（Julia Strauss）主張：國民政府努力實施「忠誠教育，要求開展一門關於國民政府的國民黨綱領的課程」，[37]這就是「黨義」課程。稅專做為唯一招募基地不僅是為取代外籍關員，也為培訓忠誠的幹部以在未來堅定地支撐和掌控中國海關。這也是關務署能夠允許這個效率低下的招募體系以及一個品質普通的職業學校存在的原因。然而，在幾年內就培訓出一批有能力的幹部是不可能的。關務署迫切的願望反而降低了取代外籍關員的速度，因為整個海關管理體系被迫實行了這種七拼八湊的計畫。關務署長想要將學生培訓成專家，但他忽視了「全面知識」的重要性；又或是他想要盡可能多的培訓學生，但他忽略了中國海關沒有足夠職缺的事實。這些畢業生導致稅專不能再招收高品質的學生。

當國民政府將重心放在總稅務司署時，稅專就成了制衡總稅務司署權力的最好武器。一九三五年前上海的海事和外班分部的建立使得稅專變成了「唯一的招募基地」，並且國民政府可以保證畢業生將獲得足夠的專業知識，更重要的是，會對國家忠誠，而不是對總稅務司或總稅務司署忠誠。這樣，關務署長就必須兼任稅專校長一職。實際削弱稅專的教學品質。將稅專的政治化實際上破壞了它的教育功能，而這也最終導致了華籍關員品質的下降。

所有的中國政府都認為稅專不應該提供通識教育，因為這是普通大學的任務。在稅專創立於清末，它需要外籍的副校長的專業指導和海關稅收款的支持；在晚清和北洋政府時期，稅專更傾向於提供通識教育。但督辦們從沒有放棄專業訓練課程，並將稅專隸屬於稅務處進行管理。一九二九年之後，國民政府嘗試將混亂的官僚體系標準化，並通過把稅專變成中國海關的「唯一招募基地」來建立一個人員招募的中央體系。但這一嘗試舉措實際上造成了中國海關和稅專的癱瘓，因為關務署長兼任稅專校長希望訓練一大批畢業生來加快取代外籍關員的速度，而那時的總稅務司署無法提供足夠的職缺來滿足大量的畢業生。這樣一來，稅專實際上被國民政府毀了。

36　中國第二歷史檔案館，679(6) 15，《總稅務司署漢文卷宗第九戊號：北平稅務學校，1935-1936》：Kuan-wu Shu Despatch No. 17244 to IG, 1 July 1935.

37　Strauss, 'The Evolution of Republican Government', 345.

第三篇

戰爭和撤退（一九三七—一九四九）

第七章　抗戰中的總稅務司署（一九三七—四五）

從一九三七年到一九四五年的抗戰時期，處在孤島上海的總稅務司署和關員們被迫與駐華日軍和汪偽政府合作。英、華和日籍關員之間的合作是渡過抗戰時期的唯一辦法。這三國的關員有共同的目標：保衛中國海關的完整。以此之名，他們在梅樂和的領導下，堅守在日占區的上海孤島。

中國政府、總稅務司署和中國關員之間的互動在一九三七年到一九四五年期間變得極為鬆散，因為抗戰使他們集中精神捍衛中國海關的存續和完整，而將內部的權力爭鬥暫時放到一邊。在汪偽政府建政前，上海總稅務司署進退維谷，而被夾在維新政府和日本軍方之間；一九四〇年四月，汪偽政府建政後，上海總稅務司署又被夾在汪偽和重慶政府之間，這標誌著總稅務司署能夠指揮國統區和日占區的海關站的情況時日不多。

太平洋戰爭爆發後，中國海關被分裂成兩部分：岸本廣吉領導的上海總稅務司署以及重慶總稅務司署。岸本總稅務司署有更多資源，但是它所處的政治情境更為複雜。日本軍方和汪偽政府對中國海關監督權的競爭導致岸本在兩方之間搖擺不定，而這使一些華籍關員離開上海前往大後方。因此，岸本招募離職關員來維持海關的繼續運營，但這導致了前所未有的腐敗問題。抗戰將近勝利時，汪偽關員開始擔心他們的未來，而士氣也跌入了谷底。兩顆原子彈導致了戰爭的驟然停止，將海關從萬劫不復的抗戰末期的混亂中挽救回來。

另一方面，在重慶的局勢與汪偽政府卻朝向不同的方向發展，岸本海關是開局情勢較好，最後極為混亂，但是重慶海關是開局情勢極為惡劣，抗戰勝利前夕，局勢大致抵定，雖不見得可以接收全中國的海關站，但是仍屬於重慶政府中較為廉能的部門。上海總稅務司署被岸本廣吉接管時，重慶總稅務司署陷入了前所未有的混亂，這就是因為太頻繁更換總稅務司：在短短四十五個月的時間裡，前前後後共有兩個署理總稅務司（Officiating IG），兩個總稅務司以及一個代理總稅務司（Acting IG）。重慶總稅務司署只有非常有限的資源，僅夠維持基本功能，但華、洋籍關員仍然共同努力在大後方重建海關。但是海關的存續價值受到了中央政府的挑戰，尤其是關務署的質疑，因為這是將中國海關從外國人手中取回的一個絕好機會。重慶總稅務司署不得不依賴於關務署的公務員，因為多數高級關員留在了日占區。[1]

在太平洋戰爭的中期，一些華籍關員從上海逃往重慶。他們變成重慶總稅務司署的骨幹。在太平洋戰爭期間，華、洋籍關員同心協力，他們必須齊心協力來證明自己和海關的價值。但丁貴堂的影響力已經讓他無法心平氣和地待在副總稅務司的位置上。等抗戰勝利後，華、洋籍關員就爆發了全面衝突。

（一）海關內的英日同盟

日本對中國海關的影響是建立在對總務科稅務司一職的控制。在岸本廣吉出任汪偽總稅務司之前，從一九二七年到一九四一年，他在這個位置上工作了十一載，[2]而日本政府和軍方不斷施壓，也使得日籍關員得到了更多提拔晉升的機會。中日關係的惡化幫助了海關中一些日籍關員的發展。以中國海關中的某些職位換取和平，對國民政府而言是很好的選項。因為代價有限，歷史中此事也不斷重演。

梅樂和陪同孔祥熙出席了一九三七年四月英國國王喬治五世的加冕儀式，而在他不在的這段時間，總務科稅務司岸本廣吉被「授權代理『總稅務司』行事」。[3]但是，抗日戰爭的爆發意味著中國關稅徵收和分配者變成了一個敵國國民。梅樂和發電報給關務署署長說：「如果情勢危急，岸本應該休假，而總稅務司署科處稅務司郭本在我回來之前可以代理我的職位」。[4]隨後，

1 Ladds, 'Empire Careers', 234.

2 岸本廣吉共任代理總務科稅務司和總務科稅務司達十一年一個月：一九二七年二月—一九二九年四月，共兩年兩個月；一九三一年三月至一九三三年三月共兩年；一九三五年一月至一九四一年十二月，共六年十一個月。

3 Wright ed., *Documents Illustrative of the Origin, Development and Activities of the Chinese Customs Service*, vol. V, 666，通令No. 5477, 3 April 1937.

4 中國第二歷史檔案館，679(1) 32743, Confidential Telegrams to & from IG, 1933-1937：機要電報，Maze (Winnipeg) to D.G., 31 July 1937.

他向所有重要海關站發送了一封機要電報：「對『重要敵對事件做好一切準備』」。[5]為了避嫌，岸本廣吉與總稅務司梅樂和及科處稅務司商量後，組成一「臨時委員會」，並請梅樂和向關務署提出報告，稱：

> 當此中日時局益臻嚴重時期，所有職代拆代行之職務，其中有不便仍由職代行之處，似應由鈞座於總署各科稅務司中任命三人至五人組織一臨時委員會在鈞座未反國以前並於此時局嚴重時期代理鈞座辦理關於時局一切機密事件，所有此項機密文件即用總稅務司小章鈐蓋施行，至其他文件仍由職照舊辦理，以上擬議辦法，總署各科稅務司均表贊，如蒙核准即請指派各科稅務司若干人以便呈請署座核准組織臨時委員會等情，當將此事呈奉部座面諭准行並由職派定，職署財務科稅務司郭本、漢文秘書科稅務司丁貴堂、機要科稅務司卓爾敦、緝私科稅務司白禮查及典職科稅務司胡輔辰為臨時委員會委員，並飭即日將委員會組織成立，在職未返國以前代理職執行一切機密公務，以利國防而免疏虞。[6]

臨時委員會一直到一九三七年八月梅樂和回到中國後才裁撤。[7]雖然岸本廣吉在總稅務司署受日本保護，但其本人的手腕也很重要，而且他也受到總稅務司、中國政府和華籍關員的信任。淞滬會戰後，國民政府撤退到大後方。財政部廢除海關監督辦公室，撤回海關監督，並命令海關監督將辦公室搬到地方海關站內。[8]梅樂和本可以將他的總稅務司署搬到重慶，但他選擇了留在上海。南京淪陷後，他公開了財政部長孔祥熙寫給他們私人信件：

> 您〔梅樂和〕在海關工作多年並做出了突出貢獻，因此我有信心，在這種每一步都可能造就歷史的關鍵性時刻，您在領導中國海關時會更加明確自己作為海關的守護人，並為您的輝煌成就更添光彩。我向您保證，在這種困難時刻，您和您的助手為保護中國海關的完整和名聲的一切努力都會被讚賞和銘記……

「政府認可海關的價值，這很令人滿意」，梅樂和在通令中說道：「財政部長有關不同的海關關員的讚美言辭會激勵他們繼續忠誠地履行職責」。[9] 但是，在一九七六年，張福運說：他一九

5 中國第二歷史檔案館，679(1) 32743, Confidential Telegrams to & from IG, 1933-1937：機要電報，〈梅樂和致秦皇島、青島、漢口、九江、蕪湖、南京、鎮江、蘇州、杭州、寧波、溫州、三都澳、福州、廈門、汕頭、廣州、江門、三水、北海和瓊州〉，一九三七年八月二日。

6 〈岸本廣吉機要通令第一五四號〉（一九三七年七月二十六日），中華人民共和國海關總署辦公廳編，《中國近代海關總稅務司通令全編》，第四十一卷，頁五二四—五二五。

7 〈梅樂和通令第五五七九號〉（一九三七年八月二十五日），中華人民共和國海關總署辦公廳編，《中國近代海關總稅務司通令全編》，第二十七卷，頁三二三—三二四。

8 〈梅樂和通令第五六〇四號〉（一九三七年十月十四日），中華人民共和國海關總署辦公廳編，《中國近代海關總稅務司通令全編》，第二十七卷，頁三八八—三九一。

9 〈梅樂和機要通令第一七二號〉（一九三八年六月六日），中華人民共和國海關總署辦公廳編，《中國近代海關總稅務

三八年在香港遇到梅樂和的時候曾建議梅樂和從上海撤出，而梅樂和「並沒有遵循建議」。「他對我說的理由是無理的，並且有可能政府沒有給他一個明確指令命令他撤退」，張福運評論道：「他為這個錯誤付出了代價，因為他不久後離開了海關」。[10]

南京淪陷後，梅樂和的目標就僅是防止日本全方位地掌控海關，並保障以海關稅收做抵押的內外債和賠款按期支付。梅樂和希望英國外交部可以幫助他渡過這個難關。像《一九一二年協議》，一份協議生效：日占區的所有稅收款將存入各海關站稅務司在橫濱正金銀行的帳戶。再從各海關站稅收款中，把外債賠款的份額匯至總稅務司在橫濱正金銀行上海分行的帳戶，全部用於支付外債賠款。這是扣除了海關和總稅務司署行政管理費用後的第一用途。日本人和總稅務司將會每月決定各海關站應匯的份額指標。[11]

在這種嚴峻形勢下，英籍總稅務司和日籍總務科稅務司的合作是渡過難關的唯一辦法。在上海孤島時期總稅務司署中的日籍關員不是障礙，而是無價的資產。在總稅務司署內部，岸本廣吉是海關與日本軍事的「非官方調解人」。[12]他發揮特殊紐帶的作用，並在一九三八年五月「將幫辦張鴻奎從日本憲兵隊手中救了回來」。[13]

日占區的地方海關站，華、日籍關員合作也維持著海關站的運營。例如，王文舉於一九三八年十一月被調至東海關。於一九三七年退休的前任東海關稅務司籾倉作助被再次任命為稅務司，因為日籍稅務司可以減輕日本軍隊對地方海關站的敵對情緒。王文舉和籾倉已經相識多年。鑑於這層關係，日本地方軍官認為王文舉「對日本友好」，因此當地日本駐軍沒有干涉東海關的事務。

雖然王文舉聲稱他與日本人有「血海深仇」，[14]但華、日籍關員的合作還是激怒了地方抗日武裝。一九三九年夏天，抗日游擊隊突襲了一艘海關緝私艦，襲擊了緝私關員，並奪走所有的彈藥和來福槍。同年秋天，他們瞄準了東海關的彈藥庫。他們搶走所有設備，將倉庫夷為平地，毒打關員，並處決了一些可疑的漢奸。然而，當地駐華日軍也懷疑某些關員與抗日游擊隊有祕密合作；他們逮捕所有關員，並刑訊逼供。[15]雖然籾倉救了這些華籍關員，但他卻被日本軍隊方面懷疑有反日親中傾向。

在危急存亡之際，歐美籍關員的觀點十分簡單：像卓爾敦說：「在這種情況下，百分之百地『忠於』舊政府〔重慶政府〕將帶來毀滅性結果。非常有必要情調海關『獨立於政治』的特

司通令全編》，第四十一卷，頁五六六—五六八。

10 中國第二歷史檔案館，679(9) 3, Confidential Letters to & from IG (containing Little's personal letters and The Hongkong-China trade and Customs Agreement):Minutes of Meeting at Inspector General's House, Shanghai, 26 April 1949.

11 N. Clifford, 'Sir Frederick Maze and the Chinese Maritime Customs, 1937-1941', *Journal of Modern History* 37 (1965), 26.

12 Clifford, 'Sir Frederick Maze and the Chinese Maritime Customs', 29.

13 林樂明，《海關服務卅五年回憶錄》，頁二三。

14 王文舉，《濫竽海關四十年》，頁六〇—六一。

15 王文舉，《濫竽海關四十年》，頁六二。

性。」[16]華籍關員認為「在敵人的陣營中保持我們自己的位置」可以接受。[17]對於梅樂和來說，所有的證據都指向全面自上海撤退會導致總稅務司署失去對海關站控制，而各地偽政權將會接管海關站的結局。

當一九三九年九月第二次世界大戰在歐洲爆發時，連歐美籍關員都被扯入了戰火。梅樂和說：「赫德規定，對於海關所有人員來說，一切具有類似戰爭性質的行動都不僅是不被允許的，而且是被嚴厲禁止的。」[18]梅樂和與岸本之間的合作是十分重要的，因為梅樂和可以管理華籍和歐美關員，而岸本可以與日本軍隊斡旋。一九四〇年，由於任職三十五年後應退休的規定，岸本申請了退休。梅樂和說：「目前的政治局勢造成的一個例外，我決定暫且將岸本先生留任總務科稅務司一職，直到另行通知」，而其退休金「將計算至一九四〇年七月三十一日。除了退休金之外，其他待遇不變。」[19]

從一九三七年七月抗戰爆發到一九四〇年四月汪偽建政，中國海關還擔負著附加的職責：「對中國和外國貿易徵收稅款」、「中國沿海的燈塔管理」、「中國主要港口的行政管理」，還有「內外債經理部門」。[20]這些額外的職責事關列強的在華利益，而這意味著總稅務司署還可以在上海起到一個「非官方國際託管人」的作用。這樣，不管是重慶政府還是維新政府，都可以接受梅樂和的中立角色。但在一九四〇年四月以後，他所處的情勢變得更加困難起來。

汪偽政府於一九四〇年四月在南京建政，梅樂和被迫與之合作，但他仍然接受重慶政府的命令。這兩個政府擁有完全一樣的政府結構，但尷尬的是：從一九四〇年五月到一九四五年八月，重慶和汪偽政府有兩個財政部長，兩個關務署，以及兩個國民政府，而在一九四〇年五月到一九四一年十二月的二十個月期間，僅有一個總稅務司署。從一九三七年抗戰爆發到一九四一年十二月，所有的海關站仍然在上海總稅務司署的管理下。換句話說，梅樂和的管理跨越了兩個國民政府。關務署長是汪偽政府的張素民[21]和重慶政府的鄭萊。

汪精衛的左右手，財政部長周佛海決定不要撤換梅樂和；周佛海認為梅樂和自從正式接任財政部長以來，一直「為海關做出值得稱讚的卓越貢獻」。[22]在周佛海的眼中，中國海關在抗戰有著象徵性的意義，因為這代表著重新統一的可能性。此外，周佛海的首要任務是穩定汪偽政府的

16 中國第二歷史檔案館，679(6) 3, Confidential Letters to & from IG (containing Little's personal letters and The Hongkong-China trade and Customs Agreement): Jordan to Maze, 5 January 1938.

17 〈梅樂和致孔祥熙〉，一九三八年二月十九日；轉引自Clifford, 'Sir Frederick Maze and the Chinese Maritime Customs', 25.

18 〈梅樂和通令第五七四七號〉（一九三九年九月四日），中華人民共和國海關總署辦公廳編，《中國近代海關總稅務司通令全編》，第二十八卷，頁一〇五。

19 〈梅樂和通令第三九〇八號〉（一九四零年二月六日），中華人民共和國海關總署辦公廳編，《中國近代海關總稅務司通令全編》，第十九卷，頁三九三。

20 中國第二歷史檔案館，679(6) 3, Confidential Letters to & from IG (containing Little's personal letters and The Hongkong-China trade and Customs Agreement): Maze to Boissevain, 3 August 1939.

21 張素民曾任中央大學商學院教授，暨南大學教授，及浙江大學教授。現為中央銀行理事會成員。蔡德金編，《周佛海日記》，第一卷（北京：中國社會科學出版社，一九八六），頁二二一、四三一。

22 中國第二歷史檔案館，2085 865: Financial Minister Chou Order No. 3April 1940.

表7.1　一九四〇年中國海關內日、華、英籍幫辦的數量

級別	日籍	華籍	英籍	總計
稅務司	3	7	18	41
代理稅務司	3	11	17	39
超等幫辦（超級、甲級、乙級）	0	53	12	76
一級幫辦（甲級、乙級）	1	68	1	72
二級幫辦（甲級、乙級）	0	62	0	62
三級幫辦（甲級、乙級）	1	29	0	30
四級幫辦（甲級、乙級）	0	4	0	4
未分級及代理幫辦	37	3	0	40

資料來源：題名錄(1940), 1-18.

財政，[23]而梅樂和是唯一可以在全中國徵收煙草稅和糖稅的人。[24]任何莽撞的干涉行為都有可能破壞這個計畫。汪偽政府的首要任務是通過發行它自己的貨幣，即中央銀行儲備券（以下簡稱中儲券），來重整國內金融秩序。周佛海要求梅樂和按照新訂的《整理貨幣暫行辦法》從事，意思就是用關金券來為新發行的中儲券做擔保。[25]

重慶政府非常不滿日籍關員的晉升問題，因為梅樂和提拔了很多日籍關員為高階關員。但這「並不是一個重要的問題」，梅樂和宣稱：「由於我告訴過宋子文和孔祥熙，如果中國打贏戰爭，他可以罷免我策略性任命的某些或全部日籍關員，而如果中國戰敗，就必須保留他們」。[26]表7.1顯示了梅樂和是如何成功地保持日、華、英籍關員的平衡。英籍稅務司和代理稅務司的數量是最多的，而日、華籍稅務司和代理稅務司人數很少。

在一九三八年和一九三九年，梅樂和分別招

募了二百六十九名和二百名日籍關員。[27] 由於總稅務司署從一九二九年開始就停招外籍幫辦，梅樂和只能將新招募的日籍關員分配為未列等幫辦和代理幫辦。雖然表7.1展示了在一九四〇年中國海關仍然由英籍關員控制，但英籍首長和日籍副手的這種組合也應用於華北、華中、華南的重要海關站，像是津海關、青島關、江海關和廈門關。通過任命一、兩個日籍的常務稅務司至該站，梅樂和成功地在英、日和華籍關員間保持平衡。

總體來說，梅樂和在一九三七年到一九四〇年期間經受了更大的壓力，但他對自己維持的平衡感到驕傲，同時也覺得辛苦。「如果我讓東京方面滿意，那麼重慶方面肯定不滿意」，他抱怨道：

> 如果想要保證海關的完整性，必須做出一些犧牲，因此必須以一種形式或另一種形式付出一些代價……〔我〕在日占區行使了太多權力。用現實的眼光來看，我認為或許應該承認

23 《周佛海日記》，一九四一年四月二日，第一卷，頁四八九。

24 《周佛海日記》，一九四一年四月二十一日、五月四日，第一卷，頁五〇〇、五〇七。

25 中國第二歷史檔案館，679(1) 28932，《總署至各關密函》：Ministry of Finance to Shanghai Commissioner, Customs No. 225, 30 December 1940.

26 中國第二歷史檔案館，679(1) 31482, London: IGs No. 158,Maze to Cubbon, 1 April 1941.

27 Bickers, 'Anglo-Japanese Relations and Treaty Port China', 43 & 47, in Best ed., *The International History of East Asia, 1900–1968*.

日本當局在某些情況下有他們自己的邏輯，而鑑於他們總是不停地提出越來越多的要求，當我有時想到我能在這個職位上維持這麼久的時候，我自己都感到震驚。[28]

外籍關員可以體會梅樂和受到的壓力。由於他們的工資水準「無疑比他們在自己的國家工作的工資水準低」，並且他們現在責任「甚至比他們過去工資高、生活條件好的時候，還要繁重」，因此他們非常難以接受。確實，如果他們能夠「預見海關狀況的漸漸衰落，他們當中就沒有幾個人會選擇接受任命」。「如果海關有機會在現階段招募外籍關員為內班關員」，他們斷定「沒有合適的候選人會站出來，除非海關提供的條件非常優沃」。[29]

外籍關員來到中國確實是為了追求更高薪資，而不是在抗戰戰火中工作；但是，看起來他們並沒有意識到自一九〇八年起，稅專已經培養華籍關員長達三十二年之久。梅樂和已經十一年沒有招募正式外籍內班關員了，並且抗戰爆發已經三年。此時要求更高的工資以及提及華、洋籍關員的工資待遇的差異可說極不明智。

在珍珠港事件之前，梅樂和仍然認為日本不會對美國海軍採取任何行動。「如果日本傻到去對美國採取行動，那麼它的命運將是未知的」，他寫信給駐倫敦辦事處稅務司郭本道：「美國空軍可以從太平洋軍事基地起飛，炸毀日本的每一個城市，因此每個城市都是脆弱的」。[30]在一九四一年十二月八日早晨五點半，梅樂和接到緊急電話，日本海軍摧毀了那個「太平洋上的軍事基地」。他立即命令丁貴堂和甘柏操（A. S. Campbell）燒掉所有的機密檔案。[31]當晚，他指示丁貴堂在海關俱樂部召開了一次緊急會議，丁貴堂告訴與會人員說：總稅務司已經被諮詢，如果總稅務司署被日本人接管之後，華籍關員現在應該如何自處？丁貴堂當眾宣讀了梅樂和的信件：

> 我不能正式地建議華籍關員留在日占區，並在〔汪偽〕南京政府的命令下繼續為海關服務，但我意識到，他們可能迫於威脅必須留下，並在南京政府控制的各類海關機構裡繼續工作……進而，我也做好準備向〔重慶〕政府表達觀點，即僅僅從行政管理的角度來看，如果他們能暫且繼續他們的日常工作，在長遠來看無疑將是有益的。[32]

雖然梅樂和的信有些曖昧不明，但他確實暗示華籍關員應該堅守崗位。這次華籍關員沒有

---

28 中國第二歷史檔案館，679(1) 31482, London: IGs No. 162, Mazeto Cubbon, 18 May 1941.

29 中國第二歷史檔案館，679(1) 30220，《密函副本》：A Memorandum Concerning the Pay Condition of the Foreign Indoor Staff of the Customs Service, December 1940.

30 中國第二歷史檔案館，679(1) 31482, London: IGs No. 181, Maze to Cubbon, 4 June 1941.

31 中國第二歷史檔案館，679(6) 652，《裘倬其、沈博塵附敵撤職及沈博塵控告丁貴堂等》：〈丁貴堂自白書〉，一九四七年一月四日；中國第二歷史檔案館，679(9) 1391，《丁貴堂答辯書及附件》：Maze to Minister of Finance, H. H. Kong, Chungking Confidential No. 4, 30 December 1942.

32 中國第二歷史檔案館，679(9) 1391，《丁貴堂答辯書及附件》：Maze's Confidential letter to all Chinese staff, 11 December 1941.

「保持冷漠」。「因此會議不歡而散」，葉元章回憶道：「每個關員在離開房間之前都做好了決定」。[33]這封信代表抗戰爆發的四年間，中國海關奇跡般維持四年的統一，在此之後但它被分裂成兩個部分，其總部分別位於重慶和上海，因為兩個國民政府分別位於重慶和南京。

珍珠港事件發生兩天後，梅樂和被免職並由岸本廣吉取代，且在十二月十三日，二百二十一名英美籍關員被解雇。[34]在一九四二年三月六日，梅樂和以及所有華、洋籍科處稅務司，包括日籍的岸本廣吉因被懷疑進行間諜活動而被逮捕，他們被囚禁在大橋集中營（Bridge House），被審問直到五月才被釋放。這一事件加強了華籍關員與梅樂和之間的情感紐帶，因為他的苦難似乎是因為他試圖保護海關和華籍關員才造成的。

岸本被釋放後，立即就任總稅務司，他出任職總稅務司是符合邏輯的，因為他作為海關的第二號人物已經長達十一年，自一九〇五年加入海關，並已服務了三十六年。但是，還有另一個有趣的說法——日本政府無法決定是否應該把總稅務司的職位給陸軍還是海軍，因此他們將總稅務司的職位給了一個中立的技術官僚。[35]在聖誕夜，岸本通令各關：

> 我藉此機會多說一句，由於政府命令我開除海關中的英籍和美國籍關員時已經命令我通知剩下的華籍關員和外籍關員說他們的職位和現存退休金體系下的應得利益是可以得到保障的……我有信心，員工們安心後會高效、有活力、忠誠地履行他們的職責。[36]

如果詳讀梅樂和一九三九年第二次世界大戰在歐洲爆發時的通令、他在一九四一年太平洋戰爭爆發後給華籍關員的信，以及岸本的通令後，這三份文檔的內容大同小異。中國海關的存續對所有的總稅務司至關重要，而這種執著使得梅樂和和關員們選擇留在上海。

孔如軻（Nicolas Clifford）認為「梅樂和在珍珠港事件之前一直保持海關統一非常成功，並且有效防止了日本人攫取海關控制權」。[37]而畢可思則得出了不同的結論。梅樂和以及外籍關員「拘泥於他們自己的神話創造，而沒有對他們所處的基本位置做出任何理性的評價」，他認為：

> 如果孔如軻將研究時限越過一九四一年十二月八日，他可能承認梅樂和的領導對該時期的海關最終是個災難，事實上也的確如此。直到總稅務司署落到日本人手中，海關檔案一直

33 Yeh, *Recollections of A Chinese Customs Veteran*, 27.

34 〈岸本廣吉通令第五七六九號〉（一九四一年十二月十一日），中華人民共和國海關總署辦公廳編，《中國近代海關總稅務司通令全編》，第四十二卷，頁一；〈岸本廣吉通令第五七七一號〉（一九四一年十二月二十四日），中華人民共和國海關總署辦公廳編，《中國近代海關總稅務司通令全編》，第四十二卷，頁五。

35 卞鼎孫，〈我知道的舊中國海關〉；中國人民政治協商會議文藝資料研究委員會編，《天津文史資料選輯》，第三十輯（天津：天津人民出版社，一九八五），頁五三。

36 〈岸本廣吉通令第五七七二號〉（一九四一年十二月二十四日），中華人民共和國海關總署辦公廳編，《中國近代海關總稅務司通令全編》，第四十二卷，頁七。

37 Clifford, 'Sir FrederickMaze and the Chinese Maritime Customs', 33.

原封未動；之前未被日本占領的主要關卡被掠奪一空，如廣州、天津和上海；梅樂和及全部高級職員以及為數眾多的海關職員全都淪入敵手。問題是他們完全沒有準備，在重慶沒有後備的總稅務司署，沒有職員準備好接替殘餘的海關，更為關鍵的是，沒有為國民黨政權進行有效的戰時遊說，完全沒有準備好專家確保在八年抗戰勝利後接收海關的計畫順利實施。珍珠港事件基本上不是意外，但是梅樂和完全沒有準備好。[38]

實際上，沒有必要將眼光投向一九四一年十二月八日之後，因為梅樂和的命運在一九四〇年四月汪偽政府建政時就決定了。從那一天起直到太平洋戰爭的爆發，梅樂和有二十個月的時間準備。退一萬步說，他不至於落到鋃鐺入獄的下場。雖然周佛海仍然需要梅樂和開徵新稅，但他不會容忍梅樂和永遠聽命於兩個政府。如果梅樂和全面與周佛海和日本方面合作，或許他還可以維持得更久一點，但中國海關將會更早分裂。維持海關完整的執著使梅樂和在一九三七年選擇留在上海，在一九四〇年開始聽命於兩個政府，並在一九四一年被關入集中營。

（二）在日占區的團結與合作

岸本廣吉出任總稅務司直接導致中國海關的分裂。岸本廣吉的上海總稅務司署統領著日占區的海關站，而重慶總稅務司署則控制國統區的海關站。雖然上海總稅務司署的管轄區域大大縮小，但梅樂和時期的同時聽命汪偽和重慶政府的尷尬情況得到解決。日籍總稅務司或許對在日占區的華籍關員來說是個好事，因為在太平洋戰爭爆發後，英籍總稅務司無法保護海關以及關員。但是，日本軍方力圖控制汪偽政府和汪偽政府想要獨立自主的決心，使得這名日籍總稅務司又陷入左右為難的處境。

從表面來看，岸本海關相對於重慶海關來說，情況還是略好，但日占區的關員卻極為不團結。華、日籍關員互相憎恨。梅樂和在一九三七年到一九四一年之間所維持的關員結構已經不復存在，因為有些海關站直接被日本軍隊控制，而且英美籍關員都已經免職。岸本改革海關的構想可以用他自己發明的一個術語來解釋：「全海關本位主義」，意思是每位關員都應該將中國海關看作是一個大的海關站，而不是一個鬆散的地方海關站的聯盟。岸本說：「海關最重要的職責之一就是與〔汪偽〕政府進行合作」。「應該引入全海關本位主義。海關關員認為他們應該像以前那樣享有很多自主權的想法是錯誤的，而且他們必須意識到這種情況必然會改變」。[39] 但是，岸本想要使海關變得團結統一的努力經常被日本軍方和汪偽政府之間的摩擦所阻礙。日本軍方在日占區變成了各地關務的最主要障礙。東海關稅務司佐島忠夫認為：

38 R. Bickers, 'The Chinese Maritime Customs at War, 1941-45', *Journal of Imperial and Commonwealth History* 36, 2 (2008): 298-99. 中譯文見，畢可思著、張志雲譯、陳謙平校，〈太平洋戰爭時期的中國海關〉，《民國研究》Z1（二〇〇八）：頁一六二。

39 中國第二歷史檔案館，2085 47，《各關密呈摘要》：〈岸本廣吉致汪精衛〉，No. A169, 29 April 1942.

當日本軍隊要求中國海關與之合作時，中國海關通常在海關文檔中記錄這種合作是「由於不可抗力」。在我看來，「不可抗力」這一概念似乎是非常「不適當和冒瀆之虞」……日本軍隊在中國的力量的本質是它的占領權。「不可拒力」的概念否認了日本軍隊有資格行使它的占領權的事實。「糊塗、奇怪」是我能想到的唯一一個可以形容這個的詞語了……（汪偽）南京政府的管轄區域，即閣下（岸本）的管轄區無疑是屬於日本軍隊「占領區」。因此，從今以後，非常有必要避免運用任何對日本軍隊有冒犯意思的詞彙，也不能潛在地否認占領權這一事實，要改變說法為「基於日本陸海軍的要請」。[40]

此時，岸本廣吉當然馬上同意佐島忠夫，要求各關將「不可抗力」改為「基於日本陸海軍的要請」，從此事就可看出，在廣大關員心中（甚至包括老資格的日籍關員）日本軍方是一種多麼令他們厭惡的存在。

岸本的「全海關本位主義」可以使各地海關站的紐帶拴緊一些，但是它不能改變汪偽政府也是兩個偽政權的鬆散聯盟。雖然華北政務委員會官方上來說是隸屬於汪偽政府，但在Lincoln Li看來，「華北政務委員會對於南京的傀儡政權只有名義上的忠心」。[41]汪偽政府的威信既不能阻止日本軍隊的干涉，也不能阻止華北政務委員會占海關站便宜。

岸本接管總稅務司署之後，華北政務委員會安排了「一系列的調查來研究關稅、財政、經濟，以及與戰爭有關的其他問題，並且他（津海關稅務司）經常被要求提供相關的某些數據」。

津海關是黑澤二郎只認為「這是不可能的，因為現在所有的數據都是送往上海（統計科）進行集中統計」。[42]華北政務委員會派出的海關監督也有欺詐行為。膠海關長石井孝助報告一九四二年四月敲詐案：「海關監督有權收取六百美元的現金回報，而他的員工就很有可能從一月開始被提拔一級」，基於「他們（海關監督）的良好記錄」，而稅務司「支付這些數額並從此以後按要求的四千四百六十美元加上一百四十五美元（工資增漲部分）的數額發放海關監督每月的津貼」。[43]

對岸本來說，調停日本駐軍和位居前線海關站的衝突十分艱鉅。由於海關監督是日軍憲兵，而中國海關是隸屬於汪偽政府之下，所以衝突處處可見。最棘手的問題就是憲兵隊通常不徵求汪偽政府的意見就濫用他們的占領權。「〔一九四一年〕十二月八日的戰爭爆發改變了整個局勢」，瓊海關稅務司原俊雄報告：「日本軍隊的發言人隨後宣布，所有的海關資產都是敵人的資產，因此應該收歸軍隊之下管理」。[44]

---

40 中國第二歷史檔案館，2085 47，《各關密呈摘要》：Chefoo Commissioner Shasima Tadao to IG Kishimoto, 21 March 1942.

41 L. Li, *The Japanese Army in North China 1937-1941* (New York: Oxford University Press, 1975), 11-12.

42 中國第二歷史檔案館，2085 47，《各關密呈摘要》：Tientsin Commissioner toIG Kishimoto, 1 April 1942.

43 中國第二歷史檔案館，2085 47，《各關密呈摘要》：Tsingtao Commissioner toIG Kishimoto, 17 April 1942.

44 中國第二歷史檔案館，2085 47，《各關密呈摘要》：Kiungchow Commissioner toIG Kishimoto, 27 January 1942.

不論華北政務委員會和日本軍方多麼難纏，對岸本來說，禍起蕭牆的問題最為嚴峻：關員的廉潔問題。由於同盟國高級關員被解雇，岸本廣吉不得不從地方海關站中提拔一大批中、低階關員。這迫使地方稅務司沒有通過審查和訓練就立即招募新血。未經嚴加考覈的新手使得地方稅務司必須忍受一些較小的腐敗事件，因為他們必須保證海關擁有足夠的關員數量維持運作。

粵海關稅務司藤崎銳樹上交名單，列舉廉潔方面值得懷疑的內、外班關員的名字，但他「沒有足夠的證據使他能夠以此採取行動」。[45]進行了兩個月的調查之後，他讓其中三人休假，並「暗示著，如果下一步的報告還是不利〔廉潔問題〕的話，將帶來嚴重後果，無法警告其他的人」。[46]在抗戰爆發前，如果抗戰前梅樂和目睹此事，所有受到懷疑的關員都將受到懲罰，調任或解雇。有些地方稅務司「召喚離職員工」來填補由於解雇關員的空缺——但他們成為「離職」也是有原因的。總體來說，這些離職關員不是在一九四一年前就已經退休，也就是年紀太大，就是由於廉潔問題被解雇的。

在岸本就任總稅務司的四十五個月期間，華籍關員的廉潔問題前所未有地惡化。一般而言，造成海關貪污的動機是「需求」、「貪婪」以及「生活方式」，[47]但是華籍關員的腐敗原因卻更加複雜。他們當中有些人蓄意破壞岸本海關，來暗中幫助重慶政府。有些關員則因為他們想要接濟身處大後方的親友，那就涉及走私，但是走私者僅僅是想運輸食品和衣服。由於日本軍方和汪偽政府要對大後方進行經濟封鎖，這種實質上是崇高的人道接濟或是愛國行動，在抗戰期間的岸本廣吉必須以處置。[48]

除了廉潔問題外，抗戰也侵蝕著華籍關員留任岸本海關的決心。雖然岸本尚可撫平高階華籍關員的情緒，讓他們堅守崗位，但他發現中低階的華籍關員更難對付，因為他們人數太多，很難一一說服他們或是把他們全部納入監管之下。中、低階華籍關員中很多人都辭職或逃跑。「對於辭職的情況」，江海關稅務司赤谷由助報告：「有關員（低階外班關員）中多數對於辭職給出的理由是『個人和／或家庭原因』，但實際上背後卻另有原因……多數華籍關員離開他們的崗位是因為他們去了大後方」。[49]

一九四二年八月，岸本最終敲定了各科處稅務司和地方海關稅務司人選。岸本保留了所有的華籍和非同盟國籍科處稅務司，但為交換岸本在海關內的自主權，其他由於英、美籍關員遺留的職位是由日籍未列等的幫辦和代理幫辦出任。

岸本無需在地方海關站中保持英籍首長和日籍副手的組合模式，他也不需要給大後方關員發工資，並廢除一些一九四一年以前早就撤退到上海的地方稅務司辦公室。在一九三七到一九四一

---

45 中國第二歷史檔案館，2085 47，《各關密呈摘要》：Canton Commissioner to IG Kishimoto, 23 March 1942.

46 中國第二歷史檔案館，2085 47，《各關密呈摘要》：Canton Commissioner toIG Kishimoto, 9 May 1942.

47 J. Williams, 'Corruption within the Chinese Maritime Customs with Special Reference to the Level of Integrity Maintained by the Expatriate Staff' (unpublished MPhil dissertation, University of Bristol, 2008), 35-6.

48 中國第二歷史檔案館，2085 47，《各關密呈摘要》：Canton Commissioner toIG Kishimoto, 23 March 1942.

49 中國第二歷史檔案館，2085 47，《各關密呈摘要》：Shanghai Commissioner to IG Kishimoto, 28 May 1942.

年期間，梅樂和花了很大功夫保證中國海關的完整，所以地方海關的配置不符合汪偽政府的勢力範圍，而岸本就針對此事進行改革：例如，一九四二年五月，江門關被降等為粵海關江門分關。[50]

有十四名日籍關員被任命為稅務司或代理稅務司，其中兩人是於珍珠港事件後才加入中國海關；有六人是一九三七年以前加入，還有六個人是在一九三七年到一九四一年之間加入的。一九三七年之前加入的日籍關員雖然經驗豐富，但日本軍方仍擔心他們的忠誠問題。[51]而在一九三七年到一九四一年之間加入的人也是梅樂和挑選出的精幹關員：黑澤二郎是總領事，而佐島忠夫則曾經為日本外務省公務員。[52]

一九四二年從日本軍方加入岸本海關的兩位是井戶川一和本田忠雄，分別來自日本陸軍和海軍。[53]井戶川擔任審計處長，負責監測稅收款的流動，而本田是新設立的企劃處長。他的主要職責就是「對海關所有分支和活動的行政管理內容進行漸進而透徹的調查，並為總稅務司的最終決定、以有效提高海關行政管理的現行辦法為物件而設計的提議等等一切有必要的事情做準備」。[54]日本陸、海軍將代表嚴密監視著岸本海關資金流向。日本軍方進行調查後，赤谷由助因被懷疑「傾向於中國」[55]而被迫退休。在太平洋戰爭爆發前，一九三七年以前加入海關的日籍關員受到總稅務司信任，因為他們更加有經驗和能力；但太平洋戰爭爆發後在一九三七年以後加入海關的人更加受到日本軍方信任，因為他們對日本更加忠心。

在日本軍方嚴密的監視下，岸本必須安撫華籍關員的情緒。雖然岸本和華籍關員早有默契，但岸本必須進一步解決華籍關員最根本的權益問題。岸本的第一步就是打破對華籍關員最在意的：幫辦和稅務員、內、外班，以及華洋籍關員的不平等待遇。岸本採用了一套全新的人事體系來規定海關的各個職位名稱，這樣「就可以分別命名不同級別和不同職位的名稱」。[56]而用漢字書寫任命的方法使得這種做法變得更加清晰易懂。

改變級別和職稱的名稱實際上另有深意。在岸本成為總稅務司之前，中國海關的稅收部門有兩個階層組成，即內、外班。一九三七年，丁貴堂遊歷歐美後，與華籍外班關員呼籲梅樂和取消這內、外班的區分，但是被梅樂和婉言拒絕。[57]令人驚訝的是，是岸本廣吉打破了這種區分，

50 〈岸本廣吉通令第五七九四號〉（一九四二年五月二十二日），中華人民共和國海關總署辦公廳編，《中國近代海關總稅務司通令全編》，第四十二卷，頁五七。

51 中國第二歷史檔案館，2085 47，《各關密呈摘要》：The Inspectorate to Guanwushu, 24 August 1942.

52 王文舉，《濫竽海關四十年》，頁六四。

53 中國第二歷史檔案館，679(6) 652，《裘倬其、沈博塵附敵撤職及沈博塵控告丁貴堂等》：Report of the Customs Staff Investigation Committee, 13 November 1945; Yeh, *Recollections of A Chinese Customs Veteran*, 90.

54 〈岸本廣吉通令第五七八二號〉（一九四二年三月十九日），中華人民共和國海關總署辦公廳編，《中國近代海關總稅務司通令全編》，第四十二卷，頁二九。

55 中國第二歷史檔案館，679(9) 1391，《丁貴堂答辯書及附件》：IG Kishimoto Order No. 1436, 4 February 1942; Maze to Minister of Finance Kung Chungking Confidential No. 4, 30 December 1942; IG KishimotoOrder No. 1488, 1 October 1942.

56 〈岸本廣吉通令第五七九九號〉（一九四二年七月二十四日），中華人民共和國海關總署辦公廳編，《中國近代海關總稅務司通令全編》，第四十二卷，頁六九—七〇。

57 中國第二歷史檔案館，679(9) 2112，《1935年丁貴堂考察歐美關政報告》：Report on Study of Customs Administrations in Europe and America, 1 September 1935.

他說：

> 非常明顯，《題名錄》中關於徵稅項這兩個主要類別的崗位，即「內班」和「外班」的任命最初採用的系統命名法已經失去了所有的存在目的或理由，這是由於近年來海關規模的擴大和某些分支部門關員的專業性所造成的，並且十分有必要對系統命名法做出一些改變，以使關於這兩個類別的人員所行使的職能的描述變得更加有內涵邏輯性。[58]

在所有的外籍總稅務司中，岸本廣吉在中國海關中對去殖民化的努力或許最大。例如，他取下各辦公室所掛的赫德照片，以孫中山的照片代之。[59]岸本還要求所有關員簽訂一份聲明，第一條就是中國海關「是中國政府的一部分，而海關關員是中國的公務員」。[60]由於他不能夠以英鎊或美元來支付英鎊配薪，因此日圓就像英鎊配薪一樣，對關員最有利的貨幣形式。與法幣和汪偽政府的中儲券相比，日圓是相對穩定的貨幣。[61]而且不是只有外籍關員才得以領取日圓，而是華、洋關員都可以領取。

在去殖民化的努力和保障關員工資後，岸本便嘗試透過提拔一些華籍關員來緩和緊張關係。而第一個目標就是華籍關員領袖丁貴堂。丁貴堂拒絕被提拔為總務處長，並堅持留任漢文處長的崗位。[62]丁貴堂隨後策劃撤退計畫，並於一九四三年二月去了重慶。[63]但是，在他到達重慶之前，丁貴堂就與重慶總稅務司署取得聯繫，梅樂和就於一九四三年三月一日將丁貴堂任命為總務科稅務司。[64]

岸本提拔的第二人選是人事處長裘倬其。裘倬其接受了岸本的邀請，成為岸本的「首要助手和顧問」，[65]例如，代表岸本廣吉參加汪精衛的國葬。[66]丁貴堂和裘倬其代表了兩種完全不同的策略，但岸本廣吉的統計處長葉元章採取了一種中庸的策略，既沒有逃去重慶，也沒有完全與汪偽

58 〈岸本廣吉通令第五七八六號〉（一九四二年四月三日），中華人民共和國海關總署辦公廳編，《中國近代海關總稅務司通令全編》，第四十二卷，頁三九—四〇；〈岸本廣吉通令第五七九二號〉（一九四二年五月十四日），中華人民共和國海關總署辦公廳編，《中國近代海關總稅務司通令全編》，第四十二卷，頁五三—五四。

59 〈岸本廣吉通令第五八一〇號〉（一九四二年十月五日），中華人民共和國海關總署辦公廳編，《中國近代海關總稅務司通令全編》，第四十二卷，頁一〇九—一一〇。

60 〈岸本廣吉通令第五八一七號〉（一九四二年十一月十八日），中華人民共和國海關總署辦公廳編，《中國近代海關總稅務司通令全編》，第四十二卷，頁一二七—一三一。

61 中國第二歷史檔案館，2085 47，《各關密呈摘要》：Hankow Assistant-in-Charge to IG Kishimoto, 23 March 1942; Shanghai Commissioner to IG Kishimoto, 1 April 1942.

62 中國第二歷史檔案館，679(6) 652，《裘倬其、沈博塵附敵撤職及沈博塵控告丁貴堂等》：〈丁貴堂自白書〉，一九四七年一月四日。

63 中國第二歷史檔案館，679(1) 4202, Mr. Ting Kwei Tang's Career《丁貴堂資歷卷》：IG Order No. 48, 1 March 1943; IG Order No. 71, Chungking, 16August 1943; IG Order No. 87, 10 November 1943.

64 中國第二歷史檔案館，679(1) 4202, Mr. Ting Kwei Tang's Career《丁貴堂資歷卷》：IG Order No. 48, 1 March 1943.

65 Yeh, *Recollections of A Chinese Customs Veteran*, 90.

66 中國第二歷史檔案館，679(9) 1391，《丁貴堂答辯書及附件》：Report of the Customs Staff Investigation Committee, 13 November 1945.

政府合作。在珍珠港事件之後，岸本任命葉元章為統計處長。然而，葉元章「並不想為敵人服務」，但也不能前往重慶，因為這將使他的「家庭陷入絕望之中」。[67]這種兩難困境也是絕大多數日占區的華籍關員共同面對。

一九四三年一月九日，汪偽政府向同盟國宣戰。岸本領導的中國海關最終被整合進入日本軍方的戰時架構。[68]海事關員開始領取戰時危險津貼，而他們也是冒著生命危險在中國的海岸線上巡邏。[69]但是，宣戰也意味著中國海關必須停止使用英語作為工作語言，而中國海關從一八五四年開始就一直用英語作為工作語言。一九四二年七月，岸本鼓勵非日籍關員學習日語。通過日語考試的關員可以享受更多的薪資福利，並且學費、書本費及其他參考書都免費。[70]在一九四三年一月以前，海關的工作語言處於過渡期。頭銜和職位名稱是中文的，但句子是用英文書寫。然而，在一九四三年二月以後，每一份海關文書都用中文和日文書寫。[71]

夾在汪偽和日軍之間的岸本廣吉，其政策無可避免的有很多自相矛盾之處。他另組處長會議取代了臭名昭著的企劃處。[72]但重慶財政部命令日占區的所有華籍關員於一九四三年九月一〇日前往重慶。《接收收復區關務緊急實施辦法》：

> 接收收復區各關所需之人員應儘量從後方各關抽調前往工作。
>
> 在太平洋戰事發生以前已由海關總稅務司署核派為稅務司、副稅務司及其他同等地位高級關員未於三十二年底來歸，而仍在淪陷區海關服務者，除確被敵偽監視不得脫險者外，仍

依本部核定原案一律革職永不錄用。

中下級關員確實不能來歸併無附逆情事者，仍依本部核定原案一律照太平洋戰事發生前已由海關總稅務司核定之原資錄用，但曾充任分支關獨當一面主管職務者，應從嚴審核，非經查明確無附逆情節不得遽予錄用。[73]

為了阻止關員逃往重慶，岸本要求華籍關員在胸前佩戴有照片的名牌，以此加強對他們的監

67 Yeh, *Recollections of A Chinese Customs Veteran*, 17, 22-23, 28.

68 〈岸本廣吉通令第五八二六號〉（一九四三年二月十日），中華人民共和國海關總署辦公廳編，《中國近代海關總稅務司通令全編》，第四十二卷，頁二三四—二三八。

69 〈岸本廣吉通令第五八三〇號〉（一九四三年三月二十六日），中華人民共和國海關總署辦公廳編，《中國近代海關總稅務司通令全編》，第四十二卷，頁二八三。

70 〈岸本廣吉通令第五七九八號〉（一九四二年七月十四日），中華人民共和國海關總署辦公廳編，《中國近代海關總稅務司通令全編》，第四十二卷，頁六五—六八。

71 〈岸本廣吉通令第五八二五號〉（一九四三年二月一日），中華人民共和國海關總署辦公廳編，《中國近代海關總稅務司通令全編》，第四十二卷，頁二三一—二三二；〈岸本廣吉通令第五八四五號〉（一九四三年八月三十一日），中華人民共和國海關總署辦公廳編，《中國近代海關總稅務司通令全編》，第四十二卷，頁三三三—三三四。

72 〈岸本廣吉通令第五八五九號〉（一九四三年十二月二十一日），中華人民共和國海關總署辦公廳編，《中國近代海關總稅務司通令全編》，第四十二卷，頁三八三—三八六。

73 中國第二歷史檔案館，679(6) 652，《裘倬其、沈博塵附敵撤職及沈博塵控告丁貴堂等》：Ministry of Finance Chungking Confidential No. 77497, 10 September 1943.

管。他命令「薪酬超過三百日圓的員工應上交三張照片，並且稅務司應在這些照片後背書」。[74]這種做法既可以防止腐敗事件發生，又可以制止華籍關員逃往重慶，因為「他們照片的複件被張貼在各個戰略要點，因此他們不可能逃過在封鎖線駐守的敵軍士兵的檢查」。[75]但是，這種嚴格的監督措施並沒有阻止華籍關員逃往重慶。由於失去大量的華籍關員，漢文處不得不與總務處合併，而審計處與財務處合併。[76]

一九四四年十一月二十三日，汪精衛過世，汪偽政府幾乎垮臺。雖然岸本總稅務司署還苦苦支撐，同時重慶政府將如何懲罰汪偽關員的謠言卻不脛而走。雖然《接收收復區關務緊急實施辦法》並非十分嚴格，但華籍關員們更害怕的是《懲治漢奸條例》。這個條例一九三八年三月十六日由行政院批准。[77]如果落實《懲治漢奸條例》，岸本海關中大部分華籍關員都會被處決。雖然看起來《懲治漢奸條例》不太可能會被具體落實，但華籍關員們也擔心自己將會被免職，並不能再回到海關。

一九四五年六月，日軍在太平洋戰場的劣勢已無可挽回，岸本和總署處長必須制定撤退計畫，並與關員結清工資。人事處長裘倬其，機要處長杉山彌六和審計處長井戶川一對於這個問題的看法頗有分歧。井戶川一認為：

> 由於商品價格上漲，貨幣貶值……在現存體系下可發放的退休金已不能滿足目前情況。因此我懇切地建議，員工在海關工作的每一年，按照每月總薪酬的四分之一發放退休金福

利，而不是按照三個月的薪酬加上一筆等額的數量作為退休金福利。[78]

然而，作為華籍關員領袖裘倬其反對這一新的退休金政策。他說：

> 海關員工將他們人生中最美好的三十年，甚至更多都獻給了海關……因此海關自然有義務替他們考慮，保證他們在退休之後的晚年能夠維持生計，而想到他們現在面臨著如此悲慘的境況，並且不是因為他們自身犯了什麼錯誤，這實在是讓我感到心痛！[79]

---

74 中國第二歷史檔案館，2085 69，《汪偽海關機要通令底稿》：〈岸本廣吉機要通令第一八〇號〉，一九四三年十二月二十一日。

75 中國第二歷史檔案館，679(9) 4, DIG IGS Letters to Chungking, vol. I:IGS No. 7, Ting to Little, 24 September 1945.

76 〈岸本廣吉通令第五八六〇號〉（一九四三年十二月二十一日），中華人民共和國海關總署辦公廳編，《中國近代海關總稅務司通令全編》，第四十二卷，頁三八七—三八八；〈岸本廣吉通令第五八七七號〉（一九四四年七月十三日），中華人民共和國海關總署辦公廳編，《中國近代海關總稅務司通令全編》，第四十二卷，頁四八一—四八二。

77 中國第二歷史檔案館，679(1) 28977, Inspector General Semi-Official Circulars Vol. 2, Nos 101-200: Executive Yuan Despatch No. 1240 Confidential Despatch, 16 March 1938.

78 中國第二歷史檔案館，2085 69，《汪偽海關機要通令底稿》：人事處長井戶川一’s Memorandum for IG Kishimoto, 21 June 1945.

79 中國第二歷史檔案館，2085 69，《汪偽海關機要通令底稿》：財務處長裘倬其’s Comments on 人事處長井戶川一’s Memorandum to IGKishimoto, 21 June 1945.

作為已經工作了十五年的日籍關員，杉山彌六為裘倬其說話。他說他「同意實施將範圍定在以『每月總薪酬的三分之一』為基礎的提議」。[80]但是，作為日本陸軍軍官，井戶川一當然不同意，因為岸本的總稅務司署應當節省每一分每一毫以抵禦美國登陸日本本土。雖然井戶川一建議「將這個問題提交到總稅務司處，由他本人決定」，[81]但岸本自己也不得不聽命於日本軍方，並採用四分之一的退休金發放計畫，而且這個退休金計畫只適用於日籍關員。[82]一千多名日籍員工得到了退休金，而其中大約六百四十人在珍珠港事件之前加入中國海關。[83]岸本於在八月十五日結清他們的退休金後，於八月二十三日辭職。岸本辭職後，日籍關員仍然堅守海關崗位。他們堅守在「海關的各角落」，而且有些關員和憲兵甚至抵抗共產黨部隊的接收，直到國民黨部隊抵達。[84]因此，丁貴堂評論道：「前日籍關員，尤其是那些較資深的，在保衛海關財產和檔案完整這一任務上可以說盡職盡責」。[85]

自一九〇五年加入中國海關，一九四五年退休，岸本四十年的海關生涯贏得華籍關員的支持，但這也引起日本軍方的懷疑。在太平洋戰爭爆發後，總稅務司最重要的能力就是體察政治敏感度，事實上，梅樂和和岸本廣吉的政治才幹都很傑出。畢可思將梅樂和入獄描述為「最終的災難」。[86]但是反觀岸本廣吉安排的撤退計劃本來有可能被認為是更大的災難。實際上並非如此，他仍然保留了中國海關的價值，因為關員、檔案和總稅務司署在抗戰勝利後仍然保留在上海等待國民政府接收。

在抗戰期間，岸本既沒有強迫他的華籍同事進行合作，甚至在關員逃往重慶後，也沒有對其家人進行報復。他努力保存了大多數的華籍關員，並竭力阻止日本軍方掌管總稅務司署。裘倬其也在照顧華籍關員中扮演了重要角色。裘倬其「始終將華籍關員的福利記在心上，並通過他的外交才能，使得華籍關員的工資得到適當增長，以支付大筆的生活花銷」。[87]

岸本的窘境其實擊竹難書。他不得不在一個更鬆散的汪偽和華北政務委員會結盟關係中生存，管理比重慶總稅務司署更多的海關站；不用說，汪偽政府並不能提供多少保護。作為自一九〇五年就開始在中國生活的日籍關員，他清楚地知道日本軍方對他並不信任。雖然岸本領導的海關被日本化，但統計處長葉元章曾在梅樂和、岸本廣吉和李度三位英、日、美籍總稅務司手下直

---

80 中國第二歷史檔案館，2085 69，《汪偽海關機要通令底稿》：秘書處長杉山彌六's Comment on Pension Benefits, 25 June 1945.

81 中國第二歷史檔案館，2085 69，《汪偽海關機要通令底稿》：人事處長's comments on 財務處長's and 秘書處長's comments re pension benefits, 28 June 1945.

82 中國第二歷史檔案館，2085 69，《汪偽海關機要通令底稿》：〈岸本廣吉機要通令第一八九號〉，一九四五年七月二十五日；亦見中國第二歷史檔案館，679(9) 4, DIG IGS Letters to Chungking, vol. I:IGS No. 2, Ting to Little, 15 September 1945.

83 Bickers 'Anglo-Japanese Relations and Treaty Port China', 48.

84 中國第二歷史檔案館，679(9) 7, D.IGIGS. Letters to Chungking, vol. IV:Lungkow, Seizure of by 8th Route Army, 19August 1945.

85 中國第二歷史檔案館，679(9) 4,D.IGIGS. Letters to Chungking, vol. I:IGS No. 2, Ting to Little, 15September 1945.

86 Bickers, 'The Chinese Maritime Customs at War, 1941-45', 299.

87 Yeh, *Recollections of A Chinese Customs Veteran*, 90.

接工作，還是感到上海總稅務司署「與以前大致一樣。多數新上任的人都有很好的語言能力，並且我們在責履日常職責和交換意見想法時也並沒有遇到什麼困難。不論是在常規會議上還是社交活動上，處長們經常與總稅務司聚在一起。」[88]

每一個華籍關員於一九四九年後寫的關於岸本的回憶錄中，岸本都被描述為一個明智、和藹、有能力的人。王文舉辛辣地批評了丁貴堂、李度，以及前兩任臺灣總稅務司羅慶祥和方度，但他評論道「岸本是一個明智的領導者，他懂得如何避免爭執糾紛」。[89]李度也認為岸本是一個非常「有能力的人」，但只是一個「傀儡總稅務司」，[90]但是李度從未在汪偽政府中工作過一天，所以他可能無法了解岸本廣吉付出的努力。李度的「傀儡」之說可能是由於岸本夾在日本軍方和汪偽政府之間的招人怨恨的位置，但也可以認為扮成一個傀儡的角色僅僅是應付日軍和汪偽政府的表象。

如果在第一、二次英法聯軍之役和八國聯軍之役，我們可以認同赫德以及英籍關員對恢復中外關係的和諧以及對中國的自強運動和新政做出貢獻；或許也應該同樣看待岸本和日籍關員。如果用高標準要求岸本廣吉，那麼他應該制定一套改革計畫，但是戰火綿延將每一個人都捲入了太平洋戰場的泥潭之中。然而，岸本還是成功地堅守崗位，直到抗戰結束，他堅守到最後一天，同時幫助中國海關渡過這兩次撤退的危機，保護了華籍海關關員，並為自己找到一條出路。很難想像在這種種情況下，還能有什麼更好的結果？

（三）在重慶的掙扎與倖存

太平洋戰爭爆發後，重慶關稅務司周驪被任命為署理總稅務司，[91]並受命於一九四一年十二月在重慶重建總稅務司署；他於一九四二年一月十二日發出了重慶總稅務司署系列（Chungking Inspectorate Series）第一號通令，要求全國海關站，包括在國統區和日占區稅務司，忽略岸本廣吉的命令。[92]前二十個月的混亂（一九四一年十二月到一九四三年八月）最為嚴重，因為周驪是中國海關史上最沒威信的總稅務司。首先，重慶的總稅務司署沒有什麼資源可用。「那裡沒有員工，沒有檔案，沒有錢。那裡沒有紙張，沒有傢俱；那裡也沒有打字機」，畢可思評論道：「實際上，按理來說海關沒有繼續存在的合理理由」。[93]第二，周驪極依賴於關務署的職員來維繫總稅務司署的營運。「現成的總稅務司署關員」等待著周驪——他們都是關務署派來的——而這清

88 Yeh, *Recollections of A Chinese Customs Veteran*, 91.

89 王文舉，《濫竽海關四十年》，頁五十六。

90 Conversazione' transcript, 54.

91 葉元章卻有另一番解釋：「財政部已經要求重慶關稅務司霍啟謙處理海關事務，霍啟謙在大後方的關員中抽調出部份關員，然後再將總稅務司署慢慢發展起來」。Yeh,*Recollections of A Chinese Customs Veteran*, 92.

92 〈重慶總稅務司署系列通令第五七六九號〉，一九四二年一月十二日；中華人民共和國海關總署辦公廳編，《中國近代海關總稅務司通令全編》第二八卷，頁一三六。

93 Bickers, 'The Chinese Maritime Customs at War, 1941-1945', 301.

楚地表明「他就只是在虛線上簽字，其他的什麼也不做」。[94]在重慶的三年多，關務署的權力居然首次超過了總稅務司署，這是稅務處一九〇六年成立以來前所未有的地位。一九三七年以前，財政部通常是跳過關務署直接與總稅務司對話，反之亦然。而丁貴堂一到重慶後就發現今非昔比。[95]

除此之外，還有更深層的原因。一九四一年以前，周驪任重慶關稅務司，相比於重要海關站稅務司或科處稅務司來說，重慶關稅務司都是相對不重要。如果太平洋戰爭沒有爆發，周驪絕不可能成為總稅務司。他的資歷和威望都不足以使華、洋籍關員信服。像盧斌說：周驪「害怕這項工作」，並且是「無能和無用的」。[96]不管如何，周驪都不是一個總稅務司的合適人選。

盧斌對周驪不滿意，因為在汪偽政府成立後，丁貴堂向梅樂和推薦他前往重慶建立一個後備總稅務司署。[97]盧斌於一九一四年[98]從稅專畢業，並被任命為幫辦；一九三六年他被提拔為杭州關代理稅務司，並於次年任杭州關稅務司。[99]由於戰爭的問題，盧斌被調入總稅務司署，並於一九三八年七月建立杭州關上海辦事處。[100]為了幫助盧斌前往重慶，梅樂和在一九四一年三月嘗試將他轉移到大後方的蒙自關，但這調任被汪偽關務署長張素民否決了。雖然梅樂和在同年十一月成功地把他調走；[101]但太平洋戰爭爆發後，當盧斌還在從香港趕往重慶的路上的時候，周驪就已經被任命為署理總稅務司。

關員人數不足嚴重地影響了周驪的總稅務司署的效率，但華籍關員分三波到達了重慶。第一波是一九四一年十二月八日前到達的，如：盧斌和范豪。[102]第二波在《接收收復區關務緊急實施辦法》規定的一九四三年底前到達，如：丁貴堂和張勇年。[103]第三組在《接收收復區關務緊急實施辦法》規定的期限後，但是在日本投降前到達，如：王文舉。

---

94 Queen's Univeristy Belfast, MS16, Wright Manuscript Collection, Foster-Hall to Wright, 10December 1943.

95 中國第二歷史檔案館，179(1) 709《關務署核議代總稅務司丁貴堂關於人事調整及改進之意見》：〈丁貴堂呈《海關人事調整及改進意見》〉，一九四三年七月十七日。

96 Harvard Houghton Library, L.K. Little Papers, BMS Am 1999- Box 1, Lu Ping, quoted in Little, 'Aide Memoir', 18 November 1943, 18.

97 中國第二歷史檔案館，679(6) 652，《裘倬其、沈博塵附敵撤職及沈博塵控告丁貴堂等》：Ding Guitang's Written Confession, 4 January 1947.

98 中國第二歷史檔案館，679(6) 10，《總稅務司署漢文卷宗第九號：北平稅務學校，1907-1928》：Shui-wu Chu to IG, Li No. 80, 16 June 1914.

99 中國第二歷史檔案館，679(1) 9897, Lu Ping's Career《盧斌資歷卷》：Mazeto Lu, Acting Commissioner of Customs, Hangchow, 15 March 1936; Mazeto Lu, Acting Commissioner of Customs, Hangchow, 30 March 1937.

100 中國第二歷史檔案館，679(1) 9897, Lu Ping's Career《盧斌資歷卷》：Mazeto Lawford, Commissioner of Customs, Shanghai, 27 July 1938.

101 中國第二歷史檔案館，679(1) 9897, Lu Ping's Career《盧斌資歷卷》：Maze to Lu, Commissioner of Hangchow Customs at Shanghai, 27 March 1941; IG Order No. 1403, 8October 1941.

102 中國第二歷史檔案館，679(1) 9897, Lu Ping's Career《盧斌資歷卷》：Maze to Lu, Commissioner of Hangchow Customs at Shanghai, 27 March 1941.

103 中國第二歷史檔案館，679(6) 652，《裘倬其、沈博塵附敵撤職及沈博塵控告丁貴堂等》：Ministry of Finance Chungking Confidential No. 77497, 10 September 1943.

雖然第一波到達的關員不足以運行整個海關，但扮演關鍵角色，因為他們維持了海關的基本功能。第二波關員最為重要，因為他們向重慶政府表示了忠心，又在《接收收復區關務緊急實施辦法》規定到期前抵達。第三組就沒有那麼幸運了，王文舉於一九四四年冒著生命危險逃出日占區，並於一九四五年初抵達國統區。但是，他雖然對重慶政府表達了忠心，但是他是在《接收收復區關務緊急實施辦法》到期後才抵達重慶的。雖然在戰後，第三組關員不必被政府調查，但總稅務司署不得不將他的資歷降低到一九四一年十二月八日以前。

太平洋戰爭爆發的一年後，梅樂和意外現身了。他很幸運地被日軍釋放，並於一九四二年八月二七日向非洲東海岸的洛倫索馬克斯航行。隨後，他突然改變了計畫，一路返回重慶。他向財政部長孔祥熙提交報告，詳述從一九三七年八月二十四日到一九四一年十二月七日期間的所有細節。不論其目的是否為退休金，[104]他仍然是海關名義上的首腦。梅樂和於一九四三年三月一日復職總稅務司，但是前提是梅樂和同時也要遞交辭呈，並於一九四三年五月三十一日起生效；而署理總稅務司周驪則於同一天退休。[105]關於此事，最開心的人莫過於周驪，因為他可以「逃離」這困局。[106]

梅樂和海關生涯的最後一天，他得到退休金，任命總務科稅務司丁貴堂為署理總稅務司（Officiationg IG），再任命前粵海關稅務司李度（Lester Little）為代理總稅務司（Acting IG）；李度到達從重慶後，自動真除總稅務司。[107]「這個經驗豐富的長官〔梅樂和〕的辭職」，《泰晤士報》評論道，「標誌著中國海關史第三階段的結束。」[108]華、洋籍關員對梅樂和有不同的看法。「所有英籍的海關關員抓住所有機會咒罵梅樂和」，但「丁貴堂對梅樂和非常忠心」，而且他「堅持認為他為華籍關員做了很多」，雖然丁貴堂知道梅樂和是「一位愛爾蘭政客」。[109]

丁貴堂出任署理總稅務司從一九四三年五月三十一日開始，至八月十六日結束，[110]雖然時間短暫，但對中國海關、華員而言卻有非凡意義，因為這是華籍關員首次領導「中國」海關。丁貴堂努力展示才幹，提交《海關人事調整及改進意見》。「急需提拔低階關員」，並「解雇不合格的外籍關員以及那些拒絕回來培訓更多高級關員的人」。丁貴堂還建議關務署「關閉日占區的海關站以及駐倫敦辦事處」，以節省開支。丁貴堂甚至說，他不介意關務署與總稅務司署的合併。[111]這建議非常激進，雖然此合併案會解決長久以來，中國政府為了解決「間接控制的代理制度」而設計出的疊床架屋的官僚機構，但同時這也意味著自一八五四年成立的總稅務司署的落

104 Bickers, 'The Chinese Maritime Customs at War, 1941-1945', 303.

105 Queen's Univeristy Belfast，MS16, Wright Manuscript Collection, Foster Hall to Wright, 10 December 1943.

106 Harvard Houghton Library, L.K. Little Papers, BMS Am 1999- Box 1,Little, 'Aide Memoir', 5 October 1943.

107 中國第二歷史檔案館，679(1) 4202, Mr. Ting Kwei Tang's Career《丁貴堂資歷卷》：IG Order No. 62, Chungking, 31 May 1943.

108 《泰晤士報》，一九四三年六月一日。

109 Chang ed., *The Chinese Journals of L. K. Little*, 26March 1943, vol. I, 4.

110 中國第二歷史檔案館，679(1) 4202, Mr. Ting Kwei Tang's Career《丁貴堂資歷卷》：IG Order No. 71, Chungking, 16 August 1943.

111 中國第二歷史檔案館，179(1) 709，《關務署核議代總稅務司丁貴堂關於人事調整及改進之意見》：〈丁貴堂呈《海關人事調整及改進意見》〉，一九四三年七月十七日。

幕。也許丁貴堂認為，只要現存總稅務司署還是繼續存在，那麼華籍關員就永遠不可能取代外籍關員掌管中國海關。如果丁貴堂的建議被採納，那麼華籍關員就可以在關務署得到提拔的機會，而外籍關員不可能在關務署有晉升的機會。

李度一到重慶，就感受到「署理總稅務司的工作十分出色」。[112]雖然丁貴堂對李度的任命不置一詞，但李度可以感受到這位署理總稅務司的不滿。關務署長警告李度說：署理總稅務司正在建立「丁幫」。[113]在一九四三年十一月張勇年到達重慶後，[114]丁幫變得更加壯大。一九四三年十一月十日，李度重設了副總稅務司一職，並任命丁貴堂出任，以安撫這位卸任的署理總稅務司的情緒。這個職位是一九〇八年赫德離開中國後設立的，梅樂和與易紈士競爭期間也有這個職位。[115]換言之，副總稅務司一職的出現，都是在中國海關處於權力交替的不穩定時期的職位。

這是丁貴堂本應有的提拔機會第二次被外籍關員奪走。一九三五年的時候，羅福德任署理總稅務司，丁貴堂任署理總務科稅務司，因為梅樂和休假結束，加上岸本廣吉回中國，就把丁貴堂調回漢文科稅務司。沒想到這一次更不公平，因為丁貴堂的兩個前任上級，周驪和梅樂和都不想待在重慶和華、洋籍關員同甘共苦，而丁貴堂在一團糜爛收拾殘局。雖然李度也是合適人選，並且與宋子文有不錯的關係，而宋子文派他與顧維鈞一起去參加一九三三年的日內瓦會議，[116]但如果不把國籍考慮在內的話，丁貴堂更加合適，因為他曾任漢文科稅務司、署理總務科稅務司、汪偽漢文處長和重慶政府署理總稅務司。

美籍代理總稅務司李度的第一項工作就是於一九四三年十月在烏魯木齊開設新疆關。[117]開設新疆關的實際意義，也就是徵稅，雖然稅額微不足道，但是象徵意義就不一樣。丁貴堂「想要開拓比重慶離海更遠的西部地區」，從李度的說法就可看出其不無諷刺之意。「相對於一個以稅收為考慮的行動來說，這更像是一個針對蘇聯的政治舉動。」[118]重慶政府意在表明它對新疆的統治，因此，這個新設立的新疆關需要一個與國民黨有著良好關係的高級官員，來處理各種各樣的國內外糾紛。

當丁貴堂正忙於建立新疆關的時候，他感到新疆的局勢在不久後將會惡化。於是他發了一封電報給李度和孔祥熙。丁貴堂害怕「另一個『九一八事件』」將很快發生。「蘇維埃—八路軍—蒙古人—中國共產黨顯然已經聯合起來，努力將國民政府的影響驅逐出新疆。」[119]丁貴堂在電報中總結了他的所見所聞：

---

112 Chang ed., *The Chinese Journals of L. K. Little*, 16 August 1943, vol. I, 11.
113 Chang ed., *The Chinese Journals of L. K. Little*, 28 September 1943, vol. I, 19.
114 Chang ed., *The Chinese Journals of L. K. Little*, 17 November 1943, vol. I, 27.
115 中國第二歷史檔案館，679(1) 4202, Mr. Ting Kwei Tang's Career《丁貴堂資歷卷》：IG Order No. 87, 10 November 1943.
116 Conversazione' transcript, 52-53.
117 中國第二歷史檔案館，679(1) 4202, Mr. Ting Kwei Tang's Career《丁貴堂資歷卷》：IG despatch CIS No. 4/5662/Sinkiang, 23 February 1944.
118 Chang ed., *The Chinese Journals of L. K. Little*, 27 October 1943, vol. I, 24.
119 Chang ed., *The Chinese Journals of L. K. Little*, 1 March 1944, vol. I, 53.

到一九四二年底，新疆已經全面處於蘇維埃和八路軍的影響之下。蘇維埃的顧問無疑就是權威。蘇維埃花費了大量金錢在宣傳、建設等等方面上。大批蘇維埃部隊駐紮在哈密；「新疆變成了另一個外蒙古。」一九四三年初，隨著國際局勢的轉變，以及蘇維埃建立了第三國際，盛世才將軍百分之百地投靠了中國政府。蘇維埃的專家們被解雇；國民黨的辦事處開起來了；共產黨的活動者們被鎮壓了；「不受歡迎的人」被關進了監獄。盛世才將軍努力將一切蘇維埃影響斬草除根。蘇維埃停止了向新疆輸出物資，在部族之間（尤其是哈薩克族）宣傳反對盛世才將軍的言論。據報導，前蘇維埃顧問、外蒙政府、八路軍和蘇聯人都聯合起想要將盛世才將軍逐出新疆。目前還沒有地方衝突，但未來可能有嚴重的後果，除非這些活動得以鎮壓或「由地方或中央政府合理處置」。[120]

丁貴堂於一九四四年七月二十八日完成了新疆關的設置。[121]由於在西北的經歷，返回重慶後他變得「對中國的未來感到十分悲觀」。丁貴堂認為「所有中國人都認為與日本的戰爭結束後，中國將有一場國民黨對共產黨的內戰。他認為共產黨有了蘇聯的幫助，將會控制華北和西北地方。」[122]

李度任命總稅務司後，重慶總稅務司署領導更換頻仍的問題終於解決，但總稅務司的工作還是困難重重。據丁貴堂分析，在重慶政府中「反海關」的力量主要來自三方面：⑴負責徵收統一稅（Consolidated Tax）的關員，因為他們不喜歡戰時消費稅；⑵緝私局，因為他們不喜歡中國海關的檢查工作；(3)徐堪，因為他是「海關的仇敵」並且說海關中的「『中國人』全部是外國人的奴隸」。[123]但對李度而言，最為緊要的問題是：如何保障關員的基本生活條件？

一九四三年八月，李度向孔祥熙要求，發給關員足夠的生活費，而孔祥熙批准發放名為緊急救濟款的津貼。此津貼從一九四三年十月一日起發放。隨著抗戰進入最後階段，日本軍隊對重慶進行了全面經濟封鎖，一九四四年的惡性通貨膨脹，關員需要「接受官方大米或者根據市價計算的這些大米的等值現金，並從海關合作社那裡以一九四三年十二月的價格領取」，[124]為此事，李度再次去找孔祥熙。孔祥熙命令關務署和總稅務司署在一九四四年四月一日到一九四四年十一月期間向海關關員發放必需物資。關務署將此改名為生活津貼（**Subsistence Allowance**）的新計畫，並要求總稅務司署不要支付此津貼。這要求表面上合情合理，因為同一項津貼不應由兩個機構同時發放，而且發放現金比發放物資有效率的多。但是深層原因更加微妙：生存津貼是所有華籍關員工資中占比例最大，所以發放生活津貼就意味著實際上控制了華籍關員，這也是為什麼關

120 《丁貴堂給孔祥熙的信之匯總》：Chang ed., *The Chinese Journals of L. K. Little*, 28 March 1944, vol. I, 155; Chang ed., *The Chinese Journals of L. K. Little*, 1 April 1944, vol. I, 53.

121 Chang ed., *The Chinese Journals of L. K. Little*, 28 July 1944, vol. I, 72.

122 Chang ed., *The Chinese Journals of L. K. Little*, 6 October 1944, vol. I, 81.

123 Chang ed., *The Chinese Journals of L. K. Little*, 6 November 1944, vol. I, 86.

124 中國第二歷史檔案館，679(6) 1209，《財政部來往密函，1944-1945》：Little to Soong, 26 March 1945.

務署堅持自己發放此項津貼的原因。

雖然生活津貼不足以支持大後方通貨膨脹，但李度手下的關員的廉潔程度以及華、洋籍關員同心同德的情況，都比岸本總稅務司署的情況要好。為了保證總稅務司署在大後方的存續，華、洋籍關員都要努力證明他們的存在價值。在大後方的這三年半，他們通力合作為海關存續而工作，但這種合作只有在總稅務司署有被廢除為前提下才能夠存在。表8.1顯示了重慶總稅務司署華籍高級關員遠遠多於外籍關員：有三十四名華籍關員受命為稅務司和代理稅務司。失去外籍關員也意味著失去有價值的人力資源，但有些華籍關員可能認為，為了升遷這是可以接受的代價。

但是，在重慶政府眼中，仍然需要維持外籍關員的統治地位，原因有三：一、重慶方面任命周驪為署理總稅務司，但梅樂和已經在一九四一年將盧斌派往重慶；二、並且丁貴堂在一九四三年被任命為署理總稅務司後，也不得不讓位給李度；三、保留倫敦辦事處，並支付不在中國的關員工資。

此時，一位出人意料的大人物對中國海關顯示出極大興趣——「中國的希姆萊」，[125]戴笠。李度十分厭惡戴笠，因為他從洛陽關稅務司李桐華那裡聽過戴笠惡名。在河南省，李桐華親眼目睹了「緝私局鞭打和折磨人們如家常便飯；並且在沒有許可的情況下就隨意搜查私宅」。[126]

125 Frederick Wakeman, *Spymaster: Dai Li and the Chinese Secret Service* (Berkeley, CA: University of California Press, 2003), 1.

126 Chang ed., *The Chinese Journals of L. K. Little*, 26 September 1944, vol. I, 79.

表8.1　1944年12月華籍關員和外籍關員的數量

外籍關員（稅收和海事部門）	
在大後方的關員（包括倫敦辦事處和在美國的聶普魯）	17
在日占區被拘禁	104
遣返回國	41
國統區的中立國籍關員（包括被汪精衛海關強迫退休的21人）	94
華籍關員	
內班	
代理總稅務司	1
稅務司	18
代理稅務司	15
幫辦	125
關員	339
外班	
察驗	149
驗估驗貨	238
海關監察員	334
員	521
役	1033
稅務部門	336
海務部門	287
海關題名錄登載關員	99
總計	3751

資料來源：679(1) 14229人事科關於戰時消費稅廢止的問題

戴笠發現日占區的華籍關員網路有重大情報價值。[127]更有甚者，戴笠與若干關務署或稅專的官員有著複雜的關係。比如，魏斐德評論道：當戴笠跟蹤稅專前校長溫毓慶去香港啟德機場時，他被發現了，並被迅速逮捕至九龍監獄。這是「戴笠一生中最為恥辱的經歷」。[128]戴笠也從華籍關員那裡得到了一些幫助。他的中央統計局在日占區的各大城市建立了複雜的情報網路，並且魏斐德懷疑「這個網路可能是鄭萊在一九二八年，從上海發送銀行業情報的渠道，這一舉動引起了英國員警和情報官員的注意」。[129]

戴笠採取迂迴策略接近中國海關。他首先提議中國海關應該重新擔負起緝私職責。一開始，宋子文和李度支持這個建議，並回覆說：

> 中國海關能夠在全國重新擔負起鞏固和控制貨物檢查以及反走私的重任，實屬榮幸，我希望閣下能夠放心，我和我的員工已經做好準備，並十分願意接受這些責任，並且我們會努力做好一切，不辜負您的信任。

然而，這只是戴笠的誘餌。戴笠的第二步是將反走私「活動（防止破壞活動、鎮壓匪患等）」移入他的緝私局之下來接管「安全」部門。雖然他承諾維持安全辦公室作為一個「盡可能最簡單的組織」並「不允許疊床架屋」，[130]但這就將稅務司納入了緝私局的管轄之下。戴笠告訴李度說「大元帥（蔣介石）和宋子文意圖將工作交給更能勝任的人」。[131]李度生動地記載了與戴笠的鬥爭：

我強烈反對強迫海關承擔起安全職責方面的責任。隨後，當我和丁貴堂在樓下等候的時候，戴笠將軍正與宋子文進行密談。後來，我們四個進行了一次開誠布公的談話。我堅持我的看法；而戴笠堅持他的看法；宋子文說問題似乎是「不可調和的」，但宋子文支持我的看法，認為海關不應該擔負安全方面的工作。最後我們決定，戴笠應在明早向宋子文重新提交修改後的提議，所以我們的命運目前掌握在宋子文的手中。如果他也認可我堅持的原則，那麼我真是全重慶最開心、最如釋重負的人！戴笠實在是太有權力了，並且他能接觸到來自大元帥〔蔣介石〕那裡的資訊，這一點非常明顯。無論如何，我已經盡了我自己最大的努力：我告訴宋子文和戴笠說，讓海關擔負起安全工作很明顯將會帶來「災難性的」後果。有一件事很有意思——海關享有很好的聲譽。[132]

這場鬥爭過去八天後，李度確實成為了「全重慶最開心、最如釋重負的人」，因為宋子文告訴李度說：我「最終決定，海關不應該擔負起安全檢查的職責！（這短短幾個字好似從我的心上

127 Wakeman, *Spymaster*, 320-29.
128 Wakeman, *Spymaster*, 282.
129 Wakeman, *Spymaster*, 492-8.
130 中國第二歷史檔案館，679(6) 1209，《財政部來往密函，1944-1945》：Little to Soong, 3 January 1945.
131 Chang ed., *The Chinese Journals of L. K. Little*, 3 January 1945, vol. I, 100.
132 Chang ed., *The Chinese Journals of L. K. Little*, 5 January 1945, vol. I, 100.

拎起了一塊大石頭！）」[133]

至此中國海關最有競爭力的對手還是關務署。關務署長鄭萊被李儻取代，李儻「機智，並且到目前為止合作意識較強，但是他對海關歷史和業務的一無所知讓我不得不肩負起向他解釋的重擔」。[134]李儻可能是假裝對海關的歷史一無所知，因為他的目標是結束海關在中國政府中的特殊性地位。他與外籍關員和華籍關員作對。李儻將丁貴堂的薪水「從九萬七千美元降低到六萬美元」。李度將這詮釋為「單純的私人報復行為」。「李儻和李度兩人中，遲早有一人會離開。」[135]財政部長俞鴻鈞支持李儻的決定，並告訴李度說「丁貴堂先生應該記得他是一個中國人。」這句話有兩層含義。一、丁貴堂的薪水不應過高；二、丁貴堂要站在中國這邊，而不是外籍總稅務司這邊。[136]

戴笠和李儻都是中國海關的致命敵人。在這些重重壓力下，華、洋籍關員不得不共度難關，但由於海關位於內陸，中國海關的價值並沒有得到完全的體現。在重慶，李度和丁貴堂成了攻擊的目標，因為他們的工資變得更多了，而海關稅收額卻更少了。如果中國海關在重慶再多待一段時間，它遲早會被戴笠或李儻一點一點蠶食掉。

133　Chang ed., *The Chinese Journals of L. K. Little*, 13 January 1945, vol. I, 101.
134　Chang ed., *The Chinese Journals of L. K. Little*, 7February 1945, vol. I, 107.
135　Chang ed., *The Chinese Journals of L. K. Little*, 15 June 1945, vol. I, 125.
136　Chang ed., *The Chinese Journals of L. K. Little*, 21 June 1945, vol. I, 126.

第八章 國共內戰中的中國海關（一九四五—九）

抗戰勝利後，華、洋籍關員之間的關係變得更加緊張。當丁貴堂在上海總稅務司署進行復員工作時，他幫助汪偽關員逃過了政治審查。汪偽關員的感激之情極為深刻，因而成為丁貴堂的支持者，這就是「丁幫」在抗戰勝利後繼續壯大的原因。汪偽關員的感激之情，也許因為他們看到兩百一十一名同盟國的關員被岸本廣吉解雇後，極少有外籍關員願意重返重慶總稅務司署，因為重慶的生活條件實在太差。換言之，這些汪偽關員，沒有在重慶受過一天苦，然後等到抗戰勝利後，又可以重返令人稱羨的崗位，丁貴堂功不可沒。

抗戰勝利後，中國海關想要恢復抗戰爆發前的管理體系，同時也要接收東北和臺灣的海關站。因此，總稅務司署於一九四五年後重新雇傭了一些資深的外籍關員回中國報到，[1]大約有三

1 〈李度機要通令第一八七號〉（一九四六年二月二十三日），中華人民共和國海關總署辦公廳編，《中國近代海關總稅務司通令全編》，第四十一卷，頁五八〇—五八四。

百四十名外籍關員重返崗位。[2] 此時華籍關員肯定能夠體會丁貴堂的心情——華籍關員經歷了幾年冒著生命危險的拚搏，沒想到外籍關員又準備重新接管中國海關。但是，外籍關員沒想到的是，華籍關員的力量已今非昔比。

抗戰勝利後，國民政府似乎不再依賴總稅務司署的外國特性。它不僅向總稅務司署施加壓力，而且還努力打破華、洋籍關員的特權。為了保護他們固有的特權，華、洋籍關員聯合起來對抗國民政府。國民政府隨即意識到，想要控制華籍海關關員，跟控制外籍海關關員一樣難，尤其當國民政府錯誤的財政政策接二連三地令關員失望之後。緊接著而來的國共內戰從東北席捲到京滬地區。而總稅務司署及其海關站的終結也見證了這一過程：一九四七年十二月，在東北重建海關的計畫失敗；一九四八年末，中國共產黨控制了華北海關站，一九四九年四月，總稅務司署撤退到廣州，一九四九年十二月，李度撤退至臺灣。

（一）與國民政府撤退

雖然重慶國民政府設立戰後復員的接收計畫，但沒有人預見到持續了八年的抗戰會戛然而止。滿洲國和臺灣的海關站已經分別獨立十四年和五十年的事實使得總稅務司署的接收計畫變得更加複雜。重慶總稅務司署的關員數量不足以填補全中國加上東北和臺灣海關站的職缺，而岸本的關員是否會被重新雇傭也是未定之天。至少對中國海關來說，抗戰勝利是意外的驚喜，更是艱困的挑戰。

一九四五年八月十五日抗戰勝利後五天，丁貴堂收到了緊急電報。「我選擇了你前往上海來暫時負責海關的接收和復員事宜」，李度命令道：「因此我任命你為那兒的稅務司……並要求你聽命於我，而且只能聽命於我。」[3] 盧斌被任命接管第二重要的海關站，即津海關，[4] 而范豪被任命為江漢關稅務司。在那時，位於前線的日占區和國統區交界海關站仍然有時會聽命於位於上海的總稅務司署。李度提醒新任稅務司們說「你們在接受通令（同時包括上海總稅務司署通令系列和重慶總稅務司署通令系列）中的指令，並按指令操作具體事務的過程中是需要承受特殊的痛苦的」。[5]

丁貴堂到達上海以前，就已經接受了兩個職位，即「財政部辦公處專員和京滬區財政金融特派員」。[6] 前者聽命於財政部長俞鴻鈞，後者是何應欽的左右手。他不能只聽命於李度，因為這

---

2 Ladds, 'Empire Careers', 236.

3 中國第二歷史檔案館，679(1) 4202, Mr. Ting Kwei Tang's Career《丁貴堂資歷卷》：IG dispatch CIS No.1/9065/Shanghai, 20 August 1945.

4 中國第二歷史檔案館，679(1) 9897, Lu Ping's Career《盧斌資歷卷》：Little to Lu, 29August 1945.

5 中國第二歷史檔案館，679(1) 6612,Fan Hao's Career《范豪資歷卷》：IG despatch CIS No. 1/9100/Hankow, 29August, 1945.

6 中國第二歷史檔案館，679(1) 6612,Fan Hao's Career《范豪資歷卷》：Ministry of Finance Despatch No. 452,〈丁貴堂被派京滬區財經特派員公署專門委員〉，14 September 1945.

兩個臨時的職位都比李度給的職位要高。在汪偽和日本關員的幫助下，丁貴堂和愛佛司（R. G. Everest）於一九四五年九月順利地接收上海總稅務司署的徵稅和海務項。[7]

華北地區的復員並不成功。在去東北的路上，共產黨不時地會襲擊華北海關站。一九四五年八月十九日，龍口分關護理稅務司報告了一起共產黨攻擊事件，而日本軍隊守衛了城市。[8]膠海關稅務司李桐華也報告了共產黨襲擊東海關的事件。[9]而東北海關站由於蘇聯的占領以及蘇聯和共產黨之間的合作，情況更糟。東北行營經濟委員會主任委員張嘉璈意識到，「蘇軍也沒有意願讓國民政府向東北輸送軍隊參與重建」。[10]

華籍關員只被允許停留在大連，而大連關稅務司劉丙彝，也是丁貴堂在岸本總稅務司署漢文處的副處長，[11]被任命負責東北海關的接收復員工作。[12]然而，這項工作卻被從一九四五年八月到一九四六年四月期間占領東北的蘇軍的低劣軍紀嚴重打擊。「蘇聯士兵每天都在哈爾濱犯下搶劫、強姦、謀殺和綁架的罪行」，安東關代理稅務司王文舉報告：

> 因為蘇聯軍隊之到處姦淫擄掠，故殺人越貨之事，時有所聞，市長楊綽庵氏，常幽默的說：「古來新官到任，就怕貪著人命，我真倒楣，到任未久，就有八十三條命案。我覺得我隨時可能作張莘夫第二，但我不在乎，因為我已經吃了……石米……隻豬、牛、羊、雞、鴨，很對得起我自己，其實叫太太在床邊哭與在大街上哭我的一命嗚呼，是沒有什麼不同的！」
>
> 筆者遷到海關宿舍之次日下午，據燒鍋爐的伙夫汪德義報告：「現在海關辦公室之路

> 旁，有俄兵正在強姦一個婦人云云」。監察長師學斌曾前往視查，目睹獸性行為屬實。又於某日俄兵於光天化日之下在鬧衢正陽街頭，摟住一位婦人，欲行非禮，適有巡邏警官急予營救，遂勾動盤槍，殺死警官而逃，另一警官騎腳踏車直追，亦將逃兵槍斃……諸如上述醜事，幾乎無日無之。[13]

一九四六年三月，劉丙彝撤回北平，並且多數高階關員都被疏散到天津或北京。東北接收工作「僅就海關而論，已成大勢已經無可挽回之局面，蓋人事紀律，視同牟髦，權詐偏私，奉為圭臬」，王文舉向「某要員致函一通」：

---

7 中國第二歷史檔案館，679(9) 4, D.IGIGS. Letters to Chungking, vol. I:Ting to Little, 15September 1945.

8 中國第二歷史檔案館，679(9) 7, D.IGIGS. Letters to Chungking, vol. IV: Lungkow, Seizure of by 8th Route Army, 19August 1945.

9 中國第二歷史檔案館，679(9) 45，《副總稅務司與關務署長來往英文函告》：S/O letter No. 6, 24 November 1945.

10 Chang Kia-ngau, *Last Chance in Manchuria: The Diary of Chang Kia-ngau* (Stanford, CA: Stanford University Press, 1989), 20.

11 中國第二歷史檔案館，679(1) 4202, Mr. Ting Kwei Tang's Career《丁貴堂資歷卷》：IG Order, No. 1503, 29 December 1942.

12 王文舉，《濫竽海關四十年》，頁七四。

13 王文舉，《濫竽海關四十年》，頁七六—七七。

> 溯自接收東北以來，弟部奔馳各處，在哈被圈，幾三閱月，歸路斷絕……幸假軍事代表團之便，方得脫險歸來。返津未久，即奉去營〔口〕之命，在營〔口〕計一年有半，躬臨炮火，撤退兩次，其間經過之酸辛痛楚，實為有生以來所僅受者。去年十一月末，奉令率營口關職員移津辦公，到津後，又奉命趕辦交代，隻身來瀋，蓋已四進三出矣。因機生故障，幾遭隕命之禍。現瀋陽重圍愈緊，生活艱苦……且三年來朝秦暮楚，實屬流離太久……今職員及眷屬均遣送至安全地帶，即關警小卒，亦妥為護送：今日之稅務司，已小卒之不若矣……三年以來，仍係代理，其報酬不過流通券五萬元，在此足購高糧米十斤，而所受之顛沛流離及艱辛困苦，又有非實任稅務司所嘗受者。弟情願將代理撤銷，退居原職，以資休息而避賢路：近來新陸稅務司者頗多而弟則瞠乎其後，若論經驗學識，才幹及資歷，實不肯甘服……[14]

王文舉最終於一九四八年十月被調回了總稅務司署任緝私課副稅務司，為未來臺灣總稅務司羅慶祥的副手，而在東北最後的海關站，瀋陽關，已經關閉。東北海關的接收工作徹底失敗。

相比於東北海關的接收工作，臺灣海關的接收工作順利得多，但是在具體關務上，臺灣的接收工作卻更複雜，因為臺灣從一八九五年就變成日本殖民地。後來任臺灣總稅務司的張申福被任命為代理稅務司接管打狗關。[15]「因日本於二戰末期已將港務局與海關合併，所以戰後的接收，雙方對財產的接收就較為混亂，此乃財產的接收關係著各單位的實際利益衝突。」[16]由於只有九名關員從大陸被送到臺灣，張申福臨時招募了二十八名日籍的和十名臺籍曾任日殖時期臺灣海關關員，以及二十名雜工。比起丁貴堂必須通過關審會才能重新雇用汪偽關員，而張申福有更大的自主權的原因是，這些關員是臺、日籍，所以他們沒有成為漢奸的疑慮。然而，他們雖不需要通過關審會，但是也意味著他們只是臨時工，爾後也能被總稅務司署任命為正式關員。[17]

張申福靈活的雇傭政策不僅使重建變得更有效率，也幫助大陸關員順利渡過一九四七年的二二八事件，二二八事件使得臺灣的省籍關係變得非常緊張。二二八事件爆發的三天後，張申福命令所有外省關員從打狗關撤退，並向總稅務司署報告要從臺灣撤離。但是，局勢惡化極快，以至於安平關和布袋分卡的外省關員無法撤離。布袋關位於嘉義縣，那裡是衝突最激烈的地方。[18] 外省關員被本省人襲擊，但本省關員為外省關員提供了周全的保護。[19] 作為回報，在三月八日，國民政府軍隊抵達臺灣開始軍事鎮壓後，就換到外省關員幫助本省關員逃過追捕。

總體來說，臺灣海關的重建工作比東北重建工作要成功的多。主要的原因是國共內戰並沒有

14　王文舉，《濫竽海關四十年》，頁九一、九四—九五。
15　中國第二歷史檔案館，679(1) 9897 Lu Ping's Career《盧斌資歷卷》：IG Order No. 147, Chungking, 28August, 1945.
16　李文環，《高雄海關史》（高雄：財政部高雄關稅局，一九九九），頁一八一—一八二。
17　李文環，《高雄海關史》，頁一八八—一九一。
18　賴澤涵編，《二二八事件研究報告》（臺北：時報出版社，一九九四），頁一〇五。
19　李文環，《高雄海關史》，頁二八〇—二八四。

影響到臺灣。雖然二二八事件造成損害，但相對於蘇聯軍隊在東北的暴行和國共內戰相比，二二八事件對海關接收工作的傷害相對較小。另外，由於張申福的政策，本、外省籍關員之間的矛盾衝突得到了緩解。這些都是一九四九年後中國海關得以在臺灣存續的重要貢獻。

雖然在東北和臺灣的海關接收工作都出了或大或小的差錯，但是對中國海關而言，最重要的還是在上海總稅務司署的接收工作，而這個重擔就在丁貴堂肩上，丁貴堂需要在重新雇傭汪偽關員之前，對他們進行調查。這項工作給了他向（也可以說是賣人情）汪偽華籍關員提供保護的良機。他「暫時保留了海關中所有的高級華籍關員」，[20]並為汪偽關員辯護道：

> 事實證明，他們全部都處在敵人嚴格的監視之下……（他們）既不能同家人一起前往國統區，也不能留在日占區且獲得支持。並不是所有人都收到了通知：如果他們不在一九四三年底前動身前往國統區，那麼就將被開除。[21]

事實上，汪偽關員非常有價值，因為李度無法僅靠現存關員就足以運營總稅務司署和全國海關站。另外丁貴堂說：汪偽關員包括「受過更好教育的人，比國統區關員更有經驗和能力」，「海關如果失去他們將會是一大遺憾，更不用說他們的撤離會在將來大大影響海關行政管理的效率。」[22]

從表面上來看，丁貴堂竭力想保護汪偽關員的原因是，他想要保留足夠的關員進行復員工作；但是往更深一層次說，這也是為了保存華籍關員和自己的影響力。如果汪偽關員全被解雇，外籍關員就會填滿這些高階職務。為了留住這些汪偽關員，最明智的辦法是保證所有的調查工作在海關內部進行。關員審查委員會由稅專校長余文燦主持，代理稅務司聶普魯和銓敘科稅務司左章金是他的副手。[23]

關審會並不是政治迫害的獵巫，反而成了丁貴堂送人情和提供保護的工具，所以多數的汪偽關員都復職了，但是，不包括岸本廣吉以前的「首要助手和顧問」，即裘倬其、外班關員沈博塵和法籍稅務司克邏爾（H. Y. J. Cloarec）。然而，丁貴堂竭力保護裘倬其，報告說裘倬其「在汪偽海關中保護了華籍關員的利益，並幫助很多華籍關員逃往國統區」，並且戴笠也證實說他「在敵人占領上海期間參與了特殊的地下工作」。[24]然而，裘倬其曾經代表岸本參加過汪精衛的國葬，並任人事處長和江海關長。[25]他很難逃脫漢奸的指控。於是，裘倬其被解雇，[26]而當他因咽瘻而去

20 中國第二歷史檔案館，679(9) 4, D.IGIGS. Letters to Chungking, vol. I:IGS No. 2, Ting to Little, 15September 1945.
21 中國第二歷史檔案館，679(9) 4, D.IGIGS. Letters to Chungking, vol. I:IGS No. 7, Ting to Little, 24September 1945.
22 中國第二歷史檔案館，679(9) 4, D.IGIGS. Letters to Chungking, vol. I:IGS No. 7, Ting to Little, 24September 1945.
23 中國第二歷史檔案館，679(9) 1391，《丁貴堂答辯書及附件》：Little to Yu, President of Customs College, 30October 1945.
24 中國第二歷史檔案館，679(9) 4, D.IGIGS. Letters to Chungking, vol. I:IGS No. 7, Ting to Little, 24September 1945.
25 中國第二歷史檔案館，679(9) 1391，《丁貴堂答辯書及附件》：Report of the Customs Staff Investigation Committee, 13 November 1945.
26 中國第二歷史檔案館，679(1) 9152: DIG Order No. 133, 25December 1945.

世的時候，他的積蓄甚至不能夠支付他自己的葬禮。[27]葉元章感嘆道：他「悲慘的結局使得他的很多同事都深感惋惜，因為他曾在〔抗戰〕艱困時期對這些同事照顧有加」。[28]

一九四六年的第一天，李度最終將他的辦公室搬回上海總稅務司署，並坐上了「梅樂和的舊位，周圍都是熟悉的傢俱和書等等。」[29]昔日的好時光似乎又回來了——海關現在看起來似乎與一九二九年梅樂和甫接任總稅務司時一樣，而開明的哈佛大學畢業生張福運再次被任命為關務署長。李度寫道：「這真是個振奮人心的消息。再也沒有李黛的困擾了，謝天謝地。」[30]然而，中國海關的歷史中立性並沒有被恢復，因為它在抗戰期間深深地捲入了國民政府內部的黨派紛爭之中。因此，李度現在不得不處理內、外部的雙重挑戰。

中國海關捲入的外部紛爭是根植於宋子文和孔祥熙的宿怨之中。宋子文干涉過中國海關的人事任命，因為他不想看到孔祥熙任命重要海關站的稅務司，而想要安排他的手下出任這些重要職務。宋子文反對聶普魯出任江海關稅務司，張福運回憶道：「聶普魯在華盛頓是為孔祥熙工作的，並且……『沒人知道他具體做什麼事情』」。雖然他們兩人關係不錯，但是李度不喜歡宋子文的干涉：「如果宋子文和孔祥熙之間的宿怨影響到海關的外籍關員，那就很不好了。」[31]但他也無能為力，因為抗戰時宋子文是中國海關最強有力的保障，並制止國民黨內的重要人物染指海關，例如：戴笠。

中國海關的內部紛爭則是與丁貴堂直接相關。隨著上海總稅務司署的成功復員，丁幫變得堅不可摧——葉元章是統計科稅務司，左章金是銓敘科稅務司，張勇年是丁貴堂的左右手，也是總務科稅務司，劉丙彝是大連關稅務司。看起來丁貴堂的權力也成了宋子文和張福運眼中的問題。宋子文說丁貴堂是一個「陰謀家」[32]，而張福運也不信任他。

但是這些丁幫成員的調任必須有正當理由，因為他們都為接收復員有所貢獻。但他們卻被外籍關員取代，並被調到了相對次要的單位。左章金出任膠海關稅務司，盧斌被晉升為查緝科稅務司。[33]張勇年被任命為粵海關稅務司。[34]但最重要的就是丁貴堂兼任的江海關稅務司。財政部長俞鴻鈞命令丁貴堂將江海關稅務司交給白禮查（E. A. Pritchard）並復任副總稅務司的虛位，雖然丁貴堂建議說，江海關稅務司應該由前汪偽關員來填補。[35]張福運告訴李度說：「丁貴堂的黨羽在

27 Harvard Houghton Library, L.K. Little Papers, BMS Am 1999- Box 1s, Lu Shou-wen to Little, 16 February 1957；亦見王文舉，《濫竽海關四十年》，頁一六—一七。

28 Yeh, *Recollections of A Chinese Customs Veteran*, 92.

29 Chang ed., *The Chinese Journals of L. K. Little*, 2 January 1946, vol. II, 3.

30 Chang ed., *The Chinese Journals of L. K. Little*, 26 September 1945, vol. I, 140.

31 Chang ed., *The Chinese Journals of L. K. Little*, 10 January 1946, vol. II, 5.

32 Chang ed., *The Chinese Journals of L. K. Little*, 10 January 1946, vol. II, 5.

33 中國第二歷史檔案館，679(1) 9897 Lu Ping's Career《盧斌資歷卷》：IG Order No. 204, 1 November 1946.

34 中國第二歷史檔案館，679(1) 9897 Lu Ping's Career《盧斌資歷卷》：IG Order No. 214, 11 January 1947.

35 中國第二歷史檔案館，Little to Ting, C.R. 2851, Commrs. No. 186255, 12June 1946; IG order No. 182, 12 June 1946; Chang ed., *The Chinese Journals of L. K. Little*, 11 June 1946, vol. II, 26.

白禮查的就任儀式時在港口上分發傳單，並號召海關關員們對此吵鬧抱怨。」[36]《人民日報》尖銳地批評：

國民黨當局最近又將江海關全部送入外人掌握。該關自被當局「接收」後，其總稅務司即由美國人李度擔任，中國人丁貴堂僅任副稅務司，但中國人獲任副職僅僅七個月，當局又免去丁氏之職，改由英國人禮查繼任。前天津海關稅務司梅維亮及其他外籍關員，並相率來華。國民黨當局此種出賣主權之舉，引起此間海關職工報關行航業界及各界愛國人士的憤慨和抗議。[37]

看到丁幫與共產黨的聯合反擊，國民政府與外籍總稅務司聯手處理華籍關員的問題。俞鴻鈞「被攻擊白禮查就任的報紙新聞激怒了，並且張福運給我讀了俞鴻鈞先生給他的指令，命令他去進行調查和『懲罰』」。[38]為了證明這次調任是公正無私的，《中央日報》指出：

關於任用英人白禮查為江海關監督事，聞此項任命係根據海關施行數十年之人事制度；依據該項制度，江海關人員更動視其年資能力學識等而定，日前該項制度仍在施行期間，故此次任用英人為江海關監督。按丁貴堂氏現任副總稅務司，渠於勝利後奉暫接收上海等地海關，江海關監督一職因一時人選未定，暫由丁氏代理，稅務司係統籌關務，工作繁重，對於

> 江海關監督職務，自難兼顧，依照海關人事制度，總以服務人員中之年資最深經驗豐富者繼任，而在前訂外人在我海關服務合同未滿前，中外人員實均享有同等權利，英人白禮查在我國海關服務歷三十五年，曾任九龍關等要職，依現定渠乃任海關監督之最適當人選，將來俟白氏服務期滿退休後，繼任人選亦將循此辦法遴選，聞我國海關現有尚未服務期滿之外員約兩百餘人，渠等於服務期滿後，亦將陸續退休。今後海關中外國人，已逐漸減少，俟外人全部退休後，即可耽全不用外人。[39]

《中央日報》的報導反映了兩件趣事：一、《中央日報》仍然沒搞明白稅務司和海關監督的不同；二、居然主張「中外人員實均享有同等權利」和「今後海關中外國人，已逐漸減少，俟外人全部退休後，即可耽全不用外人」，這樣為外籍關員辯護看起來真的很諷刺，這讓《中央日報》看來就像為外籍關員辦護的喉舌。

然而，這一次華籍關員的怒火沒那麼容易平息。丁貴堂也對這個安排十分不滿，此時他對總稅務司署的態度已經與一九三〇年代不同了。抗戰勝利後，他立即寫信給張勇年抱怨道：

---

36 Chang ed., *The Chinese Journals of L. K. Little*, 17 February 1947, vol. II, 54.

37 《人民日報》，〈國民黨當局出賣國家主權將江海關送與外人〉，一九四六年七月二日。

38 Chang ed., *The Chinese Journals of L. K. Little*, 14 June 1946, vol. II, 26.

39 《中央日報》，〈根據海關人事制度遴選白禮查任江海關稅務司〉，一九四六年七月十九日。

外籍關員仍然十分頑固，並且認為他們對於海關來說是不可或缺的。正如你知道的那樣，他們威脅說如果他們的待遇不提高，就會從海關中撤走，這純粹是嚇唬嚇唬而已……現在，華籍關員已經可以在沒有外籍關員協助的情況下很好的掌握海關的行政管理工作……當然，外籍關員要保護他們自己的利益，但我們的國家形象和尊嚴比他們的面子要重要得多。[40]

隨後，丁貴堂寫信給關務署長張福運，詢問「是否會還給在海關中的華籍高級關員一個公道……要是在現存的這種待遇和條件下，外籍關員是不會願意離開的」。[41]李度搬到上海之後，他感覺丁貴堂「變得越來越不聽話了，越來越執拗和蓄意阻撓。他想盡辦法，千方百計地阻撓和推遲我將重要人物調離上海和吸收新血的計畫。」[42]丁貴堂的做法引起了財政部對丁幫的注意。公平地說，如果華籍關員看到抗戰時在歐美的外籍關員在戰後又復職，他們會怎麼想呢？丁貴堂肯定不是唯一對此感覺不公的人。

華籍關員的不滿情緒最終爆發了。在抗戰時，華籍關員忍受著低工資，而生活支出仍算可控，但他們發現抗戰勝利後的華、洋籍關員的薪水差異完全不可接受。上海的華籍關員共同提交了一份請願書，抱怨英鎊配薪的情況。在請願書中，他們說「甚至有些外籍關員都覺得，他們的工資比華籍同事高好多倍的這種情況讓人覺得很不舒服」。[43]

一九三〇年代法幣幣值穩定時，百分之五十的英鎊配薪的影響不很明顯，但京滬淪陷後，英鎊配薪卻變成了一筆財富。梅樂和甚至將五成的比例提高到了百分之七十五，而匯率仍然維持在抗戰前的一法幣兌一先令二．二五便士，抗戰爆發後，法幣的市場匯率遠低於此匯率。因此外籍關員可以賣掉一小部分英鎊配薪，而換取更多的法幣。隨後，規定的百分之七十五又在一九四六年上升到了百分之一百四十，因為國民政府不能夠有效地應對惡性通貨膨脹的問題。抗戰期間，英鎊配薪的比率還是固定的，但法幣的匯率變得更低了。英鎊配薪和津貼使得外籍關員的工資比他們的華籍關員高太多。換言之，中國經濟越是惡化，外籍關員的收入就越多。

但是外籍關員也覺得委屈。到一九四八年底，海關中只有一百四十八名外籍關員了。這其中，有七十九名是內班關員，他們已在海關中工作二十五年，可以退休了。剩下的六十九人會在一九四九年到一九五五年期間完成二十五年的退休年資，還有二十多人會在一九五八年底以前完成。雖然剩下的外籍關員也都很有能力，但不斷惡化的通貨膨脹和國共內戰使他們認真考慮要不要提早退休。

40 中國第二歷史檔案館，679(9) 45，《副總稅務司與關務署長來往英文函告》：Ting to Chang Yung-nian, 3 October 1945.

41 中國第二歷史檔案館，679(9) 45，《副總稅務司與關務署長來往英文函告》：Ting to Chang Fu-yun, 8 October 1945.

42 Chang ed., *The Chinese Journals of L. K. Little*, 8 October 1944, vol. II, 36.

43 〈李度機要通令第一八四號〉（一九四七年四月四日），附件一〈照錄上海區海關全體華籍員工呈總稅務司文〉（一九四六年一月十日），中華人民共和國海關總署辦公廳編，《中國近代海關總稅務司通令全編》，第四十一卷，頁五九八—六〇三。

李度在告訴美國大使司徒雷登：「他們想要開除最優秀的外籍關員的時候，正是中國歷史上，最需要所有廉潔官員，這不得不說是一個遺憾」。李度點出了外籍關員的感受：他們「不再覺得受歡迎和感激」，「十分艱巨的任務」，「海關內部的腐敗」，「工作沒有保障」，還有最重要的是，「政府拒絕給華籍關員支付體面的工資，也不願意在他們退休後提供足夠的保障」。[44]一名英籍稅務司在一九四八年底寫信給李度說：

> 我申請了自願退休。我需要對家庭負的責任讓我感到非常擔心，我也很不情願地申請退休，因為我感覺到你可能會辭職，而我不能夠擔負起隨之而來的風險，以及有可能拿不到退休金。我很愛海關，也愛這個國家，如果這裡能有保障，我很願意留下。[45]

這一百四十八名外籍關員並不是海關中唯一招來怨恨的利益團體。丁幫中的前汪偽關員也引起了華籍關員的抱怨，例如，葉元章，因為家庭原因不能離開日占區，如果不是因為丁貴堂的幫助，那麼葉元章就可能被當作是漢奸處理。但是由於丁貴堂的幫助，葉元章官復原職。進一步說，原因是《接收收復區關務緊急實施辦法》，所有汪偽關員應該被開除，不然最起碼也應該的把資歷都應該降級到一九四一年十二月八日。但是事實上，汪偽海關關員卻得到了多次提拔。[46]這讓兩種關員感到不滿：一、在《接收收復區關務緊急實施辦法》規定的期間，也就是一九四三年十二月之後抵達大後方的關員，王文舉在一九四五年三月抵達國統區，也承擔了很大的風險，但是因為他在財政部規定的一九四三年十二月期限後抵達，所以他的資歷還是被降級了；二、這讓其他的汪偽關員（不是丁幫成員）感覺非常不好，因為他們沒有被丁貴堂保護到。

第二種關員中，關審會決定開除了外班關員沈博塵，他懷恨在心，所以在一九四七年控訴丁貴堂：

> 其於民國三十一年，日敵把持上海海關總稅務司公署，將漢文科擴大成為漢文處後，獻媚敵人得以被任漢文處處長，舉凡背叛中央排斥英美及奴化國人之一切訓令及措施皆出被告一人之手，對邀關務署署長張素民之交際連絡亦由被告一人擔任，雖其後投機入重慶向我國民政府報到，因鑽營仍獲副總稅務司職位，但與敵偽密切合作達兩年之久，自不能以其投機入渝而免罪責。[47]

丁貴堂隨即自清絕無此事，而且何應欽和李度幫助丁貴堂擺脫了漢奸的指控，但沒人能幫助他擺脫丁幫的指控——雖然這不是一種犯罪，但丁貴堂除了自己的核心成員之外，還有兒子和女

44 Harvard Houghton Library, L.K. Little Papers, BMS Am 1999- Box 1,, Little to Stuart, 2 October 1948.

45 Harvard Houghton Library, L.K. Little Papers, BMS Am 1999- Box 1,, Little to J. Stuart, 2 October 1948.

46 中國第二歷史檔案館，679(1) 30220，《密函副本》：Ting to Little, No. 143, 8November 1945.

47 中國第二歷史檔案館，679(6) 652，《裘倬其、沈博塵附敵撤職及沈博塵控告丁貴堂等》：〈上海高級法院檢察官不起訴處份書〉，一九四七年十二月十八日。

表8.2 上海每月最低生活消費，一九四五年十月到十一月

花銷項目	1945年10月1日	1945年11月5日	增幅
大米	4,500	9,500	111%
豬肉	1,600	4,500	181%
雞蛋	2,100	6,000	186%
蔬菜	2,100	4,200	100%
食用油	1,200	2,400	100%
鹽	60	240	300%
木柴	6,650	17,500	163%
房租	2,000	3,000	150%
交通	2,000	7,500	275%
辦公地食堂午飯	780	1,560	100%
總計	22,990	56,400	245%

資料來源：Ting to Little, No. 143, 1945年11月8日；二檔館，679(1) 30220.

兒、女婿和外甥在中國海關工作。[48]

因為有丁幫的存在，使得華籍關員變得較不團結，而且華、洋關員的問題越來越尖銳，但威脅全體關員的問題還是惡性通貨膨脹。惡性通貨膨脹使得全體關員工資大大貶值。歷史學家通常認為危機始於一九四七年底，但據表8.2所示，在一九四五年八月丁貴堂到達上海後，經濟就開始惡化。丁貴堂報告說「雖然可怕的物價飛漲主要是因為目前的政治不穩定、軍隊流入和內陸民眾流入造成的，但通常認為，還有另外一些經濟因素造成了物價飛漲，並且在不久的將來物價不太可能回落到正常水準」。[49]

由於一九四六年四月國共內戰在東北爆發，物價並沒有像丁貴堂預想的那樣下降。[50]馬歇爾調停國共內戰失敗，而國民政府失去了美國的支持，一切開始崩解。第一個危機是緝私的沉重負擔。走私的惡化是因為有二種匯率並存：官方以及黑市匯率。官方匯率極為固定，是政府用來買賣外匯的匯率；而黑市匯率浮動很大，是市場上對法幣的信心指數。為了保持外匯儲備，國民政府方面限定了不同種類的進口貨物的數量限額，並給一些特定的貿易公司頒發進口執照，但由於貿易公司必須花錢購買這些執照，因此滋生嚴重的腐敗問題。

出口的問題甚至更糟。「由於中國貨幣相對於外國貨幣定價過高」，周舜莘評論說，「戰後歲月裡中國的對外出口遭到了嚴重阻礙」。[51]第一層原因通俗易懂，出口商人都樂見法幣貶值。但是深層原因更加複雜：官方和黑市匯率的巨大價差，讓外國買方不樂意使用官方匯率的法幣付款，而是使用黑市匯率的外幣付款，因為中國賣方當然更傾向拿到外幣，而外國買方也因為不想透過官方銀行兌換法幣，更是樂意使用外幣付款。而中國賣方獲得外幣後，又在黑市賣出外幣，這使得國民政府完全徵收不到出口稅，而且走私和貨幣的黑市交易也會更加活躍。

48 上海市檔案館，Y2-1-1064：《上海區海關同仁進修會會員錄》。

49 中國第二歷史檔案館，679(1) 30220《密函副本》：Ting to Little, No. 143, 8 November, 1945.

50 東北地區的國共內戰，請見，C. Hess, 'Big Brother Is Watching: Local Sino-Soviet Relations and the Building of New Dalian' in J. Brown & P. Pickowicz ed., *Dilemmas of Victory: The Early Years of the People's Republic of China* (Cambridge, MA: Harvard University Press, 2007).

51 Shun-hsin Chou, *The Chinese Inflation, 1937-1949* (New York: Columbia University Press, 1963), 141.

國民政府想出釜底抽薪的辦法，就是強迫所有的出口商人，在出口之前，先用外幣繳交出口稅。這方法當然可以避免政府收不到稅，但是這也代表，出口商人，必須先存有大量的外幣，但是普通商人怎麼可能手上有這麼大量的外幣？這也是為何當時的大型貿易公司，例如揚子公司，都是由政商關係的官商把持。這讓中國的出口業完全崩潰，沒有出口業，又怎麼可能增加外匯儲備？從一九四七年一月一日到十月二十日，中國海關處理了一萬七千八百件走私案件，而在那一期間內已經處理的扣押貨物價值累積達到一四五、一〇〇百萬美元。[52]

為了預防即將來臨的崩潰，丁貴堂於一九四八年一月在華南所有重要的海關站進行了為期一個半月的調查，並與香港方面協商制定《中港關務協定》。[53]丁貴堂在報告中稱：中國海關相對於其他機構來說，還是有很好的辦事效率並且組織良好的，但關員的廉潔卻大不如以前，尤其是低階外班關員，因為他們的工資微薄還要在第一線面對走私問題。除了外班關員，海事關員也面臨著嚴重的困難。緝私艦不能制止走私行為，因為貿易公司給走私者的費用遠遠比總稅務司署給緝私關員的薪水要高，並且走私公司雇傭了經驗豐富的退伍軍人駕駛裝有自動武器和炮船。而海關的緝私艦有時沒有足夠的火力彈藥。丁貴堂說：「相對於這個問題，關員的廉潔更加重要，如果我們不能給海事關員發放合理工資，他們又怎麼會冒著生命危險去履行他們的職責呢？」[54]

上述的貿易管制對國民經濟的傷害已經足夠嚴重，但一九四八年八月金圓券的失敗則徹底摧毀了總稅務司署以及關員對國民政府的信心。購買金圓券的人對國民政府最忠心，但金圓券的失敗榨取了這些人的最後一分錢。是國民政府自己使其忠實追隨者與之決裂。

一九四八年十一月，國共內戰有了決定性的結果——國民黨戰敗。國民政府此時開始準備南遷，十一月上旬，財政部長徐堪給李度下達口頭命令，讓他準備將總稅務司署搬到「南方」。李度告訴美國大使司徒雷登說：「從個人角度而言，我願意跟我的關員一起留在上海，但我接受了命令，所以不得不這樣做」。[55]但是海關負擔了一項最重要的任務，運送黃金和白銀前往臺灣，此事由日後出任臺灣總稅務司的王樹德親身經歷：

> 在一個深夜零時許臺北關三沙灣電臺收到由上海總署發來的一份緊急密電，經電臺同仁即刻將電報送到我的宿舍。當時我正在擔任該關秘書課主任職務，我因平日使用密碼較多，重要密碼均能背出，故在一面披衣一面閱讀電文之時，發現此事非比尋常，仍立即駕車到辦公室，打開保險櫃找出海關專用密碼簿翻譯，電文內容略為：「政府已經中央銀行存黃金及白銀〇〇噸交由海關海星艦運臺，該艦將於明晨抵基隆港，希即協調有關單位作必要之安

52 中國第二歷史檔案館，679(1) 30348, S/O letters from and to IG: Translation of an Editorial of the Nanking Central Daily News of 26 November 1947.

53 中國第二歷史檔案館，679(1) 4202, Mr. Ting Kwei Tang's Career《丁貴堂資歷卷》：IG Dispatch to DIG, Special No. 1843, 7 January1948.

54 中國第二歷史檔案館，179(2) 312，《海關副總稅務司丁貴堂視察香港九龍等地的報告》：〈丁貴堂視察香港九龍報告〉，一九四八年二月二十日。

55 Harvard Houghton Library, L.K. Little Papers, BMS Am 1999- Box 1, Little to Stuart, 9 December 1948.

> 排，並即交由中央銀行在臺代表〇〇〇接收」我當時以事極密急，乃即刻向張稅務司申福報告，並依照稅務司的指示，漏夜部署各項因應措拖，當一切辦理就緒時，載運黃金及白銀的海星艦已在破曉時分駛抵基隆外港。由於當時已有萬全之準備，所以那些黃金及白銀都很順利和安全的移交給中央銀行在臺代表接收，該艦亦於任務完成後駛離基隆，恢復其原來工作。[56]

當蔣介石祕密把黃金白銀運到臺灣後，也準備為淮海會戰的失敗而負責下臺，副總統也是桂系領導人李宗仁成了代理總統。當聽到蔣介石下臺的消息，李度還心懷希望，認為組建一個統一的中國海關是可能的：

> 如果李宗仁現在能夠與共產黨講和，並且建立一個聯合政府，那麼我認為海關一定會繼續存在。新的政府是否希望我們留下，以及我是否願意留下來，時間最終將會給出答案，這些都是小事情。重要的是，如果需要我們的話，那麼海關不會分裂，並且將會完整地執行它九十五年以來的職責。[57]

然而，他不久後就發現他的希望不會實現。渡江戰役後，南京淪陷後，代理總統李宗仁遷都廣州；財政部長和關務署也搬去了廣州。李度認為：

> 我對蔣介石、孫科和陳立夫團夥完全失去同情心，而且不欣賞。我希望李宗仁可以堅持住，他做得不錯，而且也是現在唯一的領導者，可以堅持原則並且讓誠信的人可以修補〔這個國家〕。[58]

關務署長張福運在一九四九年四月二十六日與李度、丁貴堂和所有的科處稅務司召開了一次緊急會議。在會上，張福運宣布退休，而李度聲稱他將僅與羅慶祥，吳道頤和他的秘書Danson小姐一同前往廣州；但他不會攜帶檔案，以免「在新政府可能成立的情況下危機任何關員的安全」。隨後，李度命令丁貴堂留守上海，並提醒他「必須以海關利益而不是個人野心為重」。丁貴堂懇求說：

> 我不認為我能做好。從個人角度來講，我不得不說，我告訴總稅務司說我也想一起走，因為我已經年近六十了，並且已經在海關中工作超過了三十三年。再過一年，我就要六十歲了。如果我能遠走他處，就可以拿到我的退休金，雖然微薄，但也比沒有好……我想力勸總稅務司，不到最後一分鐘不要走。我們請求他盡可能地留下來，因為我們知道他有其他途

---

56 王樹德，《服務海關四十一年瑣記》，頁一一。

57 Chang ed., *The Chinese Journals of L. K. Little*, 22 January 1949, vol. II, 154.

58 Chang ed., *The Chinese Journals of L. K. Little*, 25 March 1949, vol. II, 177-178.

> 徑可以離開，而共產黨不會傷害總稅務司……但是，為了海關，我強烈建議我們勸總稅務司盡可能留下。[59]

李度一個字都不信，只是簡單地評價丁貴堂說：「他簡直有不經意說錯話的天賦！」[60]李度拒絕了丁貴堂的請求，並將梅維亮（W. R. Myers）任命為丁貴堂的副手，以保證外籍關員最後的影響力。[61]在四月二十七日李度前往廣州後，共產黨的代表徐雪寒和賈振之於五月三十日接管了總稅務司署。[62]

太平洋戰爭的爆發、抗戰勝利和國共內戰導致外籍關員的三次撤退，一九四一、一九四五，和一九四九年每次相隔四年，也讓三位不同國籍的關員在總稅務司職務輪替。這八年的戰亂無疑加速在一九四九年時中國海關的「外國屬性」完全去除。同時三次的總稅務司的輪替也解釋外國屬性的必要性：總稅務司的職務屬於在中國影響力最大的國家之國民。中國政府希望通過影響總稅務司而從總稅務司的母國那裡得到更多利益；與此同時，總稅務司是母國也想保護它在中國的貿易利益，並提高它在中國貿易、財政和外交事務中的影響力。在重慶，華籍丁貴堂在已經被任命為署理總稅務司的情況下，總稅務司的職位還是由英籍的梅樂和交接給美籍的李度。

相比於梅樂和與岸本廣吉，李度就幸運的多，因為戰後復員需要他，更需要美國，而且他的上司宋子文和張福運既在美國受教育，又需要他重建海關。但是上述的國際政治大背景和華籍關員無關，更和丁貴堂的個人發展無關。不管是國民政府需要美國，還是宋子文需要李度，這都激怒了丁貴堂。他歷經千辛萬苦逃到大後方，最終有機會出任署理總稅務司；然後抗戰勝利後，在上海總稅務司署的接收復員工作中充分展示了他的才能。然而，一次又一次，他都被忽視、被超越，最後被取代，他可能因此認為，最強有力的武器就是建立起他的個人派系，丁幫。然而這就讓他變成國民政府更為忌憚的對象，因為有著個人派系華籍總稅務司比專業的外籍總稅務司更加危險，因為丁貴堂可能對國民黨的無能和派系鬥爭感到失望，並投向共產黨能給海關華籍關員帶來更多利益。

張嘉璈寫道：「不幸的是，政府的領導人認為〔國共內戰〕勝利是對於這個問題的自動解決」。[63]為了應付國共內戰，國民政府設立了一系列便宜行事的暫行辦法，因為國民政府認為決定性的軍事勝利會解決一切問題。但是，經年累月的國共內戰導致暫行辦法變成了永久政策，這就摧毀了中國經濟。當國民政府意識到暫行辦法的副作用時，消除官方匯率和黑市匯率之間的差距已經成為茲事體大，牽一髮而動全身的問題。這使得國民黨不得不堅守暫行辦法。如果輕舉妄

59 中國第二歷史檔案館，679(9) 3, Confidential Letters to & from IG (containing Little's personal letters and The Hongkong-China trade and Customs Agreement): Minutes of Meeting at Inspector General's House, Shanghai, 26 April 1949.

60 Chang ed., *The Chinese Journals of L. K. Little*, 26 March 1949, vol. II, 178.

61 中國第二歷史檔案館，679(9) 3, Confidential Letters to & from IG (containing Little's personal letters and The Hongkong-China trade and Customs Agreement): Little to Ting, 26April 1949.

62 《人民日報》，一九四九年十月二三日。

63 Chang Kia-ngau, *The Inflationary Spiral: The Experience in China, 1939-1950* (Cambridge, MA: MIT Press, 1958), 151.

動，經濟就全盤崩潰。事實也是如此，蔣介石和王雲五以金圓券改革做為國運的豪賭，不出意外的，他們讓氣若游絲的國民政府嚥下最後一口氣。中國海關隨國民政府崩潰，進出口貿易額的下降導致關稅收入減少，這破壞總稅務司署的存在價值，惡性通貨膨脹使得海關稅收一文不值，而關員也淹沒在數以千計的走私案件。

在前述的艱難局勢中，中國海關仍在抗戰勝利後重建海關站，並建立東北和臺灣兩處抗戰前未曾管理的海關站。但重慶總稅務司署並沒有足夠的人手。這也是為什麼丁貴堂的角色變得十分重要，他除了副總稅務司的虛銜之外，同時享有三種頭銜：江海關稅務司、財政部辦公處專員和京滬區財政金融特派員。他藉此良機將自己的心腹安排在所有的關鍵職位上。這樣，丁幫就形成了。雖然外籍關員也努力想恢復他們在海關中的影響力，但外籍關員的數量已經遠遠少於華籍關員。丁貴堂將一部分華籍關員團結在他周圍，但是丁幫的特殊地位卻最終還是令其他華籍關員感到憤憤不平。但在他們的不滿情緒爆發前，共產黨就將華籍關員的內鬥劃上句號。

（一）美籍總稅務司最後的日子

總稅務司署撤退到臺灣似乎理所當然，因為國民政府撤退到臺灣。但是這在中國海關的歷史上是空前的：一位外籍總稅務司竟然會隨中央政府撤退。在一九〇〇年的北京，赫德不能這樣做；在一九三七年的上海，梅樂和不想這樣做。或許是因為李度深知中國海關的外國特性和它的中立並不能有效地抵禦共產黨的干涉。

一九四九年五月，李度撤退到廣州，並且在一九四九年六月二十七日發出總稅務司廣州系列第一號通令。從一九四九年四月二十六日離開上海總稅務司署開始，一直到一九四九年十二月三十一日，李度度過六個月的艱困時期。在此期間他一直努力使中國海關為兵敗如山倒的國民政府提供服務。他厭惡蔣介石，但他同時又十分同情中國人民和政府的處境。他對國民政府和自由中國的忠誠和信念驅使他跟隨國民政府一路來到臺灣。雖然這一期間相對短暫——只有六個月——但有關李度做出決策歷程有重大意義，因為他決定了中國海關是否搬去臺灣、何時搬去、如何搬去？在中國海關史中，臺灣政府或許比之前任何時期都更需要中國海關。

李度顯然是從梅樂和與岸本廣吉的經驗汲取教訓，因為他沒有重蹈覆轍。當總稅務司署還在廣州的時候，他就在香港和臺北分別建立了兩個後備總稅務司署，準備最終的撤退；他成功地付清了每個外籍關員的薪酬，然後就帶領華籍關員前往臺北總稅務司署。這是梅樂和與岸本廣吉從未達成的。但是，在這樣的關鍵時刻，不可能所有事情都能得到完美的解決。因此，李度所做出的決策也給繼任的華籍總稅務司帶來棘手的問題。

一俟抵達廣州後，李度早已對蔣介石失去了信心。他抱怨道：

> 天知道我對共產主義是多麼的又恨又怕，但是如果我是一個中國人，我想我也會歡迎共產主義的到來，因為我相信這有可能會幫助人們擺脫蔣介石政權的背信棄義的、鐵石心腸的

漠然，以及殘酷、無能和腐敗。[64]

李度顯然不能阻止國民政府的崩潰，因此他現在的主要任務就是找出足夠的經費來支付外籍關員的薪酬。李度成功地收到了二十萬英鎊和五萬美元，而這筆錢足夠支付七成員工的退休金。為了保住這筆經費不要被國民政府提取，李度立即將這筆錢拍電報給倫敦和紐約的帳戶。他明白，這是「最後一搏」，但同時也是一次「令人滿意的行動」。[65]

對於李度來說，值此國民政府崩潰之際，證明海關的價值已不重要，因為國民政府已自身難保，所以他有更重大的使命：保護關員。李度的策略就是選擇性接受國民政府政策，以防止自己變成國民政府剝削人民的幫兇。廣州國民政府新發行的銀圓券可以清楚地表明他的態度。銀圓券的貶值「擊敗了我，因為如果這種新版貨幣重蹈法幣和金圓券的覆轍，那麼這個政府可能就好立即打包走人了。我不認為我能在五年內接受第三次惡性通貨膨脹！」[66]

廣州國民政府在代理總統李宗仁的控制之下，所以宋子文人馬的關務署長張福運沒有撤退去廣東，而一九四九年八月，關務署長就由周德偉出任。[67]歷史上，總稅務司與稅務督辦或是關務署長的關係一向緊張，像李度和張福運的和諧關係極為罕見，但是李度與周德偉的關係也極為罕見，他們是空前絕後的緊張。在日記中，李度多次使用極為苛刻的言論描述周德偉。[68]李度和周德偉之間的問題是因為李度想要政府給他的關員付清工資，但周德偉卻想要為政府守住每一分錢。這使人不禁想起一九四五年當岸本準備支付關員工資的時候，井戶川一和裘倬其的衝突。從李度在廣州逗留期間所寫的日記中判斷，李度顯然是太情緒化了，不能做出任何客觀的觀察判斷。他偏頗地認為，每一個與他作對的國民黨政客都想要占中國海關便宜。

雖然李度認為絕大多數國民黨政客都有腐敗問題，但他還是對國民黨中的親美自由派抱持信心，比如臺灣省財政廳長嚴家淦，他成為李度在臺灣最強有力的支持者。作為臺灣省財政廳長，嚴家淦和支持李度兩個「概念」的建設，即在臺灣降低關稅和建立基隆關保稅倉庫。[69]

此時，共產黨也派出說客。當一九四九年八月三十一日李度帶領關員和前往香港總稅務司署時，孫中山的女婿戴恩賽從澳門趕來與李度會面。在一次與李度的祕密會談中，戴恩賽聲稱他「代表『共產黨在中國南方的最高層』」，並且告訴李度說共產黨希望他「站到他們的那一邊」，李度「將成為總稅務司」，他的「退休金將會被立即發放」，並且他「事實上，可以在提出自己的條件」。李度評論說：「他比平時顯得更加有條理清晰，並且顯然是與共產黨有接觸」；「他已經爬上共產黨的馬車，並且正運用與我的友誼和對我的『影響』來使自己能夠坐到馬車司機的位

64 Chang ed., *The Chinese Journals of L. K. Little*, 27 May 1949, vol. II, 86.

65 Chang ed., *The Chinese Journals of L. K. Little*, 7&8 June 1949, vol. II, 190-191.

66 Chang ed., *The Chinese Journals of L. K. Little*, 28 July 1949, vol. II, 202.

67 中研院近史所圖書館，〈關務署指令第一〇三號〉一九四九年八月十日。

68 Chang ed., *The Chinese Journals of L. K. Little*, 23 August 1949, vol. II, 208.

69 Chang ed., *The Chinese Journals of L. K. Little*, 26 July 1949, vol. II, 201.

子上。」他告訴戴恩賽說：

我是一個行政機關的管理者，而不是一個政客，這就意味著——不管怎樣輕蔑現在的國民政府，但我個人還是堅決支持現在的國民政府——我不認為這樣一個態度的逆轉是光榮的。另外，我必須指出，在上海的共產黨對待我的外籍關員十分不好，並且說不會給他們發放英鎊或美元的酬勞，也拒絕發放他們的退休金。因此我建議，如果共產黨真的想要保留任何外籍關員的話，應該做的第一步是保證會給外籍關員發放足夠的酬勞和退休金。

李度不喜歡國民黨，但他更不喜歡共產黨。他這樣形容戴恩賽：「這是一位在上次戰爭（抗戰）全程躲避在澳門以明哲保身的先生，他躲在孫中山第一任妻子，也就是他的岳母的裙子後面。」[70]他告訴戴恩賽說：「我必須忠於我的關員們，即使他們的日子已經屈指可數。」[71]

在中國海關的歷史中，每一次中國內部事件影響到中國海關，列強都會站出來保護中國海關的中立性質。一九四九年的時候，英國在華南的代表，即香港總督，也嘗試這麼做。當他們於十月十三日與瑞典、荷蘭、法國大使共進晚餐時，李度問港督葛洪量（Alexander Grantham）爵士說「當列強承認共產黨政府的時候」，國民政府會不會「被列強當作是一個反動組織？」「外交官們和總督都說是的。」

葛洪量認為李度應該「為被列強認可的政府工作」，這也讓李度思考「是選擇繼續為『叛亂者們』〔國民黨〕工作，還是加入共產黨」。李度沒有做出任何即刻的評論。這次晚宴後兩天，李度在日記中寫下了自己的想法：

> 我認為我是國民政府的一名雇員，並且絕不會對美國政府或任何其他列強效忠。在我看來，我的選擇僅在於是留下了與國民政府在一起——不管它是合法的還是叛亂的——或者辭職。加入共產黨的這個選擇從沒有列入我的考慮當中。只有當美國政府要求我接受這樣一個命令，並且國民政府默許的情況下，我才會考慮。我認為這些情況都不太可能實現，並且我堅信共產黨不會不考慮代價地想要贏得我——除了戴恩賽。我也沒有意願生活在一個「警察國家」裡。我唯一的個人願望就是離開中國，回到我自己的家人和朋友身邊。我留在中國的唯一原因是我想要盡一切努力拯救我的關員。[72]

李度對國民政府和關員們的忠誠使他留了下來，他在做下決定後，就準備去見蔣介石。在給蔣介石做了四十五分鐘的報告後，李度在日記中記錄著：蔣介石「看起來還不錯」，並且「完全是鎮定的，一點都沒有焦慮或擔心的跡象」。「我不禁對他生出欽佩之情，即使他必須對中國正

---

70 Chang ed., *The Chinese Journals of L. K. Little*, 12 October 1949, vol. II, 221.

71 Chang ed., *The Chinese Journals of L. K. Little*, 15 October 1949, vol. II, 223.

72 Chang ed., *The Chinese Journals of L. K. Little*, 15 October 1949, vol. II, 223.

在經歷的悲劇負責。」[73]這次會面後，李度開始計畫將關員和總稅務司署帶往臺灣。一九四九年十月二十六日，李度和方度抵達臺灣，並且與嚴家淦開始了中國海關的重建工作。李度讚揚嚴家淦道，「他是我曾經與之交談過的最有能力、最明事理的一位官員」。[74]嚴家淦隨後成為了財政部長，臺灣省主席，行政院長，副總統，以及蔣介石的繼任總統。嚴家淦在政治生涯中的成功以及他與李度的友誼為臺灣海關提供了最強有力的支撐。

在臺灣，李度發放了關員的最後一筆退休金，這代表著「對海關外籍關員的清償，以及『總稅務司署體系』殘餘部分的終結」。「現在時間變得非常關鍵，因為一旦英國政府認可共產政權，那麼我就不能在共產黨控制的口岸支付任何退休金或英國其他事項。」[75]李度知道，「如果〔國民〕政府知道他的這種『兩次政變』的行徑，那麼他將會受到政府『地獄般的懲罰』」。[76]在一九四九年十一月十三日，他向為海關服務二十五年的來自十一外籍關員發出了「歷史一刻的電報」，同意他們自願退休。[77]

那麼，那些服務海關不到二十五年的外籍關員的退休金問題成了下一個問題。比如說，英籍稅務司武萊士（B. K. Wallace），將在一九五〇年一月七日完成在二十五年服務。但接踵而來的問題是：(1)國民政府可以堅持多久？(2)如果英國政府給共產政權法理認可那該怎麼辦？(3)如果總稅務司署和李度不在臺灣怎麼辦？[78]

一九四九年底，國民政府再一次退回到了陪都重慶；而代理總統李宗仁因胃病問題赴美國進行治療，拋棄滯留大陸的軍民。[79]雖然蔣介石於十一月飛往重慶，試圖保衛國民黨的最後根據地，在重慶和成都的抵抗還是持續了不到兩個月的時間。[80]此時在國統區的關員們就必須做出選擇，但是不論選擇國共任何一邊，在當時都是面對著不可知的未來。但更為緊迫的問題是，李度會將總稅務司署帶到哪裡。當李度知道重慶將要「在一兩個星期內落入共產黨的手中」。因此，關員現有的選擇就是，「要麼前往昆明，要麼留在臺灣」。幸運的是，他們選擇了臺灣。[81]

對於那些在海關服務少於二十五年的關員來說，李度和他的「領導班子」羅慶祥，方度和武奮努力保住了他們四成的退休金。「這也不是太好，但可能多數關員都會覺得，有四成總是聊勝於無。」對於這「四成」，李度希望「外籍關員能夠理解，在過去的六個月當中，總稅務司保留這三位華籍科處稅務司對他們來說意味著什麼」。[82]分配好退休金之後，李度就準備退休。他向剛從成都飛到臺北的財政部長關吉玉遞交辭呈。李度告訴關吉玉說他不想「在這一關鍵時刻讓

73 Chang ed., *The Chinese Journals of L. K. Little*, 22 October 1949, vol. II, 227.
74 Chang ed., *The Chinese Journals of L. K. Little*, 29 October 1949, vol. II, 231.
75 Chang ed., *The Chinese Journals of L. K. Little*, 12 November 1949, vol. II, 234.
76 Chang ed., *The Chinese Journals of L. K. Little*, 13 November 1949, vol. II, 234.
77 Chang ed., *The Chinese Journals of L. K. Little*, 13 November 1949, vol. II, 234.
78 Chang ed., *The Chinese Journals of L. K. Little*, 30 November 1949, vol. II, 238.
79 劉維開，《蔣介石的一九四九：從下野到再起》（臺北：時英出版社，二〇〇九），頁二七九—二八九。
80 劉維開，《蔣介石的一九四九：從下野到再起》，頁二四〇—二六八。
81 Chang ed., *The Chinese Journals of L. K. Little*, 18 November 1949, vol. II, 235.
82 Chang ed., *The Chinese Journals of L. K. Little*, 29 November 1949, vol. II, 237.

他〔關吉玉〕或政府感到為難」；李度說「我可以繼續擔任總稅務司，但我必須要六個月的假期休息一下」；並且他在兩種情況達成的前提下才會離開：他的薪資「必須減少，因為政府財政緊張，以及任命羅慶祥和方度來代替他執行公務」。關吉玉聽到李度的第一個條件，「就滿意的微笑，然後也同意第二個條件」。李度在提交給財政部長的最後一份報告中總結道：

> 雖然現在是局限在比臺灣島大一點的地方，但這個海關體系就像一顆種子，當政府再次返回大陸的時候，這顆種子就會生根發芽，發展成一個嶄新的海關……我希望政府能夠保留那些海關的光榮特徵：安全、高薪，以及遠離政治干預。[83]

關吉玉隨即批准李度六個月的假期，從一九五〇年一月開始，並且同意在這段時間裡羅慶祥和方度將共同代理總稅務司職權。[84]國民黨的外交官都十分關注李度即將離去。外交部長葉公超讓李度「晚兩到三週再離開，因為到那時候就會知道是否會有進一步的美國援助到來」。李度回覆說：「我在臺灣再多待兩三個星期與美國的援助沒有任何關係」。[85]李度的存在或許跟美國的援助沒有關係，但李度的留任確實可以提高關員的待遇。李度給關吉玉寫了信，但並沒有提及他想要遣散外籍關員的想法：

> 總稅務司署的關員數量已經被壓縮到最低，並且現在我們只有十一個關員是符合所有以

> 下情況的了：首先，他們有在在海關中十五到三十年的工作經歷；其次，他們是自願地跟我來到臺北，而不是因為聽從上海和（或）重慶方面命令才來到臺北……因此，我提議採取措施保護和鼓勵這些忠誠的關員，即刻給他們每個人發放退休金的百分之五十（剩餘部分留待來日發放），退休金的數額根據他們服務海關的年數計算，款項從我可以自由處理的那筆基金裡提取。[86]

李度針對兩種情況給華籍骨幹關員[87]發放了五成的退休金：但是領取退休金後這些華籍關員必須繼續在海關內服務直到退休；並且當這些關員在臺灣退休後，其退休金必須扣除了在一九四九年提前發放的金額。[88]在一九四九年的最後一天，李度為華、洋籍關員們安排好了一切，他以美元

83 Chang ed., *The Chinese Journals of L. K. Little*, 10 December 1949, vol. II, 241.

84 中研院近史所圖書館，〈臺北總稅務司署通令第二十一號〉，一九四九年十二月二十七日。

85 Chang ed., *The Chinese Journals of L. K. Little*, 22 December 1949, vol. II, 244.

86 Harvard Houghton Library, L.K. Little Papers, BMS Am 1999- Box 1,IG Little to Financial Minister Kuan Chi-yu, translation of Chien-Cheng, 27December 1949.

87 羅慶祥（稅務司），方度（稅務司），武奮（稅務司），鍾良（副稅務司），吳道頤（副稅務司），吳強宗（代理副稅務司，一級二等幫辦），黃少暄（代理副稅務司，一級二等幫辦），關肇龢（一級一等幫辦），周翥雲（一級二等幫辦），徐華瑞（頭等一級稅務員），以及潘文貴（副監察長）。

88 Harvard Houghton Library, L.K. Little Papers, BMS Am 1999- Box 1,, Memorandum re Issue of Pension to Inspectorate Staff.

形式向那些「總稅務司署中忠誠地跟著他四處奔走的華籍關員們」發放了退休金。「另外一半退休金則將支票簽好，放在保險箱中，這一部分退休金會在情勢惡化或海關倒閉的情況下發放給相關人員。」這些做法讓李度「非常滿意，尤其是知道了羅慶祥，方度和武奮都被充分地保護之後」。[89]在這一關鍵的一天，一九四九年十二月三十一日，李度已經是中國海關中唯一的外籍關員了。

在離開之前，李度因為「他在過去的三十五年裡對中國所做出的有價值的傑出貢獻」而被授予景星勳章。[90]行政院長閻錫山在授獎典禮上致詞：

閣下服務中國海關，勤勞負責，三十五年如一日，堪為公務人員之表率，自繼任總稅務司以來，努力興革，增進海關稅收，補助戰時財政，對政府貢獻尤大。此次廣州轉進時，閣下不避艱險，捐運車鐵及濬河捐款，尤為難能可貴。茲適閣下請假回國，本人對閣下之服務人格與精神公諸社會外，並代表國家頒予勳章獎狀，用資矜式。希望閣下在此六個月的假期中，休養適宜，假滿後即行返華繼續服務，並祝閣下幸福與健康。[91]

在中國海關的歷史上，赫德和李度是僅有的兩位在退休之時獲得政府嘉獎的外籍總稅務司。赫德是中國海關實際上的締造者，而李度則是臺灣海關的締造者。李度休假後，就由羅慶祥和方度一起代理總稅務司職務。但是羅、方的共同治理和中國海關傳統的海關監督和稅務司的共同治理是完全不一樣的兩回事。

李度的景星勳章來自於他汲取了兩任總稅務司梅樂和與岸本廣吉撤退時的教訓。雖然他人在香港，但李度在廣州設立了一個辦事處，由方度來管理；在臺北也設立了一個由羅慶祥管理的辦事處。用李度的話來說，「總稅務司署被切分成了三部分」。[92]在太平洋戰爭爆發前，梅樂和沒有設立後備總稅務司署，更沒有想辦法付清外籍關員的工資。岸本廣吉或許想要付清華、洋籍關員的工資，但他向日本軍隊屈服了。李度顯然是一個更加負責任的總稅務司，不僅付清了外籍關員的工資和退休金，和一部分華籍關員的退休金，而且還在最後一刻將總稅務司署交到了他高度信任的兩個華籍關員手中。

由於臺灣還是需要美國的援助，因此美籍總稅務司在臺灣仍然有著一些外籍的特權。李度在把徵收到的附加稅匯到紐約和倫敦的帳戶時，不擔心被國民政府究責，這當然是利用了國民政府的信任，以及身為美國人的特權。李度或許會辯解說：他是迫不得已才那麼做，因為每個人都想將政府的錢放進自己口袋裡。關員服務多年，他所作的只是保證每個人都能得到自己應得的退休金。但是，關員退休金是海關徵收稅款的一部分，稅款要麼屬於國民政府，要麼屬於人民政府。

---

89 Chang ed., *The Chinese Journals of L. K. Little*, 31 December 1949, vol. II, 248.

90 Chang ed., *The Chinese Journals of L. K. Little*, 6 January 1950, vol. III, 5；亦見，中研院近史所圖書館，〈臺北總稅務司署通令第一三號〉，一九五〇年一月十八日。

91 中研院近史所，〈行政院獎狀台（卅九）字第七一號〉，一九五〇年一月五日。

92 Chang ed., *The Chinese Journals of L. K. Little*, 23 September 1949, vol. II, 216.

在中國海關的歷史中，還沒有任何總稅務司敢做出這種事。因此，李度的行為實際上造成了臺北總稅務司署的破產。

國民黨對此視而不見，甚至感激欣賞李度的貢獻，因為七年前，他們才經歷了一九四二年重建重慶總稅務司時的困難。與臺北總稅務司署的重建相比，退休金支出有限。另外，李度面臨的困難比梅樂和與岸本的困難更加嚴峻。這位美籍總稅務司不僅撤退過一次，而是三次——分別從上海、廣州和九龍。而正是這三次成功的撤退保證了中國海關在臺灣的存續。有趣的是，等待被任命為總稅務司的丁貴堂，在等待了三十三年後，仍然還只是共產黨籍幹部的副手；而負責管理海關的羅慶祥和方度則是不「願意接受任命」，[93]所以海關是由他們兩人共同管理的。

雖然李度離開了中國海關，但他沒有離開決策中心。嚴家淦很坦誠地告訴李度說：「你是美國人，但你是一名中國的官員。我不能用這種方式跟美國大使談話；我也不能用這種方式同蔣介石談話。」[94]有了嚴家淦的全部信任，李度於一九五一年接受邀請，成了財政部的財政顧問。[95]從那以後，李度不再是國民政府的雇員，而是一名美籍的顧問。或許這位美籍顧問可以為中國海關提供更大的保護。

---

93 Yeh, *Recollections of A Chinese Customs Veteran*, 95.

94 Conversazione' transcript, 39.

95 《中央日報》，〈李度將重來臺北，任我財部顧問〉，一九五一年十一月十三日。

第九章 向培訓機構轉變（一九三七—四九）

抗戰時期，國民政府和總稅務司署的權威都被大大地削弱了，沒有這兩座靠山，稅專這座「唯一招募基地」就不能維持招募功能。南京淪陷後，稅專留在上海，而關務署長命令梅樂和接管稅專。直到一九三九年二月武漢淪陷前，稅專還一直從國統區的海關站招募新的學生。[1]與總稅務司署類似，稅專也承受著來自汪偽政府的壓力。一九四〇年九月，稅專被汪偽政府的關務署長張素民接管。[2]

隨後，稅專與中國海關一起被分為兩個部分。有些學生和關員去了香港，運用香港大學的設施進行學習，並在九龍關實習。其他的在上海部分則由汪偽關務署長張素民安排在岸本廣吉之

1 中國第二歷史檔案館，679(6) 17，《總稅務司署漢文卷宗第九庚號：北平稅務學校，1937-1938》：IG General Letter No. 1844 to Customs College, 23 September 1938；中國第二歷史檔案館，679(6) 18，《總稅務司署漢文卷宗第九辛號：北平稅務學校，1939》：Kuan-wu Shu Letter No. 3014 to IG, 13 June 1938。

2 中國第二歷史檔案館，179 594，《稅校手冊》。

下。抗戰時期，也是唯一一次，稅專由總稅務司管理，它繼續運行了十八個月後，一九四三年三月，岸本下令稅專停止招收新生，因為「海關現在不需要更多的員工了」。[3]

重慶總稅務司署呈現的問題恰恰相反：人手嚴重不足，就算日占區的華籍關員逃往重慶還是相當不足。一九四一年，財政部長孔祥熙說稅專的目的是為了培訓關員，而不是教育學生，並命令重慶的關務署於一九四二年十月在重慶設立一個培訓學校。[4]沒有了總稅務司的堅持，這種培訓變成了非學術性的短期培訓，以迅速提供足夠的關員。每六週培訓學校就可以培訓五十名關員。署理總稅務司周驪不得不使原有的關員工作量加倍，以防止培訓學校中的結業生因訓練不足造成的工作失誤。

周驪做為最沒有權力的署理總稅務司，他不能像梅樂和般抱怨培訓學校的相關事務，更何況他也依賴培訓學校來提供關員。周驪為了與培訓學校保持一個良好關係，他提醒參加培訓的人員說「在培訓期間，（你們）代表的是海關士氣和效率的準繩」。他派羅慶祥去鼓勵和督促他們好好表現。[5]香港淪陷後，稅專又被迫搬到重慶，而重慶關務署於一九四二年十一月將稅專和培訓學校合併。[6]

華籍關員對此特別不滿。他們一向視稅專正統，也對稅專傳統感到自豪，並且不能接受國民政府將稅專的教育政治化。李度說：

> 稅專將被與政治化的培訓機構混合起來，丁貴堂說這是一種「思想控制」組織，因為它

花更多時間給學生灌輸政治意識形態，而不是對學生進行真正的教育。[7]

此時李度和丁貴堂都忙於對付戴笠和李儻，稅專在重慶總稅務司署中並不算是什麼緊要的問題。

當李度和丁貴堂在策劃上海總稅務司署的重建時，關務署也在想對稅專進行復員。在抗戰勝利前一週，關務署給稅專準備了一個全面重組計畫。其中提到：

> 為適應將來海關需要，從本年起，在編制上已有改變，原設內勤班、外勤班、海事班，改為研習班、稅務班及海事班，研習班須大學經濟、法律等學系畢業者，始可投考，修業期限一年，其性質與稅務班相同，惟畢業後派關時職位稍高耳。稅務班與海事班皆招收高中畢業學生（無同等學力），稅務班係兩年畢業，畢業後擔任海關內外勤工作；海事班須三年始

3 〈岸本廣吉通令第五八二八號〉（一九四三年三月一日），中華人民共和國海關總署辦公廳編，《中國近代海關總稅務司通令全編》，第四十二卷，頁二七〇—二七一。

4 中國第二歷史檔案館，179(4) 58，《稅務專門學校組織章程及活動情形》：Kuan-wu Shu Despatch No. 3334 to Customs College, IG, Personnel Office, Staff Office and Accounting Office, 22 March 1948.

5 中國第二歷史檔案館，679(1) 6612,Fan Hao's Career《范豪資歷卷》：IG Order No. 28, 7October 1942.

6 中國第二歷史檔案館，179 594，《稅校手冊》。

7 Chang ed., *The Chinese Journals of L. K. Little*, 3 September 1944, vol. I, 76.

能畢業，該班所學純為海上智識與技術，舉凡航海學、造船學、無線電學等皆為其必須精細研讀者，畢業後將駕駛武裝艦艇擔任海上緝私巡邏等工作，故體格要求特別嚴格，此項人才過去多係外籍人員，今吾國已獲關稅自主，外人在華服務者自當日漸減少，但吾人若不加緊努力，前途殊多困難……

現全校共學生八十餘人，仍保持過去一貫作風與精神，不僅努力於學問的研討，且注重品德的修養與體格的訓練，生活嚴肅，校風良好；值此貪污橫行之時，而海關人員仍能另樹風氣，奉公守法，毫不苟安，刻苦耐勞，效率強大，實為該校教育之成功也。[8]

抗戰勝利後，關務署長張福運決定讓稅專從關務署和總稅務司署的角力中獨立出來。於是他不再兼任稅專校長，並命令總稅務司署不再派稅務司任副校長。張福運任命他在抗戰前任關務署時的稅專前校長余文燦再次出任稅專校長，並授權校長挑選副校長。

稅專恢復後，出現了一個廢除內、外班區分的良機。丁貴堂再一次提出了這個問題：「外班關員的工資比內班關員的工資低很多，但有些外班關員比有些內班關員受過更好的教育」。[9]像一九三七年幫辦／稅務員的融合一樣，這次的廢除也是源於稅專畢業生的要求。一九四六年，關務署命令稅專招募A班（一年班，招收大學畢業生）和B班（兩年班，招收高中畢業生），而不是內班或外班，而不管是A、B班的關員，都要經歷內班和外班的試用期。張勇年建議必須將之前要求外班關員用的體格要求應用於A、B班的學生，以使他們畢業後可以勝任外班職責。[10]但是這個想法最後被證明不切實際，因為大多數的稅專畢業生不能滿足這些要求。隨後，李度調整了對A班學生的體格要求，而B班的學生維持體格要求。雖然A、B班的學生都接受內、外班的培訓，但這兩個班的性質還是與之前的內、外班類似。[11]

抗戰期間，總稅務司署的權力大不如前，所以國民政府現在擔心的是關務署可能會變成另一個尾大不掉的機構。為了制衡關務署，首先要進行規範的就是關務署下稅專的「唯一招募」功能。財政部用了與對付總稅務司署時疊床架屋的策略來對付關務署：在維持原有系統的基礎上又設立了另一層的考試。財政部設計了高級關務人員考試，由考試院來舉辦。[12]雖然由考試院招考新公務員，這確實是國民政府的標準程序，但背後原因更加微妙：沒有必要保留一個權力過大的關務署，因為總稅務司署已經漸漸枯萎，而海關的人事體系沒有必要再保持獨立。

8 〈稅專革新課程：適應來日海關需要，更改編制設研究班〉，《中央日報》一九四五年八月八日。
9 中國第二歷史檔案館，679(1) 30220，《密函副本》：Ting to Little, No. 143, 8 November 1945.
10 中國第二歷史檔案館，179 707，《財政部關務署稅務專門學校各班學員考試成績名冊及送關試用之有關文書》：IG Shanghai No. 2253 to Kuan-wu Shu, 21 July 1947.
11 中國第二歷史檔案館，179 707，《財政部關務署稅務專門學校各班學員考試成績名冊及送關試用之有關文書》：IG Shanghai No. 2297 to Kuan-wu Shu, 1 August 1947.
12 J. Strauss, 'Symbol and Reflection of the Reconstituting State: The Examination Yuan in the 1930s' *Modern China* 20, 2 (1994): 211-38.

這疊床架屋的體系自然導致糾紛。通過高級關務人員考試的培訓生會由稅專代訓一年，一年後派關任命四級B等關員，但稅專畢業生卻會被任命為四等A級關員。[13] 這在學生和培訓生之間引起強烈衝突，因為他們學習的課程相同，而畢業後卻被分配到不同的單位。財政部命令稅專和總稅務司署通過任命稅專畢業生也為四級B等關員來消除差別待遇，而這隨後又引起了稅專學生的不滿。[14]

財政部、關務署和稅專之間的矛盾變得更加複雜，因為這一問題又將教育部牽扯了進來。惡性通貨膨脹意味著稅專預算已經不能支付快速攀升的生活開支。由於關務署其實是個無錢無人的機構，所以不能幫助稅專，一九四七年冬天余文燦試圖從總稅務司署借出三億元法幣；李度說「這是不可能的，因為關務署沒有命令我這樣做……稅專應該向教育部求助」。[15] 於是余文燦寫信給關務署：

> 案查職校自去年由財政部考試委員會招考關務組學員一五〇人入校內受訓，招考簡章言明由財部供給學員衣食住及書籍零用等費用。職校因按照當時物價編造預算呈准財部核准照發在案。豈料事過境遷，物價波動出乎理想之外，單就各學員伙食而論，初時規定每人每月伙食費十二萬元嗣後增加為每人每月五十萬元。自本年二月份起，物價飛漲，如洪水潰堤，職校所領確實不敷，一再向財部請示，幾經催促，始准每人每月加為一百五十萬元，但實際上每人每月已用二百五十萬元，勉可糊口，二月至四月兩個月早將五月規定之數提前喫盡，

寅吃卯糧，莫此為甚。而財部本年度撥到之款僅至四月中旬共領到八六、九五〇、〇〇〇元，各學員一切衣食書籍雜用等開支均從此挹注至四月十日已掃數用罄。職校經費原不充裕，實則別種款項可以挪墊維持，至感困難，而各學員因枵腹之故咸懷不滿，職校為避免滋生事端起見，經向銀行方面暫借一億餘元暫以支付伙食。但至本日止所借之款，又已告罄。職校委實無法再向銀行商借，各學員囂然騷動，要求停課，俾乘車進京向財政請願，職即加以告誡，不允所請，然飢能迫人，苟不早為設法，恐走極端，致生出越軌行動，非口舌之所勞所能制止，此職校目下處境之困難不得不向鈞座披瀝直陳者也，基此原因故關於本年招考新生似不宜再依此辦法自蹈窘境，擬請鈞座轉函考試委員會，一、從速撥款俾維現狀；二、關於將來招考新生應如何改善免再陷此轍，學校方面與新生方面不至兩蒙不利，於學務進行庶幾有裨。[16]

13 〈李度通令第七三四五號〉（一九四八年七月二十二日），中華人民共和國海關總署辦公廳編，《中國近代海關總稅務司通令全編》，第三十六卷，頁二七三—二七七。

14 中國第二歷史檔案館，679(1) 17276,General Questions Concerning Graduates of Customs College《關於稅專畢業生的一般問題》：IG Order Shanghai No. 36279 Commrs. No. 200409, 8 September 1948.

15 上海市檔案館，Q252-1-214: Shanghai Inspectorate No. 988, 20 December 1947.

16 中國第二歷史檔案館，179 734，《國定稅則委員會及稅務專門學校一九四八年度經臨生活補助預概草案》：Customs College College No. 910 to Kuan-wu Shu, 23 April 1948.

關務署也愛莫能助，因此余文燦的唯一選擇就是教育部了。由於稅專的本質是一所學校，因此教育部回覆：

以稅務專門學校即使依照孔前部長三十年所提訓練性質之意見，似亦應由本部（教育部）主管，惟貴部（財政部）如認為事實困難，本部亦無成見，顧為名實相符計，該校似可改稱關務人員訓練所，勿再沿用學校名稱，該所經費亦由關署代列俾能按時發給，以免該校再向本部有所請求，雙方發生困難，復請查照。[17]

為了避免糾紛，財政部長俞鴻鈞決定：

即該校如不沿用學校名稱而改稱訓練所即可不受教部管轄，其預算亦可不列入教育文化總預算之內，是此案應急於決定。為此擬請准予將該校名稱改為財政部關務署關務人員訓練所以奠基礎而利進行至人事處之主張，自係為將來訓練直、貨、鹽三稅人員設想，並非目前急需解決之問題，本部既可設立訓練所而不受教部牽制，將來稅務人員有一律訓練必要，人事處擬有具的方案時，自可再行通盤籌劃，否則該校為變定名稱尚無實際需要，先行擴大組織，於該校改組不無影響。[18]

雖然教育部和財政部衝突暫時化解，但又出現了一個新的窘境：財政部和關務署必須討論應該把關務人員訓練所放在關務署之下，還是放在財政部之下？最簡單的選擇就是將關務人員訓練所放在關務署之下，但情況就沒有任何改變；但是，如果將它放在財政部之下，那麼這個機構就可以培訓四類稅收人員：關稅、鹽稅、直接稅和貨物稅。關務署還是傾向於第一種模式，但財政部人事處當然更傾向於後者。人事處隨後說：

> 查改組應之關務人員訓練機構究應稱為「財政部關務署關務人員訓練所」抑應稱為「財政部稅務人員訓練所」其關鍵在於本部方針是否順應事實，僅求解脫教部牽制，抑應趁此時機，賡縱近年統一四稅人事制度之各項設施，再求進展。依關務署之主張，訓練機構附屬於署則經費由署配發，方案由署決定，一概無須本部籌畫。利在順應事實，減輕本部責任，在關言關，自亦有其少求更張之理由。惟查政府在渝時，鹽務總局曾請求恢復鹽務專門學校或專設鹽務人員訓練機構，本部以一部之內不宜設立一個以上之訓練機構，未經照准。近年秉承鈞旨，求四稅人事制度之統一，業已略有基礎者。

17　中國第二歷史檔案館，179(4) 58，《稅務專門學校組織章程及其活動情形》：Kuan-wu Shu Despatch No. 3334 to Customs College, IG, 人事處，參事廳和會計處，22 March 1948.

18　中國第二歷史檔案館，179(4) 58，《稅務專門學校組織章程及其活動情形》：Kuan-wu Shu Despatchto 財政部，12 April 1948.

一、四稅人員共同適用之《稅務人員管理條例》已得部內各單位同意經行政、考試兩院核准，立法院亦已召開審查會議，不久可望通過。

二、四稅人員公開考選之制度行之三年，尚得社會同情，與四稅各級主管之支持可望光大，蔚為定制。

三、直貨兩稅人員之任免考核遷調諸端已由逐漸減少差異程度，進而趨於一致，便四稅人事制度統一工作進行。

四、修正四稅組織法規簡化機構健全組織之議已蒙鈞座採納，批交參事廳，正在會商起草之中。

凡此措施均係秉承鈞於安定中求進步以求理想之實施，雖有興革，未嘗操切僨事，茲乘稅務專門學校改組之便，為四稅人員訓練制度粗樹規模著想，似不妨命名為「財政部稅務人員訓練所」在鹽務總局方面，就不致重作另設訓練機構之請求，且在四稅考試及格人員同時舉辦訓練之計劃。未付實施以前，先辦關務組考試人員之訓練，所址仍設上海並由關務署督率進行。[19]

關務人員訓練所最終被命名為財政部稅務人員訓練所。一九三五年，關務署長通過掌握稅專校長的職位成功地奪回稅專。財政部通過兼任財政部稅務人員訓練所主任的辦法，使關務署長只能袖手旁觀。直到一九九〇年，財政部部長還是兼任財政部稅務人員訓練所主任。[20]財政部人事處制定四年計畫重組關務人員訓練所。[21]但是從一九四八年五月到一九四九年五月，余文燦還是稅專校長，因為此時國民政府已近崩潰，無暇顧及此處，但當財政部於一九六九年在臺灣海關設立財政部財稅人員訓練所時，還是遵循這種財政部長兼任主任的模式。[22]

在關務署搬去廣州之前，張福運讓李度幫他最後一次——任命最後一批稅專畢業生為正式關員。「他們大概有一百五十五人……張福運已經勉強我接受了他們」，李度這樣說。這些學生都沒有受過很好的訓練，只接受過兩個月的培訓。雖然他們「不被需要並且水準很低」，但李度還是按照張福運希望的那樣做了。[23]這是以稅專畢業生取代外籍關員為目的的最後一批學生了。雖然關務署長知道，中國海關不需要他們，但他還是忠實地完成了稅專學生派關工作的歷史任務。

這批學生被送進中國海關之後，稅專又一次被拋棄。這次的情況甚至比一九三七年還要糟，因為稅專沒有總稅務司的保護。上海解放前，余文燦就遞交辭呈，並在一九四九年四月二十六日

19 中國第二歷史檔案館，179(4) 58，《稅務專門學校組織章程及其活動情形》：Personnel Office to Minister of Finance, 23 April 1948.

20 The Training Institute's website, www.mofti.gov.tw/mofti_public/MOFTI/frmManagerList.aspx.

21 中國第二歷史檔案館，179(4) 58，《稅務專門學校組織章程及其活動情形》：〈稅務人員訓練計畫大綱〉，一九四八年五月三日。

22 http://www.mofti.gov.tw/mofti_public/MOFTI/frmHistory.aspx.

23 Chang ed., *The Chinese Journals of L. K. Little*, 5 February 1949, vol. II, 160.

任命訓導長余衡之為代理校長。[24]軍事接管委員會接管了總稅務司署。余衡之向軍管會提議：

> 稅專已經為總稅務司署培訓畢業生超過五十載，但稅專關員在惡性通貨膨脹的情況下並不能保證學院繼續正常運行。我代表所有稅專的關員，真心地希望委員會能夠每人出借五千美元，總共為海事班籌集五萬二千美元。[25]

軍管會隨即決定將他們工資的一半以糧票的形式發放，而且不允許私人買賣糧票。[26]軍管會隨即命令稅專停止招收新生，並解雇了所有稅專教職員。[27]

在稅專四十一年的歷史中，梅樂和岸本廣吉在抗戰期間是唯二直接指導稅專的總稅務司，原因卻有些不同，梅樂和是因為關務署沒有實際存在的必要，抗戰爆發後，只有外籍稅務司可以保護稅款；岸本廣吉是因為所有的同盟國籍關員都被解雇了，而汪偽政府不能夠解雇日籍關員。這清楚地顯示，從一九〇八年開始，稅專就為了取代外籍關員的目的而存在。它的地位是與總稅務司署息息相關的。當總稅務司署變得強大時，稅務處或關務署就會給稅專施加壓力，讓它制衡總稅務司署。一九三五年是稅專權威最高時期，因為關務署長兼任稅專校長，使其地位理論上超過了總稅務司署。抗戰勝利後，它作為「唯一的招募基地」的角色已無必要，因為多數外籍關員不是退休就是已經被解雇。總稅務司署的外國特性已無足輕重，因為在八年的抗戰間和四年國共內戰，三位外籍總稅務司都已離任。此時財政部不再需要保障「唯一的招募基地」來與總稅務司署相抗衡，財政部就需要防止關務署和稅專合併成為另一個如總稅務司署般尾大不掉的問題。財政部既不想稅專和關務署過於擴大，更不想稅專落入教育部之手，所以就將稅專改組成培訓機構，然後由財政部直接管理。對於任何一屆中央政府來說，尾大不掉的總稅務司署當然無法接受，但是造成強枝弱幹的關務署更是不可接受。

24　上海市檔案館，Q252-1-37: Customs College's Despatch, 6 June 1949.

25　上海市檔案館，Q252-1-37: Customs College's Proposal, 6 June 1949.

26　上海市檔案館，Q252-1-127: Military Control Committee Order No. 1379, 18 June 1949.

27　上海市檔案館，Q252-1-127: Military Control Committee Order Customs No. 115, 30 June 1949.

第四篇

在兩岸的沿續與衰退

第十章　中國大陸的海關總署

相比於清、北洋和國民政府，人民政府對中國大陸海關總署的管控極為嚴格，而且重新定義海關的存在價值。中國海關之所以在清、北洋和國民政府中享有特權、高薪和中立的原因，就是因為其促進的國際貿易額以及隨之而來的鉅額進出口關稅。但是到了人民政府建政之後，相較於防止帝國主義利用貿易手段滲透，貿易額和關稅激增不再被重視，雖然表面上人民政府還是強調海關總署的重要性、主要業務還是監管國際貿易、徵收關稅和防止走私，但是動機大有不同，監管國貿是為了以保證對外貿易許可制度和外匯管制、徵收關稅是為了保護民族工業的恢復和發展、而防止走私是為了打擊帝國主義的貿易掠奪和海盜式的走私活動。

海關總署的重新定義，不僅代表人民政府的壓力，更代表來自共產黨的壓力。國民政府曾任命一個無黨派的關務署長張福運來監督中國海關，但共產黨卻將它自己的幹部任命為海關總署署長，而讓丁貴堂這位老資格的華籍關員任副職。本來在海關總署內的黨籍幹部搭配專家的制度，這種黨政共同治理模式，如果搭配有默契的話，也有順利運作的可能性，但是人民政府為了進一步提防海關總署，不僅滿足於海關總署內的黨政共同治理模式，於是又設計出第二套共同治理的模式，這就是對外貿易部下轄海關總署監管國際貿易。這就更類似總稅務司署建立初期清政府設計的「共同治理」的模式，因為對外貿易部在各口岸下設地方貿易局，與海關總署下的地方海關共同監管國際貿易。這與海關監督和稅務司的關係更為類似，只是對外貿易部與地方貿易局的權力遠遠大於稅務處或關務署與海關監督。

人民政府建政之初，雖然整個國家都被共產黨嚴密控制，但是國民政府的無能和腐敗讓華籍關員對海關總署抱有期待，也希望憑著自己的專業和廉潔，重新恢復海關的地位和待遇，然而經過開國之初的欣欣向榮後，中國大陸就進入了無止境的政治運動：鎮壓反革命、雙百方針、反右運動、三面紅旗、文化大革命等等。一開始針對親國民黨分子、再來是知識分子，到最後，連共產黨幹部都在永無止境的政治運動中落馬，那麼這些與國民黨與帝國主義牽扯不清的老關員們又怎麼可能恢復海關傳統的地位和待遇呢？

（一）人民海關的新任務

一九四九年四月，伴隨著國民政府崩潰，如同一九四一年十二月八日，華籍關員不得不再一次選邊。雖然在渡江戰役之前，丁貴堂要求領取退休金，但在他接管上海總稅務司署後，他命令華籍關員不許跟隨李度前往廣東。丁貴堂和張勇年幫助徐雪寒和賈振之接管了總稅務司署。[1]共產黨聲稱丁貴堂早就與他們有很密切的聯繫。[2]

一九四九年五月二十七日上海解放後不久，為了控制惡性通貨膨脹和建立人民幣市場的信用，軍管會在京滬地區嚴格實施了兩項經濟政策：（一）停止製造一切奢侈品；（二）並禁止私下買賣金圓券、銀圓券和銀元。[3]國共內戰在一九四九年底已將近結束，共產黨控制所有的重要口岸：廣東、上海、北京和天津。此時共產黨決定通過設立全國性的市場價格來穩定已崩潰的市場經濟。從抗戰末期開始，法幣和金圓券的惡性通貨膨脹就被遏制住了。

此時，丁貴堂和張勇年接到了新任務。九月二十三日至十月十六日三十六名中國海關的行政管理人員被召集到北京參加「海關人員代表座談會」，其目的就是把解放區海關和總稅務司署關員聚集起來，「了解情況，交換經驗，商談今後人民海關工作的方針任務，準備建立新的中央海關組織機構並使到會各地代表能藉以互相學習、互相認識及互相聯繫」，會議主持人孔原，又指出：這次的會議要研討下列問題：「（一）人民海關工作的方針任務和業務範圍；（二）全國海關組織機構及領導系統；（三）新中央海關總署的任務及組織條例草案；（四）若干海關行政與業

1 中國第二歷史檔案館，679(1) 17276,General Questions Concerning Graduates of Customs College《關於稅專畢業生的一般問題》：DIG Despatch No. 1886, 10 August 1949.

2 王文舉，《濫竽海關四十年》，頁九九。

3 上海市檔案館，B1-2-3690：〈1949年船運情形及貿易變化的報告〉；又見，F. Wakeman Jr., ‘“Clean UP”: The New Order in Shanghai’, in Brown ed., *Dilemmas of Victory*.

務的問題，如驗徵、稅則、查緝、海務、統計及人事等。」[4]

在與解放區關員交換心得後，丁貴堂在閉幕時說：「海關百年來受帝國主義統治、為四大家族服務，這是事實，本人可以代表老職員坦白地承認。我們在這二十天會裡，比在上海學習幾個月的益處還要多，使老海關人員知道了自己身上還背著相當重的包袱。」他又對解放區關員說：「你們說是用土法建設了海關，我說是新法，不是土法。真誠坦白地說，我們早先以為海關的事沒有我們就辦不了，現在我們知道沒有老海關人員也照樣能辦。」[5]

同年十月二十六日，丁貴堂被任命為海關總署副署長，而孔原則是第一任海關總署署長。[6]並且將海關總署確定在北京，總稅務司署不在首都的反常情況也結束了。有趣的是，海關總署還是深受情治人員的注意，就如同戴笠，孔原更廣為人知的是他在中央調查部長的情報工作。

一九五〇年初，國務院決定直接監督海關總署。海關的重要性終於被放在中國官僚機構中比較適當的位置，因為在國民政府時期，總稅務司署的上級單位是關務署、財政部、行政院。國民政府此舉是為了減低總稅務司署的權力，但是人民政府的直接監督不代表其更重視海關總署，而是對其更加提防，因此國務院決定將海關總署負擔的「無直接關係的職務」取消，並進行裁員。一月，國務院制定了新政策《關於關稅政策和海關工作的決定》，其中提到：

> 中央人民政府海關總署，必須是統一集中的和獨立自主的國家機關，海關總署負責對各種貨物及貨幣的輸入輸出執行實際的監督管理，徵收關稅，與走私進行鬥爭，以此來保護我

國不受資本主義國家的經濟侵略。所有和海關無直接關係的職務，如：管理港口、疏浚河道、建築助航設備、巡衛國境海岸等工作，均應由海關移交給其他有關機關……關於管理海港河道、燈塔浮標、氣象報導等助航設備的職務，連同其工作人員、物資、器材全部移交中央人民政府交通部或市的港務局。巡衛國境海岸的職務及武裝艦艇，全部移交中央人民政府公安部。[7]

李度告知戴恩賽要和國民政府同進退時，海關總署也放棄拉攏李度，同時也宣告不再承認總稅務司署和李度的總稅務司地位，並要求：

> 所有偽國民政府海關總稅務司署之一切動產與不動產，依法自應由我海關總署接收處理。海關總署特要求上述三銀行對偽海關總稅務司署截至一九四九年五月二十七日上海解放

4 《人民日報》，〈中央財政經濟委員會舉行海關人員代表座談會，蘇聯專家報告蘇聯海關的組織與任務，陳雲主任指示努力建設人民的新海關〉，一九四九年十月二十六日。

5 《人民日報》，〈中央財政經濟委員會舉行海關人員代表座談會，蘇聯專家報告蘇聯海關的組織與任務，陳雲主任指示努力建設人民的新海關〉，一九四九年十月二十六日。

6 026-01-0003-112, DG Circular No. 1, 26 October 1949；海關總署編，《海關總署全宗指南》（北京：中國海關出版社，二〇〇七），頁四；又見《泰晤士報》，一九四九年十月二十九日。

7 《人民日報》，〈中央人民政府政務院發佈關於關稅政策和海關工作的決定〉，一九五〇年三月八日。

> 之日止在各該行開戶結存外幣存款負完全責任，對所有前偽總稅務司署所簽支票即停止支付，並要求另寄空白印鑑紙以便換送取款印鑑，同時聲明以前偽總稅務司李度所留印鑑應行作廢。[8]

和李度劃清界線後，人民政府要重新調整海關總署的人事，並且確保所有關鍵職務，都有黨籍幹部在其中，而且也有老關員做為副手，這種黨政共同治理的模式，或許是老關員心中不滿意，但還可接受的模式。

這種黨政共同治理的人事安排就可以看出，此時共產黨還是

單位	職務名稱	姓名	原職
稅則處	處長	吳耀祺	前國民黨政府上海江海關稅務司
貨運監管處	副處長	李長哲	前國民黨政府上海江海關稅務司
		石雲階	曾任遼東稅務局局長
查私處處長	處長	殷之錢	曾任上海江海關副監察員
查私處	副處長	卓觀潮	前國民黨政府重慶、蘭州、上海海關副稅務司
海務處	副處長	董鳴岐	前國民黨政府交通部東北航政局副局長。
財務處	處長	陳鐵保	曾任上海江海關軍事代表秘書
統計處	處長	林大琪	前國民黨政府九龍海關文錦渡支關主任
視察處	副處長	巫競放	曾任重慶海關接管小組委員
人事處	處長	許明（女）	曾任中國共產黨撫順市委員會秘書長兼婦女工作委員會書記
	副處長	孫恩元	曾任上海江海關印刷所所長
總務處	副處長	陳瓊琨	前國民黨政府上海、重慶、漢口、湛江海關稅務司
東北海關管理局	局長	張化東	現任東北人民政府對外貿易部副部長
	副局長	孫純	原任東北海關管理局副局長

資料來源：《人民日報》，〈政務院三十一次會議，通過兩項任命名單〉，1950年5月7日

需要老關員的業務能力。但是這只是暫時的現象，一旦等到國家初定，人民政府又開始反覆地使用傳統的三種策略制衡海關總署。只是比較清、北洋和國民政府，人民政府的策略更為徹底。

一九五一年四月，國務院宣布了《暫行海關法》，對海關的進行重新定義，本來海關的目的是為了徵稅和促進國際貿易，但是現在變成「海關是一個國家的經濟大門。對於任何獨立自主的國家來說，這個門上的鑰匙總是由各該國家自己掌握的」。然後將人民政府的「新海關」的職責定義為將「我國大門的鑰匙已在我們自己的袋子裡，而不是如過去一樣在帝國主義的袋子裡了」。為了確保海關能夠緊緊握住「這把鑰匙」，人民政府要求「獨立自主的海關的基本任務」為以下三項：

首先就是對外貿易的監督問題。海關法規定新海關對進出國境的貨物、貨幣應負責執行全面的（包括海、陸、空、郵的）實際的（不是只憑單據的、形式主義的）監管，以保證對外貿易許可制度的有效實施和進出口外匯全部由國家金融管理機關所掌握的。其次，就是按照中央人民政府所公布的稅則徵收關稅。這不僅有鞏固財政收支平衡，增強國防建設和穩定金融物價力量的意義，更重要的作用是配合國家對外貿易管制，保護民族工業的恢復和發展。

8 《人民日報》，〈海關總署函請倫敦匯豐等三銀行，凍結偽海關總稅務司署存款，並聲明前偽總稅務司所留印鑑作廢〉，一九五〇年三月六日。

第三就是和走私作鬥爭。海關法規中所有逃避貿易管制以及與政治破壞相結合的走私行為，應與一般的違章漏稅行為分別處理。對於走私案件一律沒收貨物，或並處以罰金，其重要者，並須將走私人移送司法或公安機關究辦。因為，多少年來帝國主義是以掠奪性的公開貿易和海盜式的走私活動同時向中國進攻的。成天我們趕走了帝國主義停止了掠奪性的公開貿易之外，對於非法的走私活動，也採取了斷然的取締政策，對於帝國主義是一個沉重的打擊。現在，美帝國主義以香港澳門為據點所進行的走私活動，正是新中國海關在制止走私方面的主要對象。[9]

人民政府對中國海關的監管還是不脫自清政府以來制衡的三招，只是比清、北洋和國民政府更直接和嚴厲。抗美援朝戰事稍見緩和後，馬上就用第二招，將海關總署降級為對外貿易部的下屬單位：

中央人民政府海關總署應與中央人民政府貿易部合併，現為加強並統一對外貿易的管理和監督工作，特決定：將中央人民政府海關總署劃歸中央人民政府對外貿易部領導，成為對外貿易部的組成部分，改稱為中央人民政府對外貿易部海關總署。並任命原中央人民政府海關總署署長孔原為中央人民政府對外貿易部副部長兼海關總署署長，原海關總署副署長丁貴堂、原對外貿易部對外貿易管理總局局長胡仁奎為副署長。[10]

為了讓對外貿易部順利整合海關總署，一九五五年七月，海關總署移至東長安街對外貿易部大樓內辦公。[11]前者做法與清政府和國民政府採取的措施一樣：將總稅務司署從總理衙門移到外務部，再到度支部，隨後又從度支部移到稅務處。然後到了國民政府的關務署時期，總稅務司署就直接在關務署的領導下。

制衡海關的第一招當然就是指派孔原當總署長，第二招也是增設機構的方法，但是人民政府更進一步，因為這不只是疊床架屋，恢復過去海關監督和稅務司的共同治理模式，但是又略有不同，相似之處有二：一、就是有關國際貿易的業務同時要受海關總署和對外貿易部的管轄，這在組織架構上就像過去的稅務處和總稅務司署的關係；二、外貿部在所有的海關站都設立了地方外貿局，以監管國際貿易和稅收，這樣的處置就如同恢復過去稅務處在全國海關站指揮海關監督的作法。但是相異之處是，對外貿易部的權力遠遠大於北洋政府的稅務處或是國民政府的關務署。這些外貿局就像海關監督一樣，但又比海關監督權力大得多。地方外貿局肩負了驗估、驗貨和緝

9 〈為建設獨立自主的新海關而奮鬥——祝中華人民共和國嶄新海關法的頒發〉，一九五一年四月二十一日，《新華月報》，第四卷第一期，一九五一年五月二十五日。

10 〈中央人民政府政務院命令政政字第一七三號〉，098-01-0480-001, 1952 一九五二年十二月二十五日；《海關總署全宗指南》，頁六。

11 〈中華人民共和國對外貿易部海關總署通知（〔55〕關公字第一〇二六號）〉，098-01-0944-014，一九五五年七月十八日；《海關總署全宗指南》，頁六、七。

私的職責，並有權批准進出口執照。除此之外，地方海關站還受省級人大常委的監督。[12]從上述組織人事關係就可以得知海關被多重領導，所以一九四九年上海解放時，上海海關中共有三千二百九十六名員工，而到了一九五六年就只有三百五十二人。多數中低海關關員都被調任到了外貿部或地方外貿局。[13]而剩下的高階關員，像是張勇年，被任命為上海海關副關長，也就是共產黨幹部賈振之當海關長的副手。[14]而且為了加強共產黨對海關的監管，張勇年不是唯一的副手，還派了黨籍幹部李壽慈做為副關長。[15]

《上海海關一九五四年度工作總結》清楚地指出將海關站置於地方外貿局管理之下的問題。其原因不只是人民政府對海關的提防，更是關於人民政府的經濟理念：計畫經濟。因為人民政府希望把出口商品控制在國有企業手中，而國有企業與外貿局和海關都是政府部門，而海關的行政級別又被刻意的降低，所以一旦涉及到國有企業，地方外貿局和海關站就時有摩擦。具體問題陳述如下：地方外貿局和海關站就時有碰撞。當國企產品等待出口時，外貿局的官員需要在出口前辦理出關。但問題是，外貿局的驗估和驗貨員不敢與國企領導對抗。因此，外貿局的驗估和驗貨員將這些職責分配給關員，但這些老關員習慣都公事公辦。嚴格的調查有時候會影響與國企的關係，因為檢查的結果會導致國企必須撤回有問題的產品。另外，海關關員認為他們必須堅持他們引以為豪的「遠離政治」的傳統，但有時他們忘記了，在新中國中，所有事情都是政治掛帥。[16]

將海關移到外貿部的深層目的是改變海關最重要的職責：稅收。雖然《關於關稅政策和海關工作的決定》仍然列舉海關總署的第二功能是徵稅，但前江海關財務處長陳鐵保，發表了《人民海關的徵稅任務》。[17]「國務院清楚地說明，對海關總署的三項任務：一、監管外貿和貨幣兌換，二、稅收，以及三、反走私事務」。

> 新中國海關的徵稅工作，只是三大任務之一，與舊中國海關以徵稅工作為唯一任務，有著基本的不同……新海關的徵稅工作，基本上恰恰和舊海關的完全相反，以前的徵收工作，是摧殘中國經濟，是反人民的，現在的徵稅工作卻已在政務院的決定中明確地指出，它的基本任務是在保護我國生產，不受資本主義國家的經濟侵略，因此它是與帝國主義作經濟鬥爭的武器。
>
> 徵稅工作在具體執行上，如果過分強調了財政觀點，而忘了保護我國工業不受帝國主義侵略的經濟任務，忘了為廣大人民利益服務的政策觀念，我們的工作就會發生偏差。徵稅

12 上海市檔案館，136-2-55：〈關務署關於調整各地海關任務和領導關係的通知（〔55〕國秘雲字一七四號）〉，一九五五年九月五日。

13 上海市檔案館，69-76：〈我關一九五七年精簡機構緊縮辦法初步方案報請核實（〔57〕人字第七七號）〉，一九五七年二月二十六日。

14 《人民日報》，〈政務會議通過任命案兩項〉，一九五〇年五月十五日。

15 上海市檔案館，B1-2-3693：〈上海對外貿易管理局、上海海關關於前上海外貿局與上海海關合併、幹部任命的通知及上海口岸對資貿易工作總結，上海海關通告（〔53〕滬關字第一號）〉，一九五三年一月十七日。

16 上海市檔案館，B170-2-30：〈上海海關一九五四年工作計畫〉。

17 《人民日報》，〈中央人民政府政務院發佈關於關稅政策和海關工作的決定〉，一九五〇年三月八日。

工作，首要在正確執行關稅政策，保證稅率的正確應用，達到保護國內生產的目的……因此，我們新海關稅收工作人員，必須明確地認清自己的任務，首先保證關稅政策正確的執行，第二保證完成稅收任務，第三保證迅速將稅款解繳國庫，並定時彙報稅收數字，這樣才能完成我們的任務。[18]

從陳鐵保所說的「我們新海關稅收工作人員，必須明確地認清自己的任務，首先保證關稅政策正確的執行，第二保證完成稅收任務，第三保證迅速將稅款解繳國庫，並定時彙報稅收數字，這樣才能完成我們的任務。」就可知道，他代表的不是老關員的想法，而是共產黨的想法。雖然陳鐵保是一名老關員，於一九三三年加入中國海關，但他也是一名地下共產黨員，在上海解放後，就於一九五〇年以一等乙級幫辦自海關退休，馬上調去了軍管會。陳鐵保出任財務處長一職明顯是政治任命，因為共產黨需要黨籍幹部來了解江海關的稅收金額。有趣的是，他的言論與財務處長的職責有些矛盾，因為在文章中，他清楚地指出財政功能遠遠不如關稅保護重要，但他確實是負責稅收的人。

海關總署在對外貿易部下，雖然層級變低，還是一個成建制的機構，但是人民政府對海關的制衡，有更進一步的措施。一九六〇年一月，「各地海關建制下放到各省、市、自治區」，並規定：

海關和商品檢驗局體制下放是必要的，但下放後各海關和商品檢驗局應當受地方黨政和外貿部雙重領導，塊塊為主，條條為輔，塊塊和條條結合起來，把工作做好。[19]

隔年，更進一步將海關總署改名為海關管理局，「該局印信自一九六一年五月十七日啟用」。[20]等到打散海關總署的建制後，於文革時期，一九六八年，甚至將海關管理局的建制也打散「與商檢部門合併建立外貿部第三業務組，後又改稱第四業務組」。[21]從一九四九年到一九六八年不到二十年，總稅務司署就被降級到業務組層級，老關員或許心有準備不會像過去一般被重視，但是也沒想到會一落千丈至斯。

海關再度開始被重視，還是和人民政府的國策有關。人民政府獲聯合國的中國席位後，必須進入聯合國的國際貿易體系，所以只好把業務組再度提升到海關管理局。[22]但是真正開始被重

18 《人民日報》，〈人民海關的徵稅任務〉，一九五〇年八月十八日。

19 〈中華人民共和國對外貿易部海關總署通知〈〔直秘楊字第一九五號〕〉，一九六〇年十一月十五日；《海關總署全宗指南》，頁七。

20 〈關於本部海關總署改名海關管理局商品檢驗總局改名為商品檢驗局的通知（〔六一〕辦字第一三二號）〉，一九六一年五月十六日；《海關總署全宗指南》，頁八。

21 〈關於建立新的業務辦事機構的通知（〔六八〕貿辦字第二號）〉，一九六八年十一月二十一日；《海關總署全宗指南》，頁九。

22 〈關於本部行政機構設置的通知〉（七三）貿政字第四〇號，一九七三年二月二六日；《海關總署全宗指南》頁一一。〈關於建立新的業務辦事機構的通知（〔七三〕貿政字第四〇號）〉，一九六八年十一月二十一日；《海關總署全宗指南》，頁九。

視，還是要到改革開放後，而且提升速度極快。一九八〇年，人民政府指出：

> 海關是代表國家在口岸行使監督管理職權的機關，是貫徹執行國家有關進出口政策、法律、法令的重要工具，是進行對外經濟斗爭的一個武器。在全黨工作重點轉移到社會主義現代化建設的新時期，海關工作更為重要。做好海關監督管理、徵收關稅、查禁走私和編制海關統計等工作……為了充份發揮海關的監督管理職能，必須改革現行以地方為主的海關管理體制，加強集中統一領導。
>
> ……
>
> 全國海關建制收歸中央統一管理，成立中華人民共和國海關總署，作為國務院直屬機構，統一管理全國海關機構和人員編制及其業務。[23]

這不只是恢復海關總署，還將其直接放在國務院管理之下，也就是恢復一九五〇—一九五二年海關總署的層級，只是此時還是副部級單位。等到一九九八年再將海關總署升為正部級。[24]改革開放後，還在法律層面上，確保海關總署的全國關政領導地方，一九八七年發表的《中華人民共和國海關法》第三條確定：

> 國務院設立海關總署，統一管理全國海關。國家在對外開放的口岸和海關監管業務集中

的地點設立海關。海關的隸屬關係，不受行政區劃的限制。海關依法獨立行使職權，向海關總署負責。[25]

這代表從一九六〇年來「塊塊為主，條條為輔」打壓海關獨立行政原則被廢除，在關務上，就是以海關總署垂直領導的「條條」為主了。為了加強海關總署指揮非海關業務的權力，甚至第四條還給予海關總署擴權：「國家在海關總署設立專門偵查走私犯罪的公安機構，配備專職緝私員警，負責對其管轄的走私犯罪案件的偵查、拘留、執行逮捕、預審。」[26]除了緝私權，一九九八年把海關總署提升成正部級單位後，海關總署就有行政級別統合其他重要任務，還給予檢疫任務，規定「國家出入境檢驗檢疫局由海關總署管理」。[27]還將「全國打擊走私領導小組」和「國

23 《國務院關於改革海關管理體制的決定（國發〔一九八〇〕第四二號）》，一九八〇年二月九日；《海關總署全宗指南》，頁十二、十三。

24 《國務院關於機構設置的通知（國發〔1998〕第五號）》，一九九八年三月二十九日；《海關總署全宗指南》，頁十三、十四。

25 《中華人民共和國海關法（修正）》，http://www.gov.cn/banshi/2005-08/31/content_27749.htm

26 《中華人民共和國海關法（修正）》，http://www.gov.cn/banshi/2005-08/31/content_27749.htm

27 《國務院關於部委管理的國家局設置的通知（國發〔一九九八〕第六號）》，一九九八年三月二十九日；《海關總署全宗指南》，頁十四—十五。

家口岸辦公室」撤銷，「工作改由海關總署承擔」。[28]

從上述的過程，其實看得出一個很有趣的現象：海關總署從一九五〇年開始被打壓，一路被打到業務組層級，而且從一九六〇到一九八〇年維持了二十年；但是改革開放後，人民政府又需要國際貿易時，就必須重建海關，所以又從一九八〇年到一九九八年十八年的時間，從業務組提升到正部級的海關總署。這四十八年的歷史，就是見證人民政府對國際貿易的態度從提防、到不重視、最後到重視的歷程。當然，也是因為前三十年的打壓和整肅，使得海關總署再也不呈現尾大不掉的問題，才有可能再度將海關總署提升級別。

進一步說，一九七八年的改革開放在性質上與自強運動極為類似，人民政府必須「快速」地設置與國際世界接軌的機構，然後一旦與國貿相關，最直接委託的單位就是海關，這就是為何海關總署會一直擴權的原因，到了一九九八年時，緝私、檢疫和口岸管理都「改由海關總署承擔」時，這時的海關總署和清政府的總稅務司署就極為相似。

（二）政治運動中的重組

老關員在一九四九年以後的命運與汪偽政府海關關員的命運有些相似。由於共產黨沒有足夠的幹部來管理海關總署，人民政府還是需要老關員的專業，但卻不會讓他們承擔一把手甚至二把手的職責。在人民政府的黨國體制內，有兩個副關長，一位代表專業，一位代表黨。而後者地位總是高於前者。為了證明海關總署完全沒有殖民痕跡，稅務司的中文名稱被改為海關長，而總稅務司署科處稅務司的名字改為處長，這正是汪偽政府為去殖民化而改的名字。丁貴堂和張勇年都是副職，這也表明了老關員此時的命運：他們是共產黨幹部的副手，但他們的專業還是受到中國共產黨重視。

在這種氛圍下，丁貴堂要和國民政府劃清界線——雖然他從來都不是國民黨員。解放後，丁貴堂徹徹底底成了另外一個人。在一九四九年九月的大會上，他聲稱「在一百年的歷史進程中，中國海關被帝國主義統治著，並且只為四大家族工作（蔣宋孔陳）。」丁貴堂承認：「我們在這二十天會裡，比在上海學習幾個月的益處還要多，使老海關人員知道了自己身上還背著相當重的包袱」。[29] 隨著海關不斷接受新的規定，丁貴堂一遍又一遍地提升自己的「新思想」。李度在臺灣聽到丁貴堂的新思想後，說：

> 可憐的丁貴堂！到目前為止，他總能站穩腳跟，但他的政治立場的動搖和改變最終可能會將他絆倒。從一九二九年梅樂和—易紈士爭鬥期間開始，丁貴堂積累了二十多年密謀和

28 〈國務院關於議事協調機構和臨時機構設置的通知（國發〔一九九八〕第七號）〉，一九九八年三月二十九日；《海關總署全宗指南》，頁十五—十六。

29 《人民日報》，〈中央財政經濟委員會舉行海關人員代表座談會蘇聯專家報告蘇聯海關的組織與任務陳雲主任指示努力建設人民的新海關〉，一九四九年十月二十六日。

欺詐的經驗。他和梅樂和組成了一個很好的團隊：他們都極為肆無忌憚、野心勃勃、殘酷無情。當我想到丁貴堂在重慶和上海，在我們週一早上的「追思會」上曾經是多麼真誠的時候；以及他組織「集會」背誦孫中山遺願的時候，我不禁發笑。我認為丁貴堂真的是會演戲，不管他是站在那一邊的。當然，他總是嘗試站在贏的一邊。[30]

但是李度只是站著說話不腰疼，丁貴堂改變政治立場不是為了站在贏的一邊，而是為了生存。在生存的壓力下，丁貴堂發表了一篇文章，即《新舊海關的比較》。作為人民的海關總署副署長，丁貴堂對「帝國和殖民的」總稅務司署展開嚴厲控訴：

我在舊海關中服務，至上海解放時已有三十四年之久；由於親身經歷和目睹耳聞，對於帝國主義統治舊海關的罪行，知之較為詳細，如盡情揭露，即寫成一大本書亦恐寫不完說不盡。現值我中央人民政府政務院命令公佈我國海關有史以來第一部全國統一的暫行海關法，特願趁此良機對新舊海關主要的基本的不同，作一比較，藉以揭露帝國主義在舊海關顯著的罪惡，使我全國人民更清楚地認識舊海關是帝國主義經濟侵略的工作，是反動統治階級剝削人民的機關，是應當厭惡與堅決反對的；同時也明確地認識新海關是人民自己的海關，是為人民利益服務的，是應當愛護與支持的。[31]

海關總署也發行了《新中國海關》的小冊子，而丁貴堂寫了《為實施中華人民共和國海關稅則而努力》。丁貴堂的語氣還是那樣極端，他宣稱：

> 舊中國海關的關稅收入，大部分供作償付帝國主義掠奪性的賠款以及外債的本息，一部分作為反動政府壓迫人民革命的軍政經費，其餘部分則歸於反動統治階級的腰包。[32]

此時沒有人能夠指責丁貴堂的前後不一，因為開國三大運動的「鎮壓反革命」已蓄勢待發。「鎮壓反革命」明面上是為了「打擊國家的敵人」，[33]但是事實上，很多反革命只是一些退休的華籍海關關員。例如，一九四一年被梅樂和派去重慶建立後備總稅務司署的盧斌，就被逮捕並判了

30 Chang ed., *The Chinese Journals of L. K. Little*, 9 March 1951, vol. III, 58-59.

31 丁貴堂，〈新舊海關的比較〉，一九五一年五月五日，《新華月報》第四卷第一期，一九五一年五月二十五日。

32 中央人民政府海關總署編，《新中國海關》（上海：新華書店，一九五一），頁三四—三六。

33 Julia Strauss, 'Paternalist Terror: The Campaign to Suppress Counterrevolutionaries and Regime Consolidation in the People's Republic of China, 1950-1953' Comparative Studies in Society and History 44, 1 (2002): 82，以及楊奎松，〈新中國鞏固城市政權的最初嘗試——以上海「鎮反」運動為中心的歷史考察〉《華東師範大學學報（哲學社科版）》五（二〇〇四），頁一—二〇。

三年監禁。[34]卞鼎孫被解雇了，因為「利用職權，竊取新稅則機密，用暗語告訴香港商人」。[35]為了自救，老關員們不得不寫下自白書。卞鼎孫在一九六三年的回憶錄《我知道的舊中國海關》中「揭露了見證帝國主義者陰謀的整個內幕故事」，他指證了：「帝國主義統治中國海關的五種手段：集中控制、麻醉思想、分化團結、扶洋抑華、密報考核。」[36]這些與國民黨無法劃清界線的老關員是無法逃過鎮壓反革命的。

但是老關員遠離政治的傳統，還是保全了很多人，但是仍然無法保障自己的工作。到了一九五七年，海關總署計算自解放初期上海海關有「三千二百九十六人，到一九五五年年底縮減到五百零五人，一九五六年又在不斷充實和加強現場、簡化內部工作程序的情況下，陸續調出職工一百五十一人」，在一九五六年年底上海海關「實有職工三百五十二人（內幹部二百四十人，技工工友一百一十二人）」。[37]此時，人民政府已經有初步的把握可以自己接管海關總署和上海海關，所以計劃了進一步的「精簡機構、緊縮編制」方案，初步決定，「遵循著精簡重疊機構、減少層次、加強現場工作、明確分工、劃清職責範圍、進一步改進工作、提高工作效率的方針，把海關的機構逐步縮小，人員逐步精簡，抽調支援其他兄弟單位」，但是上海海關「編制仍存在人浮於事的現象。根據增產節約的精神，在我關進一步的精簡緊縮機構編制，進一步提高工作效率，克服官僚主義仍是迫切需要的」。[38]這次的「精簡機構、緊縮編制」方案的方針是：

整編工作是一件深入細緻的思想工作，必須強調宣傳解釋和政法思想教育工作，因此，必須充份發揮本關黨、政、工、團各級組織骨幹力量，反覆進行耐心解釋，說明機關的整簡工作是開展增產節約和反對官僚主義中心環節之一，但考慮我關年老體弱閒事的職工較多，一旦精簡工作推向群眾後，思想情緒估計複雜，因此必須事先做好各項準備工作，包括思想教育工作和對多餘人員妥善安排工作，這樣才能保證全體職工留者安心，去者愉快。

但是上海海關對冗員的處理，只有三條：「第一、逐步抽調支援其他兄弟單位。第二、集中學習。第三、下放基層」。但是其中很多老關員，所以很難做到「留者安心，去者愉快」：

34 《人民日報》，〈中國人民解放軍北京市軍事管制委員會軍法處佈告〉，九五一年八月二十五日。

35 《人民日報》，〈不法資本家千方百計破壞國家的海關海關工作人員積極參加反貪污反盜竊鬥爭予以堅決反擊〉，一九五二年二月二十二日。

36 卞鼎孫，《我知道的舊中國海關》，頁五三。

37 上海市檔案館，B23-2-44：〈上海市編制委員會對財貿部門整編方案的批復、市人委關於成立自由市場管理委員會的通知，中華人民共和國上海海關報呈上海市編制委員會，我關一九五七年精簡機構、緊縮編制初步方案報請核示（〔57〕人字第七七號）〉，一九五七年二月二十六日。

38 上海市檔案館，B23-2-44：〈上海市編制委員會對財貿部門整編方案的批復、市人委關於成立自由市場管理委員會的通知，中華人民共和國上海海關報呈上海市編制委員會，我關一九五七年精簡機構、緊縮編制初步方案報請核示（〔57〕人字第七七號）〉，一九五七年二月二十六日。

> 根據我們這次多餘一百一十人員（幹部六十三人，工友四十七人）分析屬於長期病假的有三十六人（其中幹部十八人，工友十八人）年齡超過五十歲以上，由於體力關係，基本上不能做現場工作的有四十五人（內六十歲以上占二十八人），另有職工十人，年齡不大，但本身體弱不能堅持八小時工作，有的半日工作已久，只能做些輕便工作，其餘的文化水準較差，有的是勤雜工友，因此符合抽調條件者很少。
>
> 下放基層：我們沒有下級附屬單位。
>
> 至於組織學習班集中學習，我關解放後，已經組織了三次學習班，目前我關少數年老體弱幹部已在學習班學習了三年多，估計短期尚無法安排，至於組織工友勤雜人員集中學習，我們接受過去經驗，由於他們文化低，不能正規學習政治理論，因此把他們集中學習長期無法安置，思想情緒一定會十分混亂，勢必搞得領導非常被動，倒不如留在不同崗位上分給輕便工作。
>
> 待將來退休退職辦法執行後，陸續妥善處理，目前精簡機構，緊縮編制後，多出的人員，我們希望由市人委統一解決。[39]

這些老關員被強迫下崗雖然有些不幸，但是對於老關員來說，一個更大的問題出現了，一九五七年的共產黨結束了第一次五年計劃，開始了另一波政治運動的高峰。這次的政治運動，丁貴堂就無法置身事外，丁貴堂在一九四九年後仍然有著相對成功的政治生涯。一九五四年，他被選為旅大市全國人民代表大會的代表。[40]他還於一九五一年加入了中國國民黨革命委員會（以下稱稱民革），並於一九五六年被選為民革中央委員。[41]但是，丁貴堂活躍的政治生涯也引發了其他老關員的怨恨。盧壽汶寫信給李度說：

> 我聽說他〔丁貴堂〕一個月也只有人民幣一百八十元，並且房子裡也只有三間屋子，還得付房租。我還聽說兩年前，他曾抱病臥榻長達一年多，飽受肺結核和糖尿病之苦。我為他感到遺憾，但這也許可以給那些太有野心的人好好上一課。[42]

因為丁貴堂的新政治面貌迫使他必須與共產黨緊緊站在一起。遠離政治的傳統代表的是更大的政治不正確，只要他不加入共產黨的政治運動，他馬上就會被清算；但是其進退維谷的因難就是，如果他一旦加入共產黨的政治運動，他被清算也是遲早的事。中國共產黨在一九五七年發動

39 上海市檔案館，B23-2-44：〈上海市編制委員會對財貿部門整編方案的批復、市人委關於成立自由市場管理委員會的通知，中華人民共和國上海海關報呈上海市編制委員會，我關一九五七年精簡機構、緊縮編制初步方案報請核示（〔57〕人字第七七號）〉，一九五七年二月二十六日。

40 《人民日報》，〈中華人民共和國第一屆全國人民代表大會代表名單〉，一九五四年九月四日。

41 《人民日報》，〈中國國民黨革命委員會中央委員和候補中央委員名單〉，一九五六年三月二日。

42 臺北關稅總局，Little, Lester K., Correspondence relating to His Commission as Inspector General of Chinese Customs Service, vol. 5, Lu Shou-wen to Little, 16 February 1957.

了第二次整風運動，也被稱為「百花齊放、百家爭鳴」的雙百方針，為了鼓勵共產黨員和非共產黨員都可以「大鳴大放」地進行批評。一九五七年四月二十七日，共產黨中央委員會發佈了《關於整風運動的指示》，成為了整風運動的號角。[43]這次運動最初是為了重新檢驗共產黨的「三項內部問題」：主觀主義、宗派主義、官僚主義。

毛澤東的指示中說「那些被批評的人不應該為他們做過的一切進行辯解，也不能拒絕所有的批評」；另一個重要的點是，非黨員的批評是受到歡迎的，因為毛澤東堅持公開的糾正。[44]丁貴堂作為民革成員，義不容辭地幫助「中國共產黨解決這『三個問題』」。丁貴堂在《人民日報》上發表了一封刻薄的公開信。丁貴堂列舉了他認為老關員在一九五三年以後受到不公正待遇的案例，例如：老關員提出的一些建議都沒有被接受，而且老關員變得毫無權力，共產黨員對非黨員毫不尊重，而且中國共產黨員認為舊海關員工在一九四九年以前是漢奸。有趣的是，丁貴堂還提到，共產黨員認為老關員與外國人獻媚是漢奸行徑，因為他們在寫信的時候用「親愛的」、「您忠實的」等等信件套語。[45]

「可憐的丁貴堂！」胡輔辰寫道。胡輔辰曾在一九三〇年代與丁貴堂一起任總署科處稅務司。他在香港聽到這個消息，把丁貴堂發表在《人民日報》的公開信，翻譯成英文告訴身在美國的李度：

> 這些話很像是他〔丁貴堂〕會說的。然而，我更傾向於相信他是因為受到毛澤東最近對

共產黨改革的信條的感召才為了宣傳目的公開這些話的……不然，即使丁貴堂有勇氣說這些話，這些話也不會被公開的，尤其是在北京《人民日報》上。[46]

不幸的是，毛澤東突然改變了對此運動的態度。不到三個月，七月一日，《人民日報》頭條寫著〈文匯報的資產階級方向應當批判〉的社論，[47]尖銳地批判了那些「反革命」。從那以後，整風運動的目的瞬間轉變成了那些批判共產黨的人。文章中說道：

> 其目的是讓魑魅魍魎，牛鬼蛇神「大鳴大放」，讓毒草大長特長，使人民看見，大吃一驚，原來世界上還有這些東西，以便動手殲滅這些鬼類。有人說，這是陰謀。我們說，這是陰謀。因為事先告訴了敵人；牛鬼蛇神只有讓它們出籠，才好殲滅它們，毒草只有讓他們出土，才便於鋤掉。不管共產黨怎樣事先警告，把根本戰略方針公開告訴自己的敵人，敵人還

---

43 《人民日報》，〈中國共產黨中央委員會關於整風運動的指示（一九五七年四月二十七日）〉，一九五七年五月一日。

44 R. MacFarquhar, *The Origins of the Cultural Revolution: Contradictions among the People, 1956-1957* (Oxford: Oxford University Press, 1974), 213.

45 《人民日報》，〈幫助共產黨除「三害」對外貿易部各民主黨派主要負責人座談〉，一九五七年五月十七日。

46 臺北關稅總局，Little, Lester K., Correspondence relating to His Commission as Inspector General of Chinese Customs Service, vol. 5, Hu Fu-sen to Little, 3 June 1957.

47 麥克法誇爾認為該文章是毛澤東所寫，見MacFarquhar, *The Origins of the Cultural Revolution*, vol. III, 279.

要進攻的。要知道，右派是從反面教導我們的人。在這點上，毒草有功勞。毒草的功勞就是他們有毒；並且散發出來害禍人民。[48]

丁貴堂的公開信給他自己貼上了「牛鬼蛇神」的標籤。在接下來的一九五七到一九五八年的反右運動中，超過三十萬名知識分子被打上了「右派」的標籤，而這個標籤「足夠毀掉他們在中國的職業生涯」。[49]丁貴堂就是他們其中之一；此外，他還是「列在共產黨認為的『重要右派分子』的名單上的三百七十六人其中之一」。[50]

為了將自己從右派分子的名單上移除，丁貴堂公開地改弦更張，又在《人民日報》上發表了〈沒有共產黨，中國就會亡〉的公開信。他聲稱：

右派分子竟借助黨整風運動的機會，有計劃、有綱領地挑撥煽動，發出反黨、反人民、反社會主義的謬論。我們擁護黨，愛護國家，跟著共產黨走社會主義道路的全國人民必須與這些右派分子劃清界線，並給予他們堅決的毫不留情的痛擊……

對於這種右派分子，人民絕不應當稍有留情，對於這種人「言者無罪」是不適用的。我們必須完全粉碎他們的陰謀，徹底批判掉他們的荒謬言論。我們必須堅決地和他們劃清界線，和他們作鬥爭，不獲全勝不休兵。右派分子們現在是你們趕快回頭，徹底交代的時候了，社會主義的大門對你們還是開著的，如果堅持反動立場，抗拒徹底交代向人民認罪，那麼人民必將絕不能饒恕你們！[51]

這是丁貴堂在《人民日報》的最後一篇公開信。這位六十五歲的「重要右派分子」，丁貴堂感到年老而疲憊。他沒那麼容易洗脫右派的標籤。在「把心獻給黨」大會上，他坦白他「沒有改變他的資產階級思想，他沒有任何進步，並且利用了黨和人民的慷慨寬大」。丁貴堂總結道：「我是人們的反動分子，我有愧！」[52]當李度得知關於丁貴堂的這個消息時，他的評價是：「我十分好奇他的運氣是不是已經用盡。」[53]

丁貴堂的經歷足以代表華籍關員的下場。共產黨不再需要他們了，因為在人民政府建政八年之後，共產黨幹部已經成功接管海關總署。老關員的存在不僅有礙於建立黨組織的建設，而且

48 《人民日報》，〈文匯報的資產階級方向應當批判〉，一九五七年七月一日。
49 J. Spence, *The Search for Modern China* (New York: Norton, 1990), 543.
50 臺北關稅總局，Little, Lester K., Correspondence relating to His Commission as Inspector General of Chinese Customs Service, vol. 5, Hu Fu-sen to Little, 18 August 1957.
51 《人民日報》，〈在第一屆全國人民代表大會第四次會議上的發言沒有共產黨，中國就會亡〉，一九五七年七月十三日。
52 臺北關稅總局，Little, Lester K., Correspondence relating to His Commission as Inspector General of Chinese Customs Service, vol. 5, US Information Agency, Office of Director of Personnel, 18 August 1958.
53 臺北關稅總局，Little, Lester K., Correspondence relating to His Commission as Inspector General of Chinese Customs Service, vol. 5, Little to Fang, 6 September 1957.

還讓人不時想到屈辱的三座大山「帝國主義、封建主義和官僚資本主義」。在反右運動之前，雖然多數舊關員感到他們就像「驚弓之鳥」，[54]但他們仍然在海關內掙扎。與岸本廣吉時期類似，他們很容易被懷疑與他們在臺灣和香港的前同事有聯繫，但他們沒有岸本廣吉那樣的人來保護他們；畢竟，丁貴堂已經被打成右派。在解放後立即退休的華籍關員還有可能離開大陸前往香港或臺灣，但對於那些一九五七年還在海關內部任職的人來說，他們早已無路可去。[55]

一九六二年，丁貴堂過世，從《人民日報》上的訃文：「全國人民代表大會代表、中國國民黨革命委員會中央委員、民革北京市委員會常務委員、對外貿易部海關管理局局長丁貴堂於十一月二十一日逝世。」[56]可以看出，他似乎成功地洗去他身上的右派的標籤，他還是比很多老關員和右派幸運許多；兩年後，張勇年過世，也可以從《人民日報》張勇年的訃文：「張勇年先生曾任職於舊中國海關，解放後歷任上海市人民代表大會代表、上海海關副關長、中國國民黨革命委員會中央團結委員委員、民革上海市委員會委員。在解放初期，張曾積極協助接管。隨後在改造舊海關中也做出了不少的貢獻。」[57]可以看出，在反右運動後，或許因為他們的專業還有價值，所以他們居然這麼快摘了右派的帽子，而他們的政治面貌也獲得共產黨一定程度的認可。丁貴堂和張勇年這對老班子代表的是中國海關華籍關員的精英：稅專畢業生、幫辦、海關站稅務司、科處稅務司等。他們的過世也代表這一代精英的消逝，他們終究沒有等到華籍關員接收海關，雖然這樣看起來有一點遺憾，但是無論如何，丁貴堂和張勇年都是幸運的，因為他們都在文化大革命爆發之前過世了。

人民政府建政的前七年，一九四九年到一九五六年，雖然權力是掌握在共產黨的幹部手裡，但剩下的老關員還是被任命為副職，以專業人才身分協助工作。共產黨幹部加入海關總署帶來了積極的一面，比如，工作報告變得更加具有批評精神，也更加徹底，而貪污腐敗也得到了有效處理。雖然國際貿易部和海關署的共同治理監管結構十分複雜，但海關總署在黨籍幹部和老關員的第二共同管理結構維持效率和運轉。但是，這種合作關係漸漸成了一種競爭關係。從一九〇八年開始的四十年內，華籍關員都是為了打破華、洋籍區分而努力，但他們現在發現他們被一種更嚴格的黨、非黨員區分所束縛，並且他們還是在不受待見的一邊。

人民政府建政之初，保持遠離政治的傳統使得華籍關員在國民政府時期，一直與國民黨保持距離，這也意味著他們中大多數人可以逃過鎮壓反革命運動的調查。但是，一九五七年的反右運動不僅針對國民黨，而且還有右派分子。右派分子的定義與國民黨無關，而是與背景、經歷和教育有關。老關員在這一運動中深受影響，因為他們有為「帝國主義者、殖民主義者」工作過的經

54 臺北關稅總局，Little, Lester K., Correspondence relating to His Commission as Inspector General of Chinese Customs Service, vol. 5, Lu Shou-wen to Little, 16 February 1957.

55 臺北關稅總局，Little, Lester K., Correspondence relating to His Commission as Inspector General of Chinese Customs Service, vol. 5, Hu Fu-sen to Little, undated approximately in 1957.

56 《人民日報》，〈全國人大代表丁貴堂逝世〉，一九六二年十一月二十二日。

57 上海市檔案館，L1-2-246：〈上海市政協關於石筱山、羅英、張士琅、席文光、張勇、張襄如三先生、方丈病後的治喪委員名單、議程、悼詞、報導，公祭張勇年先生的悼詞〉，一九六四年十月。

歷，以及他們的社會和教育背景，所以他們很容易淪為鬥爭的目標。老關員權力的下降也幫助共產黨的黨國體制有力地控制著海關總署。由於現在中國已經沒有總稅務司署，老關員對人民政府造成的威脅就與昔日外籍關員對清、北洋和國民政府造成的威脅類似。之前歷屆政府都想盡辦法驅除外籍關員，但共產黨在這一點上甚至做的更多。他們不僅驅除了外國人，還驅除了被西化的老關員。

平心而論，一九四九年以後的老關員的處境甚至比岸本手下的華籍關員更為艱困——總署長孔原是一個共產黨幹部，而副總署長丁貴堂沒有實權。老關員坐在一輛由共產黨控制的駛向命運的列車，快速衝向終點。華、洋籍關員之間的界限於一九四九年終於被打破，但黨、非黨員的區分使得老關員的職業生涯變得更加艱難。雖然臺灣的總稅務司署中的華籍關員也面對著稅專和非稅專出身關員的區分，但這一區分與華、洋籍和黨、非黨員的界限相比，顯然相對輕微。

為了適應新形勢，老關員必須改頭換面，擁護中國共產黨。丁貴堂就是一個典型的例子。一九三五年的時候，他考察完歐美關政後，曾經說海關的管理體系是「完全能夠適合這個國家的情況的，也是必要的」，[58]而且努力地與腐敗的國民黨保持距離。但一九四九年以後，丁貴堂似乎變成了一個信念堅定的反帝國主義者，並成為了政治活躍分子。沒有了總稅務司署，華籍關員很難保持與政治「疏離」。丁貴堂可以被描述成一個「騎牆派」、「牆頭草」，但是更準確的說，他只是活在改革開放前的中國大陸芸芸眾生中的一位；在一九五九年廬山會議，當彭德懷被打成「彭德懷、黃克誠、張聞天、周小舟」的「右傾機會主義」、「反黨集團」時，丁貴堂應該慶幸他被批鬥只比彭德懷早兩年，而且他比彭德懷早過世十二年。

中國大陸的海關總署和岸本廣吉的總稅務司署有很多相似之處，因為它們都有很多關員和海關站，但也都面臨著重大的政治困境。像日本軍方一樣，共產黨也從來沒有信任過老關員，因此指派黨籍幹部來運營海關總署。共產黨還懷疑他們沒有被徹底地反省，因此將他們置於不斷的政治運動中，確保這些老關員改頭換面。老關員在鎮壓反革命運動中倖存，因為這次運動是針對滯留在大陸的國民黨人，但接下來的政治運動卻有不同：雙百方針鼓勵每個人都表達出他們的不滿，而結果是悲劇性的，反右運動將每個異議者都作為整治目標。丁貴堂被列入了右派，並被迫承認他的「罪行」。反右運動終結了多數老關員的職業生涯。

一九四九年一開始，人民政府簡化了海關行政管理的結構，海關總署是總稅務司署和關務署的結合，所要需要黨政共同治理模式控制之。但是之後，外貿部使得整個結構變得更加複雜，因為它實際變成新的關務署。海關站由地方外貿局和省級人大常委監督。另外，中國共產黨在每個海關站內都有分支機構。這三條監督線清楚地表明，人民政府並不相信老關員。這並不是說人民政府對海關總署的重視僅為排除老關員，而是認為曾經為外籍關員的華籍關員，現在已經失去了他們的價值：當外籍關員離開後，華籍關員就變成《周處除三害》中的周處，需要除去自己。

58 中國第二歷史檔案館，679(9) 2112，《1935年丁貴堂考察歐美關政報告》：Report on Study of Customs Administrations in Europe and America, 1 September 1935.

第十一章　臺灣海關的重建

與中國大陸的海關總署相比，臺灣的總稅務司署與國民政府的總稅務司署其實是一脈相承的關係。雖然一九四九年李度指揮的總稅務司署混亂的撤退，但李度成功地付清外籍關員的退休金，並在臺灣保留骨幹關員和一套有效運行的海關系統。李度提出中國海關帳戶裡的每一分錢，用來支付外籍關員的退休金，儘管總稅務司署在臺灣重生，但實際也破產。雖然其帳戶被提領一空，但臺灣海關仍然保留有主要關員和一套基本海關檔案。這在很大程度上幫助華籍關員在臺灣重建海關。

相較於中國大陸接二連三的政治運動，臺灣相對處於和平狀態，臺灣政府可以對海關執行另一種規範，雖然不像人民政府般嚴厲，甚至有時候更加依賴總稅務司署的「外籍特性」。雖然外籍關員已經完全離開海關，但是傳統遠離政治的特性讓臺北總稅務司署被委以其他的職責。臺灣政府並沒有像人民政府一樣，派出黨籍幹部替換掉老關員的一把手位置，而是採取了一種更溫和的手段來制衡總稅務司署。這或許是因為美籍總稅務司李度被重新聘用為財政部顧問，又或許是臺北總稅務司署的主要任務仍然是徵收稅款，而不是提防帝國主義利用貿易手段侵略。只要總稅務司署和關員仍可以徵收關稅和促進國際貿易，其地位就會比大陸的海關總署更高。

在此過渡期，歷史問題再度浮現，臺北總稅務司署應該處於哪種機構的監督之下呢？臺灣政府的結構直到一九九〇年代終止動員戡亂前都沒有改變，因此關務署和總稅務司署關於海關行政管理權的競爭仍然激烈。在一九八〇年代，臺灣政府開始調整其政府組織，根據自身實際可以控制的地區進行調整。此時，關務署沒有繼續存在的必要，因此被改為關政司，是屬於財政部的顧問單位。[1]臺北總稅務司署隨後被重新命名為關稅總局，而總稅務司被重新命名為總局長。這樣一來，從一九〇六年就一直存在的官員海關行政管理權的競爭看來有了結論。好像總稅務司署贏了。但是於二〇一三年關政司與關稅總局合併，更名為關務署，但是關務署長由關稅總局的關員出任，所以到底是關務署還是總稅務司署勝利？是饒富趣味的歷史問題。

（一）臺北總稅務司署的重建

臺北總稅務司署的情況可能比一九四二年初重慶總稅務司署的情況好一些。李度帶了十一位關員去臺灣，而且在一九四五—一九四九年間，稅務司張申福已著手重建淡水關和打狗關。臺灣政府的關務轄區變小，因此張申福的關員加上李度帶來的關員足以維持臺灣海關的基本功能。為了在臺灣關區重新建立貿易和財稅秩序，羅慶祥和方度必須更加靈活地調整臺灣海關政策，一方面要加強一九四八年的緝私條例來努力使海關適應臺灣的情況；[2]另一方面通過修訂一九四九年底與不同國家的關稅政策，展現臺灣政府對國際貿易的靈活性，羅慶祥和方度通令各關：

行政院的命令是，考慮到國家的經濟利益，如果有必要，即使與一國的外交關係被切斷，中國還是要與之維持商業關係，哪怕這些國家已經承認了共產黨的政權。但是，這一政策不適用於共產國際的國家和他們的衛星國。[3]

這些改革確實幫助臺灣渡過撤退初期的五年困難時期，但真正大刀闊斧的改革是在一九五五年，把一九四九年前制訂的《貿易規定》廢除，這代表臺灣政府重新開門與國際市場接軌。撤臺以前，《貿易規定》實際上斬斷了所有進出口貿易公司賺取合理利潤的機會。在撤臺的最初五年裡，進出口貿易還在嚴格的管控之下，但臺灣政府決定鼓勵出口以賺取更多外匯。行政院頒佈了《外銷品退還稅捐辦法》，並委託臺北總稅務司署來執行此項政策。[4]雖然這項政策促進了出口賺取了外匯，但這個政策也降低了稅收收入，同時還給臺北總稅務司署又新增一項額外的任務，而

1 臺灣關政司網站：http://doca.mof.gov.tw/ct.asp?xItem=569&CtNode=9.
2 中研院近史所圖書館，〈臺北總稅務司署通令第二九號〉，一九五〇年六月八日。
3 中研院近史所圖書館，〈臺北總稅務司署通令第二二號〉，一九五〇年一月十七日。
4 中研院近史所圖書館，〈臺北總稅務司署通令第一四二號〉一九五五年九月二十六日。

這成為沉重的負擔，因為有太多的出口品項需要管理。王文舉對此有極為精闢的分析：

> 外銷退稅辦法，在大陸時代，僅限於花邊加工，原麥磨粉數項而已。當時計算退稅，簡而易行，但今日之退稅，原料繁多，不勝枚舉。且有一種製成品用數種或多種原料，甚至幾十種者，又每一原料，亦有為再製品者，其退稅規格，因關係精微，不易釐訂，即定變難期公允無疵。再計算繁複，事倍功半，因此躭延貽誤，層出不窮，交相詬病。當局有見及此，乃規定由國家銀行經營保稅倉庫，但因利害攸關，窒礙難行。何若參照保稅倉庫及工場之成規，增刪海關已有章則，使其符合實際要求。由海關總其成，以公務機關之立場，執行政府之政策。[5]

無論如何，這些退款應當是由財政部國際貿易局處理。臺灣政府決定委託總稅務司署代表處理，因為自一八五四年以來，總稅務司署一直在國家危難之際承擔著額外任務，當然比財政部的公務員更有經驗。

雖然羅慶祥和方度的關員足以應付臺灣海關的基本運作，但是一旦臺灣政府開始委託額外任務時，關員就馬上不足。此時一部分的關員自行從大陸撤退到臺灣，這些關員通常都是高階幹練的關員，可以成為臺北總稅務司署的即戰力，但是無奈的是，他們在臺灣在等待了三至五年，才得以在臺灣海關復職。其原因就和臺灣海關人事凍結以及李度的付清外籍關員退休金之舉有關。

其中因果關係，必須先回溯到一九四九年滯留大陸的關員情況。

一九四九年底，大多數華中華南的海關站還是遵守李度的命令，雖然中國大陸的大部分地區已被共產黨占領，但是許多關員還是堅守崗位，例如，北海關稅務司葉元章堅守崗位，直到一九四九年十二月三日解放軍進入廣西。[6]葉元章發出最後一封電報：

> 緊急。據悉，共產黨的軍隊已到達距離河伯〔海關監督〕三十里的地方，並可能在明天到達北海關。現在大規模的國民黨軍隊正在撤離中。我和關員們將會按指令堅守在崗位上。如果沒有收到我的後續電報，那麼就永別了。[7]

葉元章的絕望之情溢於言表，但是他們既不能撤往臺灣，也不能選擇退休，因為李度正在籌劃中國海關的所有帳戶提領一空，雖然這些華籍關員不少服務年滿二十五年，理應獲得他們的退休金。但是事實就是，臺北總稅務司署沒錢支付華籍關員的退休金。

已經拿到退休金的關員無疑對李度的安排感到十分滿意。但一開始被拋棄在中國大陸，隨後又成功逃到臺灣的華籍關員後來發現這些安排完全不能夠接受。這一情況最終導致了對總稅務司

---

5 王文舉，《濫竽海關四十年》，頁一一二。

6 Yeh, *Recollections of A Chinese Customs Veteran*, 64-65.

7 Yeh, *Recollections of A Chinese Customs Veteran*, 67.

的彈劾，並且成了臺灣政府敲打總稅務司的最佳機會。

就在李度和其他十一名海關成員從廣州和香港逃往臺灣的時候，葉元章堅守崗位。但是，他的犧牲不會帶來李度的獎勵，反而意味著他失去了他應得的退休金。葉元章自海關總署退休後逃往廣州，援助流亡中國知識分子協會幫助他去了臺灣。[8]當葉元章拜訪方度要求復職，方度答應了，但有兩個條件：「葉元章必須同意降級到代理稅務司的職位」，並且「直到我退休之前，葉元章都不得提及退休金的問題」。葉元章認為這兩個條件是「任何體面人士都會認為是嚴酷的和不能接受的」。由於關務署長周德偉的干預，方度「不得不做出一個決定」，並且他建議葉元章「恢復到稅務司的級別，並在退休時獲得正常退休金的一半」，因為他聲稱葉元章接受了「人民海關的退休金」。[9]

與葉元章相比，王文舉一樣不幸。雖然他是查緝科稅務司羅慶祥的副手，但他完完全全被矇在鼓裡，李度和羅慶祥從未告知離開上海的消息。他去上海總稅務司署辦公室上班時，才發現他的兩位上司已經撤退：李度和羅慶祥早已登上了前往廣州的船隻。[10]他於一九五〇年三月向上海海關副關長張勇年遞交了辭呈，並在五月抵達臺灣。[11]雖然他直接在李度和羅慶祥手下工作，但王文舉沒有任何機會一起撤退到廣州。一九五〇年他撤退到臺灣後，受到和葉元章一樣的待遇：羅慶祥和方度決定擱置他的復職案，讓他等待四年再復職。王文舉得知李度、羅慶祥和方度等外籍關員的全額退休金和華籍關員的五成退休金時，王文舉批評道：

施其〔李度〕慷人小惠，實慷國家之慨，每員照發洋員應得之半額退休金，因與關章不合，故囑嚴守祕密。嗣於離職之前推薦羅慶祥與方度二君共同執行總稅務司職務，每月除照支原薪外，從員工福利金帳中支取等於美鈔五百元之新台幣作為職務津貼，二人平分，各得其半。因有上述不可告人之隱密，絕不肯亦不敢復職大陸來臺之高級人員。[12]

而葉元章和王文舉都在一九五五年復職。其復職原因，也可能是因為阮壽榮於一九五三年在海關復職，而使得羅方兩人必須接受葉、王二人的復職申請。但是阮壽榮一九五二年從香港抵達臺灣時，其復職申請也被羅方兩人擱置。阮壽榮一抵達臺北就拜見方度，阮壽榮寫下此次拜會經過：

他〔方度〕見到我從椅子上跳起來，滿面笑容滿口英文的表示歡迎，坐定奉茶後，他即詢我來臺經過及目的，聽到我在候見蔣夫人更是為我高興，預祝我為國爭光。他的這一套我

8　Yeh, *Recollections of A Chinese Customs Veteran*, 77-78.
9　Yeh, *Recollections of A Chinese Customs Veteran*, 77-8.
10　王文舉，《濫竽海關四十年》，頁九八。
11　王文舉，《濫竽海關四十年》，頁一〇一—一〇四。
12　王文舉，《濫竽海關四十年》，頁一〇五。

是很熟悉的，因為在學校〔稅專〕的時候，他已有這種偽裝的作風，時常逼著喉嚨裝腔作勢學作女人。在海關時他最會奉承上司，每日晨昏一定跟進跟出，為其脫衣穿衣，為同仁所不齒。等我提出想要復職的意思，他立即顏色一變，正經地說已奉政府命令，凍結人事，實在有心無力相助，旋即空言允諾將為我介紹別的工作。[13]

而方度對海關人事凍結案之堅持，連蔣宋美齡請託通融阮壽榮的復職案都不買帳，[14]更可以想像葉、王兩人的復職案是多麼困難。然而此時，李度在臺灣的最重要支持者嚴家淦介入此事，此時嚴家淦已從臺灣省財政廳長，升為行政院財政部長，也就是總稅務司署的頂頭上司，嚴家淦在一九五〇年三月至一九五四年六月任財政部長時期，[15]也正好是財政部和總稅務司署最需要彼此的時期：財政部需要關稅，總稅務司署需要來自政府的保護。這就像李度任總稅務司時期，他和宋子文之間形成強而有力的互相依賴關係。

嚴家淦雖為聖約翰大學畢業英文流利，但是英文練達人手仍感不足，於是就想到關員一向以英文工作，英文練達者比比皆是。阮壽榮為前海關圖書館長，英文為華、洋籍關員中最優，嚴家淦需要英文秘書，所以委託張申福代為找尋合適人選，嚴張兩人自一九四五年接收臺灣時，就已認識，而張申福推薦阮壽榮出任。嚴阮兩人短暫會談後，嚴家淦即於一九五二年十二月，派阮壽榮為「財政部專門委員」。嚴家淦對阮壽榮說：

美援自前年恢復，美國在臺灣大使館中已設有專署，我方為配合美援，設有「美援會」，由各部會主管擔任委員，平時會中事務由王蓬先生負責，我政府方面又有「經濟安全委員會」向行政院長負責，現在設有三個小組，A組主管研討銀行錢幣業務，B組軍方事務、C組預算及財務行政，我是委員兼C組召集人，每次與美方人員開會，必須將我們的情況及資料翻成英文供美方使用，開會時都用英文交換意見，事後也用英文寫成紀錄，以備「美援會」開會時分發。美國來華人員在他們能為我國服務以前對我們很少了解，我們必須先教導他們，所以這翻譯工作特別重要。美人時常問我們的財政政策是什麼？說穿了我們談不上有什麼政策，但我抱定的是：平衡預算，降低通貨膨脹壓力，在安定中求進步。現在我最大的困難是無人幫我，我必須樣樣自己動筆，你來了我可以輕鬆一半了。[16]

等到嚴、阮兩人工作開始密切配合後，阮壽榮向嚴家淦上「簽呈希望能復海關原職，支領海關高出數倍的薪津」，嚴家淦馬上在簽呈上批了「交方總稅務司」。阮壽榮擔心方度還是會像面對宋美齡一樣推託，嚴家淦的秘書道：

13 阮壽榮，《錦灰集》，頁一六二—一六三。
14 阮壽榮，《錦灰集》，頁一六六。
15 〈嚴家淦相關史料〉，中華民國財政部網站：http://museum.mof.gov.tw/ct.asp?xItem=3667&ctNode=112&mp=1
16 阮壽榮，《錦灰集》，頁一六九。

你放心送去好了，部長以前在海關，李度簽請升方羅為總稅務司發給美金津貼時，他祇寫了一個「閱」字，他們奉若聖旨，至今仍在支付，你這批示是很難得的，他們不敢怠忽的。

果然阮壽榮的復職全部解決，也變成「海關職員借調財政部」，而且因他「打開了大門，待命的人陸續一一重回海關服務」。[17]

從上述葉、王、阮三人的復職經過中，如果先排除他們三人對李度、羅慶祥和方度的不滿，單從方度堅持臺灣政府要求海關凍結人事，敢對蔣宋美齡的請託置之不理的態度，還是可以看出，臺灣海關還是維持著傳統的政治中立的特色。或許可以質疑，方度還是不敢忽視嚴家淦的意見，但是嚴家淦是臺灣海關的頂頭上司，也是專業官僚，在海關文化中，對這類官員一向極為服從；更往深一層說，嚴家淦是財政部長，就是宋子文的角色，李度留給羅慶祥和方度的福利，也需要嚴家淦的首肯，沒有嚴家淦的保護，那臺灣海關的特殊性就會完全消失。

不論方度擱置華籍關員復職是因為政府的人事凍結，還是他想要隱瞞領取部分退休金的事實，這種付清外籍退休金和五成十一位華籍關員退休金還是紙包不住火，導致了一九五七年的彈劾，或許因為此時嚴家淦已調任臺灣省政府主席，已無法保護海關，所以此事形成一場政治風暴。方度給李度寫信說了關於「惡意指控」的情況以及彈劾的「依據」；最重要的是，他還請李度「給財政部寫一封簡短的書面確認信」。在信的末尾，方度還提到「我和羅慶祥也因為以臺幣形式接受代理津貼而遭到了彈劾，這筆津貼來自海關扣留款，以每月二百五十美元的比率發放」。[18]《聯合報》隨即報導此彈劾案：

> 監察委員曹德宣，為海關總稅務司方度，濫用職權，破壞人事會計制度，於民國三十八年底，非法取得退休金美金五千零八十元，於三十九年七、八兩月非法取得代理津貼美金八百元，並自三十九年九月起，至四十五年八月底止，每月侵佔員工福利金折合美金二百五十元，共計折合美金一萬八千元整。前代理總稅務司羅慶祥亦同時非法取得美金退休金五千六百二十元，代理津貼美金八百元，侵佔員工福利金共折合美金一萬四千七百五十元整。此外，如台北關稅務司主管驗估課鍾良，總稅務司署副稅務司主管財務科兼會計科吳強宗，代理副稅務司主管查緝科黃守華，超等一級幫辦周翥雲、關雲龢，及停薪留資一等副監察長潘文貴，已經退休稅務司吳道頤，幫辦徐華瑞等八人，亦均於卅八年底一同非法取得退休金美金共計一萬七千二百八十元整，以飽私囊，侵佔國家外匯，破壞政府金融管制，以上十人所為，均屬違法瀆職，依監察法第六條一併提案彈劾。[19]

17 阮壽榮，《錦灰集》，頁一七四—一七五。

18 Little Paper, Fang Tu to Little, 18 March 1957.

19 《聯合報》，〈海關總稅務司方度等涉嫌違法瀆職，侵佔國家外匯，監院彈劾移送法辦〉，一九五七年二月十六日。

李度給財政部長徐柏園寫信說「這些人（隨之來臺灣十一位關員）與早已在臺灣生活的人相比來說處在更難的困境中。後者是在國共內戰爆發前來到臺灣的，並且已經在臺灣安頓得很好。」隨後，李度為那十一位華籍關員的退休金進行了辯護：「這一半的退休金是從我控制下的『自由基金』中抽出來，以美元形式發放的」；他們得到的數量「會從他們在海關中結束生涯時應獲得的那份退休金中扣除。」李度總結道：「如果有任何反對意見的話，應該直接針對我，而不是針對那些獲得退休金的人」。[20]

這封信體現了李度的性格，他保護這十一位榮辱與共的華籍關員，同時也闡述了一九四五年到達臺灣的關員和一九四九年到達臺灣的關員之間的差異，但他忽略了那些在一九四九年滯留在大陸的關員。由於李度挺身而出擋了這一槍，所以法院的裁決是「不起訴處分」。然而，公務員懲戒委員會隨後接管了這個案子，並考察在這個案子中是否存在違紀的問題。[21]而公務員懲戒委員會的調查，直接導致方度自總稅務司任上退休。

在彈刻案成立之前，羅慶祥已於一九五五年退休了，羅方共同代理總稅務司的局面也終結了，但是方度仍只是代理總稅務司，而沒有真除總稅務司。[22]十分有趣的是，他是中國海關史上任期最久的代理總稅務司，第二久的是周驪，自一九四二年一月至一九四三年三月，但是方度自一九五〇年一月一日任代理總稅務司到一九六〇年六月二十四日才被任命為總稅務司，[23]但同時財政部就批准了方度退休，從一九六〇年七月十五日開始。[24]換句話說，方度只在總稅務司的位子上坐了不到一個月。方度的退休和華、洋籍關員退休金問題的關係很難說得清，但這次的彈劾肯定是給方度帶來了一些負面印象。而且方度的退休，也讓人想起這與一九四三年梅樂和被汪偽政府釋放後，到了東非，然後一路回重慶的過程。梅樂和到重慶，申請其總稅務司復職，同時也遞上他的退休申請，最後才得以復職。

李度無疑對方度的辭職抱憾在心，他寫信給方度說：

> 這個消息〔方度退休〕雖然是可以預料的，但還是讓我感到五味雜陳，因為你還太年輕活躍，不應該退休……就在上個月，我寫信給周驪，並在信中告訴他說，如果不是因為有方度，我真的懷疑海關的外籍關員們十分能拿到全額退休金！[25]

李度對方度的支持是很真誠的，因為在其日記中，李度反覆說到：方度是「總稅務司署科處稅務司中的亮點」；「他對所有問題的建議都是很健全的，而且他實際上是履行總務科稅務司的

---

20 Little Paper, Little to Financial Minister Hsu Po-Yuan.
21 Little Paper, Fang Tu to Little, 30 August 1957.
22 中研院近史所圖書館，〈臺北總稅務司署通令第一三八號〉，一九五五年七月二十二日。
23 中研院近史所圖書館，〈臺北總稅務司署通令第二四五號〉，一九六〇年六月二十四日。
24 中研院近史所圖書館，〈臺北總稅務司署通令第二四八號〉，一九六〇年七月十五日。
25 臺北關稅總局，Little, Lester K., Correspondence relating to His Commission As Inspector General of Chinese Customs Service, vol. 5, Little to Fang Tu, 29 July 1960.

職能。我真希望他是我的副總稅務司，而不是丁貴堂。」[26]但是，李度高度讚揚方度是否因為方度幫助外籍關員領到了全額退休金呢？如果華籍關員們讀了李度日記，他們會有什麼感受呢？在華籍關員眼中，方度是用華籍關員存了半輩子的退休金換取了總稅務司的職位。這正是各自撤退來臺關員們恨方度入骨的原因。

葉元章、阮壽榮和王文舉等大致都對羅慶祥和方度的管理不滿。葉元章的評價是，「一個壞將軍勝於兩個好將軍」；[27]而王文舉則更加尖銳：羅慶祥和方度「什麼也沒做，並且也沒能力做成什麼」。[28]或許，羅慶祥和方度可以辯解道：海關不能接受更多的關員，因為總稅務司署不能再出現人員過剩的問題了。事實上，不只是一九四九年後撤退來臺灣關員對方度極有不滿，一九四九年前來臺的關員也有不滿。張申福說：

美國人李度當了一任總稅務司，他把洋人用豐富的退休金安排退休後，自己也退休了，臨行時，並請得一年的休假獎，並又想了一個絕妙的怪招，委任方度及羅慶祥兩個稅務司擔任雙頭總稅務司，且給他們每人每月美金三百元津貼，這樣他們變成了他在美國時的秘書，他來臺遊玩時變成他的總務，以公費招待他享樂。[29]

方度可能是海關歷史中，最後一位享受海關特殊性的總稅務司，當然這是因為他與李度、李度和嚴家淦之間的信任造成的。阮壽榮對方度的權力來源有精闢的分析：

中央政府因海關行政一向由外人主持，因之很放任而不過問的，現在雖由國人主持，但方某把持了海關百餘年來辦事所根據的一套所謂「通令」作為對上對下的「魔棍」使用應付，又因為羅某是好好先生，且關稅收入為中央的主要財源，政府為了投鼠忌器也不願多加干涉，因此方某即成為實權在手左右逢源的中心人物了。[30]

方度自一九五〇年與羅慶祥一起代理總稅務司職務，到一九六〇年退休，控制總稅務司署長達十年，自方度退休後的總稅務司，任期最長的袁寶璧也只有五年半，總稅務司的特殊性，至少在任期方面，已不再特殊。但是在中國海關的歷史上，每一任總稅務司的繼任權都帶來了十分複雜的問題，但這一次卻相當簡單，因為海關不再特殊。關務署和財政部決定讓副總稅務司直接晉升為總稅務司。副總稅務司張申福於一九六〇年七月二十日被正式任命為總稅務司。[31]他上任總稅務司後不久，就立刻寫信給李度：

26 Chang ed., *The Chinese Journals of L. K. Little*, 16 December 1949, vol. II, 243.

27 Yeh, *Recollections of A Chinese Customs Veteran*, 95.

28 王文舉，《濫竽海關四十年》，頁一〇五—一〇六。

29 阮壽榮，《錦灰集》，頁一六二。

30 阮壽榮，《錦灰集》，頁一六二。

31 中研院近史所圖書館，〈臺北總稅務司署通令第二四九號〉，一九六〇年七月二十日。

我現在這個職務的重任是人盡皆知。在當今不安定的情況下，肩負這些職責變得更加困難……然而，我必將不遺餘力地在海關低潮時期提高它的聲望，並堅守這個機構中所有人都應遵循的優良傳統，力求對所有人都做的公平正義，以獲得他們的支持和信心。[32]

抗戰勝利後，作為接收臺灣海關的稅務司，張申福是總稅務司職位的合理人選。方度是第一位華籍總稅務司，但是任期僅有一個月，而張申福是第一位長期位居總稅務司的華員，任期達三年。他的首要任務是改革總稅務司署，而為了達到這個目的，他廢除了許多十九世紀的遺留規定。例如，由於十九世紀的鴉片問題，每個關員都要簽署一份《不吸食鴉片聲明》。國民黨撤退到臺灣後，政府成功地禁了鴉片。因此這個有九十年歷史的規定就被取消了。[33]阮壽榮對張申福的這些改革的看法：

張申福兄接任總稅務司以後，正當是改革海關組織的實行階段，在許多專家指導下，雖然只做了浮面的改革，但對總稅務司的權力已削減限制了不少。張兄是才高氣盛的人，在稅專學生時代，我已知他個性極強的，當然不易受人管束，所以他同關務署常有爭執。[34]

但是張申福也不免被日漸繁重的海關業務給影響，其中以出口商品退稅的業務負擔實在最為沉重。臺灣的加工製造業必須對進口的原材料付稅，但政府決定，一旦加工後的產品出口，就會對原材料之關稅進行退稅。[35]這一政策大大促進了臺灣的出口貿易，但同時也因為王文舉指出的「再計算繁複，事倍功半，因此耽延貽誤，層出不窮，交相詬病」的問題而產生潛在的貪污腐敗問題。

王文舉的批評實為一語中的，因為一九六三年二月爆發了「假出口案」，此案導致，第一位長期位居總稅務司職務的張申福自請調離總稅務司職務。假出口案的經過如下：

> 經海關總稅務司署及台北關之協助，查得永源油廠及大同實業公司曾於五十一年十二月一日自基隆港出口黃豆油四百噸，及尼龍絲一百三十箱，海關所存艙單與船公司所存者內容不同，海關艙單載有該貨出口紀錄，但船公司艙單則無出口記載，基隆港局埠管理處亦無搬運紀錄。經傳訊有關驗貨及報關人員，發現確有勾串虛報出口情事。嗣經擴大調查，並由台北關派高級人員自行清查，又復發現利成功貿易行、新鐘紡織廠、正中加工廠、立大加工廠及復興華行亦有虛報尼龍絲、尼龍襪、尼龍衫出口情事。所有出口應退稅款，除永源未及辦

---

32 臺北關稅總局，Little, Lester K., Correspondence relating to His Commission As Inspector General of Chinese Customs Service, vol. 5, Chang Shen-fu to Little, 8 August 1960.

33 中研院近史所圖書館，〈臺北總稅務司署通令第二五〇號〉，九六〇年七月二十九日。

34 阮壽榮，《錦灰集》，頁一九八。

35 詹德和，《海關瀟灑走一回》，頁一六。

理外，其餘俱已沖銷或領回，共計一千一百餘萬元之多。[36]

臺北總稅務司署於派查緝科稅務司王文舉對此進行了調查，王文舉調查後指出：

> 經先至業務課出口檯，發現某出口艙單副本，漏列該假出口貨物，因出口檯未查出，故稽查課結關檯無從查核因追查漏列原因，曾去呈遞出口艙單之隆光行，其經理人以關係者在逃，未得要領，但其中有弊，已毫無置疑。為查詢另一假出口案，其艙單副本既未漏列，何故未予查？結關檯負責之監察長報稱：因臺北關人手缺乏向未將出口艙單副本與下貨單及大副收據核對，故有此失。至於首當其衝之驗貨人員既認無為有，顯係事先勾串舞弊無疑。初步結論：一、驗貨人員串通舞弊；二、出口檯人員疏忽貽誤；三、結關人員未盡職責；四、隆光行偽造艙單；五、發現兩案有關之退稅額約新臺幣二百餘萬元。作成簡報呈部備查。[37]

王文舉經此假出口案後，成為有功人士，調為臺南關稅務司，那時他已經是「海關現任最資深人員」，[38]他最後於一九六五年十一月於臺南關稅務司退休，任職海關四十年。[39]其出身遼寧海城，為丁貴堂大同鄉，不論遼寧幫還是丁幫都是海關第一大幫，稅專畢業後直接派充幫辦、歷經從日占區逃往重慶、抗戰勝利後派往東北接收安東關、被羅慶祥遺棄在上海、自己逃往臺灣、最後在臺灣第一大關臺南關退休，這等與眾不同的經歷，造就了他的回憶錄與眾不同。比起其他關員回憶錄中語多保留，王文舉的評論語多尖刻批評但不失公正，其自嘲為「濫竽海關四十年」，可說是海關華員中經歷極為特殊的一位。

被捲入假出口案後，「總稅務司（張申福）如驚弓之鳥，一聞風聲不利即有草木皆兵之勢」，[40]然後一九六三年七月，總稅務司張申福由外交部提名選為聯合國代表團顧問。日後出任總稅務司的黃清濤，那時為臺北關出口檯主任，認為這件假出口案為：

> 海關百年歷史上史無前例的重大弊案，造成對海關極大之衝擊，好多位同仁罹牢獄之災並脫離海關，一失足成千古恨。而在整個事件發展中，全體海關同仁人心惶惶，情緒十分低靡。就在此關鍵時刻，五十二年七月在任之總稅務司張申福竟要留職停薪去外交部了，將出任我國駐聯合國代表團顧問，令人驚訝。在復興館舉行之歡送會上，他說不管到那兒，為國家服務都是一樣的，話雖堂皇，但是你是我們的總，海關的頭耶，在海關風雨飄搖之中，你這位大家長竟要出走，令人納悶。後來他於五十三年七月奉准在海關退休。[41]

36 《聯合報》，〈勾串虛報出口，稅款沖銷領回，台北台南兩關先後破獲，併移台北法院偵辦〉，一九六三年七月七日。

37 王文舉，《濫竽海關四十年》，頁一一七—一一八。

38 《聯合報》，〈台北台南兩關稅務司易人，劉萁章王文舉替代〉，一九六三年八月二十三日。

39 王文舉，《濫竽海關四十年》，頁一二四。

40 王文舉，《濫竽海關四十年》，頁一一八。

41 黃清濤，《海關歲月：我的終身職業》（個人出版，二〇〇一），頁三一—三二。

一俟張申福離開臺灣後，「臺灣關稅務司曲樹楨兄為副總稅務司代理關務，曲兄為人善於應付，便得上級及立法院部分人士之好感，因此不久即取而代之。」[42]或許這就是張申福的姜維屯田的避禍之道吧。

方度退休後，李度對臺北總稅務司署的影響力大幅減弱，他時不時以「老朋友」的身分到臺灣，他最後一次到臺灣時，《中國時報》報導：「一位中國真正的朋友」，他「將最為寶貴的三十年貢獻給了中國海關，並培養了一大批華籍關員」。[43]自此以後李度就留在美國，與費正清一起開拓了「赫德工程」和準備出版他的日記。[44]

隨著方度和張申福兩任總稅務司都因為醜聞而退休，過去保持政治中立的總稅務司署看來不再是堅不可摧的機構，關務署又有了新的機會來接管海關的行政管理，於是關務署和總稅務司署從一九五〇年到二〇一三年又展開了為期六十年的鬥爭。

（二）關務署和總稅務司署的合併

如果考察關務署和總稅務司署鬥爭的歷史，可以簡單分為：（一）一九五〇—一九八二年，此時為總稅務司署占下風時期；（二）一九八二—二〇一三：關務署改組為關政司，此時期為總稅務司署占上風時期。然後到二〇一三年，把關政司拆分，一部分與稅制委員會、賦稅署合併，成立國際財政司；[45]另一部分與關稅總局合併（一九九一年，財政部將總稅務司署改組為關稅總局），再度恢復關務署。關務署與總稅務司署彼此你合併我，還是我合併你的主客問題，史稱「兩署合併」問題。而有趣的是：兩署合併問題有很強的主客關係，而不是兩署合併而為一新機構。那為何臺灣政府從未思考過拋棄主客問題的思考，進而把兩署合併成立另一新機構？

一九五〇—一九八二年，總稅務司署占下風的原因有二：一、國民政府遷臺後，有效統治區域大幅縮小，機構必須精簡，在此大背景下，兩署合併其實在外人看來，是理所當然的事；二、對國民黨官僚而言，總稅務司署的特殊性還是尷尬的存在，畢竟這是清政府和列強締約後的產物，放到二十世紀末，真有種「清朝的官徵民國的稅」的意味。

這種普遍印象可從一九六〇年阮壽榮準備出國考察美國財政之前，晉見副總統陳誠時看出。陳誠對海關「好像印象極壞」，聽到阮壽榮為關員後指出：「海關是洋機關，罵海關人員洋奴成性」。[46]但是阮壽榮晉見蔣介石時，蔣介石道：「海關是需要納入政府系統的，但是我們要保存其長處，去其短處」。[47]蔣介石對海關的印象較好，可能也是因為在國共內戰末期，海關肩負運送

42　阮壽榮，《錦灰集》，頁一九八。
43　《中國時報》，〈中國的老朋友回來了〉，一九六七年二月十五日。
44　Chihyun Chang, 'Preface: A Forty-Year Delay to Publish Lester Knox Little's Diaries,' Chang ed., *The Chinese Journals of L.K. Little*, vol. I, xv-xix.
45　財政部國際財政司網站：https://www.mof.gov.tw/singlehtml/123?cntId=80155
46　阮壽榮，《錦灰集》，頁一八一。
47　阮壽榮，《錦灰集》，頁一八二。

黃金白銀和成建制的撤退來臺有關。從正副總統的意見差距之大，即可看出總稅務司署存廢問題在國民黨內有極大歧異。

而納入政府系統的想法，最簡單的方法就是將總稅務司署併入關務署，因為關務署自一九二八年成立以來，一直是國民政府的行政機構，如此一來問題迎刃而解。況且，此時關務署長為周德偉，雖然李度對周德偉極為不滿，但是周德偉就如同張福運，是倫敦政經學院畢業的自由派人士，他的官社紫藤廬是當時自由派人士聚集之地，管理海關確實是理想人選。

因此，自一九五〇年始，行政院、監察院、立法院就對兩署合併問題，提出質疑，並要求財政部加速進行兩署合併。其意見如趙繼祖整理如下：

一、一九五〇年四月政府籌議裁併機構，行政院會議決議，將海關總稅務司署歸併關務署。關務署依指示草擬改組方案一九五〇年七月呈報財政部核奪。

二、同年十月監察院認為海關總稅務司署係我國在關稅不能自主前特設之機構，依關務署之決定，執行徵稅業務，已無繼續設立之必要，提出糾正案。

三、一九五一年七月監察院以關務機構合併案，未作切實有效之執行，再提糾正。

四、一九五一年及一九五二年立法院各項會議中，立法委員提出質詢，主張撤銷海關總稅務司署。[48]

此時，行政院、立法院和監察院都堅持總稅務司署應該併入關務署，而以當時總稅務司署在羅方兩人代理，而且李度又已離任，如此混亂的情況下，可能無法抵抗被併入關務署的壓力。但是此時，財政部長嚴家淦出面，頂著各方壓力，一九五一年七月十五日嚴家淦以「近年來關稅徵收業務尚屬優良，現兩機構雖屬分立，尚無礙於政令之推行，為求安定起見，故迄未實施合併」的說法回覆行政院，並以同樣說法在一九五一年和一九五二年回覆立法院。在嚴家淦第一次任財政部長的任期（一九五〇年三月至一九五四年五月），兩署合併問題，因嚴家淦不支持而作罷。

但是嚴家淦於一九五四年六月升任臺灣省主席，其他的財政部長就不若嚴家淦般支持總稅務司署，所以在一九五五至一九五八年間又有第二波的兩署合併問題。其意見如趙繼祖整理如下：

一、立法院一九五五年度中央政府總預算審查總報告書決定：「查歲出部門財政府主管下所列之海關總稅務司署與該部關務署，殊嫌重疊，應即撤銷或併入關務署，財政部長亦認為有調整之必要，應請行政院轉飭主管部，迅即擬定合併辦法付諸實施。」

二、立法院一九五六年度中央政府總預算審查總報告書決定：「查財政部所屬海關總稅務司署與該部關務署，殊嫌重疊，應即撤銷或併入關務署，前經本院審議四十四年度總決算時，決議應請行政院轉飭主管部迅即擬定合併辦法，付諸實施在案，仍應請查照辦理。」

48 趙繼祖，〈抗戰勝利後海關復原及撤退到臺灣的海關總稅務司署與關務署〉，《今日海關》六十四（二〇一二），頁五三。

三、一九五六年度中央政府第一次追加預算案歲出審查報告決定：「查四十四、四十五年度中央政府總預算內，本院曾決議財政部所屬海關總稅務司署與該部關務署，殊嫌重疊，應即撤銷或併入關務署，應請查照該項決議於本年度內辦竣。」

四、一九五六年八月十七日行政院令轉總統（四五）未灰台統（一）字第3500代電：「查有關海關之海關法或海關組織法，我國迄今尚付闕如應飭財政部迅即研擬，務使海關正式納入行政系統，確立制度。」[49]

此時，剛好嚴家淦第二次出任財政部長，在其二任財政部長的期間，一九五八年三月至一九六三年，總稅務司署又免於被併的危機。但是嚴家淦這次面對的壓力，不只是他第一次任財政部長時的壓力。因為從一九五〇至一九五九年的反覆討論兩署合併已將近十年，本來就對總稅務司署不抱好感的副總統兼行政院長陳誠兩次要求財政部儘快落實兩署合併，甚至要求「財政部於十日內具報憑辦。」[50]但是這時嚴家淦再次死死頂住陳誠的壓力，嚴家淦於一九五九年六月成立關務法規整理小組，由次長周宏濤主持，關務署長周德偉和總稅務司方度分別召集一分組，第一分組討論關稅稽徵及緝私法規；第二分組討論關務人事制度。而嚴家淦出席第一次會議時，發表以下看法：

海關的任務很多，除了收稅之外，有關外匯貿易管制法令的執行，燈塔的管理及緝私等工作，均係由海關負責辦理，由於國際交通的日益發達，海關的任務將來可能更為重大，財政部為適應時代需要，現已報請行政院成立關務法規整理小組。計劃擬訂關稅法，并對現有機構、人事、法令、規章作一番整理，將優點加以保留，缺點加以彌補，俾使各工作人員更能安心工作。[51]

從上述言論就可以看出，嚴家淦在沒有萬全把握之前，不希望對總稅務司署的人事制度進行變革，所以關務法規整理小組只草擬了以下的無關既有人事制度的草案：「關稅法草案、船舶噸稅（船鈔稅）法草案、海關人員任用條例草案、財政部關所組織條例草案、財政部關稅稅法委員會組織規程草案、稅財分類估價評議會章程修正草案、海關罰則評議會組織規程修正草案、海關人事管理條例草案等。」[52]

這些草案從一九六二年三月十二日至一九六七年八月八日才完成立法程序，此時陳誠已經過世，而嚴家淦成為行政院長，任期從一九六三年十二月至一九七二年，是臺灣政府史上任期最長

49　趙繼祖，〈抗戰勝利後海關復原及撤退到臺灣的海關總稅務司署與關務署〉，《今日海關》，頁五三。

50　〈台四八財字第一五〇〇號〉，一九五九年三月二十四日；〈行政院秘書處台48財二三五三號〉，一九五九年五月二日；轉引自趙繼祖，〈抗戰勝利後海關復原及撤退到臺灣的海關總稅務司署與關務署〉，頁五四。

51　《聯合報》，〈關務法令規章，將作通盤整理〉，一九五九年六月二日。

52　趙繼祖，《抗戰勝利後海關復原及撤退到臺灣的海關總稅務司署與關務署》，《今日海關》，頁四六—五九。

的閣揆，又從一九六六年到一九七二年為副總統兼任行政院長，再於一九七五年任總統，嚴家淦長期身居要職，這又給海關提供更有力的支持。

雖然兩署合併的想法是為了提高辦事效率，但落實後卻會導致相反的結果。原因是關務署的公務員人數專業都不足，不能夠勝任此時臺北總稅務司署的工作量。由於海關的外籍關員早已不復存在，就沒有必要再用關務署來取代總稅務司署。嚴家淦傾向維持現狀，不僅是因為他和李度是好朋友，而是因為他知道之前的總稅務司署對中國做出的貢獻。他不會推進兩個完全不同的人事體系進行合併，因為這就將臺灣關稅徵收此等大事，依託在單一機構上，不管是依託於總稅務司署還是關務署，都是很危險的事。趙繼祖對嚴家淦身為財長左右為難的處境有極深入的分析：

兩署否併問題，關務署與海關總稅務司署雖各持不同之立場和意見，然其最終決定，仍須財政部裁奪，而財政部對兩署是否合併，乃在「安定中求進步」的原則下，只許成功，不容失敗，是以不能不慎加考慮，其考慮範圍不外下列數點：

（一）海關之人事制度不失為一項優良之文官制度，兩署合併以後須不影響海關之人事制度與人事安定，始能加以考慮。

（二）兩署合併之後，如果不能有助於人事和諧，甚或加深彼此成見，則未來之行政效率堪虞。

（三）關務署之人事係按國家一般文官制度分為簡、薦與委任各級，而海關總稅務司署和各關的人事自成一套。前者有國家的正式官階，後者則待遇較佳。合併之後，兩署成員就不便再分為兩類，若納海關的人事制度於一般文官制度之內，勢將破壞其原有之優良傳統，若將關務署的人事改按海關人事制度敘級，又難以滿足改敘人員的欲望。

（四）兩署合併為一署，新署署長一職，如無其他更適合人選，以原關務署改任自是順理成章之事，惟主管機關另有多種考慮，亦難如此決定。如以總稅務司充任，則與海關制度的精神有所不合，蓋海關人員一向都是終身職，超然於政潮之外，我國雖無明文規定，但是百餘年來的精神卻沒有兩樣，因此，財政部為顧及此一問題，寧可維持原狀。

（五）海關人事由於須經考試、訓練後進用，進關後派任、升級、調遷、考核等，制度亦十分完備安定，新的署長如沒有維持人事制度的決定，將影響海關的工作士氣，並將引起財政部討論各方推薦人事的困擾（鹽務制度的更張即為一例）。

（六）兩署合併之後經費與人事都不能減少，未蒙其利而預見其弊，不能不引為隱憂。

總之，兩署合併在理論上原屬無懈可擊，惟在實行上當局不能不有所考慮。[53]

53 趙繼祖，《抗戰勝利後海關復原及撤退到臺灣的海關總稅務司署與關務署》，《今日海關》，頁四六—五九。

但是事實上，社會大眾對海關的看法，日趨負面，因為事實上，遷臺已經十幾年，在臺政府機關逐漸法制化，但是海關仍然行之有年依然故我，一切有所有機構制度仍沿襲前清體制，國民政府的法制化仍然遙遙無期。所以《經濟日報》批評道：

立法院財政委員會常常批評財政部說，關務人員都有一本祕密的手冊不公開。進出口商，或工商界的人無法獲知這本手冊是怎樣規定的，海關要怎樣收稅，完全聽任其擺佈。人民雖有納稅的義務，但憲法中明文規定是「依法」納稅，但老百姓弄不清楚海關是依什麼法向他們徵稅。

立法院也同樣弄不清楚海關的祕密手冊是些什麼。直到民國四十八年，立法院在第廿三會期，討論修訂海關進口稅則草案時，才決議要政府對關稅法作通盤的籌劃，以完整的法律加以規定。

一個進步的民主國家，一切都應立法化，一切講求公開。這又是立法院催著政府快快草擬關稅法的一個原因。

而且，海關的那本祕密手冊，是藏在幾位海關老先生的腦子裡的，他們對外不講話，對財政部也很少接觸，眼見他們就要退休了，若不叫他們把祕密手冊的東西拿出來，很快就要「失傳」了。而目前的關稅法草案，正是以這本祕密手冊的東西，做為骨幹的。

這本祕密手冊應有一百餘年歷史了，早在滿清五口通商之時，我們請當時執海上貿易牛耳的英國人做我們的總稅務司，這本祕密手冊便是那時英國人傳給我們的「秘笈」，立法院這次能把這本「秘笈」弄到手，真是令人興奮的。[54]

平心而論，《經濟日報》的評論有失公允，而且語氣也很像一九三〇年代國民黨的言論。因為以當時臺灣國貿的活躍可見，關稅徵收一向是極為公開透明的，只是因為很專業，而不為行外人所知；但是總稅務司署的官僚制度確實源自前清，又揉合英國制度，難以了解；如果硬要說這套人事體制是「英國人的秘笈」，似乎也說的通，因為英國的人事制度確實有其優越性。

所以問題就是出在總稅務司署的人事制度之中，那總稅務司署先必須處理的人事制度法制化，然後再將海關人事納入公務員體系的問題。人事制度法制化的第一步就是確立海關人事體制的最大特色：職資並立制。一九七一年的職資並立制度。財政部長李國鼎匯報「財政工作的進展」時，關於「建立海關新人事制度」指出：

> 海關人員原分「稅務」、「海務」二種，稅務職員又分徵稅、查驗及巡緝三大類，海務職員亦分為巡工、燈塔及運輸三大類，各類人員並各自有其薪給表，內外勤人員不能互調，

54 《經濟日報》，〈「課稅標準、稅率稅目、退稅保稅」制訂關稅法的三個先決問題，關稅法的起草與審查〉，一九六七年六月二十六日。

不相融通，名目繁多，系統複雜，為簡化人員類別，實施內外勤人員融通，防止內外勤不互調之流弊，已於六十年七月一日起實施「職資並立制度」，將海關人員歸納為關務類及技術類二種，各按其職級分為五種不同之階，每階分三職等，每等分若干級，由是人員類別減少，薪級統一，亦不復有內外勤之界限。[55]

此事委託未來出任總稅務司的王樹德辦理，其時為副總稅務司王樹德認為：

改制後之海關人事制度與海關人員類別予以簡化，海關職員分為關務與技術兩大類，內外勤相互融通，採用資位職級分立制度。資位分為監級、正級、高員級、員級、佐級，但原有之總稅務司、副總稅務司、稅務司、副稅務司等名稱仍予保留。[56]

這次的人事改制改動還是有限，因為資位的命名五級雖然將關員分為十五級，但是原有的關員資位仍然沿用；而人員類別簡化也只是把徵稅項的稅務職員改成關務、船鈔項的海務員變成技術兩類，而內外班（勤）相互融通，在丁貴堂接收上海總稅務司署時即已改革。海關一向以職務、資歷分立做為有能任職、資深增資的方法管理關員。這是一套比較複雜的系統，因為資歷高者未必出任要職，資歷淺者若精明強幹如丁貴堂，即可出以三等後班幫辦代理漢科稅務司要職。前關稅總局海關博物館長葉倫會評論道：

一九七〇年財政部召開擴大關務會報，財政部長李國鼎指示檢討海關人事制度，並請經濟部人事處長徐立德負責，由於海關屬行政單位，本欲回歸行政系統，嗣以蔣中正總統傳下海關人事制度有其優良傳統，宜予保留的說法，而改參考郵政與電信單位的職資並立人事制度。事實上海關傳統人事制度本來就是職位與資位並立，即職務得隨意調動，但保障其資位，如一九七〇年代前後有自關區秘書室主任調股長，或課長調股長，或海關總稅務司署相當關區課長職務的組長調關區當股長等，但是其資位、薪給並無任何差別。[57]

其實職資並立的立法，其真正目的是保護「英國人建立的海關人事制度」，英式制度「對於表現優異的關員，破格擢升乃是常事」，「職資並立內外融通制度仍保有提前晉升的傳統特色，且新制度實施初期，亦保有傳統海關人事制度對特別晉升的嚴謹。」[58]

但是職資並立只是第一步，真正重要的還是海關人事制度納入臺灣文官體系。此事要到一九八一年，政府遷臺後第一次修改《財政部組織法》才開始動作。但是此次修法，第一項目是將

55 《經濟日報》，〈財政工作的進展〉，一九七二年七月三十日。
56 王樹德，《服務海關四十一年瑣記》，頁二九—三〇。
57 葉倫會，〈中華民國海關組織與人事制度的演講〉；中國海關學會編，《中國海關史論文集》（北京：中國海關學會，一九九六），頁三五二。
58 葉倫會，〈中華民國海關組織與人事制度的演講〉；《中國海關史論文集》，頁三五五。

關務署改組為關政司；第二項目的是將總稅務司署提升為由財政部領導並改名為「關稅總局」。《經濟日報》指出從「署」變為「司」的實際影響：

> 關務署在這次組織法中被降格為司，變成部長的幕僚單位，司與署最大的差別，署可以用署長的名字，獨立對外行文，而司則無這種權限；司最多只能「決行」，但仍要用部長名義。[59]

這次財政部的改組，就讓總稅務司署直接由財政部領導，不讓關務署夾在財政部和總稅務司署中間。從一九〇六年，稅務督辦與總稅務司署七十六年的鬥爭，本來似乎是總稅務司署勝出，關政司自此變成一個幕僚單位，下設關政、稅則、退稅等三科。[60]但是對於社會大眾而言，當然不了解自一九〇六年以來稅務處和總稅務司署的恩恩怨怨，更不了解事實上，總稅務司署才是實際負責臺灣關務運行的機構，所以對於把關務署降成關政司之事感到極為不解：

> 財政部組織法昨日經立法院三讀通過，這是自民國三十二年以來，財政部組織法首次修正，將財政部的組織予以合理化的調整，也使許多編制予以合法化，對財政部而言，實在是一件大事。這次組織法變動最大者，莫過於將關務署降為關政司，由「署」易名為「司」，雖只為一字之差，但似乎意味著，關務工作的式微，關政司將來何去何從？令人關切。

有許多專家指出，目前關稅為全國最重要的稅收之一，而且政府每年都極力鼓吹發揮關稅的經濟功能，有關關稅政策的制定、稅則的擬訂、稽徵業務之監督等都是相當重要的業務，而我國的進出口業務每年都在快速的成長，關務署的重要性應該是目漸重要才對，但是現在反而被降為司，實在令關務署的人員洩氣。[61]

此時的末任關務署長王建煊對此事表示「只願多做事、不問官階高低。對於關務署更名為關政司，毫不在意」，[62]然後就任財政部財稅人員訓練所長，[63]是張則堯之後的第二位專任所長。

而第二項目就使總稅務司署草擬了《財政部關稅總局組織條例草案》和《財政部關稅總局各地區關稅局組織通則草案》。但是長達十年，這兩項草案都在立法院沒有審議。

除此之外，還有最後一項耗時達十年的工作，這就是《關務人員人事條例》。要完成《關務人員人事條例》的立法，先要從《公務人員任用法》開始解決，因為《公務人員任用法》尚未有關員任用相關條文。等到一九八六年，修正《公務人員任用法》，第三十二條增列規定「關務人

59　《經濟日報》，〈財部組織將有實質變動：錢幣司改為金融司，關務署降作關政司〉，一九八一年一月十六日。
60　中華民國關稅總署編，《中華民國海關簡史》（臺北：關稅總局，一九九八），頁二二一。
61　《經濟日報》，〈關務工作的式微？將來關政司何去何從？〉，一九八一年一月二十四日。
62　《聯合報》，〈王建煊只問耕耘〉，一九八一年一月二十二日。
63　《聯合報》，〈王建煊明接任財稅訓練所長〉，一九八二年二月十八日。

員之任用以法律定之」後，才於一九九〇年一讀通過《關務人員人事條例》，並於一九九一年實施。[64] 換言之，《關務人員人事條例》於一九九一年通過、《公務人員任用法》於一九八六年通過、《財政部組織法》於一九八一年通過，三法連動，才將如此繁重的立法工程完成。但是長期在立法院擱置，使得臺灣社會大眾對海關的觀感越來越負面：

民國七十八年，而一年要為國家負責一千多億元以上稅收的海關，竟依然是沿襲「前清舊制」的「黑單位」；而這個源自英國，原本在西方運作良好的組織體系，在中國演變至今卻已不合時宜，而致弊病叢生、問題重重，財政部高級官員說，海關的集體索賄案，正好掀開海關的神祕面紗，也可加速關務的改革工作。

位在新生南路一號的海關總署，實際的全名是「海關總稅務司署」，目前「總稅務司」是黃清溽，總稅務司辦公的地方就叫總稅務司署。這個名稱除了殖民地香港還仍然延用外，全世界就這一個掌管我國大門的海關在使用。

海關之所以為「黑單位」，是因為它的組織體制在現行法規中遍尋不著，雖然已依財政部組織法規定制定了「關稅總局組織條例」，但此一條例卻早自七十三年起就在立法院跟許多法案一起「排隊」，使原本已推動困難的關務改革工作更是遙遙無期。[65]

所謂「黑單位」的核心問題就是「海關升遷不送銓敘部銓敘，致公務員年資到其他單位時不受承認，使得海關極少有人外調其他單位，而對其他單位的空降部隊特別反感，與此也有關係」以及「封閉的人事系統，最大的壞處就是最容易製造派系，以及出現監察不易的情形。反正調來調去都是自己人，官官相護，弊案也就叢生了」。《聯合報》指出：

> 身為海關的上級單位，財政部對海關問題最為清楚，曾有將海關作脫胎換骨的變革，但都因部長任期太短，來不及開始就結束了。
>
> 錢純時代，曾屬意前交通銀行董事長張耀東，到海關大力整頓。張耀東出身調查局，在高雄市與台北市兩國稅局局長任內，將風紀整頓得令人耳目一新，至今這兩個國稅局仍是財政部心目中稅務機關典範。
>
> 但錢純也在七十七年七月匆匆卸任，接任的郭婉容未注意海關問題前，已將張耀東升任常務次長，張耀東接總稅務司的構想也不了了之。
>
> 今年五月，前任總稅務司黃清渟退休，前任財政部長郭婉容特別批了「延退一個月」，據透露，郭婉容是有意爭取一個月的時間，找人空降接任總稅務司，但當時政治情勢一日三變，郭婉容確定調任經建會主委後，此事又告中止。

64 盧海鳴，《海關蛻變年代：任職海關四十二載經歷》（個人出版，一九九三），頁二三一—二三二。

65 《聯合晚報》，〈海關黑單位，沿襲前清舊制，人事制度封閉財部鞭長莫及化解改革阻力應速立法規範〉，一九八九年四月五日。

這三任部長有一共通的特色，即上任之初，被其他單位較受矚目的事件纏身，如錢純一上任就為亞信、十信、國信等金融弊案善後問題傷透腦筋；郭婉容則遇到新銀行開放、證所稅事件等問題，來不及注意到海關這個邊緣問題。他們的任期又太短，平均只有兩年多，待他們發現問題的嚴重性時，往往已到了他們離開財政部的時候。

不過，財政部官員認為，這三位部長只試圖空降一、兩位官員，就想改變海關人事文化，幾乎不太可能成功，因為下屬扯後腿的機會太大，除非由一批官員連續取代四大關區的稅務司，成功機率還大些。但這種方式能否成功也是疑問。[66]

雖然有「黑單位」、「封閉人事體系」的社會觀念，加上到了一九九〇年海關待遇也不像過去的豐厚，所以總稅務司署面對很嚴重的關員不足的問題。此時「海關關員離職率日益增加，人力長期不足，已成為基隆、臺北、臺中和高雄四大關區嚴重問題」。總稅務司黃清濤指出：「海關本身業務繁重，受國內其他單位委託代徵檢業務又多，在待遇環境均不佳下，是難以吸引人才的主因，亟待上級正視協助解決」。[67]

末任總稅務司詹德和感嘆道：當年他進入海關的「原因很單純，一是待遇好，比一般公務員好一倍；二是升遷靠個人努力。海關升遷一直維持委員會投票制，委員對關員升等也有影響力，而非僅視高級長官的個人賞識而升遷；三是工作安定。」但是到一九九〇年時，詹德和感嘆道：

沒想到時至今日，當年應居畢業大學生夢寐以求的單位，竟出現招考不到新進關員的現象。海關最近推動一大堆改革工作，需要增加員額，要不是去年經濟不景氣，還不知是否能招足這些缺額。[68]

但是要解決總稅務司署這種超過百年傳統的機構，要從外部解決還是有一定難度，最好的解決方式還是由內部解決，就像梅樂和解決一系列華、洋關員待遇問題一樣。此時，末任總稅務司詹德和出現了。詹德和甫上任就遇到解決海關改制問題的良機。一九九〇年七月，立法院法制委員會召集人林鈺祥問詹德和：「海關改制的案子已在立法院睡覺了好久，讓我們一起來把它快速通過好不好？」[69]詹德和即全力配合，終於在十一月，「延宕六年未審議的《財政部關稅總局組織條例》草案」，「終獲立法院一讀審查通過，四千多位海關人員可望成為『合法』公職人員，結束『海關總稅務司署』百餘年來尷尬的法律地位」。[70]終於到了一九九一年一月十五日，完成

66 《聯合報》，〈有心大力改革已經要說再見財長任期匆匆，來不及整頓海關，空降少數官員難改變，人事「封閉性」〉，一九九〇年七月三十日。
67 《經濟日報》，〈關員不繼棧海關人力荒，監委探隱擬助一臂之力〉，一九八九年九月二十七日。
68 《經濟日報》，〈詹德和走紅海關絕非偶然〉，一九九一年三月三日。
69 詹德和，《海關瀟灑走一回》，頁五七。
70 《經濟日報》，〈海關人員可望成合法公僕，立院一讀通過關稅總局組織草案〉，一九九〇年十一月六日。

立法，「海關將正式納入中華民國的法律，海關人員亦能送審考銓，取得任用資格：財政部關稅總局：置總局長一人，副總局長一至二人，下設八處一室；並依國稅局的體制，得於國內各地設關稅局，使海關業務能納入法律系統，且可靈活指揮各下屬單位。」[71]詹德和感嘆道：「自此，海關從遜清末葉創立後經一百三十八年，才正式完成立法建制。」[72]

關稅總局正式立法後，這是第二步，雖然很重要，但是不是很困難，因為最後一步最困難：要把關稅總局的人事體制納入臺灣文官制度。這就是詹德和說的「海關改制」問題，這就如「已經長大成人了硬要他穿小孩衣服強人所難」。[73]詹德和對海關改制的困難處，有一段很生動的描述：

依照我國憲法第八十五條後段規定：「非經考試及格者，不得任用」，也就是說凡到政府機關當公務員的，一定要經過考試院舉辦的各種考試及格，如高考、普考、特考等，這類人員受到憲法的保障，光明正大為官，俗稱白官。有些機關因某種特殊因素，雇用若干人員，雖然也是大專或以上學校畢業，但是因為這些人並未經過考試院舉辦的各種考試及格，雖服務績效優良，年資也夠長，仍然是隨時都可能被炒魷魚的非法臨時人員，這類未經考試院銓敘的人員俗稱黑官。

海關一向重視招考優秀人才進用，往昔在大陸時期本身即有專科學校，招考大學畢業生施以四年訓練，畢業後分發關區服務。政府播遷臺灣後，海關用人除部分基層人員曾自行招用，部分人員因急用報由行政院青輔會考用，以及部分人員央請考選研推薦高、普考及格人員供用外，一律報請考試院舉辦關務特考以供擇優任用，易言之，非經考試不予任用。這些經高、普考及格的人員，以及經關務特考及格的人員，進關之後照講應該都屬於白官，受到文官制度的保障，但是，因海關總稅務司署及各地區海關，均尚未經立法程序予以法制化，是屬於非法的黑機關，因此，上述關員雖非未經考試及格的黑官，但因服務於黑機關而未能完成銓敘的法定任用程序，還不能算白官，無以名之，我在立法院答詢時曾經創造一個名詞，叫做灰官。[74]

從詹德和的描述中可以看出，很多關員其實是經過考試院的各式文官考試，確實是臺灣政府的公務員，也就是「白官」，只是在總稅務司署這「黑」機關服務，所以「白官任職黑機關」才變成「灰官」。但是「海關改制」不是這麼簡單，因為總稅務司署立法後變成「白機關」，這些灰官變白後，還是有「灰官轉成白官後如何評等」的問題。這就得處理以下三問題：一、「股長職等」；二、「局長職等」；三、「高階低用」。詹德和解釋股長職等問題的複雜性：「海關改制

71 《聯合晚報》，〈海關組織條例下午二讀〉，一九九一年一月十五日。
72 詹德和，《海關瀟灑走一回》，頁五七。
73 詹德和，《海關瀟灑走一回》，頁五八。
74 詹德和，《海關瀟灑走一回》，頁五四—五五。

前，有關股長的階級大都為十等關務正，極少數為九等高級關務員，改制後，依換敘標準，關務正之股長可改為八職等股長、九等高級關務員之股長則改為七職等股長」。但是考試院銓敘部政務次長徐有守堅稱：「全國行政機關的股長，其職等只能列七職等」。但是詹德和對立法院說：

> 海關改制是不得已的政策措施，如果海關一成立即法制化，其股長應列幾職等就是幾職等，無人可置喙，可是現在海關已經運作了一百多年，已經成人，如再拿小孩的衣服讓他穿，要他瘦身，雖於法有據，根本不合情理，也不切實際，果真硬要實施，那些已可換敘八職等的四百餘位股長絕不會接受降級為七職等，一定嚴重抗議，懇請審慎三思。[75]

最後，負責聯合審議的「立法院法制與財政委員會委員」採用詹德和的說法，「當時全國行政機關中的股長，只有海關是八職等，其餘都是七職等」。[76]而局長職等問題，更是可以看出，關稅總局因為徵收關稅額極大，還是享有其歷史性的特殊地位的特色。詹德和解德道：

> 各地區關稅局局長的職等，立法院審議時，徐政務次長有守說：可比照國有財產局駐各地區分處分處長的職等，列十一職等。由於改制前各地區海關稅務司的等級為十四等，依換敘標準改敘可列十二職等，因此，我茫舉力爭稱：高雄國稅局與高雄關同為財政部駐高雄的

兩大稅務機關，高雄關的員額編制，業務量與稅收金額都比高雄國稅局規模還大，而該局的局長為十二職等；又，榮民總醫院高雄分院，其重要性也不會比高雄關重要，但其分院院長的職等亦為十二職等，如果將高雄關稅局局長的職等列十一職等，不僅不公平、不合理，也將嚴重影響副局長以次各級主管的職等。[77]

關於局長職等問題，立法委員也通過詹德和的建議。而高階低用的問題則是關係到幾百位基層關員的公務員生涯。詹德和道：

依照改制當時新制，科員中僅三分之一可列敘薦任科員，其餘三分之二為委任科員。由於舊制的高級關務員可換敘新制的薦任高級關務員，於是有五、六百位薦任高級關務員僅能高階低用降列為委任科員。銓敘部原僅答應高階低用者，只能仍敘薦任高級關務員，從事委任科員工作，同時所任薦任等級予以凍結，熟即除非已由委任科員占缺升任薦任科員，否則薦任職等及薪級不動，就像年年留級一樣。[78]

75 詹德和，《海關瀟灑走一回》，頁六〇。
76 詹德和，《海關瀟灑走一回》，頁六〇。
77 詹德和，《海關瀟灑走一回》，頁六一。
78 詹德和，《海關瀟灑走一回》，頁六一—六二。

詹德和認為：「如果高階低用人員不給他們按年升級和加薪，將遭受雙重打擊，既高階低用沒尊嚴，又年年不能升官加薪，他們絕對會拿白布條到銓敘部抗議」。最後銓敘部長陳桂華同意詹德和的建議。[79]

但是海關改制問題還有一類關員，不是「白官」而是實實在在的「黑官」，這是最棘手的問題。這就是詹德和說的「考試任用」問題。

此問題是「將現有海關人員納人公務員文官體系」，「現有人員已有公務員任用資格者，予以換敘；否則應參加考試，考試未及格，以原職繼續留用至離職止」。[80]換言之，如果無法及格，這些關員一輩子無法晉升加薪，詹德和解釋了到底兩類關員，「一為早年由海關本身招考者；一為因應業務急迫需要，由財政部委託行政院青年輔導委員會招考者」，這兩類是未經考試院考試的真正「黑官」，約共有六百人，必須參加任用資格考試，但是詹德和解釋了這六百人的困難：

由於大都已在海關勞形案牘多年，不再年輕，離開學校既久，不能加考試久矣，因此，要他們參加任用資格考試，真是一件很殘酷的事。作為海關首長，為保障同仁的最高權益，我特地拜會典試委員長郭俊次考試委員，請他連同其他考試委員高抬貴手，儘量提高錄取率，原先答應錄取標準平均六十分，錄取率百分之八十三左右，我認為偏低，希望再提高。於是他安排我於典試委員會會議時前往列席報告……諸委員極力支持我的建議，終獲該委員會通過將錄取標準自平均六十分降至平均五十分，錄取率高達百分之九六．五七，即實際參加考試人員五八三人，錄取人員五六三人，僅二十人因各種原因落榜。錄取率之高創造考試院所有任用資格考試的紀錄，也引起考選部王作榮部長的極度不滿，我只能對王部長說一聲抱歉。[81]

由上述海關改制問題，可以看到詹德和必須與立法院、銓敘部和考選部周旋，不只把灰官變白官後的職等確立，還把黑官變成白官。以當時詹德和任總稅務司而言，在臺灣政府中的職等當然不足以指揮上述單位。但是他居然以其行政手腕，把歷史遺留的海關改制問題解決。無怪詹德和「集三項難的頭銜」：一、「末代」海關總稅務司署總稅務司；二、首任關稅總局長；三、海關第一位以票選方式選出的海關最高長官。[82]雖然詹德和在海關改制問題上保護了關員，但是還是招來一些反對聲浪：

> 關稅總局擬訂的換敘辦法寬鬆，一位財政部官員批評這項辦法說：「關稅總局為財政部所屬一級單位，簡任十職等以上官員竟多達數百人。」

---

79 詹德和，《海關瀟灑走一回》，頁六二。
80 《聯合報》，〈關員納入文官體系，立院通過有關條例〉，一九九一年一月十八日。
81 詹德和，《海關瀟灑走一回》，頁六二—六三。
82 《經濟日報》，〈詹德和走紅海關絕非偶然〉，一九九一年三月三日。

依關稅總局所擬改任換敘辦法，該局高階官員人數可能將為全國各機關之首。

……

一位財政部官員說：「關稅總局為財政部所屬一級單位，但簡任十職等以上官員竟高達數百位，可說是全國最『大』的機關，日後政策執行及公文往返均將面臨非常『尷尬』的局面。」

財政部關稅總局組織條例最近經立法院完成立法程序後，關稅總局四千多名官員即面臨改任換敘的問題，依照關稅總局組織條例規定，關稅總局人事制度除了仍保有舊式監、正、高員、員、佐五等職稱外，並得轉敘為現行公務人員簡、薦、委任的職等官階，而且官階均相當高。

以關稅總局為例，包括十三職等總局長一名、二名十二職等副總局長，十一職等的官職則包括一名主任秘書，十至十二名研究委員、八名處長、一名室主任，而十職等官階者則包括廿名副處長及十名專門委員，以關稅總局為例已占有五十五名簡任官員，若加上其他關稅局在內，關稅總局的「高官」人數，將居全國各機關之首。[83]

從歷史來看，海關改制經過三步驟：一九七一年職資併立、一九八二年財政部修組職法、到一九九一年的海關改制。長達二十年，這還沒算自一九五〇年起，就開始討論的兩署合併問題。如此工程浩大，然後對關務真實的影響，可能還是有限，因為還是同一批人辦同樣的事。雖然影響的是關員的月退俸、職等和薪水等，但是在政府遷臺初期，百廢待舉，難怪主張「安定中求進步」的嚴家淦對變動海關人事體制的興趣一直缺缺。

海關改制問題解決後，關稅總局所有的關員終於進入臺灣文官體系，然後關稅總局的上司單位問題也被清楚定位為財政部，關政司也只是一個幕僚單位。但是關稅總局的「總局」畢竟在臺灣政府組織中，還是獨一無二的存在，照道理，這樣巨大的機構，應該稱為署，所以在廢除關務署十年後，又有「另成立關務署」的呼稱，要「關稅總局與關政司一併納入」。[84]但是這個提議又擱置了二十年。而關稅總局還是擁有相當大自治權的機構。

一九九一年關稅總局立法後，臺灣海關中的外國特性還是能夠很容易地識別出來。比如，關稅總局仍然管理著燈塔；而這三十四個燈塔在二〇一三年被交給交通部，但相關關員會被調任到交通部裡幫忙管理。[85]關稅總局總局長任命既沒有被政治化，也沒有被黨派化。臺灣政府極少空降一名政客來管理海關。臺灣海關遵循了傳統的慣例由內部晉升：自一九八四年起第一副總稅務司會直接晉升為總稅務司。這種遠離政治的管理意味著臺北總稅務司署可以獨立地運行直到二〇

83　《經濟日報》，〈關稅總局改任換敘離譜，組織條例立法有疏失且辦法又寬鬆，簡任十職等以上官員竟多達數百人〉，一九九一年二十一日。

84　《經濟日報》，〈精簡人事，政院擬訂補助辦法：被裁撤人員將發給慰助金或安置就業等〉，一九九三年五月二十三日。

85　《聯合報》，二〇〇九年九月十五日。

一三年。

二〇一三年，關政司與關稅總局合併，成立關務署。由原關政司長王亮任關務署長。[86]換言之，一九〇六年清政府任命鐵良為稅務督辦、唐紹儀為稅務會辦的一百零七年後，終於分出勝負，由關政司敗部復活，以第二招完成制衡了「間接控制的代理制度」尾大不掉的問題。但是往深一層看，又會發現，關務署在其網頁上的自述，為總稅務司署和關稅總局的沿續。其指出：

海關創始成立於清朝咸豐四年（一八五四年），原名「海關總稅務司署」，民國成立以後，其組織制度，一直沿襲下來，直到「財政部關稅總局組織條例」經立法院三讀通過，總統於八〇年二月一日明令公佈後，正式改名為「財政部關稅總局」，並於一〇二年一月一日配合行政院組織改造，與財政部關政司整併成立財政部關務署。

海關早期除徵收關稅外，引進西方的新觀念與新制度，並參與中國許多自強運動，諸如籌建海軍、港務、郵政、助航設備、氣象、教育、外交等。其中港務（原隸屬海關海務部門，惟遷台後不再管轄港務）、郵政曾由海關代辦，後來港務局、郵政總局成立，始分別移交其接管。[87]

這段自述完全忽略了一九〇六年成立的稅務督辦、稅務處，更是忽略了一九二八年成立至一九八二年結束的關務署；更沒有解釋關政司和關務署的關係是什麼。換言之，國民政府時期第一任也是末任關務署長張福運、政府遷臺後第一任關務署長周德偉、末任關務署長王建煊的歷史都被忽略了。換言之，二〇一三年的關務署，其實關政司與關稅總局合併後，另成立的新單位，只是還是沿用關務署之名。

從一九五〇年開始討論的兩署合併問題的解決方案，到二〇一三年最終解決，這充滿著傳統中國的政治智慧，也就是以關務署的「名」與關稅總局的「實」，進行合併，這種作法為雙方留下餘地，其實從一八五四年總稅務司署成立，到二〇一三年關稅總局結束的一百五十九年間，屢見不鮮，例如：一九二七年免安案時，安格聯還是以休假為名離開中國；一九四三年梅樂和回重慶時，宋子文准其復職，但是同時要求其退休；一九六〇年，方度真除總稅務司，一個月後退休。

但是這一次的合併，還是有殘存的遺留物，例如：關政司的一部分被改組為國際財政司下的國際關務科，負責：「一、關務互助協定之洽簽、訂定、修正、終止及條文解釋；二、貨物暫准通關證協定之洽簽、訂定、修正、終止及條文解釋；三、國際關務合作之規劃與推動之關務會議之規劃、參與與舉辦；四、國際關務組織及其相關會議之處理；五、臺灣地區與大陸地區有關前

86 《經濟日報》，〈財政部關務署揭牌〉，二〇一三年一月十六日。

87 財政部關務署網站：https://web.customs.gov.tw/singlehtml/27?cntId=cus1_27_27_1262；財政部國際財政司網站：https://www.mof.gov.tw/singlehtml/123?cntId=80155

述業務之辦理；六、其他綜合性事務，及其他有關關務協定事項。」[88]其實國際關務科的業務，照道理來說，還是應該被納入關務署的業務。因為上述業務，在國民政府時期，一直是總稅務司署審榷科和稅則科以及關務署國定稅則委員會的業務。這就是關務署與總稅務司署從一九〇六年開始，歷經一百零七年鬥爭中，最後還沒整合的部分。

回到最初提出的問題，為什麼「臺灣政府從未思考過拋棄主客問題的思考，進而把兩署融合成立另一新機構」？這應該還是和嚴家淦深信的「安定中求進步」有關。國民政府在一九四八年至一九四九年的財政政策，不論是貿易管制、金圓券還是銀圓券都不失為是徹底解決問題的解方，但是國民政府早已如病入膏肓的癌末病擊，任何大手術都承受不起。政府遷臺之後，美援一度中斷，更是勢若危卵；等到美援恢復，仍不可掉以輕心，所以嚴家淦眼看總稅務司署徵收關稅成效甚佳，廉潔如昔，雖然有些美中不足之處，例如：遷臺關員不能復職、方度的退休金問題、張申福的假出口案等。總體而言，國家稅收還是依靠總稅務司署的徵稅機制生存，只為了人事精簡、節省的人事費用和民族主義的面子問題，而對這隻金雞母做出殺雞取卵的事，實在不符合嚴家淦老臣謀國的行事風格。這應該就是嚴家淦始終維護總稅務司署，而且蔣介石也說：「要保存其長處，去其短處」的原因。

88　財政部國際財政司網站：https://www.mof.gov.tw/singlehtml/123?cntId=80155

第十二章 稅務專門學校的遺緒

一九四九年，稅專訓導長余衡之關閉稅專之後，似乎這所中國歷史第二悠久，曾比北京大學更受學子青睞的大學從此退出歷史舞臺。但是事實不然，稅專在兩岸各自以不同的名字，延續其遺緒直到現在。在大陸，稅專變成上海海關學校，於二〇〇七年專科學校升本科大學（以下簡稱專升本），改為上海海關學院（以下簡稱關校）；在臺灣，稅專變為財政部財稅人員訓練所（以下簡稱財訓所）。不論是關校和財訓所都沒有意識到與稅務學堂和稅專的歷史關係，更不了解稅專在北洋政府時期的崇高社會地位。而關校和財訓所也不知道在一九四九年初，國民政府財政部已經為稅專制訂了改組為「財政部稅務人員訓練所」的進度，只是最終沒有實行。這就導致了關校和財訓所各自走上了各自的彎路。

從表面上來看，關校和財訓所似乎極為不同，因為關校是在人民政府教育部下的高等院校，而財訓所是在臺灣財政部下的文官訓練所。但是事實上，這兩條路線的爭議一直都是一九〇八年稅務學堂建立起時，稅務督辦鐵良和總稅務司安格聯之間的教育和訓練路線之爭，關校和財訓所，只是在兩岸體現了兩條路線的不同發展。

但是有趣的是，關校和財訓所卻在方方面面體現它們同屬於稅專的相似之處：一、不論是關校還是財訓所，都與訓練公務員這項政治任務相關，這也導致了關校和財訓所無法獨立於政治之外的原因；二、不論之前如何偏重實務訓練，但是對學術課程都益加著重；三、兩所機構都是准軍事化管理，訓練其學生或學員。

一九〇七年清政府討論關務學堂的辦學目標，鐵良希望以「各關事務為標準，以資造就有用之材」，[1] 經過一百一十四年的今日，兩岸關員在關校和財訓所的訓練後，於兩岸海關各自服務。以第三招，完成了制衡「間接控制的代理制度」尾大不掉的問題。但是有趣的是，稅務處和關務署可能沒有想到，一開始稅務學堂是為了制衡總稅務司署的工具，最後自己變成政府眼中尾大不掉的對象，因此把關校和財訓所轉移到其他單位之下。

（一）上海海關學校

代表中國政府制衡總稅務司署的第三招，稅專，在一九四九年停辦。原因很簡單，因為外籍關員已完全離開中國。而也如上述，華籍關員對人民政府而言，就像是外籍關員對國民政府一樣，是個令人尷尬的存在。但是海關總署還是需要訓練關員，只是現在的目的真的是為了負擔關務，但是因為人民政府對國際貿易和關稅的重視程度不像國民政府般重視，所以這些任務再也不需要學生修習大學程度的學術課程，而是把一些基礎的工作把握好就可以。

在此認知下，在一九五三年，稅專又得復校，但它成了一所中專，名叫：上海海關學校。《人民日報》指出：「中國第一所正規的海關學校已經在上海建立，九月十四日已開學。上海海關學校受中央人民政府海關總署和高等教育部的雙重領導，是一所中等專業學校，學習年限為兩年半。」[2]

從《人民日報》報導中的「第一所正規的海關學校」就可得知，人民政府不打算把上海海關學校上溯至一九〇八年即成立的稅務學堂歷史，稅專和關校是完全沒有關係的兩所學校。但是事實當然不是如此，就是因為關校源自於稅專，人民政府必須提防老關員藉由稅專畢業生控制海關總署，才把關校的地位從稅專的大學地位降到中學的位置。但是也是因為現在關校只是所中學，所以可以直接讓上海海關管理，海關總署決定「茲決定本署於上海新創辦之上海海關學校由你關代本署直接領導。除另令任命你關關長賈振之為建校籌備委員會主任委員」。[3]。此時賈振之就

1　中國第二歷史檔案館，679(6) 10，《總稅務司署漢文卷宗第九號：北平稅務學校，1907-1928》：The Customs College, Beijing, 1907-1928, Chin. Corresp. Dossier No. 9, 23 August 1907; Chu No. 380, 25 March 1908.

2　《人民日報》，〈文化簡訊〉，一九五三年九月十九日。

3　上海市檔案館，B105-1-819：〈華東教育部、衛生部、市教育局等單位關於中校校轉移領導關係及技校轉普通中學問題的批覆，通知，關於上海海關學校由上海海關代對外貿易部海關總署直接領導的指示，對外貿易海關總署報呈上海海關，（關人胡字第二四五三號）〉，一九五三年五月三十日；〈上海海關學校建校方案〉，一九五三年五月二十九日。

變成像外籍總稅務司一樣，又管理海關，又指導關校教育的重要人物。

賈振之於是提出《上海海關學校建校方案》，校址還是稅專原址的「汾陽路四十五號」，「修業年限為二年半」，其目的與要求：

今後海關業務發展上的需要，擬訂了培養幹部的五年計劃，計劃中決定創辦中等專業學校一所。於一九五三年暑期招收初中畢業程度，年齡在十六歲至二十五歲之間的青年二百名，進行訓練，以後每年增添一百五十名。貫徹革命的政治思想教育，用理論與實際相一致的教育方法，培養成具有一定文化程度，通曉海關一般業務知識，體格健全，全心全意為人民服務的青年幹部參加人民海關的建設事業。

教學內容：普通課：政治、語文、數學、物理、化學、外國語（俄文、英文）、體育。基礎專業課：本國經濟地理、外國經濟地理、政治經濟學、珠算。海關專業課：對外貿易、海關法、貨運監管、查禁走私、驗估徵稅。[4]

過去稅專的驗估、驗貨人員訓練班也被保留，定名為「對外貿易部海關總署驗估、驗貨人員訓練班」，其目的要求：

為適應國家對外貿易日益發展的形勢，加強海關的驗估、驗貨工作，決定從全國海關中抽調政治思想進步的在職幹部，暫時脫離工作，學習驗估、驗貨知識，以便經過一個時期的學習後，成為一批新的海關驗估、驗貨人員。本班教學內容除應特別注重政治思想教育外，在業務教學方面，應把對外貿易，甦新國家商品等放在整個教學內容的重要地位。本班分驗估、驗貨兩組，驗估組每期三十人，訓練期為一年，驗貨組每期五十人，訓練期為六個月。[5]

賈振之隨後與華東高等教育管理局商議，將「有關海關學校建校工作中之經費（其中教育設備費八千萬元請速撥給應用），招生等事項通知上海市教育局查照，並函知本關，以便本關就海關學校建校工作中一切進行事項及早與上海市教育局直接聯繫」。[6]

4　上海市檔案館，B105-1-819：〈華東教育部、衛生部、市教育局等單位關於中校校轉移領導關係及技校轉普通中學問題的批復，通知，關於上海海關學校由上海海關代對外貿易部海關總署直接領導的指示，對外貿易海關總署報呈上海海關，（關人胡字第二四五三號）〉，一九五三年五月三十日；〈上海海關學校建校方案〉，一九五三年五月二十九日。

5　上海市檔案館，B105-1-819：〈華東教育部、衛生部、市教育局等單位關於中校校轉移領導關係及技校轉普通中學問題的批復，通知，關於上海海關學校由上海海關代對外貿易部海關總署直接領導的指示，對外貿易海關總署報呈上海海關，（關人胡字第二四五三號）〉，一九五三年五月三十日；〈上海海關學校建校方案〉，一九五三年五月二十九日。

6　上海市檔案館，B105-5-761：〈市教育關於中等技術學校、職工業餘學校轉移領導關係有關經費處理、預算調整及財務結束工作與有關單位的來往文書，上海海關報呈華東高等教育管理局（〔五三〕滬關（辦）字第二五四一號）〉，一九五三年五月十八日。

關校成立之初，賈振之的方案其實只是把原本稅專的課程縮短，然後學生變成初中畢業生，所以人民政府又發現上海海關兼管關校，又造成權力太大，形成尾大不掉之勢，所以對外貿易部決定「上海海關學校自即日起改由本部直接領導」，「惟日後教育上一般問題仍請你局（上海市人民政府教育局）繼續予以指導」。[7] 這些的紛爭，還是讓人想起一九四八年余文燦任稅專校長時，因為惡性通貨膨脹，周轉在關務署、財政部和教育部之間的歷史。換言之，不論人民政府怎麼打壓關校，但是關校是為海關培養訓練關員，這重要性是不可能被打壓的。所以人民政府對外貿易部最終還是決定要直接管理，而且讓專業的教育單位指導，所以不讓海關總署或上海海關插手，而是讓上海市教育局指導。

俟對外貿易部直接管理關校之後，馬上指派一位「沈副校長」前往關校，然後重新組織關校，對外貿易部發現關校問題重重：「該校由於條件限制，發展方向亦不明確（可能擴充），因此組織系統未按中等學校章程進行變化，曾擬過一個組織系統表呈報上級還未批下來」，然後對關校「總的方面工作」提出以下要求：

> 認真學習蘇聯，繼續推行教學改革，要求繼續計劃教學，執行教學表格，改進教學方法，注意培養學生獨立工作能力，鼓獎其學習的主動性，積極性，提高教學政治思想水平與科學內容，強調理論聯繫實際，以舉例講解方法將理論和實際聯繫起來。[8]

對外貿易部為了提升關校品質，將招收學生提升為「高中畢業生」，並且於「一九五九年七月起教育部批准為機密性專業招生條件按機密性專業要求招收」，「畢業後由對外貿易部統一分派到全國各地海關工作」。而且「考生的政治條件必須嚴格按照一九六二年五月二十四日中共中央文件中發（六二）二七四號關於高校機密性專業的政治審查標準錄取」；[9]體格條件要求亦較高：

> （一）合格標準：身體健壯、四肢健全、五官端正、發育正常、男生身長不低於一七〇公分、體重需超過五十五公斤。女生身長不低於一六〇公分，體重需要超過五十公斤。
>
> （二）有下列疾病或生理缺陷之一者，不予錄取：五官不正、口齒不清、發育不全或肢體殘缺者、色盲症（包括色弱）或夜盲、視力未經矯正低於1.0者、肺結核症、支氣管擴張症、心管系統疾病、高血壓症、嚴重關節炎、麻瘋病、慢性肝炎、嚴重胃病、嚴重神精衰弱。[10]

7 上海市檔案館，B105-1-10061：〈華東高教局及市教育局關於中技校轉移領導關係的函及加強本市中技校領導問題的報告，上海海關學校關於上海海關學校自即日起改由中央對外貿易部直接領導的通知〉，一九五四年六月三十日。

8 上海市檔案館，A28-2-5：〈本委關於中等技術學校基本情況調查材料，上海海關學校黨組織報告〉，一九五四年十一月。

9 上海市檔案館，B243-2-440：〈上海市高等教育局關於市屬高校一九六〇年招生計劃及有關問題的報告，對外貿易部上海海關學校報呈上海市高等學校招生委員會〔六四〕關校密字第一九號〉；〈關於本校成招收高中畢業生一百名問題〉，一九六四年七月三日。

10 上海市檔案館，B243-2-440：〈上海市高等教育局關於市屬高校一九六〇年招生計劃及有關問題的報告，對外貿易部上海海關學校報呈上海市高等學校招生委員會〔六四〕關校密字第一九號〉；〈關於本校成招收高中畢業生一百名問題〉，一九六四年七月三日。

看到上述要求時，除了「機密性專業」的政治要求外，其實對外貿易部直轄的關校和稅專本質已經沒有很大的區別，本來關校經過了一九五三—一九六四年的變動，正可以恢復正軌，為海關總署訓練關員，但是沒想到馬上就碰到文化大革命，在此無可奈何的局勢下，對外貿易部指出：

關於我部上海海關學校今年招生問題，我們考慮到，目前這所學校領導陷於癱瘓，學校的師生員工對這所學校今後如何辦，意見很不統一，因此，我們意見撤銷原報送的一九六六年的招生計劃；一九六七年是否招生，需要在運動後期整改階段通過群眾討論，確定學校前途後再研究。關於一九六七年海關學校畢業生分配問題，目前內務部還沒有下達通知，我們正與內務部聯繫。[11]

在文革十年的「癱換」和「劫難」期間，上海海關學院自編的〈歷史沿革〉指出：

文化大革命期間，是上海海關學校的劫難時期。一九六八年八月，上海海關學校被強行撤銷，併入上海外貿學院。上海外貿學院自一九七二年四月起停辦，上海海關學校與撤銷的上海外貿學院一起併入上海外國語學院。包括汾陽路上海海關學校房屋、校產被悉數分光、送光，校舍被占，校產流失，隊伍流散，使培養海關專門人才的教育任務中斷達十二年之久。

文革結束後，隨著國家的工作重點轉向以經濟建設為中心，海關幹部隊伍的品質、海關人員的專業知識和外語水準普遍下降，幹部來源沒有正常管道。為適應新形勢要求，一九七八年四月，經對外貿易部批准復校，定名為上海海關幹部學校，九月正式復校。[12]

從一九七八後的三十年，關校的兩大問題就是校地太小和專升本的問題。一九八〇年上海海關學校改建為上海海關專科學校，一九九六年更將上海海關專科學校改名為上海海關高等專科學校。

校地太小也因為上海市要開發浦東新區，所以決定把關校從汾陽路遷往浦東。一九九三年，海關總署對決定將「上海海關專科學校遷校選址定於浦東北蔡鎮東南，占地面積一九四畝。規劃建築面積約五萬平方米」，也確定了關校訓練的海關關員與公安部隊一樣，推開「准軍事化管理」，並於一九九七年，遷往浦東。[13]

11 上海市檔案館，B105-4-130：《中專校招生問題》，〈復關於上海海關學校招生和畢業生分配問題，對外貿易部通知上海市革命委員會畢業生工作委員會〔〇七〕貿勞教學第二七號〉，一九六七年九月十六日。

12 上海海關學院，〈歷史沿革〉：https://www.shcc.edu.cn/1260/list.htm

13 上海海關學院，〈歷史沿革〉：https://www.shcc.edu.cn/1260/list.htm

二〇〇七年，關校更名上海海關學院，這標誌著學院「專升本」工作取得了成功，[14]從一九五三年到二〇〇七年的五十四年，關校終於從中專變成大學，也符合稅務學堂和稅專的英文名Customs College，是一所具備本科課程的正規高校。《人民日報》指出：

> 經教育部批准，上海海關學院近日在上海掛牌成立。這是我國唯一一家系統設置海關類專業的本科院校。新成立的上海海關學院直屬於海關總署，其前身是一九五三年設立的上海海關學校，後來更名為上海海關高等專科學校。該校今年將首次面向全國招收法學（海關法律方向）、經濟學（海關關稅方向）、工商管理類（物流與海關監控方向）本科生兩百名。[15]

無法得知關校在文革的「劫難」是否因為其與稅專的關係而更加惡化，但是從一九七八年後關校校史來看，雖然過程也相當艱困，但是這已經是改革開放後，所有專科學校面對的專升本和校地太小的共同問題，而不是像稅專或是文革前的關校，充斥著與總稅務司署或海關總署政治角力的問題。

從二〇〇七年到現在，關校的課程，還是比較傾向專業訓練，但是近十年來，海關總署及其下設的海關學會的一批老關員們，益加重視海關總署與總稅務司署的歷史連結，更想要喚起自十九世紀就建立起的廉潔、專業的歷史使命，所以開始引進海關史的研究人才，更於二〇二二年在關校成立海關史研究院，[16]並且開放各地海關的檔案館，重新出版總稅務司署造冊處印製的《中國海關出版品》，[17]現在的海關總署關員，就像總稅務司署華、洋籍關員一樣，對這個自一八五四年成立的特殊機構，懷抱著勉懷的記憶。

（二）財政部財稅人員訓練所

稅專在臺灣得以重建是根據一九四八年財政部人事處的「財政部稅務人員訓練所」的提議，只是在一九四八年時，國民政府已無暇進行此項改組任務。到了臺灣之後，因為國際貿易快速成長，財政部需人孔急，所以一九六九年建立了財訓所，[18]而財訓所也依據一九四八年的提議，主任由財政部長兼任。這一慣例持續到了一九九〇年，財政部郭婉容，是最後一任兼任財訓所主任

14 上海海關學院，〈歷史沿革〉：https://www.shcc.edu.cn/1260/list.htm

15 《人民日報》，〈上海海關學院掛牌海關系統有了本科院校〉，二〇〇七年六月十一日。

16 〈「中國海關史」項目啟動會暨上海海關學院海關史研究院揭牌儀式在校舉行〉https://www.shcc.edu.cn/2022/0225/c1302a47537/page.htm

17 見：劉輝編，《中國舊海關稀見文獻全編》（北京：中國海關出版社，二〇〇九）；中華人民共和國海關總署辦公廳編，《中國近代海關總稅務司通令全編》（北京：中國海關出版社，二〇一三）；中華人民共和國海關總署辦公廳、中國海關學會編，《海關總署檔案館藏未刊中國舊海關出版物（一八六〇—一九四九）》（北京：中國海關出版社，二〇一八）。

18 〈財政部財稅人員訓練所沿革、組織與職掌〉；財稅人員訓練所編，《財稅人員訓練所三十周年紀念特刊》（臺北：財政部財稅人員訓練所，一九九九）。

的財政部長，其中只有張則堯和王建煊是專任的財訓所主任。[19]張則堯任財訓所主任前，為政治大學財政研究所長，出任專任主任達十一年；王建煊更是其於一九八〇年至一九八二年任關務署長後，專任財訓所主任至一九八四年。這兩位專任的所長，都對財訓所的發展有重大的貢獻。

李國鼎一開始創辦財訓所時，就知道要找財政專業人士做副手，所以他找了當時時任政治大學財政研究所長張則堯為財政部顧問，李國鼎兼任所長只三個月，就轉交給張則堯，專職辦學。但是一開始辦學的條件十分艱苦，「第一批受訓人員四百卅人」是在「陸軍經理學校接受為期八週的職前訓練」，[20]之後借用「政治大學公共行政及企業管理教育中心教室，做為施訓場所。」[21]沒想到財訓所第一批學員八週結訓前後，就為行政院長嚴家淦和副院長蔣經國高度重視，蔣經國先視察財訓所並與學員餐敘講話。[22]嚴家淦更在結業式對學員說：

> 在經濟發展過程中，我們一方面希望加速資本成形，使經濟得以快速成長，一方面又不希望資本分配過於集中，造成社會的不平，這就需要有一套和平合理的手段，來達到平衡財富的目的，而這些又得有賴運用賦稅為手段來達成。[23]

顯然嚴家淦給當年財訓所賦予新定義，過去的稅專要專業、清廉，並且替代外籍關員，但是嚴家淦希望的是，利用稅收手段對臺灣經濟成長進行宏觀調控。這比李國鼎要求學員「對學能方面有所注重外，更要在品德方面加以觀察與輔導以樹立稅務工作的道德標準」。[24]更加困難。要完成如此高難度的使命，當然要著重加強財訓所的師資力量。於是張則堯也像稅專的辦法，邀請飽學關員出任教員，如阮壽榮。阮壽榮回憶道：

> 李部長是學有專長、經驗富豐的一位好長官，他的最大長處是能吸收新知識及能用人所長，他很信任我寫作英文的能力，在他任內成立了一個財稅人員訓練所，他派了張則堯先生當所長，張先生聘教授時，李部長要我擔任一切英文課程，每星期有十多個鐘點，我計算一下時間太多，對我本身工作有礙，所以只接受教英文文牘一課，每星期只有二、三個鐘點，連任了好幾年……我的男女學生大部分都是大專外文科畢業或有碩士學位的，從我幾年的經驗，我得知為何有許多大專外文畢業生連寫一封普通信都不能勝任的最大原因是他們讀的古典文學太多，現代文字太少，所以畢業後每每學幅真能相配。[25]

19 財政部財稅人員訓練所網站：https://www.mofti.gov.tw/singlehtml/25fc5817adc44817bfd65702af006ec4

20 《聯合報》，〈培養財稅人員訓練所成立〉，一九六九年十月二十九日。

21 財稅人員訓練所編，《財稅人員訓練所三十周年紀念特刊》。

22 《聯合報》，〈蔣副院長勉財稅人員，要樹立新的風氣以改進國民生活〉，一九六九年十二月十四日。

23 《聯合報》，〈嚴副總統昨勉財稅人員，徹底改變稽征態度為納稅人提供服務，財稅人員職前訓練第一期昨結訓〉，一九六九年十二月二十一日。

24 《經濟日報》，〈李國鼎勉勵稅務人員，任勞任怨建立新風氣〉，一九六九年十一月七日。

25 阮壽榮，《錦灰集》，頁一九六。

阮壽榮曾任海關圖書館長，是海關史學大家馬士和魏爾特曾出任的職位，於臺北總稅務司署中的學術地位崇隆。張則堯的辦學方針就是以「以大學教育的方法，辦理公務人員訓練，採取理論、實務與法律並重教學方式」，[26]張則堯回憶說：

我們儘管是訓練班的名稱，但是我們是大學的實質，我們是用大學教育的方法來從事我們公務人員的訓練。當時基於這樣的一個理論來規劃，我們訓練的課程一定要有若干比例的基本理論的課程⋯⋯我們的訓練班，職前訓練至少要辦四個月，不是只辦二個禮拜就結束了，二個禮拜就結束的訓練是沒有效果的⋯⋯我們聘請的老師都是大學裡面第一流的教授及財稅界、金融界、司法界第一流的稅則、法律、經濟專家學者。我們請了一個老師來上課，我就認為欠他很大一個人情，所以我要親自去請他，他不來的時候，還要到他家裡去，一再的以誠懇的態度請求他來給我們上課。所請的老師都是大學裡面第一流的教授，財稅界、金融界、司法界第一流的財稅、法律、經濟專家學者，這些專家學者他們都有高深的研究和豐富的經驗，都有學術理論作基礎的實務能力，我們都敬重他們。[27]

財訓所創立的「前十五年以辦理稅、關務及金融人員之職前訓練居多，稅務及金融人員在職訓練次之」。[28]此作法還是與國民政府時期稅專的內勤班的邏輯類似，是個以招收大學畢業生再加以訓練的作法。財訓所也和稅專之前的A、B班，創立了「海關新進人員訓練班」，為了「充實海關新進人員關務全盤知識，使學員了解海關業務全貌，增其適應工作環境能力」，也就是關務甲、乙班。甲班從一九六九年開辦至一九八〇年為「乙等關務特考及格人員，每期訓練期間為十六週」，而關務乙班從一九六九年開辦一九八一年為「丙等關務特考及格人員，每期訓練期間為十二週」。[29]

雖然財訓一開始就辦得有聲有色，然而有趣的是，就如同稅專一樣，財訓所一直沒通過正式的立法程序，也就是像總稅務司署般的「黑機關」，這個問題的解決，居然是到一九八一年修定《財政部組織法》時，才解決財訓所十二年黑機關的問題。

> 財稅人員訓練所現在正式納入財政部組織法內，由地下變成合法，訓練所的創辦人張則堯所長也將功成身退，一來已居退休，一來訓練所納入編制後，張則堯為考試院考試委員，不能身兼二職，因此張則堯已決定退休，繼任人選可能為稅制會執行秘書林振國教授，也有

---

26 財政部網站，〈創立財政部財稅人員訓練所〉，http://museum.mof.gov.tw/ct.asp?xItem=3689&ctNode=111&mp=1

27 張則堯，〈回想財稅訓練所當年〉；財稅人員訓練所編，《財稅人員訓練所三十周年紀念特刊》，頁五五—五六，亦見財政部網站：http://museum.mof.gov.tw/ct.asp?xItem=3560&ctNode=60&mp=1

28 財稅人員訓練所編，《財稅人員訓練所三十周年紀念特刊》。

29 財稅人員訓練所編，《財稅人員訓練所三十周年紀念特刊》，頁七九—八〇。

> 一說，將由張部長兼所長，由林振國接副所長。[30]

如上一節所述，這次修改《財政部組織法》也將關務署改為關政司，讓末代關務署長王建煊調往財訓所，他也是自張則堯任財訓所長十一年後，第二任的專任所長。王建煊雖然在財訓所兩年，但是他「有計劃的培訓人才下，不但使該所聲譽鵲起，甚為財稅界倚重，也成為稅制改革的一個重鎮」。他的辦學觀念是：

> 惟有學員們不斷的充實與吸收新知，才是推動稅界進步的原動力。在副所長何國華的襄佐坐鎮下，他最近很放心地抽空到國外休假二週，順便前往美國吸取有關稅務新知，以便為推動日後的進步，再貫注新的動力。[31]

這就是王建煊任財訓所長時的最重要變革，他把財訓所變得更國際化。張則堯認為：

> 最值得我們敬佩、欣賞的，就是創辦國際稅務訓練班，國際稅務訓練班，過去我們派人到美國或其他國家的大學去受訓。他（王建煊）認為我們把三個人五個人派了去，但如果能夠辦理一個國際稅務人員的訓練班，請外國教授、外國講師，來這裡上課，則國內的稅務人員，就不必遠涉重洋，到外國去接受教育職前訓練。這個辦到現在很有成就，而這一個有創

> 意的貢獻，是值得在財稅訓練史上大書特書的。其次，王部長在財稅人員訓練所所長時期，把財稅人員訓練更推進一步，使更多數人能參與這個訓練，不但擴充了所址，而且還把教授的教育方法也做了進一步的推廣，他把大學教育的訓練所，變成一個充實工作需要的訓練所，推廣比較普及，這幾點都是他的成就。[32]

張則堯對財訓所的未來有遠大抱負，他「希望訓練所能夠擴大規模，將來變成一個稅務大學、稅務專科學校，能夠把各個大學裡面有關科系，當然以財政稅務為主的科系及商學經濟等有關的科系，培養出來的人才加以訓練成為更好的人才，經過這樣一個大的訓練機構的訓練，發揮工作的革新，做出重大的貢獻」。[33]李模則回憶道：「財稅人員訓練，是李國鼎先生擔任財政部南時新創，初期以訓練稅務、關務人員為主。」而對其重要性和訓練則有深入刻畫：「當時學員受訓的特色，除了全部住校、穿軍服、有軍事管理之意義外」。[34]

30 《經濟日報》，〈關務工作的式微？將來關政司何去何從？〉，一九八一年一月二十四日。

31 《聯合報》，〈財稅訓練所聲譽鵲起〉，一九八三年一月二十三日。

32 李模，〈財稅人員訓練所創辦始末〉；財稅人員訓練所編，《財稅人員訓練所三十周年紀念特刊》，頁五三。

33 張則堯，〈回想財稅訓練所當年〉；財稅人員訓練所編，《財稅人員訓練所三十周年紀念特刊》頁五五—五六，亦見財政部網站：http://museum.mof.gov.tw/ct.asp?xItem=3560&ctNode=60&mp=1

34 張則堯，〈回想財稅訓練所當年〉；財稅人員訓練所編，《財稅人員訓練所三十周年紀念特刊》頁五五、五六。

看了張則堯和李模的回憶後，拿一九六九年建立的財訓所與一九〇八年成立的稅務學堂和一九五二年復校的關校相比，發現各有四項驚人的相似點：

一、臺灣政府高官如此重視財訓所。嚴家淦和蔣經國前後皆擔任總統，都如此重視財訓所。也讓人想到一九一三年，稅專第一屆學生畢業，北洋政府對這群經歷了層層篩選的畢業生寄予厚望。大總統袁世凱的代表伍朝樞、海軍上將薩鎮冰、古德諾（Frank Goodnow，袁世凱的法律顧問）、稅務督辦蔡廷幹，以及總稅務司安格聯均出席了他們的畢業典禮。在當時，甚至北京大學的畢業典禮都不敢誇口可以請來這麼重要的人物。[35]

二、稅專和財訓所都很重視教育和訓練中的外文和學術課程，稅專和財訓所一開始都延請海關內，或是外籍專家前往授課。海關內的學者，例如：翻譯《三國演義》的鄧羅、海關史家魏爾特、嚴家淦和李國鼎的英文秘書阮壽榮都在稅專和財訓所執教。甚至哈佛大學費正清，也曾在稅專執教過。[36]

三、財訓所「全部住校、穿軍服、有軍事管理」和關校的「準軍事化」管理，居然如出一轍；財訓所和關校在辦學時，應該沒有參考彼此，然後這也不是稅專的傳統，但是國民黨和共產黨居然用同樣的方法訓練關員，這並不是歷史的巧合，而是代表國共兩黨對海關中的尾大不掉的特性，有著同樣深的警惕。

四、財訓所和關校同時都很努力向大學轉型，張則堯希望向「稅務大學、稅務專科學校」前進，而關校直接專升本，變為海關學院，現在已經有碩士點。不論是財訓所主任，還是關校校長現在一直以大學來運營其機構，而不只是一個關員訓練中心。雖然過去總稅務司署設計的稅專的通識教育不斷受到中國政府干涉，但從長遠看，這一課程體系在兩岸充分顯示出了它的價值。

雖然張則堯可能沒有察覺稅專和財訓所的歷史淵源，但是臺北總稅務司署還是以稅專畢業為正統，所以自方度以下總稅務司都是由稅專畢業，張申福和曲樹楨都是一九三五年前，稅專在北平時的本科畢業生；[37]而一九三五年改組，稅專實現三校在上海合併的內勤班的畢業生為上海交通大學畢業生的王樹德；[38]第一位稅專遷香港時期的畢業生為上海聖約翰大學畢業生袁寶璧；抗戰勝利後第一也是唯一一位的內勤班畢業生為中山大學畢業生鄭欽明。[39]而鄭欽明是最後一位稅專畢業的總稅務司。

35　葉元章：《抗戰前往事瑣憶》，英文版，頁四。

36　Fairbank, *Chinabound: A Fifty Year Memoir*, 101-2.

37　中華民國關稅總署編，《中華民國海關簡史》，頁二〇六。

38　王樹德，《服務海關四十一年瑣記》，頁七六。

39　中華民國關稅總署編，《中華民國海關簡史》，頁二〇七—二〇八。

雖然稅專向著一個培訓機構轉變了，但直到一九八七年，它的畢業生們還控制著總稅務司署；這些總稅務司均來自中國主要的省份，[40]而臺灣出生的員工則相對處於不利地位。最後一屆學生畢業後，基隆代理稅務司魏璟琨於一九九二年十二月退休，自此，稅專畢業生徹底從臺灣的海關中退休。[41]但是財訓所還是繼續為臺灣海關訓練著關員直到今天。

40　羅慶祥（1950-1955）和方度（1950-1960）來自廣東，張申福（1960-1964）來自江蘇，曲樹楨（1964-1971）來自浙江，王樹德（1971-1978）來自遼寧，袁寶璧（1978-1984）來自福建，鄭欽明（1984-1987）來自廣東，黃清濤（1987-1990）來自江蘇。

41　中華民國關稅總署編，《中華民國海關簡史》，頁八〇。

結論

> 不可避免的事情最終總是要發生的，至於最終的結果是一個沒有外國元素的統一中國，還是一個外國元素仍然隨處可見而分裂的中國，還有待未來的驗證。[1]

赫德在一九〇六年新政時期的預言最終實現了嗎？現在呈現的趨勢是：首先驗證的是後者；隨後才是前者。但他沒能看到的是，此預言需要實現的時間遠遠超過所有十九世紀見識卓絕者的估計。但是以二十世紀中國走過的曲折道路，或許，我們也不應該太過驚訝赫德的預言直到現在還不見得完全實現。

歷史的延續雖然能因歷史學家和愛好者的努力，用史料和記憶追溯到過往，雖然證據常被埋在大量、瑣碎和看似無關的歷史碎屑中，但是想像力和假設這時就可以用來聯繫這些碎屑。這本書的出版，或許可以證明，在無所為而為的史料閱讀和搜集中（是的，我不認為有針對性的史料

1 Hart to Campbell, Z/1098, 9 September 1906; Chen and Han eds., *Archives of China's Imperial Maritime Customs*, vol. III, 980-1.

閱讀和搜集可以做到這點），或許可以拼湊出一本還算可以自圓其說，而且史料線索仍可接續長達一百六十餘年的歷史敘事。本書不求用一套說法解釋著所有歷史現象，但是至少可以提供一套思考模式，也就是，間接控制的代理制度的三項組成條件、制衡間接控制的代理制度的三招、以及觀察間接控制的代理制度的中國政府、總稅務司署和華籍關員的三角體系。

那麼從這套思考模式，再回顧一下一百六十餘年的中國海關史。

中國海關史在中國近、現代史中的位置存在著特殊性和普遍性。因為它的歷史特殊性是從十九世紀中期的中國延續到二十一世紀初的中國大陸和臺灣。這種延續不是由中國政府參與構成的（歷屆中國政府總體上來說是反對它的延續的），而是由海關關員和總稅務司署來構成的。這綿延一百六十餘年的歷史正是因為少了政府的角色參與才得以維持，不然，二十世紀一而再，再而三的戰爭、革命和政治運動自然會為它畫上句號。

為了適應十九世紀中葉後的全球化的浪潮，清政府制定了便宜行事的權宜之計，決定雇傭一個代理首長來管理中國海關，並允許他自行招募自己的員工。鑑於中國海關的性質，這些職務需要的人員需要懂得國際貿易、外語和會計的相關知識，並與其他國家進行聯繫。因此，中國政府必須雇傭一個外籍的代理首長，而這個代理首長需要招募外籍關員。為了吸引有能力的人才，中國海關就不得不提供相對較高的薪資。在現今中國，也存在這樣的案例，比如說，北京大學、臺灣大學、中國科學院和中央研究院以高薪聘請國際知名的外籍或是雙國籍學者。二十一世紀的兩岸還在效仿十九世紀的辦法來建立有效率的專業專職機構。

這些外籍專家從一八五四年外籍總稅務署成立的第一天起就為中國政府委託代理管理中外貿易，此時只負責估稅、驗估、驗貨和船鈔等工作，尚未管理徵稅、保存和匯出的功能。但是像中國巨大的經濟體量，不論是土貨出口，還是洋貨進口，活躍的中外貿易帶來的關稅利益總是非常豐厚，而外籍關員也十分清楚自己為什麼可以獲得如此高薪，沒有巨量中外貿易就沒有大量關稅收入，沒有大量關稅收入，他們就不需要存在。這樣，保護貿易量和關稅利益就成了每一任總稅務司的重中之重（或許在北洋政府末期，安格聯更重視內外債和賠款的支付）。因為外籍總稅務司對其重中之重表現出的有效管理，讓中國政府把其他一切直接或間接相關的事務，例如燈塔以及緝私船艦等，一概讓其管理。為了證明自己的存在價值，主要和次要任務都需要有效管理：如果總稅務司和他的外籍關員不能透過展現優質管理來證明其存在的必要性則中央政府和外籍代理首長的互相信任將不存在，更不要說中國政府為什麼會同意這樣一個有著完全自治權的外籍代理首長的存在，以及他自己的關員的絕對服從呢？那麼間接控制的代理制度的三項必要條件就會崩潰。

晚清時期，總稅務司署在各條戰線上都表現出了它存在的必要性，不論是甲午戰爭時的英德借款、八國聯軍的庚子賠款等，這也是這個機構能深深扎根於中國政府內的主要原因。但是，在庚子拳亂後的半個世紀充滿戰爭和革命，歷屆中央政府都發現，總稅務司署的主要和次要任務的高效管理，變成對自己的最大威脅。在間接控制的代理制度的三項必要條件中，最重要的就是中央政府與外籍代理首長的互信。沒有這項，首長完整自治權和關員的絕對服從都會變成對中央政府最致命的威脅。

那為什麼中央政府會認為，總稅務司署的主要和次要任務的高效管理，變成對自己的最大威脅呢？因為在二十世紀上半葉，中央政府常常被推翻，而總稅務司們就發現，在每次的政權更替時，他們都很難定位自己到底是為某政府或某人服務，還是為國家服務？而對外籍總稅務司而言，他們都是選擇後者（歷史證明，或者李度是唯一的例外；而從赫德對慈禧太合的忠誠來看，不禁會懷疑他是否會接受北洋政府的統治）。為了保障中國的利益，中國海關就必須被保護（當然，這也是外籍關員的利益），他們必須接近快速擴張新興政治勢力，但是這樣一來，就和自己總稅務司的職位相對立，畢竟，自己的總稅務司職位是來自於這個快要被推翻的中央政府。

前述體質的先天矛盾，就是讓中國海關的存續和總稅務司的職位形成了總稅務司的「兩面」策略，而這種策略又總是將他們推入到政治風暴；幾乎每次中央政府的更替都會導致總稅務司職位的更替，不管是中央政府最終倖存下來，還是新興政治團體最終取得中央政權。例如，一九二七年安格聯被免職，一九二九年易紈士辭職，都是因為這個原因。安格聯從一九一一年辛亥革命倖存下來，原因是一九一一年辛亥革命在本質上並沒有推翻清政府的文官體系；是袁世凱的政變迫使清王室退位，而掌權還是清末自強運動和新政訓練出的官員，甚至康黨要角梁啟超都回中國任內閣部會總長。袁世凱說到底還是一位清政府官員，而安格聯並沒有與他對著幹。在赫德之後，李度可能是唯一沒有採取過「兩面」策略的總稅務司署，正因為此，他才在退休後仍然受到臺灣政府的感激和人民政府的敵意。

在二十世紀中，中國仍有相對穩定的階段，中國政府會與華籍關員聯手制衡總稅務司署，或者加速訓練更多的華籍關員。例如，在一九〇〇年到一九一二年期間，清政府設立了稅務處和稅專；在一九二九年到一九三七年期間，國民政府設立了國定稅則委員會，將稅務處改為關務署，讓關務署長兼任稅專校長，並將內班學生的數量翻倍；一九四九年以後，人民政府命令外貿部和省級人大來監管海關。但是，當中央政府情況極為危險的時候，最有效的就是換掉總稅務司。這也是一九二七年安格聯被免職的原因。但這一招一用就代表這屆中央政府即將落幕。

然而，這不代表政府總是想方設法對付總稅務司署。中國政府在有些時候也會與總稅務司署聯手，這種時候通常是當政府忙於應對內戰或者外敵入侵時，或者是實在太衰弱沒有能力管理極其專業事務時。舉例來說，一八九八年的時候，清政府命令總稅務司署建立一個郵政局；一九一四年的時候北洋政府將安格聯任命為內國公債局的協理，一九二三年的時候又任命他為經理內債基金處主席和財政重整委員會的常委；一九二九年的時候，國民政府命令梅樂和建立海關站來替換五十里外常關，並委託他籌集外國貸款；而臺灣政府則要求羅慶祥和方度替代國際貿易局的工作。

中國政府讓外籍總稅稅務司署管理主要和次要任務，而不是中國官員，就廉潔和高效而言，這樣的做法十分明智，但是也無可奈可，因為很多的次要任務是列強迫使中國政府委託給總稅務司署，例如，《辛丑和約》中規定總稅務司署必須接管五十里內常關，以確保關稅收入足以支付庚子賠款；或是關稅自主會議希望海關代為徵收二五附加稅。既然這是被迫的，所以清政府完全沒有訓練一批文官接管此事，那也只好讓總稅務司署代管。

但是沒想到，這無可奈何之舉，大大增強了中央政府的財政實力。中央政府漸漸意識到，總稅務司署歸根結柢是中央機構，而外籍關員不可能有替代中央政府的野心。再有權力的總稅務司都不可能成為下一任總統或皇帝。因此中國政府都發現，總稅務司的權勢和高薪完全可以接受。無論如何，都比劍指中央政府最高權力的地方黨軍政勢力要好得多。所以本來是個保障廉能的明智之舉和被列強迫使的無可奈何之舉，現在變成了中央政府整頓地方勢力的政治策略。但是當中央政府在操作這一策略時，總是要評估：當總稅務司署與地方勢力一旦結合，這就是中央政府的夢魘，那中央政府就會立刻用第一招：換掉總稅務司。

總稅務司和總稅務司署通常希望獲得更多的職責，因為這樣就能有效地展現他們的有用性。但過多的職責有時會讓中國政府感到備受威脅。當政府不知道怎麼對付總稅務司署的時候，政府就將總稅務司署納入直轄。這就是一開始總稅務司署為什麼被劃歸到總理衙門之下的原因，也是為什麼一九五〇年它被劃歸到人民政府國務院之下的原因。當政府知道怎麼對付總稅務司署的時候，它就將總稅務司署降級。但是，從一八五四年到一九〇六年清政府花了五十二年的時間才將總稅務司署從總理衙門下轉移到稅務處之下，而共產黨政府只花了五年就將海關總署從國務院轉移到對外貿易部之下。

每一任總稅務司都對中國海關忠心不貳，而正是因為這樣，海關的關員才會對總稅務司絕對服從。總稅務司對政府的忠誠是互信關係的基礎，但是不是每任外籍總稅務司都對政府忠誠。赫德和李度極特別，他們分別忠誠於歷史上曾繁盛過但已退出歷史舞臺的清政府和國民政府，這反而使他們的忠誠特別的醒目，因為他們沒有趨炎附勢、改換門庭。他們的忠誠或許表明，這兩個政府的領導者，即慈禧和蔣介石，並沒有現在歷史學家認為的乾綱獨斷的獨裁者，他們在面對八國聯軍、日軍和解放軍時，能調動的部隊如此有限，到最後都需要外籍總稅務司的幫忙，才能讓其政權苟延殘喘：赫德與列強議和、代管五十里內常關；李度把黃金、白銀和外匯運往臺灣、在臺灣重建海關體系。赫德對慈禧的忠誠（甚至愛慕之情）是無條件的，而李度對國民政府的忠誠也十分懇切。這也是為什麼赫德和李度是僅有的兩位受到政府嘉獎的總稅務司。

但是對於華籍關員來說，外籍總稅務司署的必要性就像是從未癒合的傷口，因為這不僅僅是觸及帝國主義侵華和被殖民的恥辱，而是真實的不平等待遇。在十九世紀，赫德大量雇傭外籍關員的做法很容易理解，因為實事求是的說，中國官僚體系無法為海關提供足夠而稱職的人力；但到了二十世紀，中國高等教育快速提升，出國留學的中國人也日漸增多，招募外籍關員漸漸失去了必要性，而且高階的外籍關員也會讓華籍關員無法被提升為行政管理人員。中國海關確實是個國際機構，那麼它就應該平等地對待各國籍關員，但實際並非如此。比如，大量的駐紮在東北海關站的日籍關員獲得的返鄉津貼就比同樣駐守大連關的雲南籍華員的返鄉津貼要多，實際上這位華員返鄉所需付出的經費，遠遠超過日籍關員。[2]

2 中國第二歷史檔案館，679 (9) 1447，《人事科有關爭取華洋待遇平等及幫辦與稅務員兩類合併的呈文》：Translation, The Question of Salary Reduction in Customs Service as viewed under the principle of equal treatment, 6 May 1936.

儘管到了一九二九年，華籍關員開始獲得名義上平等的工資，差別僅有離國津貼和英鎊配薪；並且一九二七年海關暫停招募外籍關員，一九二九年徹底停止招聘，並且在抗戰之前，華、洋籍關員實際的薪資差異並不大，因為法幣和英鎊之間的匯率相對穩定，而事實上，華籍關員也對一九三〇年代的薪水甚為滿意。但是，匯率市場被抗戰摧毀了。官方和黑市匯率之間的平衡徹底失控，而外籍關員的一部分薪資是英鎊配薪，這樣外籍關員的薪資就比華籍關員高出數倍。

這並不是說總稅務司署故意設計了這種薪資和人事機制來奴役華籍關員，因為這種薪資差異是戰爭造成的。另外，多數高級關員，包括華籍的，並不願意大幅變動既存的人事體系。比如，管理人事的典職科稅務司胡輔辰就反對丁貴堂關於打破內、外班區分的提議。關員薪資是與其人事體系中的資歷和職位綁定的；如果人事體系不改革，華籍關員的工資也不會得到提升。因此，華、洋籍關員之間的不平等待遇的烙印應該說是高、低階關員的問題。但是，從外部看，這個問題依然十分尷尬：多數內班供事和外班關員都是華籍，而他們中大多數並沒有成為幫辦或內班關員。與此同時，以外籍關員為主的幫辦、稅務司等可以享受高額的英鎊配薪和離國津貼。

然而，華、洋籍關員的關係實際上並沒有國、共兩黨在反帝國主義宣傳般緊繃。從他們的回憶錄得見，年輕華籍幫辦和供事通常很欣賞其外籍上司和同事並服從指揮。甚至是有時候這些命令會導致其他華籍關員的不滿，但是一般而言，只要命令是合理的，他們也會完成。

在保持中國海關存續和完整的同時，華籍關員的地位卻十分尷尬。總體來說，他們認可外籍關員為了維持海關存續和完整所做出的努力。這也是在抗戰爆發後他們依然選擇留在海關原因。

他們也意識到，存續和完整意味著外籍關員將繼續統治總稅務司署。但是如果總稅務司署不復存在，華籍關員中就無法從外籍關員手中接管總稅務司署，而總稅務司署保障的各式各樣福利和特權終會消失。所以在海關的危急存亡之際，華、洋籍關員仍會精誠團結地合作，這就是為何重慶總稅務司署中，李度和丁貴堂的合作是親密而富有成效的。

中國政府可以看到，稅專畢業生最終會掌控總稅務司署；總稅務司署計畫讓稅專訓練更多的合格關員，而這或許可以制止某些民粹分子用很激進的手段廢除總稅務司署，因為外籍總稅務司可以聲稱：在幾年內，稅專訓練的華員將控制海關。但結果是，這耗費的時間比最初的計畫要久得多：稅專建立後的第二十一年也就是一九二九年，總稅務司署才開始停止招收外籍關員。為了加快華、洋關員的替換速度，關務署給稅專加派了「額外職責」：外班和海事班，「唯一招募基地」的地位，以及一九三五年重組使得關務署長兼任稅專校長等，都為稅專灌注了更多力量，使之可以有效地制衡總稅務司署。

但是不論中國政府與華籍關員如何斷斷續續地推進制衡總稅務司署的策略，最後還是抗戰完成了階段性任務，國共內戰完成了歷史使命。但是抗戰和外籍總稅務司署的落幕的因果關係比想像中複雜，因為戰爭會迫使中國政府（重慶和汪偽政府）更加依賴總稅務司署。因為戰爭需要經費，而總稅務司署徵收的關稅更形關鍵；然而長期的戰爭必將影響國際貿易量，從而影響關稅收入，而總稅務司署的價值是建立在關稅額來衡量的。

三位戰爭時期的總稅務司，梅樂和、岸本廣吉和李度都處於左支右絀（或許梅樂和認為他可以左右逢源）的處境，因為他們想向不同政府展示價值，但是不能無所顧忌地向新政權展示。這樣綁手縛腳的戰時困境讓或許在戰爭初期這三任戰時總稅務司仍可以證明海關的價值，但是等到戰事曠日費時地拖下去，他們自證的價值都無法持續。其深層原因就是，總稅務司的權力是植根於海關稅收的，但由於戰事影響加上通貨膨脹，貿易額和稅收額大大減少。隨後，戰後的和貿易管控摧毀中外貿易，惡性通貨膨脹摧毀關稅價值。一個無法保障國際貿易額和關稅價值的總稅務司署，加之總稅務司的母國不再在乎與中國的外交關係後，這樣的組合注定滅亡。共產黨本來就不可能容忍自成派系的總稅務司署；而且就算國共內戰時，國民黨打敗了共產黨，總稅務司署也不會長久。

國共內戰後，人民政府不再糾結於是否要保護海關的價值，馬上把制衡間接控制的代理制度的第一、二、三招都開始布置，而且比清、北洋和國民政府用得更徹底。孔原當了海關總署總署長、海關總署代替了總稅務司署、共產黨幹部替換了所有的華、洋員。這不是說海關不再重要，而是人民政府對海關有完全不一樣的認知。雖然說，海關的功能還是監管國貿、徵收關稅和防止走私，但是其目的不是為了增加收入，而是為了打擊帝國主義侵華野心：監管國貿是為了以控制對外貿易許可制度和外匯管制、徵收關稅是為了保護民族工業的恢復和發展、而防止走私是為了打擊帝國主義的公開貿易和海盜式的走私活動。換言之，在人民政府眼中，國際貿易不是新中國賴以生存的經濟命脈，而更可能是引狼入室的後門，那自詡為國徵稅的老關員，就無法在此意識形態證明其價值，因為他們的價值就是人民政府最痛恨的事：為中外買辦當走狗、為帝國主義國家企業侵略中國民族企業做準備、對殖民地走私客睜一隻眼閉一隻眼的貪官污吏。事實上，不只是共產黨幹部這樣想，有些國民黨幹部也有類似的想法。這或許就是陳誠對總稅務司署有敵意的原因。

既然國際貿易是危及新中國未來的致命手段，那老關員怎麼可能會恢復其傳統的特權和福利呢？能在鎮壓反革命、反右運動中存活下來就已經謝天謝地。無奈的是，他們絕大部分等不到改革開放的曙光，感受到新中國對國際貿易再度重視，但是他們的專業精神還是為很多海關總署關員留下很深的記憶，這也是為什麼現在中國大陸的海關總署和關校全力地恢復光輝歷史的主要原因。

比起人民政府的雷霆手段，臺灣政府對臺北總稅務司署的規範是一個長期、溫和、漸進過程，可以被大致劃分為三步。首先，中央政府依靠海關來重整財政秩序，並在早年間穩定整個臺灣的情況。在這一階段內，政府委託了海關新的職責，但也在長遠看來削弱了海關的力量。第二，國民政府抓住了因一九五七年的方度的彈劾案和張申福的假出口案而帶來的機會，這兩任華籍總稅務司的退休或離職都有關係。最重要的是，這終結了總稅務司的那種遠離政治的特殊地位，以前的總稅務司從未涉入醜聞。第三，一九八二年臺灣政府想要通過將關務署改為關政司、將總稅務司署改為關稅總局，而將關稅總局和關政司合併，再度回收關務署之名，實為一個嶄新機構之實。

這三步在改革中比共產黨走得更順利，除了像葉元章、王文舉和阮壽榮在復職遇到困難的關員，大多數華籍關員在臺灣復職後的生涯都是順利的。總體來說，他們在臺灣的職業生涯是很穩定的，並且總稅務司署是由華籍關員來管理的。臺灣政府發現原本的總稅務司署體系是一種為臺灣財政大局提供安定求進步的力量，畢竟總稅務司署在國民政府建都南京的二十多年中政府渡過了許多難關，但是，總稅務司署的自治必須被規範。

臺灣總稅務司權力的下降是三重原因。首先，外籍關員於一九四九年離開了中國海關，而列強中不會對彈丸之島的海關感興趣。第二，華籍關員也不像之前團結，而政府正好可以借此機會將他們瓦解。第三，總稅務司在失去了許多海關站、稅收和關員之後，沒有任何籌碼可以幫助它保持它的歷史特殊性地位。然而，華籍關員還是享受著一些特殊待遇，因為政府需要有能力的員工來管理和運營這個機構，執行附加的職責，並幫助穩定遷臺初期的貿易和財政。

一九四九年以後的總稅務司署和華籍關員，不管是在中國大陸還是在臺灣，都面臨著來自中央政府的巨大壓力。海關並不是唯一一個受國家管控的機構。經歷了長達十二年的抗戰和內戰，不管是國民黨還是共產黨，都需要在兩岸對峙的軍事僵局期間花一些時間來重整內部秩序。共產黨採取了激進的策略，這將華籍關員們捲入政治風暴之中，但最終也成功地徹底消除了海關中原有的「外國特性」。但是，國民黨人只是針對於總稅務司，並允許華籍關員繼續保持部分特權，這使得臺灣的海關處在一種穩定的態勢當中；而這種「外國特性」則幫助臺灣的海關可以在這個新的國民政府體系下在相當一段時期，維持獨立而平穩的運營。

然而，大陸海關和臺灣海關的存續卻受到兩個政府的挑戰。共產黨派出黨籍幹部出任多數主要職務，並任命海關中原有的華籍關員為這些幹部的副手，幫助共同運營海關。由於共產黨的幹部願意接管海關加上這一工作模式也給了共產黨的幹部充足的時間來學習如何管理海關，共產黨幹部最終不需要老關員來幫他們運營海關。同時，人民政府計畫消除海關的一些功能、裁員，以及將海關置於複雜的監管體系下來削弱它的力量。這一次，海關總署總署長並沒有站在員工的這一邊。副署長丁貴堂借一九五七年雙百方針勇敢地發表過看法，但隨之而來的反右整風運動迫使華籍關員下臺，並將海關留給共產黨的幹部去管理。

在臺灣，海關行政管理的集權化進程更慢一些，而臺灣海關也成功地保留了更多海關歷史特性。與大陸不同，臺灣政府依賴於海關稅收的職能，並委派了其他職責給總稅務司署。直到一九八七年，總稅務司的職位一直是由稅專的畢業生擔任。雖然臺灣政府對海關的管理是相對消極的，但政府還是能利用內部腐敗問題發生的時機適時地逼迫總稅務司辭職或退休。華籍關員和臺北總稅務司署之間的關係更差了。與一九四一年到一九四五年從解放區逃往重慶的那三批關員類似，不同群組的華籍關員受到的待遇也差異巨大。臺灣的華籍關員變得不那麼團結了，而國民政府則藉機來對總稅務司署進行監管。

雖然大陸和臺灣的華籍關員似乎走向不同的結局，但總體來說，他們都是受兩岸政府的管控。不同的是，共產黨受到政治運動的驅使，給華籍關員施加了更多壓力。國民黨人沒有採取如此激進的政策，因為從一九二七年開始，中國海關就開始幫助中央政府渡過重重危機，這些歷史證明，中國海關對臺灣政府來說是非常有用的。因此，臺灣的海關得以保留它的歷史特色，而這也表明，中國現代歷史向前的延續超越了一九二七年，可以一直追溯到二十世紀初的新政。海關史除了可以往前追溯之外，反觀中國大陸一九八七年頒佈的《海關法》，一九九一年臺灣政府立法通過《關務人員任人條例》，兩岸政府正式通過法律管理海關，居然前後只差四年，這也是極有趣的巧合，也都訴說著兩岸政府把海關這個富含歷史趣味的機構納入己身的體制中的掙扎與挑戰。

外籍總稅務司署的九十六年歷史記載著他們幫助中國有效地運營著這個機構，因此中國才有可能最終自己掌控海關。從這一角度來說，外籍關員和總稅務司署實際上是因為他們已經在的近一百年裡為中國同事立下了榜樣，已經告訴了他們怎樣去運營海關，才結束了在中國的生涯。這也是為什麼在一五五五年前，文祥對赫德說：

> 我們正在使用很多西方的發明……你應該很清楚，但你必須給我們時間；你不能期待我們一下子學會全部的東西。我們當中只有很少的人知道這些東西，並且這很少的一部分人也害怕說出他們的想法……記住我的話，在未來五十年的時間裡——我是看不到了——你們外國人將竭力阻止我們學習，就像你們現在敦促我們學習一樣！[3]

但是，華籍關員太迫切地想要向國民黨或共產黨的幹部展示，這些外國特徵是如何在大陸或臺灣生效的。國共兩黨幹部在學會了這些「外國的專業技術」後，華籍關員無論如何都會被換掉，因為他們不再能夠展示他們的有用性了。不管怎樣，華籍關員都不得不離開。

同樣的規律也適用於稅務處和關務署。稅務處是為了取代總稅務司署而建立的。為了履行它的職責，它需要更強的力量和更多的關員，但極具諷刺意味的是，它曾幾度被降級，因為中國政府想要降低總稅務司署的等級。在清朝和北洋政府時期，稅務處是隸屬國務總理管轄的，在國民黨政府中，它隸屬於財政部，而在共產黨政府中，海關總署署長位於對外貿易部的外貿局之下，而關政司成為臺灣政府中的一個諮詢機構。

然而，關務署的署長這一職位吸引了許多有能力的人選。張福運和李儻都是哈佛大學畢業生，而周德偉則畢業於倫敦大學政治經濟學院。這種國民黨的精英人才按理說是不會被任命到這種中等級別的職位上。但關務署署長的職位要求候選人具備國際事務的知識和英語能力，以及其他技能。這個職位的特殊性形成諷刺，即國民黨的精英人才竟然被國民政府降級任用。

當外籍關員不再在中國海關中扮演重要地位之後，關務署到了取得海關的關鍵時刻，但這實際上使中央政府憂心。平衡總稅務司署已經很難了，更何況它還沒有控制那「唯一的招募基地」。如果關務署徹底取代了中國海關，那麼它作為「唯一的招募基地」必將成為一個不可控制的怪獸。因此，稅專和關務署的權力必須被一個更加集中的機構進行平衡和掌控，這個機構就是財政部。關務署與其華籍關員都面臨著同樣的兩難困境。如果它沒有試圖取代總稅務司署，就沒

3 Queen's Univeristy Belfast, MS 15, Sir Robert Hart Manuscript Collection, *The Hart Diaries*, vol. IX, 17 January 1867.

有任何存在的理由；而如果它這麼做了，最終又會被廢除，因為權力過盛的關務署和黨派化的關務署公務員其實更加危險。

中國政府、總稅務司署和華籍關員，這三者都發揮了他們的策略優勢。政府擁有國家權力，總稅務司署控制著巨額稅收以及一系列附加職責，而華籍關員組成海關關員主力中的大多數。雖然政府和華籍關員經常合作一致對抗總稅務司署，但這一聯盟十分脆弱——政府有時會需要總稅務司署來集中國家權力，或者是華籍關員有時會與總稅務司署合作一起抵禦政府廢除關員特權的壓力。

筆者同意史景遷關於「西方顧問」的視角：他們最終會意識到，他們「被中國利用了」，而沒有利用中國人」。[4]這並不是說這本書的主旨是為了證明所有的外籍總稅務司都失敗了，或者說他們沒有「利用中國人」，因為他們為保護中國海關的完整性而做出的貢獻值得欽佩。但是他們還是發現很難與中國政府的政策背道而馳。從這一角度來說，如果政府決定加速改革的進程，那麼總稅務司署會被委託新的職責，但它也會被改革所束縛。十九世紀末和二十世紀初的中國改革對總稅務司署在中國的職能做出了巨大改變。

那麼，中國海關從一八五四年到二〇二三年的歷史展現了什麼呢？這本書總結了以下三個論點。

首先，為了使自己能夠適應二十世紀的世界，中國不得不提高國家的辦事效率和效果，而它運用的模型是透過代理的模式實行間接控制。與訓練華籍關員來運營海關相比，中國政府用了更少的時間，取得了更好的效果。它找到一位代理首長，並讓這個代理首長自行雇傭代理下屬。但是，歷任中央政府一開始都沒有意識到這種方便的代價是它隨之而來的陷阱。稅務處或關務署和稅專可能成功地解決問題，但這些解決方案需要強有力的國家權力來支撐，否則這些方案就會起反作用，使中央政府陷入困境。稅務處或關務署、稅專和華籍關員都會被總稅務司署控制。

第二，當中央政府沒有足夠的時間管理海關時，只要海關表現出忠心，就能夠容忍一個派系化的海關，不管這個派系是外國的還是本地。當中央政府行有餘力時，或者是派系化已經危及到中央政府統治時，中央政府就會派出文官或黨籍幹部來挽回權力。但是中央政府必須保證其文官或幹部的忠誠，否則這些幹部可能會製造出另一個麻煩。因此，不管稅專的培訓效果如何，華籍關員必須在進入英國化的海關工作之前接受中國教育機構的訓練。換言之，不管共產黨的幹部多麼外行或是國民黨的黨義課程多麼無用，共產黨都會讓黨籍幹部來取代老海關華籍關員，國民黨也會堅持所有稅專學生都要學黨義。

第三，外籍關員可能會感覺受到不公正對待，因為大多數時間他們都在努力幫助中國支付賠款和管理貸款。他們總是卡在中國政府和華籍關員之間，尤其是總稅務司。與華籍關員相比，外籍關員確實享受著更高的薪資以及更有權力的職務，但他們的合約是保護這些待遇的。如果毫不考慮這些合約也是由中國政府簽署過的這一事實，就說這些外籍關員故意壓榨或奴役華籍關員，

4 Jonathan Spence, *To Change China: Western Advisers in China* (Boston: Little, Brown and Co., 1969), 292.

顯然是不公平的。雖然這個廉潔高效的機構保證了外籍關員可以、也應該遠離中國的政治，但實際情況卻是，他們與近代中國民族主義和反帝國主義的社會政治動力的隔絕，導致了他們對中國人排外情緒的反應遲鈍，他們最終無力也無時準備好最終的終幕。

致謝

著書從不簡單，用母語本即不易，用第二語言更是雪上加霜，然後把第二語言翻譯成母語，這就涉及了把原本語意表達不精確的第二語言，用我對母語的語義精確的要求，應用在中文版上重新寫一遍。很顯然這是件讓人苦惱的事，所以本書的中文版初稿完成後，我又重寫了五次。

前述的掙扎，就是我在這一年面對的問題。我在還沒著手之前，就知道此事之不易，開始著手後，就成了一種體驗痛苦的過程。總體來說，我樂於寫作（或是重新寫作），畢竟，能一直與過去的自己進行對話，這不是正常人可以獲得的樂趣（或者是折磨）。對話過後，我發現了一件所有作家都很熟悉的事：原版到底是哪個文盲寫的？我不認得他！或者說：我不想承認我是他。

在這段自我挑剔和質疑的日子裡，我要感謝這大半年整天忍受我的抱怨和替我校訂日期、文字、腳註的朋友。我也深知用微信叫學生找材料，或是對熟悉簡體字的學生，被我逼著處理正體字史料，我還忝不知恥地要求他們校訂正體字書稿中的錯字，是件多麼不人道的行為。然後我有時候會嘲笑他們打字太慢，然後催促他們快點去學五筆。更過分的是我居然還用嘸蝦米輸入法來展示打正體字文言文史料的便捷度。當孫藝、蔡誠、姜水謠、楊啟明和高晨旭用看垃圾的眼神看著我時，我知道我錯了。

疫情期間，我相信我進入著書的半癲狂狀況，在走廊自言自語、在辦公室大聲朗誦書稿、或是在課堂上說：我有個好主意，等我先寫下來免得忘了。前述的怪異行為，我親愛的學生們應該不是第一次見到，或許已經習以為常，又或者是仍有厭惡之情。我只能說，我真的很抱歉，我真的盡量控制。但是我可以知道，這絕對不是第一次，更不會是最後一次。我只能說，隨著年紀漸長，我可以更加討人喜歡一點。但是我還是一直會用我樂於寫書，但是又寫不好這件事鞭策你們。

謝謝你們從不褪色的耐性和支持。

張志雲於上海交通大學，二〇二二年三月十日

參考書目

一手史料

中央研究院

近代史研究所檔案館
總理衙門檔案
外務部檔案
近代史研究所電子數據庫
《聯合報》
《人民日報》
《泰晤士報》
《中國時報》
《中央日報》

近代史研究所圖書館

《新華月報》

中國人民政治協商會議資料研究委員會編，《天津文史資料選集》全三十冊（1985）

海關總稅務司署造冊處，《中國海關出版品》（上海：海關總稅務司署造冊處）

I – Statistical Series

II – Special Series

III – Miscellaneous Series

IV – Service Series

V – Office Series

VI – Inspectorate Series

VII – Customs Publications Not Included in Any of the Foregoing Series

中華民國財政部關稅總局（今關務署）

黃清濤，《海關歲月：我的終身職業》（私人出版，二〇〇三）。林樂明，《海關服務三十五年回憶錄》（香港：龍門書店，一九八二）。

盧海鳴，《海關蛻變年代：任職海關四十二載經歷》（私人出版，一九九三）。

王樹德，《服務海關四十一年瑣記》（私人出版，一九九〇）。

王文舉，《濫篇海關四十年》（私人出版，一九六九）。
葉元章，《抗戰前往事瑣憶》（私人出版，一九八七）。
Yeh Yuan-Chang, *Recollections of A Chinese Customs Veteran Privately Published*, 1987.
詹德和，《海關瀟灑走一回》（私人出版，二〇〇〇）。
詹德和編，《敝帚自珍：八十憶瑣》（新北市：元神館出版社有限公司，二〇一四）。
阮壽榮，《錦灰集》（私人出版，一九八六）。

中國大陸第一歷史檔案館

稅務處檔

美國哈佛大學

Harvard University Archive, HUP (FP), 12.28, Papers of John King Fairbank Papers.
Houghton Library, b MS Am1999-1999.18, Lester Knox Little Paper, 1932-64.

英國國家檔案館

FO 228, Foreign Office: Consulates and Legation, China: General Correspondence
FO 371, Foreign Office: Political Departments: General Correspondence from 1906-66

英國倫敦大學亞非學院

PPMS 2, Papers of Sir Frederick Maze.

英國貝爾法斯特皇后大學

MS15, Sir Robert Hart Manuscript Collection, The Hart Diaries, 1854-1908.

MS16, Wright Manuscript Collection.

中國大陸第二歷史檔案館

679(1)-679(9)，中國海關檔 The Chinese Maritime Customs

2085，汪偽海關檔

179，關務署檔

中國大陸上海檔案館

上海海關檔

英文編輯史料

Bunker, G. E., K. F. Bruner, L. K. Little, *Conversazione Transcript*, 16-17 December 1971.

Bruner, Katherine, Fairbank, John, and Smith, Richard, eds., *Entering China's Service: Robert Hart's Journals, 1854-1863* (Cambridge MA: Harvard University Press, 1986).

Chang Fu-yun, 'Reformer of the Chinese Maritime Customs', an oral history conducted in 1976, 1979 and 1983 by Blaine C. Gaustad and Rhoda Chang, Regional History Office, The Bancroft Library, University of California, Berkeley, 1987.

Chen, Xiafei & Han, Rongfang ed., *Archives of China's Imperial Maritime Customs, Confidential Correspondence between Robert Hart and James Duncan Campbell, 1874- 1907* (Beijing: Foreign Languages Press, 1990).

Fairbank, John, Bruner, Katherine, Matheson, Elizabeth, *The I.G. in Peking: Letters of Robert Hart Chinese Maritime Customs, 1868-1907,* 2 volumes (Cambridge, MA: Harvard University Press, 1975).

Fairbank, John, *Chinabound: A Fifty Year Memoir* (New York: Harper & Row, 1982).

Gillin, Donald & Myers, Ramon, *Last Chance in Manchuria: The Dairy of Chang Kia-ngau* (Stanford, CA: Hoover Institution Press, 1989).

Huang Fusan, Lin Manhong,Ueng Jiyin eds., *Maritime Customs Annual Returns and Reports of Taiwan, 1867-1895,* 2 volumes (Taipei: Institute of Taiwan History, Academia Sinica, 1997).

Inspectorate General of Customs, *Treaties, Conventions, Etc. between China and Foreign States,* 2 volumes, 2nd edition (Shanghai: Statistical Department of the Inspectorate General of Customs, 1917).

Lo Hui-Min ed., *The Correspondence of G. E. Morrison, 1895-1920*, 2 volumes (Cambridge: Cambridge University Press, 1976).

Nish, Ian, Trotter, Ann and Best, Anthony, eds., *British Documents on Foreign Affairs: Reports and Papers from the Foreign Office Confidential Print from the First to the Second World War, Asia, 1914-1939*, series E,3 parts, 148 vols. (Bethesda, MD: University Publications of America, 1989-1995).

Smith, Richard, Fairbank, John, and Bruner, Katherine eds., *Robert Hart and China's Early Modernization: His Journals, 1863-1866* (Cambridge, MA: Harvard University Press, 1991).

Wright, Stanley ed. *Documents Illustrative of the Origin, Development and Activities of the Chinese Customs Service*, 7 volumes (Shanghai: Statistical Department of Inspectorate General of Customs, 1937-38).

中文編輯史料

蔡德金，《周佛海日記》全兩冊（北京：中國社科文獻出版社，一九八六）。
陳翰笙、范文瀾、千家駒編，《帝國主義與中國海關》全十一冊（北京：科學出版社，一九五七—一九六五）。
陳誠啟、孫修福編，《中國近代海關常用詞語英漢對照寶典》（北京：中國海關出版社，二〇〇二）。
海關總署編，《海關總署全宗指南（一九四九—二〇〇六）》（北京：中國海關出版社，二〇〇七）。
胡秋原、王萍編，《近代中國對西方及列強認識資料匯編》全十冊（臺北：中央研究院近代史研究所，一九七二—一九九〇）。
孫修福編，《中國近代海關高級職員年表》（北京：中國海關出版社，二〇〇四）。
孫修福、何玲編，《中國近代海關大事紀》（北京：中國海關出版社，二〇〇五）。
王彥威、王亮編，《清季外交史料》全二六九冊（一九三四）。
中央研究院近代史研究所編，《道光咸豐兩朝籌辦夷務始末補遺》（臺北：中央研究院近代史研究所，一九六五）。
蔣廷黻，《籌辦夷務始末補遺》全七冊（北京：北京大學出版社，一九八八）。
文慶等編，《道光朝籌辦夷務始末》全八十冊（北京：一八五六）。

賈禎等編，《咸豐朝籌辦夷務始末》全八十冊（北京：一九六七）。

寶鋆等編，《同治朝籌辦夷務始末》全一〇〇冊（北京：一八八〇）。

《現代評論》全八冊（北京：一九二四年十二月十三日至一九二九年十二月二十六日）

張朋園、沈懷玉編，《國民政府職官年表》（臺北：中央研究院近代研究所，一九八七）。

張研、孫燕京編，《民國史料叢刊》全六〇〇冊（鄭州：大象出版社，二〇〇九）。

日文編輯史料

鈴木武雄監修，《西原借款資料研究》（東京：東京大學出版會，一九七二）。

英文二手文獻

Adshead, S. A. M., *The Modernisation of the Chinese Salt Administration, 1900-1920* (Cambridge, MA: Harvard University Press, 1970).

Atkins, Martyn, *Informal Empire in Crisis: British Diplomacy and the Chinese Customs Succession, 1927-1929* (Ithaca, NY: East Asia Program, Cornell University, 1995).

Banister, T. R., *The Coastwise Lights of China : An Illustrated Account for the Chinese Maritime Customs Light Service* (Shanghai: Statistical Department of Inspectorate General of Customs, 1932).

Best, Anthony ed., *The International History of East Asia, 1900-1968: Ideology, Trade and the Quest for Order* (London: Routledge, 2009).

Bickers, Robert, *The Scramble for China: Foreign Devils in the Qing empire, 1832-1914*(London: Allen Lane, 2011).

Bickers, Robert, *Empire Made Me: An Englishman Adrift in Shanghai* (New York: Columbia University Press, 2003).

Bickers, Robert, 'Purloined Letters: History and the Chinese Maritime Customs Service,' *Modern Asian Studies* 40, 3 (2006): 691-723.

Bickers, Robert, 'Revisiting the Chinese Maritime Customs Service, 1854-1950' *Journal of Imperial and Commonwealth History* 36,2 (2008): 221-226.

Bickers, Robert, 'The Chinese Maritime Customs at War, 1941-45', *The Journal of Imperial and Commonwealth History* 36,2 (2008): 295-311.

Bickers, Robert, *The Scramble for China: Foreign Devils in the Qing Empire, 1832-1914* (London: Penguin Books, 2011).

Boecking, Felix, *No Great Wall: Trade, Tariffs, and Nationalism in Republican China, 1927-1945* (Cambridge, MA: Harvard University Press, 2016).

Bredon, Juliet, *Sir Robert Hart: The Romance of a Great Career,* 2nd edition (London: Hutchinson, 1909).

Brown, J. & Pickowicz, P. ed., *Dilemmas of Victory: The Early Years of the People's Republic of China* (Cambridge, MA: Harvard University Press, 2007).

Brunero, Donna, *Britain's Imperial Cornerstone in China: The Chinese Maritime Customs Service, 1854-1949* (London: Routledge, 2006).

Byrne, Eugene, 'The Dismissal of Sir Francis Aglen as Inspector General of the Chinese Maritime Customs Service, 1927', *Leeds East Asia Papers* 30 (1995), 1-50.

Cannon, Isidore C., *Public Success, Private Sorrow: The Life and Times of Charles Henry Brewitt-Taylor (1857-1938), China Customs Commissioner and Pioneer Translator* (Hong Kong: Hong Kong University Press, 2009),

Cameron, Meribeth, *The Reform Movement in China, 1898-1912* (New York: Octagon Books Inc., 1963).

Campbell, Robert, *James Duncan Campbell—A Memory by His Son* (Cambridge, MA: Harvard University Press, 1970).

Chan Lau Kit-Ching, 'The Succession of Sir Robert Hart at the Imperial Chinese Maritime Customs Service', *Journal of Asian History*, 9 (1975), 1-33

Chang Chih-tung, Samuel I. Woodbridge trans., *China's Only Hope* (New York: Fleming H. Revell Company, 1900).

Chang Kia-ngau, *The Inflationary Spiral: The Experience in China, 1939-1950* (Cambridge, MA: MIT

Press, 1958).

Cheng, Yu-k`uei, *Foreign Trade and Industrial Development of China : An Historical and Integrated Analysis through 1948* (Washington, DC: University Press of Washington, 1956).

Chou, Shun-hsin, *The Chinese Inflation, 1937-1949* (New York: Columbia University Press, 1963).

Clifford, Nicolas, 'Sir Frederick Maze and the Chinese Maritime Customs' 1937-1941', *Journal of Modern History* 37,1 (1965): 18-34.

Clifford, Nicolas, *Retreat from China: British Policy in the Far East 1937-1941* (Seattle: University of Washington Press 1967).

Clifford, Nicolas, *Shanghai 1925: Urban Nationalism and the Defense of Foreign Privilege* (Ann Arbor , MN: University of Michigan, 1979).

Cohen, Paul, and Goldman, Merle eds., *Fairbank Remembered* (Cambridge, MA: Harvard University Press, 1992).

Dayer, R. A., *Bankers and Diplomats in China* (London: Frank Cass, 1981).

Drew, Edward B., 'Sir Robert Hart and His Life Work in China,' *Journal of Race Development* 4,1 (1913-1914): 1-33.

Eastman, Lloyd, *The Abortive Revolution: China under Nationalist Rule, 1927-1937* (Cambridge, MA: Harvard University Press, 1974).

Eastman, Lloyd, *Seeds of Destruction: Nationalist China in War and Revolution, 1937-1949* (Stanford, CA: Stanford University Press, 1984).

Eastman, Lloyd, Jerome Ch'en, and Pepper, Suzanne and Van Slyke, Lyman ed., *The Nationalist Era in China, 1927-1949* (Cambridge, MA: Harvard University Press, 1991).

Eberhard-Breard, Andrea, 'Robert Hart and China's Statistical Revolution', *Modern Asian Studies* 40,3 (2006): 605-629.

Evans, Paul M., *John Fairbank and the American Understanding of Modern China* (New York: Basil Blackwell, 1988).

Fairbank, John, 'The Provisional System at Shanghai in 1853-1854 (to be continued)', *The Chinese Social and Political Science Review* 18, 4 (1935): 455-504.

Fairbank, John, 'The Provisional System at Shanghai in 1853-1854 (concluded)', *The Chinese Social and Political Science Review* 19, 1 (1935): 65-124.

Fairbank, John, 'The Creation of the Foreign Inspectorate of Customs at Shanghai (to be continued)', *The Chinese Social and Political Science Review* 19, 4 (1936): 469-514.

Fairbank, John, 'The Creation of the Foreign Inspectorate of Customs at Shanghai (concluded)', *The Chinese Social and Political Science Review* 20, 1 (1936): 42-100.

Fairbank, John, 'The Definition of the Foreign Inspector's Status', *Nankai Social and Economic*

Quarterly 9,1 (1936): 125-163.

Fairbank, John, *Trade and Diplomacy on the China Coast: The Opening of the Treaty Ports, 1842-1854* (Cambridge MA: Harvard University Press, 1953).

Fairbank, John, ed., *Chinese Thought and Institutions* (Chicago, IL: University of Chicago Press, 1957).

Fairbank, John ed., *The Chinese World Order: China's Traditional Foreign Relations* (Cambridge, MA: Harvard University Press, 1968).

Fairbank, John & Reischauer, Edwin, *China: Tradition and Transformation* (Boston : Houghton Mifflin, 1973).

Fairbank, John, Coolidge, Henderson and Smith, Richard, *H. B. Morse: Customs Commissioner and Historian of China* (Lexington: Kentucky University Press, 1995).

Folsom, Kenneth, *Friends, Guests and Colleagues: The Mu-fu System in the Late Ch'ing Period* (Berkeley: University of California Press,1986).

Fung, Edmund S. K., *The Diplomacy of Imperial Retreat: Britain's South China Policy, 1924-1931* (Oxford: Oxford University Press, 1991).

Greson, Jacob,*Horatio Nelson Lay: His Role in British Relations with China* (Cambridge, MA: Harvard University Press, 1972).

Hall, B. Foster, *The Chinese Maritime Customs: An International Service, 1854-1950* (London: National

Maritime Museum, 1977).

Hart, Robert, *These from the Land of Sinim: Essays on the Chinese Question* (London: Chapman & Hall, 1901).

Henriot, Christian& Yeh, Wen-hsin eds., *In the shadow of the rising sun : Shanghai under Japanese occupation* (Cambridge: Cambridge University Press, c2004).

Herman, John, 'Empire in the Southwest: Early Qing Reforms to the Native Chieftain System', *Journal of Asian Studies* 56,1 (1997): 47-74.

Horowitz, Richard, 'Central Power and State Making: the Zongli Yamen and Self Strengthening in China, 1860-1880' (unpublished PhD thesis, University of Harvard, 1998).

Horowitz, Richard, 'Mandarins and Customs Inspectors: Western Imperialism in Nineteenth Century China Reconsidered', *Papers on Chinese History* 7 (1998), 41-57.

Horowitz, Richard, 'Breaking the Bonds of Precedent: the 1905-6 Government Reform Commission and the Remaking of the Qing Central State', *Modern Asian Studies* 37, 4 (2003): 775-797.

Horowitz, Richard, 'Politics, Power and the Chinese Maritime Customs: the Qing Restoration and the Ascent of Robert Hart', *Modern Asian Studies* 40,3 (2006): 549-581.

Horowitz, Richard, 'The Ambiguities of an Imperial Institution: Crisis and Transition in the Chinese Maritime Customs, 1899-1911', *The Journal of Imperial and Commonwealth History* 36,2 (2008): 275-294.

Hsiao, Liang-lin, *China's Foreign Trade Statistics* (Cambridge, MA: Harvard University Press, 1974).

King, Paul, *In The Customs Service: A Personal record of Forty-Seven Years* (London: T. Fisher Unwin Ltd., 1924).

Ladds, Catherine, '"Youthful, Likely Men, Able to Read, Write and Count": Joining the Foreign Staff of the Chinese Customs Service, 1854-1927', *Journal of Imperial and Commonwealth History* 36,2 (2008): 227-242.

Ladds, Catherine, *Empire Careers: Working for the Chinese Customs Service, 1854-1949* (Manchester: Manchester University Press, 2013),

LeFevour, Edward, 'A Report on the Robert Hart Papers at Queen's University, Belfast, N. I.,' *Journal of Asian Studies* 33:3 (1974): 437-439.

Leung, Yuen-sang, *The Shanghai Taotai: Linkage Man in a Changing Society, 1843-90* (Honolulu: University of Hawaii Press, 1990).

Li, Lincoln, *The Japanese Army in North China 1937-1941* (New York: Oxford University Press, 1975).

Lyons, Thomas, *China Maritime Customs and China's Trade Statistics, 1859-1948* (New York, 2003)

MacFarquhar, Roderick, *The Origins of the Cultural Revol*ution, 3 volumes (Oxford, 1983-1999).

Meng, S., *The Tsungli Yamen: Its Organization and Functions* (Cambridge, MA: Harvard University Press, 1970).

Mitter, Rana, *The Manchurian Myth: Nationalism, Resistance, and Collaboration in Modern China* (Berkeley, CA: university of California Press, 2000).

Mommsen, Wolfgang and Osterhammel, Jürgen ed., *Imperialism and After: Continuities and Discontinuities* (London, 1986).

Morse, H. B., *The Trade and Administration of the Chinese Empire,* 3 volumes (London, 1910 &1918).

O'Leary, Richard, 'Robert Hart in China: The Significance of His Irish Roots', *Modern Asian Studies* 40, 3 (2006): 583-604.

Osterhammel, Jürgen, 'Imperialism in Transition: British Business and the Chinese Authorities, 1931-37,' *China Quarterly* 98 (1984): 260-286.

Phimister, Ian, 'Foreign Devils, Finance and Informal Empire: Britain and China, 1900–1912', *Modern Asian Studies* 40, 3 (2006): 737-759.

Rawlinson, J., *China's Struggle for Naval Development 1839-1895* (Cambridge MA: Harvard University Press, 1967).

Reynolds, Douglas., *China, 1898-1912: The Xinzheng Revolution and Japan* (Cambridge MA: Harvard University Press, 1993).

Sheridan, James, *Chinese Warlord: The Career of Feng Yu-hsiang* (Stanford, CA: Stanford University Press, 1966).

Spence, Jonathan, *To Change China: Western Advisers in China* (New York: Penguin Books, 1969).

Strauss, Julia, 'Symbol and Reflection of the Reconstituting State: The Examination Yuan in the 1930s', *Modern China* 20, 2 (1994): 211-238.

Strauss, Julia, 'The Evolution of Republican Government', *China Quarterly* 150 (1997), 329-351.

Strauss, Julia, *Strong Institutions in Weak Polities: State Building in Republican China, 1927-1940* (New York: Oxford University Press, 1998).

Strauss, Julia, 'Paternalist Terror: The Campaign to Suppress Counterrevolutionaries and Regime Consolidation in the People's Republic of China, 1950-1953' *Comparative Studies in Society and History* 44, 1 (2002): 80-105.

Strauss, Julia, '"Creating 'Virtuous and Talented" Officials for the Twentieth Century: Discourse and Practice in Xinzheng', *Modern Asian Studies* 37, 4 (2003): 831-850.

Teng, Ssu-yu & Fairbank, John, *China's Response to the West: A Documentary Survey, 1839-1923* (Cambridge MA: Harvard University Press, 1979).

Tsai, Weipin, 'The Inspector General's Last Prize: The Chinese Native Customs Service, 1901-31', *Journal of Imperial and Commonwealth History* 36, 2 (2008)243-258.

Van de Ven, Hans, 'Robert Hart and Gustav Detring during the Boxer Rebellion', *Modern Asian Studies* 40,3 (2006): 631-662.

Van de Ven, Hans, *Breaking with the Past: The Maritime Customs Service and the Global Origins of Modernity in China* (Columbia University Press, 2014),

Wakeman, Frederic, *Policing Shanghai, 1927-1937* (Berkeley, CA: University of California Press, 1995).

Wakeman, Frederick, *The Shanghai Badlands: Wartime terrorism and urban crime, 1937-41* (New York: Cambridge University Press, 1996).

Wakeman, Frederic & Edmonds, Richard ed., *Reappraising Republican China* (Oxford: Oxford University Press, 2000).

Wakeman, Frederic, *Spymaster: Dai Li and the Chinese Secret Service* (Berkeley, CA: London : University of California Press, 2003).

Waldron, Arthur, *From War to Nationalism: China's Turning Point, 1924-1925* (Cambridge: Cambridge University Press, 1995).

Wilbur, C. Martin, *Forging the Weapons: Sun Yat-sen and the Kuomintang in Canton, 1924* (New York: Columbia University Press, 1966).

Wilbur, C. Martin, *The Nationalist Revolution in China, 1923-1928* (Cambridge: Cambridge University Press, 1983).

Williams, James, 'Corruption within the Chinese Maritime Customs with Special Reference to the Level of Integrity Maintained by the Expatriate Staff' (unpublished MPhil dissertation, University of

Bristol, 2008).

White, Benjamin, '"A Question of Principle with Political Implications"- Investigating Collaboration in the Chinese Maritime Customs Service', *Modern Asian Studies* 44,3 (2009): 517-546.

Wong, J. Y., *Deadly Dreams: Opium, Imperialism and the Arrow War (1856-1860) in China* (Cambridge: Cambridge University Press, 1998).

Wright, Mary, *The Last Stand of Chinese Conservatism: The T'ung-Chih Restoration, 1862-1874* (Stanford, CA: Stanford University Press, 1957).

Wright, Mary ed., *China in Revolution: The First Phase, 1900-1913* (New Heaven: Yale University Press, 1968).

Wright, Stanley, *The Collection and Disposal of the Maritime and Native Customs Revenue since the Revolution of 1911: With an Account of the Loan Services Administered by the Inspector General of Customs*, 2nd edition (Shanghai: Statistical Department of Inspectorate General of Customs, 1927).

Wright, Stanley, *China's Customs Revenue since the Revolution of 1911* (Shanghai: Statistical Department of Inspectorate General of Customs, 1935).

Wright, Stanley, *The Origin and Development of the Chinese Customs Service* (Shanghai, 1936).

Wright, Stanley, *China's Struggle for Tariff Autonomy, 1843-1938* (Shanghai: Kelly & Walsh, Ltd., 1938).

Wright, Stanley, *Hart and the Chinese Customs* (Belfast: WM. Mullan & Son Ltd., 1950).

Yang Duanliu & Hou Houpei eds. *Statistics of China's foreign trade during the last sixty-five years* (Nanjing: National Research Institute of Social Sciences Academia Sinica, 1931)

中文二手文獻

敖光旭，〈商人政府之夢——廣東商團及「大商團主義」的歷史考查〉，《近代史研究》四（二〇〇三），頁一七七—二四八。

濱下武志，〈全球歷史視野下晚清海關資料研究的新挑戰與新途徑〉，《清史研究》六（二〇二一），頁一—五。

濱下武志，〈中國海關史研究的三個迴圈〉，《史林》六（二〇二〇），頁一—十三。

濱下武志，〈海關洋員回顧錄和第二代海關史研究〉，《國家航海》三（二〇一六），頁二〇〇—二一〇。

蔡誠、張志雲，〈晚清海關稅則之比較研究：一八四三—一九〇二年〉，《清史研究》三（二〇二二），頁七三—八八。

蔡誠、張志雲，〈方言與晚清海關同文供事資料庫研究：一八七六—一九一一〉，《中國社會經濟史研究》二（二〇二一），頁四六—六一。

財稅人員訓練所編，《財稅人員訓練所三十週年紀念特刊》（臺北：財稅人員訓練所，一九九九）。

陳紅民，《函電裡的人際關係與政治》（北京：三聯書局，二〇〇三）。

陳詩啟，《中國近代海關史初探》（北京：中國展望出版社，一九八七）。

陳詩啟，《中國近代海關史》（北京：人民出版社，二〇〇二）。

陳霞飛，〈越過重洋的追悼——記在一個研究項目中與費正清教授的文字交往〉《近代史研究》二（一九九二），頁二〇七—二一二。

戴一峰，《近代海關與中國財政》（廈門：廈門大學出版社，一九九三）。

戴一峰，〈陳詩啟與中國近代海關史的研究〉，《近代中國史研究通訊》十九（一九九五），頁六〇—七。

戴一峰編，《近代中國海關與中國社會：編念陳詩啟先生百年誕辰文集》（廈門：廈門大學出版社，二〇二一）。

丁怡駿、張志雲，〈海關圖書館與中國政治進程（一八六三—一九五一）〉《蘇州大學學報》六（二〇二二），頁一二〇—一三二。

丁志華，〈第一個擔任海關副稅務司的中國人——憶父親——「留美幼童」丁崇吉〉，《徐州師範大學學報（哲學社科版）》三（二〇〇五），頁一—五。

傅亮，〈近十年來中國近代海關史研究綜述〉，《海關與經貿研究》二（二〇一五），頁三九—五二。

傅亮，〈混亂的秩序：珍珠港事變後海關總稅務司的人事更迭〉，《抗日戰爭研究》四（二〇一五），頁三五—四九。

傅亮，〈一九三〇年代甌海關與反日會緝私權之衝突〉，《民國檔案》二（二〇一六），頁八一—八九。

傅亮，〈太平洋戰爭爆發後洛陽關的徵稅與緝私（一九四二—一九四五）〉，《抗日戰爭研究》三（二〇一八），頁八〇—九〇。

傅亮，〈國民政府海關戰時消費稅的開徵與撤銷（一九四二—一九四五）〉，《蘇州大學學報（哲學社會科學版）》，四（二〇一八），頁一八一—一八九。

傅亮，〈關稅特別會議與英國對華海關新政策（一九二五—一九二六）〉，《史林》六（二〇二一），頁一一三—一二四。

胡丕陽、樂成耀，《浙江海關與近代寧波》（北京：人民出版社，二〇一一）。

侯彥伯，〈晚清泛珠三角模式的貿易特色：華商、中式帆船與粵海常關的積極作用（一八六〇—一九一一）〉，《中國經濟史研究》六（二〇二二），頁一〇四—一二二。

侯彥伯，〈從財政透明化評價清末海關兼管常關〉，《中山大學學報（社會科學版）》三（二〇一八），頁八四—九七。

侯彥伯，〈一九四九年以來國內海關資料研究的困境與解決途徑〉，《中國社會經濟史研究》三（二〇二〇），頁八九—九九。

佳宏偉，《區域社會與口岸貿易：以天津為中心（一八六七—一九三一）》（天津：天津古籍出版社，二〇一〇）。
金以林，〈蔣介石的第二次下野及再起〉，《歷史研究》二（二〇〇六），頁二三—四〇。
金葆光，《海關權與民國前途》（上海：上海商務印書館，一九二八）。
賴澤涵編，《二二八事件研究報告》（臺北：時報出版社，一九九四）。
李文環，《高雄海關史》（高雄：財政部高雄關稅局，一九九九）。
劉維開，《蔣介石的一九四九：從下野到再起》（臺北：時英出版社，二〇〇九）。
羅敏，〈從對立走向交涉：福建事變前後的西南和中央〉，《歷史研究》二（二〇〇六），頁四一—六一。
邱捷，〈廣州商團與商團事變：從商人團體角度的再探討〉，《歷史研究》二（二〇〇二），頁五三—六六。
任智勇，《晚清海關一研究：以二元體制為中心》（北京：中國人民大學出版社，二〇一二）。
任智勇，《咸同時期的榷關與財政》（北京：北京師範大學出版社，二〇一九）。
任智勇，〈從榷稅到夷稅：一八四三—一八五四年粵海關體制〉，《歷史研究》四（二〇一七），頁六二—七八。
任智勇，〈一八五〇年前後清政府的財政困局與應對〉，《歷史研究》二（二〇一九），頁六八—八八。

孫大權，《中國經濟學的成長：中國經濟學社研究，一九二三—一九五三》（上海：聯合出版社，二〇〇六）。

孫修福，《中國近代海關首腦更迭與國際關係：國中之國國王登基內幕》（北京：中國海關出版社，二〇一〇）。

唐德剛，《李宗仁回憶錄》（香港：南粵出版社，一九八六）。

唐啟華，〈北洋政府時期海關總稅務司安格聯之初步研究〉，《中央研究院近代史研究所集刊》二十四（一九九五），頁五七三—六〇一。

唐有壬，《最近中國對外貿易統計圖解（一九一二—一九三〇）》（上海：中國銀行，一九三一）。

唐有壬，〈安格聯與中央財政〉，《現代評論》第四卷第九十一期（一九二六），頁一—二。

汪敬虞，《赫德與近代中西關係》（北京：人民出版社，一九八七）。

文松，《近代中國海關洋員概略：以五任總稅務司為主》（北京：中國海關出版社，二〇〇六）。

武堉幹（撰）、楊端六（校），《中國關稅問題》（上海：商務印書館，一九三〇）。

吳倫霓霞、何佩然（編），《中國海關史論文集》（香港：香港中文大學出版社，一九九七）。

吳松弟、方書生，〈一座尚未充分利用的近代史資料寶庫：中國舊海關系列出版物評述〉，《史學月刊》三（二〇〇五），頁八三—九二。

吳松弟、方書生，〈中國舊海關統計的認知與利用〉，《史學月刊》七（二〇〇七），頁三三—四二。

吳松弟，〈中國舊海關出版物評述：以美國哈佛燕京圖書館收藏為中心〉，《史學月刊》十二（二〇一一），頁五四—六三。
吳松弟，〈中國舊海關出版物的書名、內容和流變考證：統計叢書之日報、月報和季報〉，《上海海關學院學報》二（二〇一二），頁一—八。
楊奎松，〈一九二七年南京國民黨「清黨」運動之研究〉，《歷史研究》六（二〇〇五），頁四二—六三。
楊奎松，〈武漢國民黨的「聯共」和「分共」〉，《歷史研究》三（二〇〇七），頁二六—五一。
楊奎松，〈新中國鞏固城市政權的最初嘗試—以上海「鎮反」運動為中心的歷史考察〉，《華東師範大學學報（哲學社科版）》五（二〇〇四），頁一—二〇。
楊天石，《蔣介石與南京國民政府》（北京：人民大學出版社，二〇〇七）。
應俊豪，《外交與炮艦的迷思：一九二〇年代前期長江上游航行安全問題與列強的因應之道》（臺北：學生書局，二〇一〇）。
張存武，〈中國海關出版品簡介，一八五九—一九四九〉，《中央研究院近代史研究所集刊》（一九八〇），頁五〇五—三四。
詹慶華，〈中國近代海關貿易報告的傳播及影響〉，《廈門大學學報（哲學社會科學版）》四（二〇〇三），頁一一四—一二〇。
詹慶華，〈中國近代海關貿易報告述論〉，《中國社會經濟史研究》二（二〇〇三），頁六五—七三。

詹慶華，〈略論近代中國海關與早期高等教育〉，《上海海關學報》一（二〇〇九），頁六二—六七。
鄭有揆、韓啟桐（編），《中國埠際貿易統計（一九三六—一九四〇）》（北京：中國社會科學院，一九五一）。
中華民國關稅總署編，《中華民國海關簡史》（臺北：關稅總局，一九九八）。
鄭彬彬、張志雲，〈江漢關開埠與漢口國際貿易（一八五八—一八六九）〉，《近代史研究》二（二〇二〇），頁一〇〇—一一六。
鄭彬彬、張志雲，〈英國在華使領的情報工作與修約決策（一八四三—一八六九）〉《歷史研究》二（二〇二一），頁一三三—一五六。
中國海關學會編，《中國海關史論文集》（北京：中國海關學會，一九九六）。
中央人民政府海關總署編，《新中國海關》（上海：新華書局，一九五一）。

日文二手文獻

濱下武志，《中国近代経済史研究：清末海関財政と開港場市場圏》（東京都：汲古書院，一九八九）。
濱下武志，〈海関資料に生かされる：旧中国海関資料群の活用と次代の東アジア研究：歴史の風〉，《史学雑誌》第一三〇巻第一號（二〇二一），頁三六—三八。

濱下武志，〈一九世紀末における銀価変動と上海金融市場―中国通商銀行の初期活動に関連して〉，《一橋論叢》第八十七卷第四號（一九八二），頁四二一―四二七。
濱下武志，〈近代中国における貿易金融の一考察―十九世紀前半の銀価騰貴と外国貿易構造の変化〉，《東洋学報》第五十七卷（一九七六），頁四〇四―四六五。
久保亨，〈一九三〇年代中國的財政與財政官僚〉，《「一九三〇年代的中國」國際學術研討會論文集》（二〇〇五），頁二八九―二九九。
久保亨，〈戦間期中国（自立への模索）――関税通貨政策と経済発展〉（東京：東京大学出版会，一九九九）。
高柳松一郎，《支那関税制度論》（京都：内外出版株式会社，一九二〇）。
高柳松一郎，《改訂増補支那関税制度論》（京都：内外出版株式会社，一九二六）。
張志雲、姜水謡，〈日中戦争期における中國海関総税務司と総務科税務司岸本広吉〉，《東洋學報》第一〇三卷一號（二〇二一），頁一―二八。

附錄

本書為用友基金會「商的長城」資助計畫一般專案「晚清國際貿易估值研究：以市價估值向起岸和離岸價估值的轉換為核心」（項目號：2021-Y09）的階段性成果。

國家圖書館出版品預行編目（CIP）資料

海關中國：政府、外籍專家和華籍關員的三重視角揭開清末「國中之國」的神祕面紗／張志雲著；徐盼譯. -- 初版. -- 臺北市：麥田出版，城邦文化事業股份有限公司出版：英屬蓋曼群島商家庭傳媒股份有限公司城邦分公司發行, 2023.4
面； 公分
譯自：Government, imperialism and nationalism in China : the maritime customs service and its Chinese staff.
ISBN 978-626-310-343-6（平裝）
1.CST: 海關史 2.CST: 中國
568.092 111016893

海關中國

政府、外籍專家和華籍關員的三重視角揭開清末「國中之國」的神祕面紗

Government, Imperialism and Nationalism in China: The Maritime Customs Service and its Chinese Staff

作者・審訂／張志雲
譯　　者／徐盼
校　　對／魏秋綢
主　　編／林怡君

國 際 版 權／吳玲緯
行　　銷／闕志勳　吳宇軒　陳欣岑
業　　務／李再星　陳紫晴　陳美燕　葉晉源
編 輯 總 監／劉麗真
總　經　理／陳逸瑛
發　行　人／凃玉雲
出　　版／麥田出版
10483臺北市民生東路二段141號5樓
電話：(886)2-2500-7696　傳真：(886)2-2500-1967
發　　行／英屬蓋曼群島商家庭傳媒股份有限公司城邦分公司
10483臺北市民生東路二段141號11樓
客服服務專線：(886) 2-2500-7718、2500-7719
24小時傳真服務：(886) 2-2500-1990、2500-1991
服務時間：週一至週五09:30-12:00・13:30-17:00
郵撥帳號：19863813　戶名：書虫股份有限公司
讀者服務信箱E-mail：service@readingclub.com.tw
麥 田 網 址／https://www.facebook.com/RyeField.Cite/
香港發行所／城邦（香港）出版集團有限公司
香港灣仔駱克道193號東超商業中心1/F
電話：(852)2508-6231　傳真：(852)2578-9337
馬新發行所／城邦（馬新）出版集團 Cite (M) Sdn Bhd
41, Jalan Radin Anum, Bandar Baru Sri Petaling, 57000 Kuala Lumpur, Malaysia.
Tel: (603)90563833　Fax: (603)90576622　Email: services@cite.my

封 面 設 計／兒日設計
印　　刷／前進彩藝有限公司

■2023年4月2日　初版一刷

定價：650元
ISBN 978-626-310-343-6